Mietrecht im 19. Jahrhundert

Rechtshistorische Reihe

Band 319

Peter Lang
Frankfurt am Main · Berlin · Bern · Bruxelles · New York · Oxford · Wien

Friederike Quaisser

Mietrecht im 19. Jahrhundert

Ein Vergleich der mietrechtlichen Konzeptionen im Allgemeinen Landrecht für die Preußischen Staaten von 1794 und dem gemeinen Recht

Peter Lang
Europäischer Verlag der Wissenschaften

Bibliografische Information Der Deutschen Bibliothek
Die Deutsche Bibliothek verzeichnet diese Publikation in der Deutschen Nationalbibliografie; detaillierte bibliografische Daten sind im Internet über <http://dnb.ddb.de> abrufbar.

Zugl.: Berlin, Humboldt-Univ., Diss., 2005

Diese Arbeit wurde von
Herrn Prof. Dr. Rainer Schröder
zur Aufnahme in diese Reihe empfohlen.

ISSN 0344-290X
ISBN 3-631-54408-1

www.peterlang.de

Meinen Eltern und Großeltern

Inhaltsverzeichnis

Literaturverzeichnis

Altmeyer-Baumann, Sabine
„Alte Armut" – „Neue Armut". Eine systematische Betrachtung in Geschichte und Gegenwart
Weinheim 1987

Arnim, Bettina von
Dies Buch gehört dem König
Berlin 1843

Aubin, Hermann und Zorn, Wolfgang (Hgg.)
Handbuch der deutschen Wirtschafts- und Sozialgeschichte
Bd. 2: Stuttgart 1976

Belke, Hans-Jürgen
Die Preußische Regierung zu Königsberg 1808-1850
Köln/Berlin 1976

Benöhr, Hans-Peter
Arbeitslosigkeit und Arbeitsbeschaffung in der Revolution 1848,
in: Arbeitsvermittlung und Arbeitslosenfürsorge in der neueren deutschen Rechtsgeschichte, hg. von Hans-Peter Benöhr (= Beiträge zur Rechtsgeschichte des 20. Jahrhunderts, Bd. 5, hg. von Knut Wolfgang Nörr, Bernd Rüthers, Dieter Simon, Michael Stolleis), Tübingen 1991, S. 77ff.

ders.
Wirtschaftsliberalismus und Gesetzgebung am Ende des 19. Jahrhunderts,
in: ZfA 1977, S. 187ff.

ders.
Wirtschaft und Sozialversicherung vor hundert Jahren,
in: ZfA 1982, S. 19ff.

ders.
Das sogenannte Synallagma in den Konsensualkontrakten des klassischen römischen Rechts (= Hamburger Rechtsstudien, Heft 54)
Hamburg 1965

Bettwach, Decker und Heinsius (Hgg.)
Entscheidungen des Königlichen Ober-Tribunals
Berlin 1837-1879

Blanke, Thomas, Erd, Rainer u.a. (Hgg.)
Quellentexte zur Geschichte des Arbeitsrechts in Deutschland
Bd. 1: 1840 bis 1933, Reinbek 1975

Braun, Johann
Schwan und Gans. Zur Geschichte des Zerwürfnisses zwischen Friedrich Carl von Savigny und Eduard Gans,
in: JZ 1979, S. 769ff.

ders.
Der Besitzrechtsstreit zwischen F.C. von Savigny und E. Gans,
in: Quad. Fior. 1980, S. 457ff.

Brückner, Hermann
Die Wohnungsmiethe nach gemeinem Recht
Weimar 1877

Bruns, Carl Georg
Das Recht des Besitzes im Mittelalter und in der Gegenwart
Darmstadt 1848, Neudruck Osnabrück 1965

ders.
Die Besitzklagen des römischen und heutigen Rechts
Weimar 1874

Calonge, Alfredo und Wacke, Andreas
Die Kündigungsgründe für die Wohnungsmiete im europäischen Recht seit Caracallas Reskript vom Jahre 214 n. Chr.,
in: ZEuP 1997, S. 1010ff.

Cicero, Marcus Tullius
Atticus Briefe - Epistulae ad Atticum, Lateinisch-Deutsche Ausgabe, hg. von Helmut Kasten
3. Aufl., München 1980

Coing, Helmut
Europäisches Privatrecht
Bd. 1: Älteres Gemeines Recht (1500 bis 1900), München 1985
Bd. 2: 19. Jahrhundert. Überblick über die Entwicklung des Privatrechts in den ehemals gemeinrechtlichen Ländern, München 1989

Collin, Peter
Die strafrechtliche Armierung der Sozialpolitik in Deutschland in historischer Perspektive,
in: forum historiae iuris. Erste Internet-Zeitschrift für Rechtsgeschichte, Artikel vom 31.01.2001

Conrad, Hermann
Die geistigen Grundlagen des Allgemeinen Landrechts für die preußischen Staaten von 1794
Köln 1958

Corpus iuris civilis
bearb. von Paul Krueger, Theodor Mommsen, Rudolf Schoell, Wilhelm Kroll
Bd. 1: Institutiones et Digesta, Dublin/ Zürich 1973
Bd. 2: Codex Iustinianus, Dublin/ Zürich 1967
Bd. 3: Novellae, Dublin/ Zürich 1972

Corpus iuris civils
hg. von Carl Ed. Otto, Bruno Schilling, Carl Friedrich Sintenis
7 Bde., Leipzig 1830ff.

Corpus Iuris Civilis. Text und Übersetzung
Bd. I: Institutionen, gemeinschaftlich übersetzt von Okko Behrens, Rolf Knütel, Berthold Kupisch, Hans Hermann Seiler, 2. Aufl., Heidelberg 1997

Dernburg, Heinrich
Lehrbuch des Preußischen Privatrechts und der Privatrechtsnormen des Reichs
Bd. 1: Die Allgemeinen Lehren und das Sachenrecht des Privatrechts Preußens und des Reichs, 4. Aufl., Halle a.d. Saale 1884
Bd. 2: Das Obligationenrecht Preußens und des Reiches und das Urheberrecht, 4. Aufl., Halle a.d. Saale 1889

ders.
Pandekten
Bd. 1: Allgemeiner Theil und Sachenrecht, 1. Aufl., Berlin 1884
Bd. 2: Obligationsrecht, 5. Aufl., Berlin 1897

ders.
Entwicklung und Begriff des juristischen Besitzes des römischen Rechts
Halle 1883.

Dieselhorst, Malte
Die Lehre des Hugo Grotius vom Versprechen
Köln 1959

Dölemeyer, Barbara,
Kodifikation und Projekte,
in: Handbuch der Quellen und Literatur der neueren europäischen Privatrechtsgeschichte, hg. von Helmut Coing, Bd. 3, München 1982, S. 1440 ff.

Dorn, Ulrike
Arbeitslosigkeit im System der öffentlichen Armenpflege des 19. Jahrhunderts – dargestellt am Beispiel Preußens,
in: ZNR 1993, S. 12ff.

Dulckeit, Gerhard
Die Verdinglichung obligatorischer Rechte (= Recht und Staat in Geschichte und Gegenwart. Eine Sammlung von Vorträgen und Schriften aus dem Gebiet der gesamten Staatswissenschaften, Bd. 158/159)
Tübingen 1951

Eccius, Max Ernst
Theorie und Praxis des heutigen gemeinen preussischen Privatrechts
5. Aufl., Berlin 1887

Eckhardt, Karl August (Hg.)
Sachsenspiegel
Aalen 1973

Eichhorn, Karl Friedrich
Einleitung in das deutsche Privatrecht mit Einschluß des Lehenrechts
Göttingen 1845

Emminghaus, Arwed
Das Armenwesen und die Armengesetzgebung in europäischen Staaten
Berlin 1870

Engel, Ernst
Die moderne Wohnungsnoth. Signatur, Ursachen und Abhülfe
Leipzig 1873

Erler, Adalbert u.a. (Hgg.)
Handwörterbuch zur deutschen Rechtsgeschichte
Bd. 1: Berlin 1964
Bd. 3: Berlin 1984
Bd. 4: Berlin 1990

Faust, Anselm
Arbeitsvermittlung und Arbeitslosenversorgung in Deutschland von der Mitte des 19. Jahrhunderts bis zum Ende des Kaiserreichs,
in: Arbeitsvermittlung und Arbeitslosenfürsorge in der neueren deutschen Rechtsgeschichte, hg. von Hans-Peter Benöhr (= Beiträge zur Rechtsgeschichte des 20. Jahrhunderts, Bd. 5, hg. von Knut Wolfgang Nörr, Bernd Rüthers, Dieter Simon, Michael Stolleis), Tübingen 1991, S. 105ff.

ders.
Arbeitsmarktpolitik im Deutschen Kaiserreich. Arbeitsvermittlung, Arbeitsbeschaffung und Arbeitslosenunterstützung 1890 – 1918
Stuttgart 1986

Finck von Finckenstein, Graf Hans Wolfram
Die Entwicklung der Landwirtschaft in Preußen und Deutschland von 1800 bis 1930
Würzburg 1960

Finkenauer, Thomas
Vom Allgemeinen Gesetzbuch zum Allgemeinen Landrecht – preußische Gesetzgebung in der Krise,
in: ZRG GA, Bd. 113 (1996), S. 40ff.

Fischer, Otto
Gutachten über die Frage: „Kauf bricht Miethe“,
in: Verhandlungen des 19. Dt. Juristentages, Bd. 2, Berlin/Leipzig 1888, S.312ff.

Fischer, Wolfram
Armut in der Geschichte. Erscheinungsformen und Lösungsversuche der „sozialen Frage“ in Europa seit dem Mittelalter
Göttingen 1982

ders., Krengel, Jochen und Wietog Jutta
Sozialgeschichtliches Arbeitsbuch Bd. I. Materialien zur Statistik des Deutschen Bundes 1815–1870 (= Statistische Arbeitsbücher zur neueren Geschichte, hg. von Jürgen Kocka und Gerhard A. Ritter)
München 1982

Flesch, Karl
Beitrag in der Debatte über die Wohnungsverhältnisse der ärmeren Klassen in deutschen Großstädten,
in: Verhandlungen der am 24. und 25. September 1886 in Frankfurt a.M. abgehaltenen Generalversammlung des Vereins für Socialpolitik über „Die Wohnungsverhältnisse der ärmeren Klassen in deutschen Großstädten“ (= Schriften des Vereins für Socialpolitik, Bd. 33), Leipzig 1887, S. 34ff.

Förster, Franz
Theorie und Praxis des heutigen gemeinen preußischen Privatrechts auf der Grundlage des gemeinen deutschen Rechts
4 Bände, 3. Aufl., Berlin, 1873/1874

Fuhrmann, Horst
Artikel „Pseudoisidorische Fälschungen“,
in: HRG, Bd. IV, hg. von Adalbert Erler u.a., Berlin 1990, Sp. 80ff.

ders.
Artikel „Pseudo-Isidor“,
in: LThK, Bd. VIII, hg. von Josef Höfer und Karl Rahner, Freiburg 1986, S. 864ff.

Funke, Gottlob Leberecht
Die Lehre von den Pertinenzen, aus der Natur der Sache und dem römischen Rechte, mit Rücksicht auf das heutige Maschinen-Wesen
Chemnitz 1850

Gaius
Die Institutionen des Gaius übersetzt von J. Lammeyer
Paderborn 1929

Geist, Johann Friedrich und Kürvers, Klaus
Das Berliner Mietshaus
Bd. 1: 1740-1862, München 1980
Bd. 2: 1862-1945, München 1984

Genius, Klaus
Der Bestandsschutz des Mietverhältnisses in seiner historischen Entwicklung bis zu den Naturrechtskodifikationen
Stuttgart 1972

Gersterding
„Kann ein Vormund Grundstücke des Mündels über die Dauer der Vormundschaft vermiethen oder verpachten?“,
in: AcP Bd. 4, S. 1ff.

Gesetzessammlung für die Königlich Preußischen Staaten Berlin 1806ff. (Reprint: Bad Feilnbach 1985)

Glück, Christian Friedrich
Ausführliche Erläuterung der Pandecten nach Hellfeld
Bd. 17: Erlangen 1815

Grotefend, G.U.
Preußisch-Deutsche Gesetz-Sammlung
Düsseldorf 1806ff.

Grotius, Hugo
De jure belli ac pacis libri tres. In quibus ius naturae et gentium, item iuris publici praecipua explicantur
Tübingen 1710

Hattenhauer, Hans
Die geistesgeschichtlichen Grundlagen des deutschen Rechts
3. Aufl., Heidelberg 1983

ders. (Hg.)
Allgemeines Landrecht für die Preußischen Staaten von 1794. Textausgabe mit einer Einführung von Dr. Hans Hattenhauer
Frankfurt a.M. 1970

Hausmaninger, Herbert & Selb, Walter
Römisches Privatrecht
8. Aufl., Wien 1997

Henning, Friedrich-Wilhelm
Die Industrialisierung in Deutschland 1800–1914 (= Friedrich-Wilhelm Henning, Wirtschafts- und Sozialgeschichte Bd. 2)
9. Aufl., Paderborn 1995

Hermann, Hanns Konrad
Der Miethvertrag, hauptsächlich in Bezug auf Wohnungen, nach gemeinem und königlich sächsischem Rechte, mit Rücksicht auf die besonderen Bestimmungen für die Stadt Dresden, zur Anleitung für Rechtsunkundige und zur Benutzung für Juristen
Dresden/Leipzig 1840

Heumann, Hermann G.
Artikel *„locare"*,
in: Handlexikon zum Corpus juris civile, Jena 1846, S. 317f.

Heusler, Andreas
Die Gewere
Neudruck der Ausgabe Weimar 1872, Aalen 1968

Hintze, F.
Der Satz „Kauf bricht Miete" im römischen Recht
Rostock 1888

Höfer, Josef & Rahner, Karl (Hgg.)
Lexikon für Theologie und Kirche
Bd 8: 2. Aufl., Freiburg 1963, Sonderausgabe 1986

Holzschuher, Rudolph von
Theorie und Casuistik des gemeinen Civilrechts. Ein Handbuch für Praktiker
3 Bde., Leipzig 1843ff.

Honsell, Heinrich
Römisches Recht
3. Aufl., Berlin1994

Ihering, Rudolf von
Über den Grund des Besitzschutzes. Eine Revision der Lehre vom Besitz
1. Aufl., Jena 1868
2. Aufl., Jena 1869

ders.
Der Besitzwille: zugleich eine Kritik der herrschenden juristischen Methode
Jena 1889

Jacobi, Leonard
Miethe und Pacht. Ihre Stellung in der Kulturgeschichte, im Privatrecht und im System des Entwurfs des BGB für das Dt. Reich
Berlin 1889

Jelowik, Lieselotte
Die standesungleiche Ehe in Preußen im 19. Jahrhundert,
in: ZNR 1995, S. 177ff.

Jörs, Paul & Kunkel, Wolfgang
Römisches Privatrecht
3. Aufl., Heidelberg 1949

Jüttner, Bernhard
Zur Geschichte des Grundsatzes „Kauf bricht nicht Miete"
Münster 1960

Kaser, Max
Das Römische Privatrecht
Erster Abschnitt, Das Altrömische, das vorklassische und klassische Recht (= Rechtsgeschichte des Altertums im Rahmen des Handbuchs der Altertumswissenschaft, Dritter Teil, Dritter Band, Erster Abschnitt), 1. Aufl. München 1955 und 2. Aufl. München 1971
Zweiter Abschnitt, Die nachklassischen Entwicklungen (= Rechtsgeschichte des Altertums im Rahmen des Handbuchs der Altertumswissenschaft, Dritter Teil, Dritter Band, Zweiter Abschnitt), 2. Aufl. München 1975

ders.
Periculum locatoris
in: ZRG RA, Bd. 74 (1957), S. 155ff.

ders. und Knütel, Rolf
Römisches Privatrecht
17. Aufl., München 2003

Keller, Friedrich Ludwig von
Pandekten
2 Bde., 1866, Nachdruck Frankfurt a.M. 1982

Kleinheyer, Gerd und Schröder, Jan
Deutsche Juristen aus fünf Jahrhunderten
3. Aufl., Heidelberg 1989

Knütel, Rolf
Contrarius consensus. Studien zur Vertragsaufhebung im römischen Recht (= Forschungen zum römischen Recht, hg. von Max Kaser, Wolfgang Kunkel, Franz Wieacker, 24. Abhandlung)
Köln 1968

Köbler, Gerhard
Bilder aus der deutschen Rechtsgeschichte von den Anfängen bis zur Gegenwart
München 1988

Koch, Christian F.
Die Lehre vom Besitz nach Preußischem Rechte, mit Rücksicht auf das gemeine Recht und die Materialien des Allgemeinen Landrechts
2. Aufl., Breslau 1839, Nachdruck Frankfurt a.M. 1985

ders.
Allgemeines Landrecht für die preußischen Staaten. Unter Andeutung der obsoleten oder aufgehobenen Vorschriften und Einschaltung der jüngeren noch geltenden Bestimmungen
Bd. 2: Berlin 1875

Koschaker, Paul
Europa und das römische Recht
4. Aufl., München 1966

Krause, Peter
Das gemeine Recht und seine Kodifiaktion durch das allgemeine Landrecht,
in: Das Preußische Allgemeine Landrecht. Politische, rechtliche und soziale Wechsel- und Fortwirkungen, hg. von Jörg Wolff, Heidelberg 1995, S. 69ff.

Krüger, Paul und Studemund, Wilhelm (Hgg.)
Gai Institutiones ad codicis Veronensis apographum studemundianum novis curis auctum in usus scholarum
(= Collectio liberorum iuris anteiustiniani in usus scholarum, hg. von Paul Krüger, Theodor Mommsen und Wilhelm Studemund, Bd. 1)
7. Ed., Berlin 1923

Kübel, Franz Philipp von
Recht der Schuldverhältnisse Teil 2, Besonderer Teil (= Die Vorlagen der Redaktoren für die erste Komission zur Ausarbeitung des Entwurfs eines Bürgerlichen Gesetzbuches, hg. von Werner Schubert)
Nachdruck der als Manuskript vervielfältigten Ausgabe aus den Jahren 1876-1883, Berlin 1980

Kuczynski, Jürgen
Die Geschichte der Lage der Arbeiter in Deutschland von 1800 bis in die Gegenwart
Bd. 1: 1800-1932, 3. Aufl., Berlin 1947

Leyser, August Polycarpus
Meditationes ad pandectas
Leipzig 1741

Löning, Edgar
Armenwesen,
in: Handbuch der politischen Ökonomie, 2. Halbband, hg. von Gustav von Schönberg, 4. Aufl., Tübingen 1898, S. 395ff.

Löning, George A.
Die Grundstücksmiete als dingliches Recht
Jena 1930

Luig, Klaus
Der Spätpandektist Heinrich Dernburg als Begründer der Wissenschaft vom preußischen Privatrecht,
in: 200 Jahre Allgemeines Landrecht für die Preußischen Staaten. Wirkungsgeschichte und internationaler Kontext, hg. von Barbara Dölemeyer & Heinz Mohnhaupt (= Ius Comune. Veröffentlichungen des Max-Planck-Instituts für Europäische Rechtsgeschichte Frankfurt a.M.. Sonderhefte. Studien zur Europäischen Rechtsgeschichte Bd. 75), Frankfurt a.M. 1995, S. 211ff.

ders. und Dölemeyer, Barbara
Alphabetisches Verzeichnis der neuen Literatur über F. C. v. Savigny (1779-1861),
in: Quad. Fior. 1980, S. 501ff.

Maasen, Friedrich
Zur Dogmengeschichte der Spolienklage,
in: Jahrbuch des gemeinen deutschen Rechts, hg. von Bekker und Muther, Bd. 3, Nachdruck der Ausgabe Leipzig 1859, Vaduz 1981, S. 227ff.

Malsbenden, Petra
Die rechtliche Stellung der Frau im ehelichen Güterrecht vom ALR zum BGB (= Europäische Hochschulschriften Bd. 1083)
Frankfurt a.M. 1991

Mannkopf, A.J. (Hg.)
Ergänzungen und Abänderungen der Preussischen Gesetzbücher oder Sammlung aller das Allgemeine Landrecht, die Allgemeine Gerichts-, Criminal-, Hypotheken- und Deposital-Ordnung ergänzenden, abändernden und erläuternden Gesetze und Königlichen Verordnungen verbunden mit einem Repetitorium der Justiz-Ministerial-Rescripte und der Simon- und v. Strampffschen Sammlung von Rechtssprüchen der Preussischen Gerichtshöfe enthaltendenen Judicate nach den Materien der Gesetzbücher geordnet,
Bd. 1: Berlin 1835, Nachdruck 1985
Bd. 7: Berlin 1837, Nachdruck 1985
Bd. 8: Berlin 1840, Nachdruck 1985
Bd. 9: Berlin 1847, Nachdruck 1985

Maurenbrecher, D. Romeo
Lehrbuch des heutigen gemeinen deutschen Rechts
Bonn 1832

Mayer-Maly, Theo
Locatio Conductio. Eine Untersuchung zum klassischen römischen Recht (= Wiener Rechtsgeschichtliche Arbeiten Bd. 4, hg. vom Institut für Europäische Rechtsgeschichte in Wien)
Wien 1956

ders.
Römisches Privatrecht
Wien 1991

Meißner, Wilhelm
Der Miethvertrag nach dem im Königreich Sachsen geltenden Rechte. Unter Berücksichtigung der Spruchpraxis, mit Erläuterungen und einem Anhange, Beispiele zu Miethverträgen enthaltend
Leipzig 1874

Mühlenbruch, C.F.
Lehrbuch des Pandektenrechts,
2. Theil: 3. Aufl., Halle 1840

Müller, P.G.
Die deutschen Mietervereine
Stolp i.Pom. 1908

Münsterberg, Emil
Die deutsche Armengesetzgebung und das Material zu ihrer Reform
Leipzig 1887

Nipperdey, Thomas
Deutsche Geschichte 1800-1866. Bürgerwelt und starker Staat
München 1983

Novum Corpus Constitutionum Prussico-Brandenburgensium
Bd. 6: Berlin 1781

Ogris, Werner
Artikel „Besitz“
in: HRG, Bd. I, hg. von Adalbert Erler u.a., Berlin 1971, Sp. 390ff.

ders.
Artikel „*Gewere*“,
in: HRG, Bd. I, hg. von Adalbert Erler u.a., Berlin 1971, Sp. 1658ff.

Ott, Hugo und Schäfer, Hermann (Hgg.)
Der Wirtschaftsploetz. Die Wirtschaftsgeschichte zum Nachschlagen
Würzburg 1984

Otte, Gerhard
Die dingliche Rechtsstellung des Mieters nach ALR und BGB,
in: Festschrift für Franz Wieacker zum 70. Geburtstag, hg. von Okko Behrends u.a., Göttingen 1978, S. 463ff.

Palandt
Bürgerliches Gesetzbuch, bearb. von Dr. Peter Bassenge, Dr. Gerd Brudermüller, Prof. Dr. Uwe Diederichsen, Wolfgang Edenhofer, Prof. Dr. Helmut Heinrichs, Präsident des Oberlandesgerichts Bremen a.D., Prof. Dr. Andreas Heldrich, Prof. Dr. Hans Putzo, Hartwig Sprau, Prof. Dr. Heinz Thomas und Walter Weidenkaff (= Becksche Kurz-Kommentare, Bd. 7)
63. Aufl., München 2004

Ploetz
Deutsche Geschichte. Epochen und Daten, hg. von Werner Conze und Volker Hentschel
6. Aufl., Darmstadt 1996

Puchta, Georg Friedrich
Pandekten
3. Aufl., Leipzig 1845, Nachdruck Frankfurt a.M. 1982

Pütter, Johann Stephan
Entwurf eines allgemeinen Gesetzbuches für die Preußischen Staaten,
in: Göttingische Anzeigen von gelehrten Sachen unter der Aufsicht der königlichen Gesellschaft der Wissenschaften, 105. Stück vom 01.07.1784, S. 1049

Rehbein, Hugo und Reincke, O. (Hgg.)
Allgemeines Landrecht für die Preußischen Staaten
2. Aufl., Berlin 1882

Repgow, Eike von
Der Sachsenspiegel. In hochdeutscher Übersetzung von Dr. Paul Kaller
München 2002

Roscher, Wilhelm
System der Armenpflege und Armenpolitik
Stuttgart 1894

Rosenberg, Matthias Freiherr von
Friedrich Carl von Savigny (1779-1861) im Urteil seiner Zeit (= Rechtshistorische Reihe, hg. von H.-J. Becker u.a., Bd. 215)
Frankfurt a.M. 2000

Ruhstrat
Über das constitutum possessorium,
in: Jahrbücher für die Dogmatik des heutigen römischen und deutschen Privatrechts, hg. von Rudolf v. Ihering & Joseph Unger, Bd. 14, Jena 1875, Nachdruck Frankfurt a.M. 1969, S. 341ff.

Sachße, Christoph und Tennstedt, Florian (Hgg.)
Geschichte der Armenfürsorge in Deutschland
Bd. 1: Vom Spätmittelalter bis zum 1. Weltkrieg, 2. Aufl., Stuttgart 1998
Bd. 2: Fürsorge und Wohlfahrtspflege 1871 bis 1929, Stuttgart 1988

dies. (Hgg.)
Bettler, Gauner und Proleten. Armut und Armenfürsorge in der deutschen Geschichte
2. Aufl., Frankfurt a.M. 1998

Savigny, Friedrich Carl von
System des heutigen römischen Rechts
Bd.1: Neudruck der Ausgabe Berlin 1840, Aalen 1981

ders.
Das Recht des Besitzes
1. Aufl., Gießen 1803

Schröder, Rainer
Wirtschafts- und Arbeitsrecht in der Rechtsprechung zum ALR in der ersten Hälfte des 19. Jahrhunderts,
in: 200 Jahre Allgemeines Landrecht für die Preußischen Staaten. Wirkungsgeschichte und internationaler Kontext, hg. von Barbara Dölemeyer & Heinz Mohnhaupt (= Ius Comune. Veröffentlichungen des Max-Planck-Instituts für Europäische Rechtsgeschichte Frankfurt a.M.. Sonderhefte. Studien zur Europäischen Rechtsgeschichte Bd. 75), Frankfurt a.M. 1995, S. 239ff.

Schubert, Werner und Regge, Jürgen (Hgg.)
Quellen zur preußischen Gesetzgebung des 19. Jahrhunderts
Lichtenstein 1981ff.

Schulze, Wolfgang Georg
Die *laesio enormis* in der deutschen Privatrechtsgeschichte
Münster 1973

Schwennicke, Andreas
Die Enstehung der Einleitung des Preußischen Allgemeinen Landrechts von 1794 (= Ius Comune. Veröffentlichungen des Max-Planck-Instituts für Europäische Rechtsgeschichte Frankfurt a.M.. Sonderhefte. Studien zur Europäischen Rechtsgeschichte Bd. 61), Frankfurt a.M. 1993

Schweppe, Albrecht
Das System des Concurses der Gläubiger nach dem gemeinen in Deutschland geltenden Recht
3. Aufl., Göttingen 1829

Seuffert, Johann Adam
Lehrbuch des praktischen Pandektenrechts in 3 Bänden
Würzburg 1825

ders. (Hg.)
Archiv für Entscheidungen der obersten Gerichte in den deutschen Staaten
München 1847ff.

Seuffert, Lothar von
Civilprozeßordnung für das Deutsche Reich, nebst dem Einführungsgesetze vom 30. Januar 1877. Kommentar
4. Aufl., Nördlingen 1889

Sintenis, Carl Friedrich Ferdinand
Das practische Civilrecht
Bd. 1: Die allgemeinen Lehren und das Sachenrecht, 1. Aufl., Leipzig 1844
Bd. 2: Das Obligationenrecht, 1. Aufl., Leipzig 1851

Stolleis, Michael
Quellen zur Geschichte des Sozialrechts
Göttingen 1976

Süß, Werner
Heinrich Dernburg – Ein Spätpandektist im Kaiserreich: Leben und Werk (= Münchener Universitätsschriften. Abhandlungen zur rechtswissenschaftlichen Grundlagenforschung Bd. 74, hg. im Auftrag der Jur. Fakultät von Arthur Kaufmann, Peter Landau, Dieter Nörr)
Ebelsbach 1991

Svarez, Carl Gottlieb
Schlußvorträge zu Titel 21 § 358,
in: Kamptz' Jahrbuch 41 (1833), S. 67

ders.
Sammlung alter und neuer schlesischer Provinzialgesetze zum täglichen Gebrauche für Richter und Advocaten
3 Bde., Breslau 1771ff.

ders.
Die Kronprinzenvorlesungen 1791/1792
Erster Theil. Staatsrecht, hg. von Peter Krause, Stuttgart – Bad Cannstatt 2000 (= Carl Gottlieb Svarez, Gesammelte Schriften, hg. von Peter Krause in Verbindung mit der Forschungsstelle Vernunftrecht und Preußische Rechtsreform der Universität Trier, Erste Abteilung, Eigene Werke, Bd. 4.1)
Zweiter Theil. Das positive preußische Recht, hg. von Peter Krause, Stuttgart – Bad Cannstatt 2000 (= Carl Gottlieb Svarez, Gesammelte Schriften, hg. von Peter Krause in Verbindung mit der Forschungsstelle Vernunftrecht und Preußische Rechtsreform der Universität Trier, Erste Abteilung, Eigene Werke, Bd. 4.2)

Tennstedt, Florian
Vom Proleten zum Industriearbeiter. Arbeiterbewegung und Sozialpolitik in Deutschland 1800-1914
Köln 1983

Teuteberg, Hans J. und Wischermann Clemens
Wohnalltag in Deutschland 1850-1914. Bilder – Daten – Dokumente (= Studien zur Geschichte des Alltags, Bd. 3, hg. von Hans J. Teuteberg & Peter Borscheid)
Münster 1985

Thibaut, Anton Friedrich Justus
System des Pandekten-Rechts
2 Bde., 1833, Nachdruck Frankfurt a.M. 1982

Thieme, Hans
Artikel „Gemeines Recht",
in: HRG, Bd. I, hg. von Adalbert Erler u.a., Berlin 1971, Sp. 1506ff.

Trenk-Hinterberger, Peter
Artikel „Miete",
in: HRG, Bd. III, hg. von Adalbert Erler u.a., Berlin 1984, Sp. 536ff.

Vangerow, Karl Adolf von
Lehrbuch der Pandekten
Bd. III, 6. Aufl., Marburg/Leipzig 1851

Wagner, Wolfgang
Die Wissenschaft des gemeinen römischen Rechts und das Allgemeine Landrecht für die Preußischen Staaten,
in: Wissenschaft und Kodifikation des Privatrechts im 19. Jahrhundert, hg. von Helmut Coing und Walter Wilhelm, Frankfurt a.M. 1974, S. 119ff.

Walch, Karl Friedrich
Introductio in controversias juris civilis recentiores inter jurisconsultos agitatas
3. Aufl., Jena 1791

Weber-Will, Susanne
Die rechtliche Stellung der Frau im Privatrecht des Preußischen Allgemeinen Landrechts von 1794 (= Europäische Hochschulschriften Bd. 350)
Frankfurt a.M. 1983

Wehler, Hans Ulrich
Moderne deutsche Sozialgeschichte
Köln 1976

ders.
Deutsche Gesellschaftsgeschichte
2. Band: Von der Reformära bis zur industriellen und politischen „Deutschen Doppelrevolution“ 1815-1845/49, München 1987

Wieacker, Franz
Industriegesellschaft und Privatrechtsordnung
Frankfurt a.M. 1974

Windscheid, Bernhard
Lehrbuch des Pandektenrechts in 3 Bänden
7. Aufl., Frankfurt a.M. 1891

Wolff, Christian
Jus Naturae
Hildesheim 1968 (Nachdruck der Ausgabe Halle/Magdeburg 1743)

Wolter, Udo
Mietrechtlicher Bestandsschutz. Historische Entwicklung seit 1800 und geltendes Wohnraum-Kündigungsschutzrecht
Frankfurt a.M. 1984

Ziebarth, Karl
Die Realexekution und die Obligation. Mit besonderer Rücksicht auf die Miethe erörtert nach römischen und deutschem Recht in Vergleich mit dem preußischen
Halle 1866

Abkürzungsverzeichnis

Die Abkürzungen folgen weitgehend den Vorschlägen von Hildebert Kirchner, Abkürzungsverzeichnis der Rechtssprache, 3. Aufl., 1983.

a.A.	anderer Ansicht
a.a.O.	am angegebenen Ort
AcP	Archiv für civilistische Praxis
a.E.	am Ende
Alf.	Alfenus
ALR	Allgemeines Landrecht für die Preußischen Staaten von 1794
Anm.	Anmerkung
Aufl.	Auflage
Bd./Bde.	Band/Bände
BGB	Bürgerliches Gesetzbuch
Codex	Codex Iustiniani
D.	Digesta Iustiniani
ders.	derselbe
d.h.	das heißt
dies.	dieselben
DRW	Deutsches Rechtswörterbuch
Ed.	Edition
f./ff.	folgende (Singular/Plural)
Fn.	Fußnote
FS	Festschrift
Gai.	Gaius
hg.	herausgegeben
Hg./Hgg.	Herausgeber (Singular/Plural)
HRG	Handwörterbuch zur deutschen Rechtsgeschichte
h.M.	herrschende Meinung
Inst.	Institutiones Iustiniani
Jhdt.	Jahrhundert
JZ	Juristenzeitung
Lab.	Labeo
LThK	Lexikon für Theologie und Kirche
Modest.	Modestinus
n.Chr.	nach Christus
Ner.	Neratius
OAG	Oberappellationsgericht
OG	Obergericht
OLG	Oberlandesgericht
Paul.	Paulus

Pompon.	Pomponius
Quad. Fior.	Quaderni Fiorentini per la storia del pensiero giuridico moderno
RGBl.	Reichsgesetzblatt
RGZ	Amtliche Sammlung des Reichsgerichts in Zivilsachen
röm.	römisch
S.	Seite
Sp.	Spalte
u.a.	unter anderem
Ulp.	Ulpian
Vgl./vgl.	Vergleich/vergleiche
v.Chr.	vor Christus
z.B.	zum Beispiel
ZEuP	Zeitschrift für Europäisches Privatrecht
ZfA	Zeitschrift für Arbeitsrecht
ZNR	Zeitschrift für neuere Rechtsgeschichte
ZRG GA	Zeitschrift der Savigny-Stiftung für Rechtsgeschichte, 113 Bd. (1996), Germ. Abt.
ZRG RA	Zeitschrift der Savigny – Stiftung für Rechtsgeschichte, Romanistische Abteilung

Diese Arbeit wurde unter Berücksichtigung der Regeln der „alten Rechtschreibung"verfaßt.

Einleitung

I. Einführende Bemerkungen

Die Miete zählt zu den wohl ältesten Rechtsgeschäften im täglichen Leben der Menschen. Bereits die frühen Rechte, wie etwa das ägyptische Recht, kannten Regeln für die Miete z.B. von Tieren, Schiffen oder auch Immobilien.[1]

Das Mietverhältnis stellt aus wirtschaftlicher Sicht einen ständigen Konflikt zwischen dem Bedürfnis des Eigentümers nach Verwertung der Sache ohne Aufgabe des Eigentums und dem Bedürfnis des Mieters, dem meist die Mittel zum Erwerb der Sache fehlen, nach dem Gebrauch derselben dar.[2] Diese soziale und wirtschaftliche Konstellation zwischen Mieter und Vermieter ist im Laufe der Zeit immer wieder verändert worden. Zeitweilig standen die wirtschaftlichen Interessen des Vermieters stärker im Vordergrund, dann wurde wieder den sozialen Bedürfnissen des Mieters vermehrt Rechnung getragen. Dieser ständige Wandel der sozialen und wirtschaftlichen Konstellationen hat die rechtliche Entwicklung der Miete stark bestimmt und findet seinen Ausdruck in verschiedenen mietrechtlichen Konzeptionen.

Die folgende Untersuchung will die rechtliche Entwicklung der Miete durch Gesetzgeber und Wissenschaft im Zusammenhang mit dem sozialen und wirtschaftlichen Wandel im 19. Jahrhundert im Rahmen der industriellen Revolution durchleuchten. Für diese Untersuchung sind folgende Voraussetzungen festzulegen:

Vor 1900, d.h. vor dem Inkrafttreten des BGB, war der Begriff der Miete weiter gefaßt als im BGB und beinhaltete neben dem heute üblichen z.B. auch die entgeltliche Nutzungsüberlassung der Arbeitskraft einer Person.[3] So umfaßte die *locatio conductio* im römischen Recht Tatbestände, die wir heute unter die Begriffe Miete, Pacht, Werk- und Dienstvertrag verteilen. Dementsprechend unterteilt man die *locatio conductio* nach der modernen Betrachtung in verschiedene Unterarten, die den Römern selbst jedoch fremd waren,[4] - die *locatio conductio rei*, die *locatio conductio operis* und die *locatio conductio operarum*.

Die Haupteinteilung in *locatio rei* (Sachmiete) und *locatio operarum* (Dienstmiete) war auch im 19. Jahrhundert durchaus üblich.[5]

Aus diesem weitgefaßten Begriff der Miete vor 1900 soll im Rahmen dieser Arbeit nur der Begriff der Miete nach der heutigen Terminologie behandelt werden.

---

[1] Trenk-Hinterberger, Artikel "Miete", in: HRG, Bd. III, 1984, Sp. 537.
[2] Trenk-Hinterberger, Artikel "Miete", in: HRG, Bd. III, 1984, Sp. 536.
[3] Trenk-Hinterberger, Artikel "Miete", in: HRG, Bd. III, 1984, Sp. 536.
[4] Honsell, Röm. Recht, 1994, § 48, S. 121.
[5] Siehe zum Beispiel bei Keller, Pandekten, 1866, Bd. 2, § 334.

Miete im heutigen Sinne ist ein Schuldvertrag, der auf entgeltliche und zeitlich begrenzte Gebrauchsüberlassung einer Sache oder eines Sachteils (z.B. eines Raumes) gerichtet ist.[6] Aus diesem eingegrenzten Begriff der Miete als zeitlich begrenzter Gebrauchsüberlassung gegen Entgelt nach unserem heutigen Verständnis soll die Wohnraummiete Gegenstand dieser Arbeit sein.
Die Untersuchung des Mietrechts insbesondere im Hinblick auf die Miete von Wohnraum ist vor allem vor dem Hintergrund des Mieterschutzes von großem Interesse: Im 19. Jahrhundert nahm die Bevölkerungszahl rapide zu, immer mehr Menschen zogen im Zuge der Industrialisierung vom Land in die Städte, es kam zu Erscheinungen wie Massenarmut und -verwahrlosung, die allgemein unter dem Stichwort des Pauperismus bekannt sind, die Nachfrage nach billigem Wohnraum in den Städten wuchs. In Anbetracht dieser Verhältnisse stellt sich die Frage, ob es für den Mieter ausreichenden Schutz gab, ob verschiedene rechtliche Ausgestaltungen des Mietrechts den Mieterschutz möglicherweise begünstigten oder ob vor allem den wirtschaftlichen Interessen der Vermieter Rechnung getragen wurde.
Im Hinblick auf den Schutz des Mieters ist ein besonderes Augenmerk auf den Bestandsschutz für den Mieter zu legen. Bei der Betrachtung des Bestandsschutzes spielen zum einen der Kündigungsschutz für den Mieter und zum anderen die rechtliche Situation des Mieters im Falle des Verkaufs der Mietsache eine entscheidende Rolle.
Bestandsschutz durch Kündigungsschutz zugunsten des Mieters bedeutet für den Vermieter immer, daß im Interesse des wirtschaftlich schwächeren Vertragspartners seine Verfügungsgewalt über seine Sache beschränkt wird. Auch der Grundsatz der Vertragsfreiheit, der selbstverständlich die Beendigungsfreiheit umfaßt, wird durch den Kündigungsschutz eingeschränkt. Der freien Beendigung des Vertragsverhältnisses werden durch zeitliche Gründe wie etwa Fristen oder sachliche Gründe, wie das Vorliegen bestimmter Kündigungsgründe, erhebliche Grenzen gesetzt.
Ziel der vorliegenden Arbeit ist es, zu untersuchen, welche Wege im 19. Jahrhundert zum einen im Preußischen Allgemeinen Landrecht, zum anderen im gemeinen Recht gegangen wurden, um diese widerstreitenden Interessen zu vereinen. Dabei soll der Blick auch auf die tatsächliche Situation der Mieter im Alltag und in der Rechtsprechung gerichtet sein. Die Methodik sowie die Schwerpunkte der Arbeit werden im folgenden dargestellt.

---

[6] Vgl. beispielhaft Palandt, BGB, 63. Aufl. 2004, Einf. v.§ 535, Rn. 1.

II. Methodik und Quellen

1. Aufbau und Zielsetzung

Die Untersuchung gliedert sich im wesentlichen in zwei Teile:
Der erste Teil wird sich mit der sozialen Wirklichkeit für den Mieter im 19. Jahrhundert beschäftigen. In diesem Teil (1. Kapitel) sollen vor allem die folgenden Fragestellungen geklärt werden:

- Wie stellte sich die Situation für den Mieter im Alltag tatsächlich dar?
- War eine Situation gegeben, in der der Schutz für den Mieter als dem sozial Schwächeren überhaupt nötig war?

Mit diesem ersten einleitenden Teil soll quasi das "Bühnenbild" gefertigt werden, in dem bestimmte rechtliche Konstruktionen galten und die Juristen des 19. Jahrhunderts agierten und reagierten.
Der zweite Teil und Hauptteil der Untersuchung beleuchtet im Anschluß an die zuvor dargestellte tatsächliche Situation des Mieters die rechtliche Lage. Hier wird eine weitere Untergliederung anhand der folgenden Fragen erfolgen:

- Was sahen die mietrechtlichen Konzeptionen des gemeinen Rechts und des Preußischen Allgemeinen Landrechts von 1794 aus? Gab es ergänzende Gesetze? (2. und 3. Kapitel)
- Worin unterschieden sich die genannten mietrechtlichen Konzeptionen und wie wirkten sie sich in der Praxis für den Mieter aus? Fand die Rechtsprechung Lösungsansätze, um die verschiedenen Konzeptionen "anzugleichen"? Wie reagiert die Wissenschaft hierauf? (4. Kapitel)

Dem zweiten Teil und Hauptteil der Arbeit liegen dabei die folgenden Erwägungen zugrunde:
Das in weiten Teilen Deutschlands im 19. Jahrhundert bestimmende Recht war das Preußische Allgemeine Landrecht von 1794. Nach diesem Recht lebten zahlreiche Menschen, so auch zahlreiche Mieter in der Hauptstadt Preußens, Berlin, einer Stadt, deren Leben erheblich von der Industrialisierung und dem damit verbundenen Zuzug von Menschen in die Stadt bestimmt wurde. Diese mit der Industrialisierung verbundene Zeit des Umbruchs stellte erhebliche Anforderungen an das Recht. Inwiefern das Preußische Allgemeine Landrecht diesen Anforderungen gewachsen war, soll ein Vergleich mit den mietrechtlichen Konstruktionen des gemeinen Rechts zeigen.
Für die angestrebte vergleichende Darstellung mit dem Preußischen Allgemeinen Landrecht bietet sich das gemeine Recht in verschiedener Hinsicht an: Zum einen galt es vor 1794 in Preußen, so daß durch den Vergleich deutlich wird, was sich mit dem Inkrafttreten des Preußischen Allgemeinen Landrechts für die Mieter in Preußen änderte. Zum anderen galt in bestimmten Teilen Deutschlands bis zum Inkrafttreten des Bürgerlichen Gesetzbuches am 01.01.1900 das gemeine Recht neben dem Preußischen Allgemeinen Landrecht. Die Darstellung

macht damit auch deutlich, wie sich die Situation der Mieter in verschiedenen deutschen Gebieten zu derselben Zeit darstellte und behandelt wurde.
Der Vergleich zwischen den mietrechtlichen Konzeptionen im Preußischen Allgemeinen Landrecht und im gemeinen Recht bietet sich aber darüber hinaus vor allem deshalb an, da es sich um völlig unterschiedliche Konzeptionen handelte und insbesondere das preußische Recht einige Besonderheiten beinhaltete:
Bereits bei einer ersten und nur oberflächlichen Betrachtung der mietrechtlichen Regelungen im Preußischen Allgemeinen Landrecht und im gemeinen Recht fallen vor allem zwei Punkte sofort auf, die wenigstens auf den ersten Blick erhebliche Unterschiede für den Mieter mit sich bringen:

1. Im Preußischen Allgemeinen Landrecht war das Mietrecht im Gegensatz zum gemeinen Recht nicht schuldrechtlicher, sondern dinglicher Natur.
2. Im Preußischen Allgemeinen Landrecht galt im Gegensatz zum gemeinen Recht nicht der Grundsatz "Kauf bricht Miete", sondern das Gegenteil ("Kauf bricht nicht Miete").

Betrachtet man diese unterschiedlichen Konstruktionen, so stellt sich die Frage, warum das preußische Recht vom gemeinen Recht abwich und welche Auswirkungen dieses für den Mieter hatte.
Der Spätpandektist Heinrich Dernburg[7] schreibt in seinem Werk "Die Allgemeinen Lehren und das Sachenrecht des Privatrechts Preußens und des Reichs"[8]: "Das Recht des Miethers oder Pächters wird bei uns dinglich mit Erwerbung des Miethbesitzes, so daß es auch an Grundstücken ohne Eintragung Wirkung gegen Dritte hat. In dieser Dinglichkeit liegt eine Eigenthümlichkeit des preußischen Miethrechts, von Bedeutung für das System des Rechts, aber auch von tiefgreifender socialer Wichtigkeit"[9].
Auch eine Aussage Svarez' in den Schlußvorträgen zum Preußischen Allgemeinen Landrecht zur Frage der Aufnahme des Grundsatzes "Kauf bricht nicht Miete" in das preußische Recht machte deutlich, daß der Gesetzgeber des Preußi-

---

[7] Von Heinrich Dernburg (1829-1907), als Professor in Zürich, Halle a.d.Saale und Berlin tätig, wird im Laufe der Arbeit noch häufiger die Rede sein. Seine Hauptwerke sind das „Lehrbuch des preußischen Privatrechts" in drei Bänden (1871-1880), sowie die „Pandekten" ebenfalls in drei Bänden (1884-1887). Wie im Laufe der Arbeit deutlich werden wird, berücksichtigte Dernburg in seinem Lehrbuch – anders als die meisten anderen Privatrechtslehrbücher der Zeit – u.a. auch Verkehrsbedürfnisse (vgl. unten S. 86). Zur Person und dem Werk Dernburgs sei an dieser Stelle nur auf das grundlegende Werk von Werner Süß, Heinrich Dernburg – Ein Spätpandektist im Kaiserreich: Leben und Werk, Ebelsbach 1991, sowie die Ausführungen von Klaus Luig, Der Spätpandektist Heinrich Dernburg als Begründer der Wissenschaft vom preußischen Privatrecht, in: Barbara Dölemeyer und Heinz Mohnhaupt (Hgg.), 200 Jahre Allgemeines Landrecht für die Preußischen Staaten. Wirkungsgeschichte und internationaler Kontext, Frankfurt a.M. 1995, S. 211ff., verwiesen.
[8] 4. Auflage Halle an der Saale 1884.
[9] Dernburg, Allg. Lehren, 1884, S. 46f..

schen Allgemeinen Landrechts von sozialpolitischen Intentionen geleitet wurde.[10]
Vor dem Hintergrund dieser Äußerungen Dernburgs und Svarez' stellt sich die Frage, ob die rechtliche Stellung des Mieters durch das Preußische Allgemeine Landrecht tatsächlich besser gesichert war als durch das gemeine Recht. Diese Frage soll mit Hilfe eines ausführlichen Vergleichs der mietrechtlichen Regelungen vor dem Hintergrund der tatsächlichen sozialen Gegebenheiten untersucht werden. Neben der sozialen Wirklichkeit soll vor allem die rechtliche Situation der Mieter betrachtet werden, die sich zum einen aus den genannten Quellen - Preußisches Allgemeines Landrecht und gemeines Recht - zum anderen aber auch aus speziellen Mietgesetzen und Verordnungen, die das geltende Recht ergänzten, ergab.
Dabei wird zunächst das Mietrecht im gemeinen Recht – mit dessen Grundlagen im „klassischen römischen Recht" – und sodann das Mietrecht im Preußischen Allgemeinen Landrecht dargestellt, wobei sowohl das Mietrecht im gemeinen Recht als auch das Mietrecht im Preußischen Allgemeinen Landrecht zunächst rein theoretisch dargestellt. In der Folge werden die beiden mietrechtlichen Konzeptionen verglichen. Dabei wird auch auf die Rechtsprechung Bezug genommen.
Der Verfasserin ist bewußt, daß sich auch eine andere Gliederung angeboten hätte und zwar dergestalt, daß ausgehend von einzelnen tatsächlichen Problemen, wie beispielsweise Mängeln der Mietsache oder Kündigungsgründen, die Lösungen des antiken Rechts, des gemeinen Rechts, des Preußischen Allgemeinen Landrechts nacheinander dargestellt und sodann verglichen werden, bevor dann das nächste Problem aufgegriffen und auf diese Art und Weise bearbeitet wird.
Gegen diese Vorgehensweise hat sich die Verfasserin jedoch bewußt entschieden, da es nach Auffassung der Verfasserin zu einem besseren Verständnis der einzelnen mietrechtlichen Konzeptionen führt, wenn diese zunächst als geschlossene Systeme dargestellt und erst abschließend miteinander verglichen werden.

2. Quellen

Quellen bei der Erarbeitung des vorliegenden Themas sind vor allem gesetzliche Regelungen, Lehrbücher, Monographien und sonstige Schriften aus dem 19. Jahrhundert, darüber hinaus Gesetzes- und Urteilssammlungen sowie Gesetzgebungsmotive. Insoweit wird auf das Literaturverzeichnis verwiesen.
Unter Berücksichtigung des derzeitigen Standes der Forschung wird vor allem versucht, mit Hilfe der zeitgenössischen Literatur so nah an der Zeit zu bleiben,

---

[10] Vgl. Svarez, Schlußvorträge, zu Titel 21 § 358, in: Kamptz' Jahrbuch 41 (1833), S. 67.

wie möglich, um eine möglichst authentische Darstellung der tatsächlichen Verhältnisse zum einen und zum anderen einen Eindruck von Meinungen und Intentionen der Juristen zu erhalten, die mit dem zu untersuchenden Recht tatsächlich gearbeitet haben und von seiner Geltung betroffen waren.

3. Stand der Forschung

Wie soeben dargestellt, soll sich die Arbeit in zwei große Teile gliedern, einen Teil, der sich mit der sozialen Wirklichkeit befaßt, und einen weiteren Teil, den eigentlichen Hauptteil der Arbeit, der die rechtliche Aufarbeitung des Problemkreises "Miete" - "Mieterschutz" zum Inhalt hat.
Hinsichtlich des ersten Teils der Arbeit finden sich in der bisherigen Forschung lediglich sehr wenige Untersuchungen, die sich gezielt und ausschließlich mit der Situation des Mieters auseinandersetzen. Eine Zusammenstellung von Materialien über die Situation des Mieters bezogen auf die Stadt Berlin findet sich in dem zweibändigen Werk " Das Berliner Mietshaus" von Johann Friederich Geist und Klaus Kürvers (Band 1: 1740-1862, erschienen 1981; Band 2: 1862-1945, erschienen 1984). Hier finden sich unter anderem Materialien wie etwa Zeitungsausschnitte aus dem 19. Jahrhundert und Augenzeugenberichte. Schwerpunkt des Werkes sind dabei aber vor allem städtebauliche und -planerische sowie architektonische Aspekte. Weiterhin findet sich in dem Werk „Wohnalltag in Deutschland 1850-1914. Bilder – Daten – Dokumente", herausgegeben von Hans J. Teuteberg und Clemens Wischermann[11] eine umfangreiche Sammlung von Materialien zur Wohnungsfrage.
Betrachtet man hingegen die Situation des Mieters im Zusammenhang mit den Fragen nach der Stellung der Arbeiter[12] und auch im Zusammenhang mit der „Armenfrage", so findet sich eine Vielzahl von Literaturstellen. Zum einen finden sich in den umfassenden Werken zur Wirtschafts- und Sozialgeschichte[13] Ausführungen zur Lage der Arbeiter. Zum anderen existieren zahlreiche Arbeiten, die sich ausschließlich mit der Lage der Arbeiter[14] oder mit spezifischen

---

[11] Münster 1985 (= Studien zur Geschichte des Alltags, hg. von Hans J. Teuteberg und Peter Borscheid, Bd. 3).

[12] Ein Großteil der Mieter gehörte der Arbeiterklasse an, vgl. dazu unten S. 11 und S. 21.

[13] Vgl. beispielsweise: Michael Stolleis, Quellen zur Geschichte des Sozialrechts, Göttingen 1976; Hermann Aubin und Wolfgang Zorn (Hgg.), Handbuch der deutschen Wirtschafts- und Sozialgeschichte, Bd. 2, Suttgart 1976; Friedrich Wilhelm Henning, Die Industrialisierung in Deutschland 1800-1914, Paderborn 1995; Hans Ulrich Wehler, Moderne deutsche Sozialgeschichte, Köln 1976; Franz Wieacker, Industriegesellschaft und Privatrechtsordnung, Frankfurt a.M. 1974. An dieser Stelle sei auch auf die Schriften des Vereins für Socialpolitik, gegründet am 06./07.10.1872, hingewiesen (Leipzig 1873ff.).

[14] Vgl. beispielsweise: Jürgen Kuczynski, Die Geschichte der Lage der Arbeiter in Deutschland von 1800 bis in die Gegenwart, Bd. 1: 1800 bis 1932, 3. Aufl., Berlin 1947; Florian

Problemen der Arbeiterschaft, wie zum Beispiel arbeitsrechtlichen Problemen[15] oder dem Problem der Arbeitslosigkeit und Arbeitsbeschaffung[16], beschäftigen. Auch zur „Armenfrage" finden sich zahlreiche Werke sowohl aus dem 19. Jahrhundert selbst[17] als auch zeitgenössische Literatur[18]. Sowohl in den Werken zur Lage der Arbeiter als auch in den Werken zur Lage der Armen finden sich Ausführungen und Hinweise zur Wohnsituation und Wohnungsfrage.
Hinsichtlich der Rechtsprechung zum Mietrecht im 19. Jahrhundert sind bislang keine Arbeiten erschienen, die diese systematisch aufarbeiten und darstellen würden. Da in dieser Arbeit vor allem eine möglichst umfassende Darstellung

---

Tennstedt, Vom Proleten zum Industriearbeiter. Arbeiterbewegung und Sozialpolitik in Deutschland 1800-1914, Köln 1983.

15 Beispielhaft seien erwähnt: Thomas Blanke, Rainer Erd u.a. (Hgg.), Quellentexte zur Geschichte des Arbeitsrechts in Deutschland, Bd. 1 1840-1933, Reinbek 1975; Rainer Schröder, Wirtschafts- und Arbeitsrecht in der Rechtsprechung zum ALR in der ersten Hälfte des 19. Jahrhunderts, in: 200 Jahre Allgemeines Landrecht für die Preußischen Staaten. Wirkungsgeschichte und internationaler Kontext, hg. von Barbara Dölemeyer und Heinz Mohnhaupt, Frankfurt a.M. 1995, S. 239-274.

16 Hans-Peter Benöhr, Arbeitslosigkeit und Arbeitsbeschaffung, in: Arbeitsvermittlung und Arbeitslosenfürsorge in der neueren deutschen Rechtsgeschichte, hg. von H.-P. Benöhr, Tübingen 1991, S. 77ff.; Ulrike Dorn, Arbeitslosigkeit im System der öffentlichen Armenpflege des 19. Jahrhunderts – dargestellt am Beispiel Preußens, in: ZNR 1993, S. 12-34; Anselm Faust, Arbeitsvermittlung und Arbeitslosenversorgung, in: Arbeitsvermittlung und Arbeitslosenfürsorge in der neueren deutschen Rechtsgeschichte, hg. H.-P. Benöhr, Tübingen 1991, S. 105ff.; Anselm Faust, Arbeitsmarktpolitik im Deutschen Kaiserreich. Arbeitsvermittlung, Arbeitsbeschaffung und Arbeitslosenunterstützung 1890-1918, Stuttgart 1986.

17 Vgl. lediglich beispielhaft: Arwed Emminghaus, Das Armenwesen und die Armengesetzgebung in europäischen Staaten, Berlin 1870; Emil Münsterberg, Die deutsche Armengesetzgebung und das Material zu ihrer Reform, Leipzig 1887; Edgar Löning, Armenwesen, in: Handbuch der politischen Ökonomie, 2. Halbband, hg. von Gustav von Schönberg, 4. Aufl., Tübingen 1898, S. 395-470. Zu erwähnen sind des weiteren die „Schriften des Deutschen Vereins für Armenpflege und Wohltätigkeit", welche ab 1880 zunächst lediglich für Mitglieder, ab 1886 auch im Buchhandel (erschienen bei Duncker & Humblot, Leipzig, die offizielle Heftzählung beginnt mit dem Jahr 1886) erhältlich waren und welche zu einem Thema jeweils zwei Berichte, Vorträge der Berichterstatter und Verhandlungen auf den jeweiligen Jahresversammlungen enthalten.

18 Beispielhaft seien erwähnt: Wolfram Fischer, Armut in der Geschichte. Erscheinungsformen und Lösungsversuche der „sozialen Frage" in Europa seit dem Mittelalter, Göttingen 1982; Sabine Altmeyer-Baumann, „Alte Armut" – „Neue Armut". Eine systematische Betrachtung in Geschichte und Gegenwart, Weinheim 1987; Christoph Sachße und Florian Tennstedt (Hgg.), Geschichte der Armenfürsorge in Deutschland, 3 Bde., Stuttgart 1980ff.. Von Bedeutung für den Zeitraum des 19. Jahrhunderts sind vor allem Bd. 1: Vom Spätmittelalter bis zum 1. Weltkrieg, 2. Aufl., Stuttgart 1998 sowie Bd. 2: Fürsorge und Wohlfahrtspflege 1871 bis 1929, Stuttgart 1988; Christoph Sachße und Florian Tennstedt (Hgg.), Bettler, Gauner und Proleten. Armut und Armenfürsorge in der deutschen Geschichte, 2. Aufl., Frankfurt a.M. 1998.

der geltenden mietrechtlichen Regelungen im 19. Jahrhundert erfolgen soll, ist eine umfassende Erarbeitung der Rechtsprechung nicht möglich. Es wird im weiteren Verlauf lediglich beispielhaft auf einige obergerichtliche Urteile verwiesen. Nach Ansicht der Verfasserin würde sich aber eine gesonderte Untersuchung allein im Hinblick auf die mietrechtliche Rechtsprechung anbieten. Dabei könnten etwa Urteile aus zwei verschiedenen Gerichtsbezirken untersucht werden: Einem Bezirk, in dem gemeines Recht galt und einem Bezirk, in dem das Preußische Allgemeine Landrecht galt. Damit könnte untersucht werden, inwieweit sich die unterschiedlichen Konstruktionen in der Praxis tatsächlich auswirkten und ob die Gerichte möglicherweise eigene Wege beschritten.
Hinsichtlich der rechtlichen Bearbeitung sind bislang drei größere Arbeiten erschienen:
Klaus Genius widmet sich in seiner Arbeit "Der Bestandsschutz des Mietverhältnisses in seiner historischen Entwicklung bis zu den Naturrechtskodifikationen"[19] der Problematik des Bestandsschutzes unter vier Hauptaspekten: 1. Fragen des Besitzschutzes, 2. Fragen des Kündigungsrechts, 3. der Frage nach der Möglichkeit des Mieters, seinen Anspruch auf Gebrauchsüberlassung bzw. -gewährung durchzusetzen, 4. der Frage nach dem Einfluß der Veräußerung der Mietsache auf das Mietverhältnis. Dabei arbeitet er dogmengeschichtlich und untersucht einen längeren Zeitraum. Die Untersuchung von Genius endet mit der Zeit der Naturrechtskodifikationen.
Einen weiteren Zeitraum, nämlich bis zur Entstehung des BGB, umfaßt die - ebenfalls dogmengeschichtliche - Dissertation von Bernhard Jüttner mit dem Titel „Zur Geschichte des Grundsatzes „Kauf bricht nicht Miete““[20], der sich allein auf den Aspekt des Einflusses der Veräußerung der Mietsache auf den Mietvertrag beschränkt.
Eine umfassende Untersuchung für die Zeit ab 1800 bietet die Habilitationsschrift von Udo Wolter "Mietrechtlicher Bestandsschutz. Historische Entwicklung seit 1800 und geltendes Wohnraum-Kündigungsschutzrecht"[21]. Der Schwerpunkt der Arbeit liegt in der Zeit seit dem Entstehen und Inkrafttreten des BGB und vor allem dem heute geltenden Recht. Dem Mietrecht vor dem Entstehen des BGB widmet Wolter lediglich ein einleitendes Kapitel.
Die genannten Arbeiten umfassen jeweils große Zeitspannen, in denen die Entwicklung des Bestandsschutzes im Mietrecht über Jahrhunderte hinweg aufgezeigt und bearbeitet wird. Die hier vorliegende Arbeit befaßt sich mit einem er-

---

[19] Klaus Genius, Der Bestandsschutz des Mietverhältnisses in seiner historischen Entwicklung bis zu den Naturrechtskodifikationen, Stuttgart 1972.
[20] Bernhard Jüttner, Zur Geschichte des Grundsatzes „Kauf bricht nicht Miete“, Münster 1960.
[21] Udo Wolter, Mietrechtlicher Bestandsschutz. Historische Entwicklung seit 1800 und geltendes Wohnraum-Kündigungsschutzrecht, Frankfurt a.M. 1984.

heblich kürzeren Zeitabschnitt: Ziel der Arbeit ist es, die mietrechtlichen Regelungen einer Zeit detailliert darzustellen und miteinander zu vergleichen und dabei vor allem die soziale Wirklichkeit vor Augen zu haben und mit zu behandeln, was bisher noch nicht in einer solchen Verbindung geschehen ist.

1. Kapitel: Die tatsächliche Situation der Mieter im 19. Jahrhundert

A. Ökonomischer und sozialer Hintergrund

Das 19. Jahrhundert war in vielfacher Hinsicht durch erhebliche Umwälzungen und Veränderungen geprägt, die zum einen natürlich im Hinblick auf staatliche Strukturen von Bedeutung waren, zum anderen aber auch - und dieses ist für die vorliegende Arbeit von Bedeutung - den einzelnen Menschen in seinem täglichen Leben beeinflußten.

Stichworte wie „industrielle Revolution", „soziale Frage", „Lage der Arbeiter" sind jedem geläufig und beschreiben die wirtschaftliche und soziale Lage im 19. Jahrhundert.

Zur Lage der Arbeiter im 19. Jahrhundert und der sozialen Frage existiert eine Unmenge an Literatur. Insoweit wird zunächst auf die Ausführungen und beispielhaften Literaturhinweise in der Einleitung[22] verwiesen. Vor dem Hintergrund dieser zahlreichen, in das Detail gehenden Arbeiten würde es den Rahmen dieser Arbeit völlig sprengen, wollte man in diesem Bereich Neues präsentieren. Da ein Großteil der Mieter jedoch Arbeiter waren, die Kenntnis ihrer Lage mithin zum besseren Verständnis der vorliegenden Arbeit unumgänglich ist, soll wenigstens anhand einiger weniger Literaturverweise ein kurzer Überblick über die Lage der Arbeiter gegeben werden, der aus den genannten Gründen aber keinen Anspruch auf Vollständigkeit hat. Insoweit ist zum vertieften Studium auf die – ebenfalls nur in Auszügen erwähnte – bereits genannte Literatur zu verweisen.[23]

Um die Auswirkungen der Industrialisierung auf die Lage der Arbeiter darstellen zu können, ist vorab festzuhalten, welche Personen unter den Begriff „Arbeiter" fallen.

Der Begriff „Arbeiter" wandelte sich im Laufe des 19. Jahrhunderts. In den ersten drei Jahrzehnten des 19. Jahrhunderts umfaßte der Begriff „Arbeiter" keineswegs nur den „in der großgewerblichen Produktion Beschäftigten", sondern auch den, der sich „als Ungelernter mit einfacher manueller Arbeit – ob als Tagelöhner, Deputatarbeiter, Karrenschieber, oder Manufakturarbeiter – sein Brot zu verdienen bemühte"[24].

In der Folgezeit wurde der Begriff „Arbeiter" dann auch zunehmend für „qualifizierte Handwerksgesellen, arme Einzelmeister, qualifizierte Facharbeiter" gebraucht.[25]

---

[22] Vgl. Fn. 13 ff..
[23] Vgl. Fn. 13 ff..
[24] Wehler, Dt. Gesellschaftsgeschichte, Bd. 2, 1987, S. 242.
[25] Wehler, Dt. Gesellschaftsgeschichte, Bd. 2, 1987, S. 242.

Wenn in der Folge von „Arbeitern“ die Rede ist, so ist damit entsprechend der Entwicklung des Begriffes ein breites Spektrum der arbeitenden Bevölkerung, nicht nur der Arbeiter in der Industrie gemeint.
Die Geschichte der Arbeiter und der sozialen Frage ist untrennbar mit der industriellen Revolution verbunden.
Bereits in den letzten Jahrzehnten des 18. Jahrhunderts gab es die ersten Schritte hin zur Mechanisierung. So wurden beispielsweise 1784 die erste mechanische Baumwollspinnerei in Ratingen, 1785 die erste Dampfmaschine im Bergbau und ab 1794 Kokshochofen, Eisenguß und Dampfmaschinen im oberschlesischen Bergbau genutzt.[26]
Zur Triebkraft der Industrialisierung wurde in Deutschland der Eisenbahnbau.[27] So führte der Eisenbahnbau – am 07.07.1835 war die erste Eisenbahn von Nürnberg nach Fürth gefahren, in Preußen wurde 1838 die erste Eisenbahnlinie eröffnet - dazu, daß Deutschland zum einen durch die Möglichkeiten eines schnellen und billigen Massentransportes auf der Schiene zu einem einheitlichen Marktgebiet zusammenwuchs (dieses wurde durch die etwa zeitgleiche Gründung des Zollvereins 1834 begünstigt), zum anderen die rege Nachfrage nach Gütern wuchs.[28]
Die Maschinenindustrie erhielt ab Mitte der 30er Jahre einen erheblichen Auftrieb, da Dampf- und Textilmaschinen, vor allem aber der Eisenbahnbau die Nachfrage erhöhten. So gab es in den Jahren 1846/1847 in dem Gebiet des Zollvereins 423 Maschinenfabriken mit 12.518 Arbeitern[29], darunter berühmte Namen wie die Werke von August Borsig und Schwartzkopff in Berlin oder Henschel in Kassel. War im Jahr 1839 die erste deutsche Lokomotive überhaupt gebaut worden, so wurde von dem Berliner Unternehmen Borsig, von dem noch zu sprechen sein wird, bereits 1854 seine 500. Lokomotive gebaut.[30]
In der sich entwickelnden Industrie wurden Arbeitskräfte benötigt, so daß es zu einer Veränderung der Beschäftigtenrelation kam. Waren vor Beginn der Industrialisierung im Jahr 1780 noch rund 65% aller Beschäftigten im primären Sektor beschäftigt, so war diese Zahl bis 1900 auf nur noch 38% gesunken, wie sich aus Tabelle 1 ergibt.

---

[26] Nipperdey, Deutsche Geschichte 1800 - 1866, 1983, S. 180f..
[27] Ploetz, Deutsche Geschichte. Epochen und Daten, 1996, S. 204; Kuczynski, Lage der Arbeiter, Bd. 1, 1947, S. 24.
[28] Ploetz, Deutsche Geschichte. Epochen und Daten, 1996, S. 213.
[29] Nipperdey, Deutsche Geschichte 1800 - 1866, 1983, S. 189.
[30] Nipperdey, Deutsche Geschichte 1800 - 1866, 1983, S. 189.

Jahr	**Sektoren in v.H. aller Beschäftigen**			**Beschäftige insgesamt in Millionen**
	Primärer	**Sekundärer**	**Tertiärer**	
1780	65	19	16	10,0
1800	62	21	17	10,5
1825	59	22	19	12,6
1850	55	24	21	15,8
1875	49	30	21	18,6
1900	38	37	25	25,5
1914	34	38	28	31,3
1935[31]	30	38	32	29,9
1989[32]	4	40	56	27,7

Tabelle 1: Entwicklung der Beschäftigtenzahl in den einzelnen Wirtschaftssektoren in v.H. aller Beschäftigten[33]

Neben der „Verschiebung" von Arbeitskräften vom primären Sektor hin zum sekundären und tertiären Sektor veränderte sich die Struktur der Wirtschaft auch innerhalb der Sektoren, insbesondere innerhalb des sekundären Sektors, der maßgeblich durch die Industrialisierung und die Möglichkeiten einer industriellen (Massen-) Produktion geprägt war.
Nach Henning waren in der vorindustriellen Phase neben dem Bergbau drei Produktionsformen im sekundären Sektor gegeben:

- „Handwerk (dezentralisierte Produktion und dezentralisierter Absatz),
- Verlag (dezentralisierte Produktion und zentralisierter Absatz über den Verleger) und

Manufaktur oder vorindustrielle Fabrik (zentralisierte Produktion und zentralisierter Absatz)."[34]

Neben diesen Produktionsformen entstand die Industrie mit ebenfalls zentralisierter Produktion und zentralisiertem Absatz. Verdrängen konnte diese neue Produktionsform die bereits vorhandenen Produktionsformen jedoch nur insoweit, als eine industrielle Produktion vor allem Massenproduktion kostengünstiger war.

[31] Anmerkung: 1935 = Deutsches Reich.
[32] Anmerkung: 1989 = Bundesrepublik Deutschland.
[33] Nach: F.-W. Henning, Die Industrialisierung in Dtschl. 1800-1914, 1995, S. 20, Tab. 1.
[34] F.-W. Henning, Die Industrialisierung in Dtschl. 1800-1914, 1995, S. 22f..

Im einzelnen ergab sich die folgende Entwicklung, die durch Abbildung 1 verdeutlicht wird:

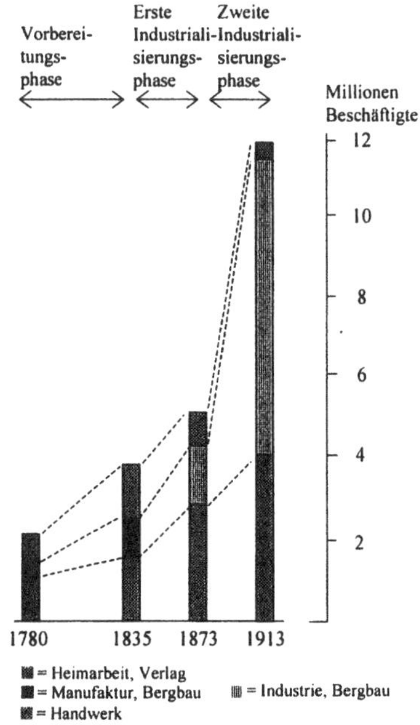

Abbildung 1: Entwicklung des gewerblichen Sektors im Zeitalter der Industrialisierung nach der Zahl der Beschäftigten[35]

Der Übergang vieler Menschen von der Beschäftigung in der Landwirtschaft hin zu einer Beschäftigung in dem gewerblich-industriellen Sektor bewirkte eine zunehmende „Verstädterung" und damit einhergehend eine erhebliche Änderung der Lebensverhältnisse, von der im weiteren noch zu sprechen sein wird. Hinzu kam jedoch noch ein weiterer entscheidender Faktor, der die Lage der Bevölkerung beeinflußte, nämlich ein erhebliches Bevölkerungswachstum.
Seit 1815 beschleunigte sich in Deutschland das Bevölkerungswachstum ungemein. So nahm etwa in Preußen in den Jahren 1815-1850 die Bevölkerung um 6 Millionen Menschen, d.h. 60% zu. Dieses lag zum einen an den wachsenden medizinisch-hygienischen Erfolgen, zum anderen wurde das Bevölkerungswachstum durch die Beseitigung von Erbuntertänigkeit und Heiratsbeschränkungen für die ärmeren Schichten ab 1807 begünstigt.[36]

---

[35] Nach: F.-W. Henning, Die Industrialisierung in Dtschl. 1800-1914, 1995, S. 23, Abb. 5.
[36] Ploetz, Deutsche Geschichte. Epochen und Daten, 1996, S. 204.

Diesen Menschenandrang verkraftete die zunächst noch unterentwickelte Wirtschaft nicht, und es kam zu den Problemen von Massenverarmung und -verwahrlosung. Nach Nipperdey wurde etwa ab 1830[37] Armut ein „Massenphänomen, nicht mehr individuelles, sondern kollektives Schicksal“[38].

Die zunehmende Urbanisierung war mit einem erhöhtem Aufwand, das alltägliche Leben zu meistern, verbunden, da beispielsweise die auf dem Land übliche primäre Hilfe durch Familie und Nachbarn in der Stadt entfiel.[39]
Die Einkommenslage war vor allem durch die Höhe der Agrarpreise und die Entwicklung der Löhne geprägt.

Eine Bewertung hinsichtlich der Entwicklung der Löhne ist problematisch, da zwar eine ganze Reihe von Einzeldaten vorhanden ist, die aber, wie Kuczynski zurecht festhält, „für uns von verhältnismäßig geringem Wert“ sind, „da zumeist nicht ersichtlich ist, für wie viele Arbeiter solche Löhne gelten, noch ist es oft möglich, sie miteinander in Beziehung zu setzen, wenn sie für verschiedene Jahre gelten, da nicht bekannt ist, ob sie sich auf die gleiche Gruppe von Arbeitern beziehen“[40]. Dieses wird deutlich bei einem Blick auf die folgenden Tabellen 2 und 3, die die Vielfalt und breite Streuung der vorhandenen Daten zeigen:

Industrien und Berufe	**Um 1820-29**	**Um 1840-49**
Maurer	6,50[a)]	8,50-10,50[b)]
Metallarbeiter	5,40[c)]	8,25[c)]
Textilarbeiter	über 7,20-10,50[d)]	7,20-12,00[d)]
Druckereiarbeiter	8,80[e)]	8,80[e)]
Bergarbeiter (Kohle)	9,00[f)]	11,00[f)]
[a)] Eßlingen [b)] Leipzig & Rostock [c)] Krupp [d)] Württemberg & Sachsen (Meerane) [e)] Halle [f)] Saargebiet		

Tabelle 2: Wochenlöhne in einzelnen Industrien (in Mark und Pfennig)[41]

[37] Nipperdey, Deutsche Geschichte 1800 - 1866, 1983, S. 220f..
[38] Nipperdey, Deutsche Geschichte 1800 - 1866, 1983, S. 220f..
[39] F.-W. Henning, Die Industrialisierung in Dtschl. 1800-1914, 1995, S. 105.
[40] Kuczynski, Die Geschichte der Lage der Arbeiter in Deutschland, Bd. 1,1947, S.38f..
[41] Kuczynski, Die Geschichte der Lage der Arbeiter in Deutschland, Bd. 1,1947, S.46. Kuczynski gibt nicht an, ob es sich hier um Real- oder Nominaleinkommen handelt.

Gewerbe/Beruf	**Wochenlohn in Mark**	**Ort/Region**
Handwerk		
Maurer	10,17	Rostock
Steinhauer	11,58	Schopfheim/Baden
Zimmerleute	12,24	Durchschnitt Hamburg & Rostock
Schmiede und Schlosser	7,20	Württemberg
Tischler	7,20	Württemberg
Schneider	6,00	Schopfheim/Baden
Durchschnitt der Handwerker (ohne Bauhandwerker)	7,72	Baden
Textilgewerbe		
Spinnerei		
Handspinnerei in Flachs	0,75	Ohne Ortsangabe
Handspinnerei in Kammgarn	1,05	Verschiedene Orte
Maschinenspinnerei in Baumwolle	7,80	Württemberg
Männliche Arbeiter	6,86	Steinen/Baden
Weibliche Arbeiter	4,98	Steinen/Baden
Maschinenspinnerei in Wolle	7,50	Württemberg
Handweberei in Leinen	2,00	Schlesien
Handweberei in Baumwolle	6,78	Württemberg
Handweberei in Streichgarn	7,30	Württemberg & Chemnitz
Handweberei in Kammgarn	10,50	Sachsen
Bergbau		
Steinkohle	11,10	Saar
Eisenerz	8,16	Linksrheinisches Gebiet
Kupfererz	7,20	Mansfeld

„*Fabriken*“		
Achatknopffabrik Mechaniker Maschinenarbeiter Frauen	 28,83 8,24 4,98	 Baden Baden Baden
Maschinenfabrik (Akkordarb.) Dt. Lohnarbeit	14,25 7,90	Ohne Ortsangabe Ohne Ortsangabe
Eisengießerei	8,22	Essen (Krupp)
Chemie	9,01	Hamburg
Papierfabrik Männliche Arbeiter Weibliche Arbeiter	 6,86 4,12	 Freiburg/Baden Freiburg/Baden

Tabelle 3: Wochenlöhne in verschiedenen Gewerbezweigen aus der Zeit 1840-1849 (in Mark v. 1873)[42]

Betrachtet man in Tabelle 2 und Tabelle 3 beispielsweise die Löhne im Textilgewerbe in der Zeit von 1840-1849, so ergibt sich nach Tabelle 2 ein durchschnittlicher Lohn für Württemberg und Sachsen von 7,20-12,00 Mark, nach Tabelle 3 hingegen (addiert man sämtliche in der Tabelle enthaltenen Löhne im Textilgewerbe und bildet einen entsprechenden Durchschnitt) lediglich ein Durchschnittslohn von 5,55 Mark für Württemberg, Baden, Sachsen, Schlesien und verschiedene Orte ohne Ortsangabe. Dieses entspricht einem Betrag von ca. 25% weniger. Bereits an diesem Beispiel wird deutlich, daß Angaben zu Löhnen nur eine Tendenz aufzeigen können, die aber kritisch zu behandeln ist, da es sich eben nur um Durchschnittswerte handelt.

Auch wenn aus den oben genannten Gründen nur eine kritische Betrachtung der Löhne möglich ist, so läßt sich doch grundsätzlich festhalten, daß die Einkommenssituation vor allem von hohen Getreidepreisen und verhältnismäßig schwach ansteigenden Reallöhnen geprägt war. Dieses wird anhand der folgenden Abbildungen deutlich:

---

[42] Nipperdey, Deutsche Geschichte 1800 - 1866, 1983, S. 224. Der Tabelle läßt sich nicht entnehmen, ob es sich um Reallöhne oder um Nominaleinkommen handelt. Aus dem Kontext kann jedoch geschlossen werden, daß es sich wohl um Reallöhne handelt.

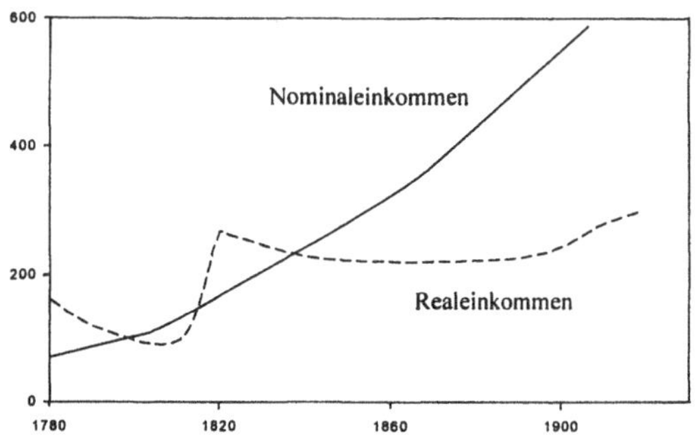

Abbildung 2: Arbeitseinkommen pro Jahr und Beschäftigtem (1800 = 100)[43]

Abbildung 3: Getreidepreisentwicklung in der Zeit von 1790 bis 1840 in Gramm Silber je 100 kg (2/3 Roggen, 1/3 Weizen)[44]

Aus den oben stehenden Abbildungen ergibt sich folgendes:
Anhand von Abbildung 2 wird deutlich, daß das Realeinkommen von dem niedrigen Niveau um das Jahr 1800 zunächst bis etwa 1820 anstieg. Es handelte sich hierbei um einen Anstieg von 100 auf 240 Einheiten, d.h. um ca. 140%. Nach ca. 1820 kam es um 1840 zu einem leichten Rückgang auf 210 Einheiten, wobei dieses Niveau dann annähernd bis 1880 gehalten wurde, bis es dann wieder zu steigen begann. Auch bei diesen Werten handelt es sich jedoch wieder lediglich um eine vereinfachte Darstellung von Tendenzen, die insbesondere kurzfristige

[43] Nach: F.-W. Henning, Die Industrialisierung in Dtschl. 1800-1914, 1995, S. 27, Abb. 7.
[44] Nach: F.-W. Henning, Die Industrialisierung in Dtschl. 1800-1914, 1995, S. 56, Abb. 14.

Erscheinungen, wie etwa durch Hungerkrisen, nicht berücksichtigt. Ebenso berücksichtigt die Darstellung in Abbildung 2 nicht, wie viele Menschen letztlich von Arbeitseinkommen einer Person ernährt werden mußten, da eine Verknüpfung zu Arbeitslosenzahlen nicht vorhanden ist.
Die Verknüpfung von Lohnentwicklung und Getreidepreis wird in Anbetracht der oben stehenden Abbildungen vor allem in der Zeit bis ca. 1820 deutlich. Erreichten ca. um 1817 die Getreidepreise ihren höchsten Stand, so fanden sich zur gleichen Zeit die Realeinkommen auf einem Tiefststand. Erst ab 1820 bei einem gleichzeitigen starken Abfall der Getreidepreise kam es zu ansteigenden Realeinkommen. Der starke Abfall der Getreidepreise bewirkte jedoch nicht nur einen Anstieg der Realeinkommen, sondern führte auch zu erheblichen Problemen in der Landwirtschaft. So waren zahlreiche Bauern und Gutsherren aufgrund der niedrigen Agrarpreise in den zwanziger Jahren gezwungen, ihre Höfe zu verkaufen.[45]
Weiterhin wird aus Abbildung 2 deutlich, daß ab etwa 1845 die Nominal- und die Realeinkommen immer weiter auseinandergingen. Diese immer größer werdende Schere zwischen Nominal- und Realeinkommen war auf die steigenden Lebenshaltungskosten zurückzuführen. Zu den Lebenshaltungskosten wird auf die nachfolgende Tabelle verwiesen:

Jahr	**Index**	**Jahr**	**Index**	**Jahr**	**Index**
1820	49	1847	79	1874	108
1821	43	1848	57	1875	99
1822	44	1849	50	1876	99
1823	45	1850	49	1877	100
1824	36	1851	55	1878	95
1825	35	1852	64	1879	93
1826	39	1853	69	1880	99
1827	46	1854	81	1881	100
1828	47	1855	87	1882	98
1829	48	1856	85	1883	98
1830	50	1857	72	1884	93
1831	57	1858	69	1885	91
1832	54	1859	69	1886	89
1833	52	1860	74	1887	89
1834	45	1861	77	1888	91
1835	46	1862	78	1889	95
1836	45	1863	72	1890	98
1837	46	1864	68	1891	100

[45] F.-W. Henning, Die Industrialisierung in Dtschl. 1800-1914, 1995, S. 56.

1838	52	1865	71	1892	99
1839	54	1866	75	1893	97
1840	53	1867	88	1894	96
1841	52	1868	89	1895	95
1842	55	1869	82	1896	94
1843	58	1870	83	1897	96
1844	53	1871	90	1898	99
1845	57	1872	94	1899	99
1846	68	1873	104	1900	100

Tabelle 4: Die Lebenshaltungskosten 1820 – 1900 (1900 = 100)[46]

Tabelle 4 zeigt dabei deutlich, daß ab etwa 1846 es zu einem vergleichsweise starken Anstieg der Lebenshaltungskosten kam. Von einem Index 57 im Jahr 1845 stieg der Index im Jahr 1846 auf 68, dann sogar auf 79 im Jahr 1847. Sodann fiel der Lebenshaltungsindex in den Jahren 1848 bis 1851 nochmals unter 60, bevor er dann mit kleineren Schwankungen immer weiter stieg und seinen Höhepunkt mit einem Index von 108 im Jahr 1874 erreichte.

Der Anstieg ab etwa 1845 deckte sich insoweit mit Abbildung zwei, wonach ab 1845 die Schere zwischen Nominal- und Realeinkommen immer weiter auseinanderging.

Diese Erscheinungen der nur mäßig steigenden bzw. dann stagnierenden Realeinkommen und der im Gegensatz dazu ansteigenden Lebenshaltungskosten, die hier nur grob angerissen wurden, beeinflußten zwangsläufig auch die Situation der Mieter, da diese bei gleichbleibenden Realeinkommen mit immer höheren Lebenshaltungskosten und vor allem auch steigenden Mieten zu kämpfen hatten. Zu der Situation der Mieter wird nun im folgenden ausgeführt.

B. Wohnen im 19. Jahrhundert – die tatsächlichen Gegebenheiten für den Mieter

Der Untersuchung der tatsächlichen Gegebenheiten für den Mieter in diesem Kapitel der Arbeit liegen vor allem folgende Fragen zu Grunde:

1. Wie waren die Wohngewohnheiten allgemein?
2. Wie stellten sich die Wohnbedingungen in den Städten dar?

---

[46] Nach: Kuczynski, Die Geschichte der Lage der Arbeiter in Deutschland, Bd. 1,1947, S.43-44, S. 105, S. 176. Der von Kuczynski angegebene Lebenshaltungsindex setzt sich aus einem Index der Nahrungsmittelkosten und einem Index der Mieten zusammen, die in einem Verhältnis von 3 : 1 gewichtet wurden (vgl. Kuczynski, S. 271). Zu der Zusammensetzung des Index der Nahrungsmittelkosten vgl. bei Kuczynski die Ausführungen auf S. 268-270, zu der Zusammensetzung des Mietindex vgl. S. 270-271.

3. Wie stellte sich die Situation für den Mieter tatsächlich dar? War dieses eine Situation, in der der Mieter als der sozial Schwächere geschützt werden mußte?

I. Die Wohngewohnheiten im Allgemeinen

In der 1. Hälfte des 19. Jahrhunderts wandelten sich insbesondere die elementaren täglichen Lebensumstände ganz erheblich, somit auch die Wohngewohnheiten.

Thomas Nipperdey hebt in seinem Werk „Deutsche Geschichte 1800 - 1866. Bürgerwelt und starker Staat“[47] drei Dinge hervor, die das Wohnen und die Wohngewohnheiten ganz erheblich verändert haben:

1. Die Produktionssphäre wurde von der häuslichen Konsum- und Lebenssphäre getrennt, d.h. mit Ausnahme der Bauern wurde das Wohnen im Unterschied zum Arbeiten ein eigener Bereich.
2. Das lange Zeit Normale, daß die Familie in den eigenen vier Wänden, also dem eigenen Haus oder der eigenen Hütte wohnte, wandelte sich dahin, daß in den großen und mittleren Städten das Wohnen in Mietwohnungen vorherrschend wurde. So waren etwa in Berlin bereits um 1800 nur 1/3 der Haushalte auch Hausbesitzer. Diese steigende Tendenz zum Leben in der Mietwohnung fand sich keineswegs nur in der Arbeiterklasse, sondern auch bei den Bürgern, z.B. bei den Beamten.[48] Vorherrschend war es jedoch die arbeitende Unterschicht, die in die Städte drängte und den Großteil der Mieter stellte.
3. Der technische und industrielle Fortschritt erleichterte, etwa durch die Erfindung von Briketts, Linoleum, Gaslicht, Petroleumlampen oder dem Herd, das Wohnen.[49]

Während sich auf dem Land im bäuerlichen Bereich die älteren Wohngewohnheiten erhielten und nur bei reichen Bauern einige „bürgerliche Wohngewohnheiten“, wie etwa die Aufteilung der bisher üblichen Allzweckräume in mehrere gesonderte Bereiche zum Schlafen, Wohnen etc., übernommen wurden[50], wandelte sich das Wohnen in den Städten ganz erheblich.

II. Die Lebensbedingungen in den Städten

In wirtschaftlicher Hinsicht war das 19. Jahrhundert vom Liberalismus geprägt. Im Rahmen dieser wirtschaftlichen Auffassung waren Wohnungen Waren, deren

---

[47] 2. Auflage, München 1983.
[48] Nipperdey, Deutsche Geschichte 1800 - 1866, 1983, S. 131.
[49] Nipperdey, Deutsche Geschichte 1800 - 1866, 1983, S. 130f..
[50] Nipperdey, Deutsche Geschichte 1800 - 1866, 1983, S. 131f..

Preis auf dem freiem Markt festgesetzt wurde, was in Anbetracht der Bevölkerungsexplosion zu Problemen für den Mieter führte.[51]
Wirtschaftlicher Liberalismus, abstraktes Privatrecht und Privatautonomie bewirkten im beginnenden Industriezeitalter einen Wandel der Miete in der Praxis. Die Vertragsfreiheit führte in den Bereichen „Arbeit“ und „Miete“ zu erheblichen Problemen. Vertragsfreiheit kann immer nur dann zu ausgewogenen und sozialen Ergebnissen führen, wenn an Gütern kein Mangel besteht und darüber hinaus auch die Vermögen einigermaßen gleichmäßig verteilt sind. Genau dieses war im 19. Jahrhundert jedoch nicht der Fall. Im Gegensatz zu den Bürgern, den „Kapitalisten“, hatten die Arbeiter keinen Grundbesitz oder ähnliches Vermögen zur Sicherung ihrer Existenz, sie waren vielmehr allein auf ihre Arbeitskraft angewiesen, um ihre Existenz zu sichern. Dabei lag die Schwierigkeit jedoch darin, daß immer mehr Arbeiter zur Verfügung standen, was auf dem liberalen Markt zu einem Absinken des Preises für die Ware „Arbeit“ führte.
Die immer stärker wachsende Bevölkerung zog es in die Städte. Um 1800 lebte der größte Teil der Bevölkerung auf dem Lande. In Preußen, mit seinen zahlreichen Agrargebieten, lag der Anteil der Landbevölkerung zwischen 70 und 80%, in den Gebieten Mitteldeutschlands bei etwa 40%[52]. Demgegenüber hatten 1910 bereits 60% der Bevölkerung ihren Wohnsitz in der Stadt.[53] Dabei ist zu berücksichtigen, daß es zu dem stärksten Einwohnerzuwachs in den Städten erst im sechsten Jahrzehnt des 19. Jahrhunderts kam. In Preußen etwa erfolgte die wesentliche Ausbreitung der Städte zwischen 1858 und 1895. So stieg in dem genannten Zeitraum die Anzahl der Stadtbewohner in Preußen von 29,6% auf 63,6% der Gesamtbevölkerung.[54] Berlin hatte beispielsweise im Jahr 1800 172.000 Einwohner, 1850 bereits 419.000, 1870 826.000 und zu Beginn des 20. Jahrhunderts im Jahre 1900 1.889.000 Einwohner.[55]
Diese Bevölkerungsbewegung stand für die einkommensschwachen Bevölkerungsgruppen hinsichtlich der Gestaltung ihrer Wohnverhältnisse in Verbindung mit zwei Hauptproblemen: Zum einen erlaubten die niedrigen Einkommen es nicht, hohe Mieten zu zahlen, was dazu führte, daß in allen größeren Industriestädten enge Hinterhofviertel und die sog. Mietskasernen[56] entstanden.[57] Zum anderen führten die aufgrund zunehmender Bau- und Grundstückspreise ständig ansteigenden Mietkosten dazu, daß entweder bei gleichbleibenden Wohnver-

---

[51] Hattenhauer, Geistesgeschichtl. Grundlagen, 1983, Rdn. 536.
[52] Sachße/Tennstedt, Geschichte der Armenfürsorge, Bd. 1, 1998, S. 179.
[53] Sachße/Tennstedt, Geschichte der Armenfürsorge, Bd. 1, 1998, S. 179.
[54] Finck von Finckenstein, Landwirtschaft in Preußen, 1960, S. 175.
[55] Ott u. Schäfer, Wirtschaftsploetz, 1984, S. 167.
[56] Vgl. im Einzelnen unten S. 28ff..
[57] Trenk-Hinterberger, Artikel „Miete“, in: HRG, Bd. III, 1984, Sp. 540.

hältnissen die Einkommen immer stärker allein für Wohnzwecke beansprucht wurden oder aber sich bei gleichbleibenden Mietkosten die Wohnverhältnisse verschlechterten.[58]
Im Vergleich zu den Mieten stiegen – wie sich aus der nachfolgenden Abbildung 4 entnehmen läßt - die Löhne bis zum Jahr 1900 langsamer an, so daß es durch die hohen Baukosten und damit verbundenen Mietzinssteigerungen zu einer starken Belastung der Haushalte kam.[59]

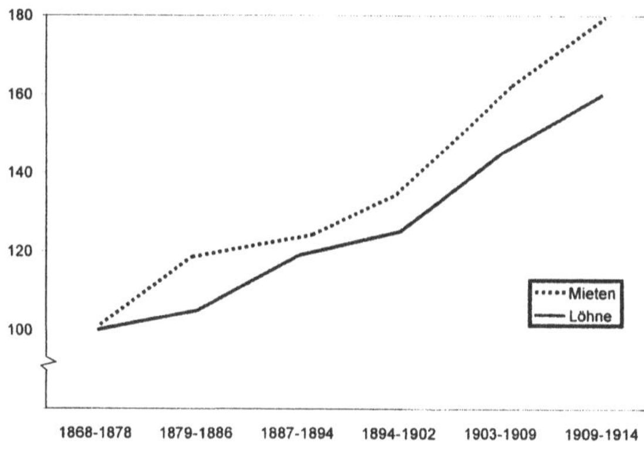

Abbildung 4: Entwicklung der Mieten und Reallöhne[60]

Zu den steigenden Bau- und Grundstückspreisen war es in Folge der Hypothekenkrise von 1866 gekommen. Seit diesem Zeitpunkt stagnierte das Baugewerbe, diese Situation hielt während des preußisch-österreichischen Krieges an. Wohnungen wurden höchstens für die kapitalkräftige Bevölkerung gebaut, während der Bau von kleinen Wohnungen völlig vernachlässigt wurde, weil dieser keine vergleichbare Rendite brachte und die Verwaltung dieser Art von Wohnungen aufwendig und teuer war.[61] Gerade dieser Typ von Wohnungen wurde aber für die aus dem Krieg heimgekehrten Soldaten, die nun eine eigene Familie und einen eigenen Hausstand gründen wollten, ebenso gebraucht wie für die vom Land in die Stadt drängenden Massen.
Einschneidende historische Ereignisse wirkten sich somit auf den Wohnungsmarkt und die Wohngewohnheiten aus. So wurde etwa auch erwartet, daß wirtschaftliche Erleichterungen im Rahmen der Gründung des Zollvereins 1834 Ein-

[58] F.-W. Henning, Die Industrialisierung in Dtschl. 1800-1914, 1995, S. 267f..
[59] F.-W. Henning, Die Industrialisierung in Dtschl. 1800-1914, 1995, S. 222, Abbildung 45.
[60] Nach: F.-W. Henning, Die Industrialisierung in Dtschl. 1800-1914, 1995, S. 222, Abbildung 45.
[61] Geist/ Kürvers, Das Berliner Mietshaus 1862-1945, 1984, S. 103.

fluß auf die Entwicklung der Städte haben würden. Die „Berlinische Nachrichten von Staats- und gelehrten Sachen (Haude & Spenersche Zeitung) Berlin" vom 2.9.1842 schrieben hierzu:
„Es steht zu erwarten, daß durch die Zollvereinigung die gewerbliche Entwicklung einen bisher noch unbekannten Aufschwung nehmen werde. Allein damit wird sich auch die Masse der Arbeiter mehren; wir werden Städte und Distrikte bekommen, die denen in England gleichen werden...".[62]
Auch Kriege wirkten sich selbstverständlich auf die Wohnungssituation aus: Zum einen war dieses während der Kriegszeit durch die Unterbringung eigener oder auch feindlicher Truppen der Fall, zum anderen aber auch nach Kriegsende, wenn die Soldaten aus dem Krieg zurückkehrten. So wurde nach dem Ende des deutsch-französischen Krieges 1870/71 am 01.10.1871 in Berlin festgestellt, daß 10.600 Menschen allein in der Hauptstadt des neu gegründeten Reichs obdachlos waren, der Großteil von ihnen waren aus dem Krieg heimgekehrte Soldaten. Zunächst duldete die Polizei, daß die Obdachlosen vor den Toren der Stadt sich Behelfsunterkünfte errichteten, als diese schließlich abgerissen wurden, kam es vom 25.-27.07.1872 zu Barrikadenkämpfen[63]. Dieser sog. „Blumenstraßenkrawall"[64] wurde durch die „Exmission" eines Mieters in der Blumenstraße ausgelöst. Dieses Ereignis war der Tropfen, der das Faß zum Überlaufen brachte, nachdem sich die Situation ein Jahr lang zugespitzt hatte: Ein Jahr, in dem viele Vermieter quartalsmäßig die Mietverträge kündigten, um die Mieten erhöhen zu können. Ein Jahr, in dem die Berliner Stadtverordnetenversammlung nichts tat, um die Situation zu ändern, obwohl sich der Bürgermeister Arthur Hobrecht bemühte, Abhilfemaßnahmen zu schaffen, etwa durch Zurverfügungstellung von kommunalem Bauland. Ein Jahr, in dem sich die Wohnungsnot durch ausbleibenden Wohnungsbau und Bevölkerungswachstum noch verschärfte.[65]
Erst langsam setzte die Bautätigkeit wieder ein und entschärfte die Situation ein wenig. Ein besonderes Beispiel für die Schaffung von einer verhältnismäßig großen Menge von Wohnraum war der Bau von Meyer's Hof in der Ackerstraße in Berlin Wedding 1873/74, der wegen seiner extremen Größe Berühmtheit erlangte.[66]
Auch die Wirtschaftsgesetzgebung Ende des 19. Jahrhunderts[67] führte ganz allmählich zu einer Entschärfung der Lage. Hatte beispielsweise noch 1867 der

---

[62] Zitiert nach: Geist/ Kürvers, Das Berliner Mietshaus 1800-1862, 1980, S. 122.
[63] Hattenhauer, Geistesgeschichtl. Grundlagen, 1983, Rdn. 536.
[64] Geist/ Kürvers, Das Berliner Mietshaus 1862-1945, 1984, S. 114.
[65] Geist/ Kürvers, Das Berliner Mietshaus 1862-1945, 1984, S. 113.
[66] Geist/ Kürvers, Das Berliner Mietshaus 1862- 1945, 1984, S. 7 und S. 120.
[67] Einen guten Einblick mit weiterführenden Hinweisen gibt hierzu Benöhr, Wirtschaftsliberalismus und Gesetzgebung am Ende des 19. Jahrhunderts, in: ZfA 1977, S. 187ff..

Reichstag von den im Norddeutschen Bund vereinten Regierungen verlangt, es solle ein Gesetzentwurf zur Gewerbeordnung allein auf der Grundlage des Gewerbefreiheit vorgelegt werden,[68] so entfernte man sich von diesen Bestrebungen immer mehr und es kam innerhalb und außerhalb der Gewerbeordnung zur Einführung von Schutzvorschriften beispielsweise bei der Kinder- und Frauenarbeit[69] und zu der Bismarckschen Sozialgesetzgebung in den 80er Jahren des 19. Jahrhunderts. Die ausschließlich liberale Ausrichtung wurde aufgegeben und die Richtung „hin auf einen Interventions- und Wohlfahrtsstaat“[70] eingeschlagen. Diese allmähliche Besserung der Verhältnisse trat jedoch erst am Ende des 19. Jahrhunderts ein. Zuvor war die Lage für die Arbeiter und damit die Mieter aufgrund der hohen Mietpreise, geringen Löhne und der Wohnraumknappheit sehr schlecht, wie sich aus dem folgenden ergibt.

III. Die Wohnraumsituation für den Mieter

1. Die Folgen der Wohnraumknappheit für den Mieter

Wie oben bereits dargelegt, wurde die Mietwohnung in der Stadt gegenüber den ländlichen Wohnbedingungen immer vorherrschender. Vor allem die arbeitende Unterschicht, die in die Städte drängte, um dort zu arbeiten, stellte den Großteil der Mieter.

Die Wohnungen der Arbeiter waren zumeist Ein-, allenfalls Zwei-Stuben-Wohnungen (Letztere waren Ausnahmefälle) mit einer Kammer und Gemeinschaftstoilette[71]. Die Wohnraumsituation war beengt, die Wohnungen waren völlig überfüllt. So zählte man beispielsweise 1890 in Berlin 28.265 Kellerwohnungen, die von 117.702 Menschen bewohnt wurden.[72] In den ohnehin schon kleinen Wohnungen, in denen sich die Großfamilien einrichten mußten – Kuczynski beispielsweise verweist auf Schilderungen, nach denen 9 bis 13 Kinder und 5 bis 7 Erwachsene ein einziges Zimmer bewohnen[73] -, wurde dann vielfach aus Geldnot die zur Wohneinheit gehörende Kammer noch untervermietet.

Da es in Berlin 1825 noch keine Bauordnung gab, die das vorzeitige Beziehen von Neubauwohnungen verhindern konnte, zogen viele Menschen ob der großen Wohnungsnot in die noch feuchten Neubauten ein, bei denen es vielfach noch an Treppen und Türen fehlte. So berichtete der Stadtrat Haase am 06.11.1825 an den Berliner Magistrat: „Der Aufenthalt in feuchten und dumpfigen Gemächern und Wohnungen ist für die Gesundheit so allgemein als höchst schädlich aner-

---

[68] Benöhr, Wirtschaftsliberalismus und Gesetzgebung, in: ZfA 1977, S. 187 (190) mit Hinweis auf Resolution, 1867, RT 3, S. 566.

[69] RGBl. 1878, S. 199.

[70] Benöhr, Wirtschaft und Sozialversicherung vor hundert Jahren, in: ZfA 1982, 19 (23).

[71] Nipperdey, Deutsche Geschichte 1800 - 1866, 1983, S. 133.

[72] Hattenhauer, Geistesgeschichtl. Grundlagen, 1983, Rdn. 539.

[73] Kuczynski, Die Geschichte der Lage der Arbeiter in Deutschland, Bd. 1,1947, S.59f..

kannt, daß man wohl billig annehmen könnte, jeder Mensch würde es zu vermeiden suchen, dergleichen Wohnungen zu wählen (...). Nur wenige Einwohner haben die Gelegenheit wahrzunehmen, wie viele neue Wohnhäuser gebaut, wie viele alte ausgebaut und wie viele Ställe und Remisen zu Wohnungen eingerichtet werden, als ich. Nur ein höchst geringer Teil von diesen neugeschaffenen Wohnungen werden aber dann erst bezogen, wenn solche ausgetrocknet sind (...); vielmehr, und das ist der größte Teil, ja es ist beinahe allgemein, daß der Bau noch lange nicht beendet ist, und das Haus wird schon bewohnt (...). Es sind mir schon Fälle vorgekommen, daß ganze Etagen bewohnt wurden, und noch fehlte es an der dahinführenden Treppe, an deren Stell einstweilen eine Leiter angebracht war."[74]

Aus diesen Schilderungen eines Zeitzeugen zeigt sich deutlich, unter welch katastrophalen Bedingungen zahlreiche Menschen lebten.

Hinsichtlich der „normalen" Ausstattung der Mietwohnungen der Arbeiter ist es schwer, allgemeingültige Aussagen zu treffen: Wie sich in Kapitel 2 der Arbeit zeigen wird,[75] war allein in der gemeinrechtlichen Lehre heftig umstritten, was als Zubehör einer Sache, genauer einer Wohnung, diente und somit zusammen mit der Wohnung vermietet wurde und welche Ausstattung der Mieter extra mitmieten mußte. Allgemein anerkannt scheint hier allein die Zurverfügungstellung einer Küche oder wenigstens eines Kochherdes - gegebenenfalls gemeinsam mit anderen Hausbewohnern - gewesen zu sein.

Es gab kaum kleine Wohnungen für die Arbeiter und ihre Familien. Die damit zwangsläufig verbundenen Preissteigerungen führten dazu, daß Untermieter und sog. Schlafgänger eine allgemein übliche Erscheinung wurden[76], da so zwar der wenige Platz in der Wohnungen noch knapper wurde, aber auch mehr Köpfe den erforderlichen Mietzins aufbrachten.

In den Jahren 1815/16 kosteten fast 60% aller Berliner Mietwohnungen weniger als 90,- Mark im Jahr, bis zu den Jahren 1829/30 fiel der Anteil bereits auf 24,6%, 1870 waren es schließlich nur noch 7% der Wohnungen, die zu diesem Jahresmietzins vermietet wurden. Der jährliche Mietzins für 76% aller Berliner Wohnungen lag nun zwischen 90,- und 600,- Mark im Gegensatz zu lediglich 38,3% in dieser Mietpreisklasse in den Jahren 1815/16.

Auch im Bereich der teuren Wohnungen von über 600,- Mark kam es zu Veränderungen: Lagen in den Jahren 1815/16 lediglich 3,4% der Wohnungen in einem Bereich von über 600,- Mark, so steigerte sich der Anteil bis ins Jahr 1870 auf 17%.[77] Am eklatantesten veränderte sich jedoch der zunächst sehr hohe Anteil an „Billigwohnungen", was hauptsächlich auf dem bereits beschriebenen

[74] Staatsarchiv Potsdam, Pr. Br. Rep. 30/ Berlin C, Polizeipräsidium, Tit. 20 Nr. 501, Bl. 13/14, zitiert nach: Geist/ Kürvers, Das Berliner Mietshaus 1740-1862, 1980, S. 93.

[75] Vgl. unten S. 54.

[76] Nipperdey, Deutsche Geschichte 1800 - 1866, 1983, S. 133.

[77] Fischer, Materialien zur Statistik des Dt. Bundes 1815-1870, 1982, S. 183, Tabelle 11.

an „Billigwohnungen“, was hauptsächlich auf dem bereits beschriebenen Phänomen der Wohnungsknappheit gerade bei den kleinen und billigen Wohnungen beruht: Die Wohnungen dieser Mietpreisklasse waren Mangelware, so daß es aufgrund der großen Nachfrage zu erheblichen Preissteigerungen kam. Insgesamt erhöhte sich der durchschnittliche Mietzins von 255,- Mark in den Jahren 1829/30 auf 451,- Mark im Jahr 1870.[78]

Diese Zahlen sind insoweit problematisch, als sie Veränderungen in Größe und Qualität der Wohnungen (Wie entwickelte sich die Standardwohnung?) nicht widerspiegeln, dennoch geben sie einen guten Eindruck vom rasanten Anstieg der Mieten.[79]

Neben der Belastung mit den steigenden Mietpreisen wurden die Mieter in einigen Städten durch weitere Abgaben belastet. So hatten etwa die Mieter in Berlin die sogenannte „Mietssteuer“, die sich nach der Höhe des Mietzinses richtet, zu bezahlen. Diese wurde als Ersatz für die direkte Einquartierung des Militärs in den Bürgerhäusern erhoben und diente der Finanzierung der kasernenmäßigen Unterbringung der Soldaten. Sie wurde von den Mietern der Wohnhäuser innerhalb des sogenannten „Weichbildes“, die Kantonsfreiheit genossen, also zum militärischen Dienst nicht herangezogen wurden, direkt an die Service- und Einquartierungsdeputation abgeführt, hatte also nichts mit den Hausbesitzern und Vermietern zu tun, die ihrerseits Haussteuer bezahlten.[80]

Zum Teil reagierten einige Wirtschaftsunternehmen auf die wachsenden Probleme ihrer Arbeiter.

So errichteten unter anderem die Unternehmen Borsig-Lokomotiven und Zeiss-Abbé Arbeiterwohnheime für die Arbeiter ihrer Betriebe. Auch in anderen Betrieben bemühte man sich zunehmend um die Probleme der Arbeiter, doch war dieses eine relativ geringe Zahl: Im Jahr 1876 gab es von 4.850 Betrieben in Preußen lediglich 1.655 Betriebe mit sozialen Einrichtungen, die die Fürsorge für Wohnungen zum Gegenstand hatten.[81]

Neben der Raumnot und der elenden Einrichtung, die das Wohnen der städtischen Unterschichten charakterisierten, veränderte sich neben den Wohngewohnheiten und -umständen für den einzelnen Menschen auch das gesamte Stadtbild in den größeren Städten:

Zu Beginn des 19. Jahrhunderts waren die Städte noch von den alten Gewohnheiten geprägt, es gab wenige Droschken, Kutschen waren der Luxus weniger Reicher, so daß Handel, Wohnen, Arbeitsstätten und Ämter nah beieinander lagen. Die Menschen waren zum Großteil Fußgänger, Thomas Nipperdey spricht

---

[78] Fischer, Materialien zur Statistik des Dt. Bundes 1815-1870, 1982, S. 183, Tabelle 11.

[79] Fischer, Materialien zur Statistik des Dt. Bundes 1815-1870, 1982, S. 115.

[80] Geist/ Kürvers, Das Berliner Mietshaus 1740-1862, 1980, S. 146.

[81] F.-W. Henning, Die Industrialisierung in Dtschl. 1800 - 1914, 1978, S. 199.

sogar von sogenannten „Fußgängerstädten“[82], so daß Arme und Reiche nahe zusammenwohnten. Die entstehenden Mietshäuser umfaßten demnach auch zunächst Wohnungen für Menschen verschiedener Bevölkerungsschichten. Nipperdey beschreibt diese „frühen Mietshäuser“ folgendermaßen: „Die frühen Mietshäuser hatten - über dem Hausmeistersouterrain - herrschaftliche, gutbürgerliche, bürgerliche und einfache (Dach- und Hinterhaus-) Wohnungen; die sozialen Schichten lebten hier - noch - zusammen.“[83]
Durch die Zuwanderung zahlreicher Menschen entstanden mit der Zeit jedoch Elendsquartiere und das Problem des Wohnens wurde zunehmend zu einer sozialen Frage. Für die arbeitenden Unterschichten entstanden, neben den Möglichkeiten in Keller-, Dach- und Hintergeschoßwohnungen des Stadtzentrums zu wohnen, am Stadtrand nahe den entstehenden Fabriken neue Stadtteile und Wohnorte mit Mietskasernen, wie z.B. die Meyerschen Höfe in Berlin oder die sogenannten „Familienhäuser“.
Zu den Letzteren findet sich folgende Schilderung:
„Der immer größere Andrang von kleinen Leuten nach der Vorstadt und der Mangel an Wohnungen veranlaßte eine Spekulation eigner Art. Der Kammerherr (Baron Heinrich Otto) von Wülcknitz kaufte einen bedeutenden Bauplatz vom Gärtner Christian unmittelbar am Hamburger Tor, links in der Gartenstraße, und erbaute vom Jahre 1820-24 fünf Häuser aus schlechten Steinen und schlechtem Holz mit Lehmstaaken, wo eine Stube von zwei Fenstern als Wohnung für eine arme Familie bestimmt wurde. Die Häuser sind gewöhnlich unter dem Namen der „Familienhäuser“ bekannt und heißen: Gartenstraße Nr. 92 „das lange Haus“, Nr. 92 a „das Querhaus“, Nr. 92 b „das Schulhaus“, Nr. 93 „das kleine Haus“ und Nr. 94 „das Kaufmannshaus“.“[84]
Der Bauherr Baron von Wülcknitz gab selbst als Motive für den Bau an, daß er die Gebäude errichtete habe in der Absicht „theils meine Baumaterialien bei dem jetzigen Unwert derselben zu benutzen, andernteils um durch Vermietung derselben meine Auslagen verzinset zu erhalten“[85]. Soziale Motive waren hier offensichtlich nicht gegeben.
Zunächst beabsichtigte der Bauherr lediglich den Bau eines Familienhauses mit 20 Wohnungen, die aus einer 12 Fuß Quadrat[86] großen Stube und einer Küche von 12 Fuß Länge und 6 Fuß Tiefe[87] bestand. Aufgrund der großen Nachfrage entschloß sich Baron von Wülcknitz in der Folgezeit, weitere „Familienhäuser“

---

[82] Nipperdey, Deutsche Geschichte 1800 - 1866, 1983, S. 134.
[83] Nipperdey, Deutsche Geschichte 1800 - 1866, 1983, S. 134.
[84] Kuntze, Eduard, Das Jubiläum vom Voigtlande, 1855, S. 18f..
[85] ZStA Merseburg, Ministerium des Innern, Rep. 77, Tit. 227a, Nr. 53, Bl. 21-22, zitiert nach: Geist/ Kürvers, Das Berliner Mietshaus 1740-1862, 1980, S. 76.
[86] Dieses entspricht in Quadratmetern einer Fläche von 3,77 m x 3,77 m, also 14,21 m^2.
[87] Dieses entspricht in Quadratmetern einer Fläche von 3,77 m x 1,88 m, also 7,08 m^2.

zu errichten. Der Hauptbauabschnitt war die Errichtung von vier Häusern im Jahr 1823. In diesen Häusern bestanden alle Wohnungen nur noch aus einem Zimmer, das eine Größe von 21 Fuß Länge und 12 Fuß Tiefe[88] hatte. Zu jeder Wohnung gehörte eine separate Kammer in der Dachetage. Auch die Wohnungen in diesen neuen Häusern waren schnell vermietet. Die Familien zogen in die noch feuchten und teilweise unvollendeten Wohnungen ein.
Zwei Monate vor der Fertigstellung des sogenannten „Langen Hauses" fand eine polizeiliche Untersuchung der „Familienhäuser" statt, bei der folgendes festgehalten wurde:
„In dem von Wülcknitzschen Hause vor dem Hamburger Tor werden schon jetzt die Keller von Familien bezogen, ohngeachtet an diesem ganz neuen Hause oben noch gebaut wird. Das Beziehen dieser Keller, welche wahrscheinlich noch sehr feucht sind, dürfte der Gesundheit der Bewohner sehr gefährlich sein."[89]

2. Das Leben in den „Familienhäusern" als Beispiel für die Situation der Mieter

Das Leben in den „Familienhäusern" wird detailliert in den Protokollen Heinrich Grunholzers beschrieben, die als Anhang zu dem Werk Bettina von Arnims von 1843 „Dies Buch gehört dem König"[90], dem sogenannten „Königsbuch", hinzugefügt wurden.
Ihrem zweibändigen Werk, dem sogenannten „Königsbuch", fügte Bettina von Arnim den 65 Seiten umfassenden Anhang hinzu, der die Überschrift „Erfahrungen eines jungen Schweizers im Vogtlande" trägt, hinzu[91]. Dieser Anhang stammt, mit Ausnahme des kurzen Vortextes, nicht aus der Feder von Bettina von Arnim selbst, vielmehr handelt es sich um Besuchsprotokolle des 24jährigen Schweizer Lehrers Heinrich Grunholzers, der sich zu Fortbildungszwecken für ein Jahr in Berlin aufhielt.
Grunholzer begegnete Bettina von Arnim erstmals am 24.02.1843 auf der Geburtstagsfeier des berühmten Germanisten Wilhelm Grimm. Nach dieser ersten Begegnung entwickelte sich eine Bekanntschaft zwischen Bettina von Arnim und Grunholzer.
Bei einem Besuch Grunholzers bei Bettina von Arnim am 26.03.1843 berichtete Grunholzer von einem Besuch in seiner Stammkneipe „Niquet" am Vorabend. Der Wirt hatte ihm lange und ausführlich von den „Familienhäusern" vor dem

[88] Dieses entspricht in Quadratmetern einer Fläche von 6,60 m x 3,77 m, also 24,88 m^2.
[89] StA Berlin (ehemals DDR), Polizeipräsidium zu Berlin, Grundstücksakte Gartenstraße 170a (No. 2683], Nr. 22625, Bl. 5, zitiert nach: Geist/ Kürvers, Das Berliner Mietshaus 1740-1862, 1980, S. 93.
[90] Erschienen in Berlin.
[91] Der Anhang „Erfahrungen eines jungen Schweizers im Voigtlande" ist vollständig im Anhang zu dieser Arbeit abgedruckt.

Hamburger Tor erzählt. Dieses Schilderungen veranlaßten Grunholzer dazu, sich nunmehr auch die ihm bisher unbekannte Seite der Stadt Berlin ansehen und erschließen zu wollen.
Auf den Bericht Grunholzers hin las Bettina von Arnim Grunholzer aus ihrem Manuskript zum „Königsbuch" eine Passage vor, die ein Gespräch über Verbrecher enthält. In dieser Passage vertritt sie die These, daß nicht allein der Dieb Schuld an seiner Tat hat, sondern auch vor allem der Staat, der verantwortlich ist für die Mittellosigkeit und Not der Armen. Diese Mittellosigkeit führe dazu, daß die Armen aus einem Selbsterhaltungstrieb heraus zu Verbrechern werden.
Als Ergebnis des Besuches vereinbarten Grunholzer und Bettina von Arnim, daß Grunholzer die „Familienhäuser" besuchen und Bettina von Arnim weiteres Material für ihr „Königsbuch" beschaffen solle.[92]
In der folgenden Zeit besuchte Grunholzer mehrfach die „Familienhäuser". Bei seinen Besuchen an insgesamt 14 Tagen (am 29.03., 01.04., 04.-06.04., 08.-09.04., 12.-14.04., 17.04., 22.04., 24.04. und 27.04.1843) war es ihm möglich, einige der Wohnungen in den Häusern der Gartenstraße 92, 92 a und 92 b zu betreten und mit den Bewohnern zu sprechen. Darüber hinaus bereitete Grunholzer seine Besuche vor, indem er unter anderem mit dem Hausverwalter der „Familienhäuser" sprach und sich vorab Informationen, etwa über die ärmsten Familien, einholte.
Fraglich ist es nun, inwieweit aus den Aufzeichnungen Grunholzers über seine Besuche Rückschlüsse und Verallgemeinerungen für die Situation der Mieter allgemein gezogen werden können, inwieweit diese Mikrogeschichte Grunholzers auf einen größeren Raum ausgeweitet werden kann und darf.
Zunächst ist festzuhalten, daß Grunholzers Aufzeichnungen die gemachten Beobachtungen direkt wiedergeben. Damit ist die dokumentierende Form der Wiedergabe beachtenswert, da sich Grunholzer bei der Niederlegung seiner Feststellungen weitgehend der Wertung und Kommentierung enthält.
Grunholzer hatte an den 14 Besuchstagen lediglich 33 Haushalte von 400 Haushalten in den „Familienhäusern" insgesamt, mithin nur 8,3%, besucht. Danach brach er die Besuche ab, da in den „Familienhäusern" bekannt geworden war, daß er sich zum einen Notizen machte und zum anderen mitunter Geld verschenkte. Aus diesem Grunde wurde er von Frauen und Kindern regelrecht verfolgt und in die Wohnungen gedrängt. Um einen Auflauf oder Tumulte zu vermeiden, beendete Grunholzer seine Besuche, ohne alle oder wenigstens einen Großteil der Haushalte besucht zu haben. Grunholzer selbst beanspruchte den-

[92] Zur Entstehungsgeschichte des „Königsbuches" ausführlich die Tagebuchaufzeichnungen von Grunholzer und ihre Darstellung in: Geist/ Kürvers, Das Berliner Mietshaus 1740-1862, 1980, Kapitel 8.3.1., S. 214ff. und Kapitel 10.1., S. 273ff.

noch für seine Untersuchung, daß sie einen repräsentativen Querschnitt für alle Haushalte in den „Familienhäusern" darstelle.[93]
Diese Einschätzung wird durch Geist und Kürvers bestätigt, die Grunholzers Aufzeichnungen in dem Werk „Das Berliner Mietshaus 1740-1862" detailliert untersuchen und zu dem Ergebnis kommen, daß es sich tatsächlich um eine repräsentative Darstellungen aller Haushalte in den „Familienhäusern" handelt.[94]
Zusammenfassend soll nur folgendes festgehalten werden:
Grunholzer hat seine Besuche auf einen Monat und alle Wochentage verteilt, d.h. er hat die Hausbewohner, die unter der Woche außer Haus arbeiteten, ebenso angetroffen wie die, die im Hause waren. Dabei hat er bei seinen Besuchen nur die oben genannten großen Häuser in der Gartenstraße besucht, in denen es ausschließlich sogenannte Ein-Stuben-Haushalte gab.
Im Rahmen seiner Aufzeichnungen hat Grunholzer Namen, Beruf, Anzahl der im Haushalt lebenden Personen, Anzahl der Kranken im Haushalt, monatliche Einnahmen, regelmäßige Unterstützungen durch die Armenunterstützung und den Stand der Mietschulden am 02.11.1842 festgehalten. Damit ist es möglich, einen statistischen Durchschnitt zur Haushaltsgröße, dem monatlichen Einkommen und der Haupterwerbsquelle zu ermitteln. Diese Werte wurden in der vorstehend genannten Untersuchung von Geist und Kürvers mit anderen bekannten Werten und Statistiken aus den „Familienhäusern" verglichen, wobei festgestellt wurde, daß die Darstellungen Grunholzers, deren Lektüre im Anhang zum „Königsbuch" jedem Leser sehr ans Herz gelegt sei, sehr wohl dem Anspruch einer repräsentativen Untersuchung genügen.[95]
Nach den Aufzeichnungen Grunholzers lag die durchschnittliche Haushaltsgröße in den Ein-Stuben-Haushalten bei 4-5 Personen, andere Statistiken über die „Familienhäuser" sprechen von 5-6 Personen, so daß deutlich ist, daß Grunholzer hinsichtlich der Belegung der Wohnungen durchaus den Durchschnitt und keine Extremfälle gesehen hat. Die Bewohner der Haushalte lassen sich in drei soziale Gruppen einteilen: die sogenannten „Professionisten", d.h. abhängige Heimarbeiter, und Selbständige, wie vor allem die Weber, die Tagelöhner und Arbeiter, und als dritte Gruppe die alleinstehenden Frauen mit einem eigenen Haushalt.
Der monatliche Mietzins lag im geringsten Fall der Miete einer Souterrain-Wohnung bei 1 Thaler 20 Silbergroschen, durchschnittlich aber bei 2 Thaler, was bei einem von Grunholzer ermittelten monatlichen Durchschnittseinkom-

---

93 Vgl. Anhang zum „Königsbuch" in der Ausgabe Berlin 1843, S. 585.
94 Ausführliche Untersuchung der Materialien Grunholzers bei: Geist/ Kürvers, Das Berliner Mietshaus 1740-1862, 1980, Kapitel 10, S. 272ff., insbesondere S. 274-277.
95 Geist/ Kürvers, Das Berliner Mietshaus 1740-1862, 1980, S. 276-277.

men pro Haushalt (nicht pro Kopf) von 6 Thaler 25 Silbergroschen, ca. 30% der monatlichen Gesamtausgaben eines Haushaltes ausmachte.[96]
Ein Großteil der Haushalte, rund drei Viertel, hatte Mietschulden, wie sich aus einer Liste des Hauseigentümers Heyder vom 02.11.1842 ergibt. Für die insgesamt 298 in der Liste aufgeführten Haushalte ergibt sich eine Gesamtmietschuld von 1001 Thalern, 1 Silbergroschen und 9 Pfennigen, was eine Durchschnittsschuld von 3 Thalern und 10 Silbergroschen pro Haushalt ergibt. Dieses entspricht etwa einer offenen Miete von 1 ½ Monatsmieten pro Haushalt.[97]
Stellt man dieser Liste Heyders die Untersuchungen Grunholzers gegenüber, so ergibt sich, daß, abgesehen von zwei höher verschuldeten Haushalten mit Schulden von mehr als 13 Thalern, auch hier eine ähnliche durchschnittliche Mietschuld ermittelt wird, nämlich ein Wert von 3 Thalern, 3 Silbergroschen und 4 Pfennigen.
Anhand der Protokolle Grunholzers, ergänzt und überprüft mit Hilfe anderer Materialien über die „Familienhäuser“, kann somit ein systematisches Bild des Alltags in den „Familienhäusern“ gezeichnet werden. Inwieweit dieses Bild auf andere Mietshäuser in Berlin im Detail übertragen werden kann, ist nicht zu beantworten. Es ist jedoch davon auszugehen, daß die Darstellungen Grunholzers mit ihren Ergänzungen als Beispiel für die Wohn- und Lebensverhältnisse des entstehenden Proletariats in den Städten herangezogen werden können und insoweit einen guten Einblick in die Zeit erlauben.
Die Protokolle stellen weder im Sinne einer Biographie auf einen Einzelnen ab, noch stellen sie „pathologische“ Einzelfälle dar, sondern vielmehr zeichnen sie ein Bild des „Durchschnittlichen und Normalen“. Gerade wegen dieser Beschreibung des „Normalen“ sind die Aufzeichnungen Grunholzers nach Auffassung der Verfasserin bei der Bearbeitung des Themas „Miete im 19. Jahrhundert“ zu berücksichtigen und ein Glücksfall, um einen Einblick in das Alltagsleben der städtischen Mietshäuser zu bekommen.

C. Der Umgang mit dem Mietrecht in der Praxis

Bei der Betrachtung der tatsächlichen Situation für den Mieter stellt sich auch die Frage, wie in der Praxis mit dem Mietrecht verfahren wurde. Es drängen sich zum Beispiel die folgenden Fragen auf:

- Wurden die Mietverträge schriftlich geschlossen?
- Kam es häufig zu Kündigungen, wurden die Fristen eingehalten, aus welchen Gründen wurde gekündigt?

Im folgenden soll daher ein Einblick in die mietrechtliche Praxis gegeben werden.

---

[96] Vgl. Geist/ Kürvers, Das Berliner Mietshaus 1740-1862, 1980, S. 289.
[97] Geist/ Kürvers, Das Berliner Mietshaus 1740-1862, 1980, S. 276.

I. Verwendung von „vermieterfreundlichen" Formularmietverträgen

Die Bevölkerungsbewegung und die damit verbundene Wohnungsnot begünstigten die Verbreitung von sog. „Massenmietverträgen", in denen die Vermieter in „freier" Vereinbarung ihre Interessen durchsetzten.[98] In den Lehrbüchern des 19. Jahrhunderts zum Mietrecht finden sich denn auch verschiedene Formularmietverträge, je nachdem, welche Art von Wohnung vermietet wurde und welchen Interessen hauptsächlich Rechnung getragen sollte.
So findet sich im Anhang des Werkes „Die Wohnungsmiethe nach gemeinem Recht" von Hermann Brückner, erschienen 1877 in Weimar, ein Mustermietvertrag für die Vermietung kleinerer Wohnungen und ein Mustermietvertrag für die Vermietung größerer Wohnungen. Ist das Muster für die Vermietung kleinerer Wohnung mit nur drei Ziffern, in denen lediglich der Mietgegenstand (Ziff. 1), der Mietzins und dessen Fälligkeit (Ziff. 2) sowie die Beendigung des Vertrages durch Kündigung zu den vertraglich genannten Zeitpunkten und Fristen[99] (Ziff. 3), sehr knapp gehalten, so hat das Formular zur Vermietung größerer Wohnungen einen umfassenderen und ausführlicheren Inhalt. Geregelt werden hier im Detail in neun Paragraphen neben den Regelungen über Mietgegenstand, -zins und -dauer auch Fragen der Gewährleistung, Kündigungsgründe, Fragen der Erhaltung und Instandsetzung der Mietsache, Regelungen für den Kriegsfall, die Frage der Untervermietung, Regelungen zur Besichtigung der Wohnung durch potentielle Nachmieter und eine Regelung der Kostentragung für die Ausfertigung des Vertrages in zwei Exemplaren.

Auch in dem Anhang des Werkes Hanns Konrad Hermanns über den Mietvertrag[100] von 1840 finden sich verschiedene Formulare. Diese beziehen sich jedoch nicht auf verschiedene Wohnungsgrößen, sondern auf unterschiedliche Interessengruppen. So gibt es ein Formular „Miethvertrag im Interesse des Vermiethers, sowohl als des Abmiethers", ein Formular „Miethvertrag hauptsächlich im Interesse des Vermiethers" und ein Formular „Miethvertrag im Interesse des Abmiethers".
Ausgehend von der heutigen Rechtspraxis kann wohl zu Recht angenommen werden, daß die verschiedenen Formularmietverträge von den Vertragsparteien im Rechtsalltag verwendet wurden und nicht jeweils Individualvereinbarungen getroffen wurden. Welche Vertragsformulare jedoch hauptsächlich genutzt wurden, ist unklar.

---

[98] Trenk-Hinterberger, Artikel „Miete", in: HRG, Bd. III, 1984, Sp. 540.
[99] Nicht genannt werden Kündigungsgründe.
[100] Hanns Konrad Hermann, Der Miethvertrag, hauptsächlich in Bezug auf Wohnungen, nach gemeinem und königlich sächsischem Rechte, mit Rücksicht auf die besonderen Bestimmungen für die Stadt Dresden, zur Anleitung für Rechtsunkundige und zur Benutzung für Juristen, Dresden/Leipzig 1840.

Möglicherweise findet sich ein Ansatzpunkt zur Beantwortung dieser Frage bei einem Blick nach Berlin:
Brückner hat in dem Anhang des zuvor zitierten Werkes eine Zusammenstellung charakteristischer Vertragsklauseln „aus den verschiedenen in der Stadt Berlin gangbaren Formularen von Miethverträgen" vorgenommen. Aus diesen von Brückner als „charakteristisch" bezeichneten Bestimmungen geht eine sehr vermieterfreundliche Praxis hervor. So finden sich zu Lasten des Mieters unter anderem folgende Bestimmungen:
„1.) Die Nichtbezahlung des - in der Regel praenumerando zu entrichtenden - Miethzinses an dem festgesetzten Zahlungstermin (Beginn des Monats oder Quartals) hebt den Vertrag dergestalt auf, daß der Miether ohne vorhergegangene Kündigung das Quartier sofort räumen muß, wenn der Vermiether es verlangt. Tritt dieser Fall ein, so ist der Miether verbunden, noch vor seiner Räumung die Miethe für die ganze Dauer des Contractes (nicht etwa bloß das laufende Vierteljahr) zu zahlen, sofern die Wohnung inzwischen nicht anderweit vermiethet werden kann.
2.) Der Contract gilt nur für die darin angegebene Zahl von Angehörigen des Miethers.[101] Die Angabe über die mit ihm einziehenden Angehörigen, Dienstboten u.s.w. muß in Wahrheit beruhen, widrigenfalls der Vermiether die Besitznahme der Wohnung verweigern oder die Räumung sogleich und ohne Kündigung gerichtlich nachsuchen, auch Schadenersatz nach den vorstehend unter Nr. 1 a.E. angegebenen Grundsätzen verlangen kann.
3.) Der Miether kann unter keinerlei Vorwand für etwaige Feuchtigkeit und Rauch im Logis oder Grundwasser im Keller einen Abzug an der Miethe machen; er ist vielmehr verpflichtet, das Quartier der Jahreszeit angemessen gehörig lüften und heizen zu lassen.
Auch muß sich der Miether alle von dem Vermiether für gut und nothwendig erachteten baulichen Veränderungen oder Reparaturen während der Dauer der Miethzeit gefallen lassen, sie mögen für ihn störend sein oder nicht.
4.) Der Miether darf Steinkohlen und Coaks nicht als Feuerungsmittel verwenden.
Die mit vermiethete Wasserleitung darf derselbe nur in Gemäßheit der (in besonderen Paragraphen äußerst speciell) darüber getroffenen Bestimmungen benutzen. Die Verletzung einer derselben berechtigt den Vermiether, dem Miether die Zuleitung des Wassers zu entziehen.
5.) Der Miether erklärt, das das eingebrachte Mobiliar sein unbeschränktes Eigenthum und dem Vermiether für den richtigen Eingang der Miethe während der Dauer des Contracts verpfändet sei.

[101] Anm.: D.h., daß der Vermieter streng genommen bei der Geburt eines weiteren Kindes des Mieters nach dessen Einzug in die Wohnung zur Vertragsaufhebung berechtigt wäre.

Er darf ohne Genehmigung des Vermiethers kein Stück dieses Mobiliars eher aus der Wohnung entfernen, als bis der Miethzins vollständig bezahlt ist. Wenn eine Retention der vom Miether eingebrachten Gegenstände stattgefunden hat, soll der Vermiether berechtigt sein, dieselben ohne richterliche Dazwischenkunft öffentlich zu verkaufen und aus dem Erlöse seine Befriedung zu suchen.
6.) Nach erfolgter Kündigung der Wohnung muß dieselbe zu jeder (!) Tageszeit auf Verlangen des Vermiethers oder seiner Beauftragten ohne Weigerung sofort geöffnet werden und der Besichtigung bereitstehen."[102]

II. Die Möglichkeit zur sofortigen „Exmission" der Mieter

Besonders hervorzuheben ist sicher die vorstehend unter Ziffer 1.) des „Mustermietvertrages" zitierte Regelung, daß der Vermieter **ohne Kündigung** berechtigt war, den Mieter bei Rückständen mit der Mietzinszahlung aus der Wohnung zu setzten[103]. Diese Bestimmung ist vor allem vor dem Hintergrund der Quellen über die „Familienhäuser" interessant, da sich aus diesen ergab, daß in den dortigen Häusern ca. Dreiviertel der Haushalte Mietschulden hatten[104] und ständig mit der Gefahr einer „Exmission" leben mußten.
Inwieweit die Vermieter von ihrem mietvertraglichen Recht zu einer sofortigen „Exmission" bei einem nur geringen Mietrückstand Gebrauch machten, ist ungeklärt, scheint aber nach Auffassung der Verfasserin eher zweifelhaft und nicht die Regel gewesen zu sein. Diese Einschätzung der Verfasserin begründet sich in einem Rückschluß aus den zahlreichen Schilderungen von Mietern mit höheren Mietrückständen. Selbst in den Fällen, in denen höhere Mietschulden aufgelaufen waren, wurde durch die Vermieter vielfach nach einer anderen Lösung gesucht. So versuchte etwa der Hausbesitzer der „Familienhäuser", Heyder, eine Lösung mit der Armendirektion zu finden.
Heyder übersandte der Armendirektion die vorstehend bereits zitierte Liste mit den Mietschulden der Hausbewohner vom 02.11.1842. Dieser Liste fügte er ein Begleitschreiben bei, in dem er ausführte, daß er sich nunmehr gezwungen sehe, eine Reihe von Exmissionen durchzuführen und daß diese Menschen dann auf der Straße stünden und der Stadt und dem Armenhaus zur Last fallen würden. Vor diesem Hintergrund versuchte er, von der Armendirektion Mietgarantien zu erhalten, sei es zum einen auf indirektem Wege, indem den Mietern Arbeit beschafft wurde, sei es zum anderen durch direkte Zahlungen.[105] Über den Erfolg Heyders mit dieser Vorgehensweise ist leider nichts zu finden. Die Vorgehensweise Heyders ist jedoch Anlaß zu fragen, ob ein derartiges Vorgehen möglich war, das Armenrecht in der Tat so ausgestaltet war.

---

[102] Brückner, Die Wohnungsmiethe nach gemeinem Recht, 1877, S. 97-99.
[103] Vgl. oben S. 34.
[104] Vgl. oben S. 32.
[105] Geist/ Kürvers, Das Berliner Mietshaus 1740-1862, 1980, S. 276.

Exkurs: Die Entwicklung des Armenrechts im 19. Jahrhundert

Die rechtliche Situation im Armenwesen erfuhr im 19. Jahrhundert eine erhebliche Veränderung. In Preußen, wie auch in den anderen Gebieten Deutschlands[106], war zu Beginn des 19. Jahrhunderts das Armenrecht derart ausgestaltet, daß eine Gemeinde verpflichtet war, ihre „Ortsarmen" zu unterstützen. Der „Anspruch" auf Armenunterstützung hing damit von der „besonderen Verleihung des Einwohner- bzw. Heimatrechts durch die Gemeinden ab, die im übrigen auch teilweise weitgehende Rechte bei der „Gestattung" des Aufenthaltes, der Wohnsitznahme, der Verehelichung und der Eröffnung eines Gewerbebetriebes hatten"[107]. In Preußen selbst war das Armenrecht durch das Preußische Allgemeine Landrecht geregelt[108], wobei zwei Gruppen von Armen unterschieden

---

[106] Der Begriff „Deutschland" wird hier rein geographisch gebraucht.

[107] Sachße/Tennstedt, Geschichte der Armenfürsorge, Bd. 1, 1998, S. 196.

[108] Die "armenrechtlichen" Regelungen fanden sich im Allgemeinen Preußischen Landrecht an den verschiedensten Stellen. Hinzuweisen ist unter anderem auf die Regelungen im 2. Teil, 3. Titel, § 144ff. hinsichtlich der Unterhaltsverpflichtung der Familie bei Verarmung, u.a. auch für Geschwister, die Regelungen im 2. Teil, 19. Titel, § 9 und §§ 32ff. hinsichtlich der Verpflichtungen privilegierter Kooperationen für ihre unvermögenden Mitglieder, die Regelungen im 2. Teil, 7. Titel, §122ff. hinsichtlich des Versorgungszwanges der Gutsherren und auf die „eigentlichen" Armenpflegebestimmungen im **2. Teil, 19. Titel des ALR** , welche auszugsweise wie folgt lauteten:

§1. Dem Staat kommt es zu, für die Ernährung und Verpflegung derjenigen Bürger zu sorgen, die sich ihren Unterhalt nicht selbst verschaffen, und denselben auch von anderen Privatpersonen, welche nach besonderen Gesetzen verpflichtet sind, nicht erhalten können.

§ 2. Denjenigen, welchen es nur an Mitteln und Gelegenheit, ihren und der ihrigen Unterhalt selbst zu verdienen, ermangelt, sollen Arbeiten, die ihren Kräften und Fähigkeiten gemäß sind, angewiesen werden.

§ 3. Diejenigen, die nur aus Trägheit, Liebe zum Müßiggange, oder anderen unordentlichen Neigungen die Mittel, sich ihren Unterhalt selbst zu verdienen, nicht anwenden, sollen durch Zwang und Strafen zu nützlichen Arbeiten unter gehöriger Aufsicht angehalten werden.

§ 4. Fremde Bettler sollen in das Land nicht gelassen, oder darin geduldet werden, und wenn sie sich gleichwohl einschleichen, sofort über die Grenze zurückgeschafft werden.

§ 5. Auch einheimischen Armen soll das Betteln nicht gestattet, sondern dieselben an den Ort, wohin sie gehören, und wo für sie nach den Vorschriften des gegenwärtigen Titels gesorgt werden muß, zurückgeschafft werden.

§ 6. Der Staat ist berechtigt und verpflichtet, Anstalten zu treffen, wodurch der Nahrungslosigkeit seiner Bürger vorgebeugt, und der übertriebenen Verschwendung gesteuert werde.

§ 7. Veranlassungen, wodurch ein schädlicher Müßiggang besonders unter den niederen Volksklassen, genährt, und der Trieb zur Arbeitsamkeit geschwächt wird, sollen im Staate nicht geduldet werden.

§ 8. Stiftungen, welche auf die Beförderung und Begünstigung solcher schädlicher Neigungen abzielen, ist der Staat aufzuheben, und die Einkünfte derselben zum Besten der Armen zu verwenden, berechtigt.

wurden. Dabei handelte es sich um die Gruppe der Armen, welche die Gemeinde zu unterstützen hatten und die Gruppe, welche durch den Staat in öffentlichen Armenhäusern untergebracht wurde.
Arbeitsfähigen Personen durften die Gemeinden den Aufenthalt nicht versagen, und durch einen dreijährigen Aufenthalt erwarb man einen Wohnsitz in einer Gemeinde und damit auch das „Recht" zur Versorgung als Ortsarmer, wobei die Verpflichtung der Gemeinde zur Unterstützung in Ost- und Westpreußen nach einjähriger, in den sonstigen Gebieten Preußens nach dreijähriger Ortsabwesenheit wieder verloren ging. Arme ohne Wohnsitz wurden aus der sogenannten Vagabundenkasse oder der Regierungshauptkasse unterstützt. In den Städten selbst sollte nach der preußischen Städteordnung von 1808 eine dem Magistrat der Stadt untergeordnete Deputation die Armenpflege leiten. Dabei waren die für die Armenpflege notwendigen Ausgaben aus der Kommunalkasse zu bestreiten, ohne daß besondere Armensteuern erhoben werden durften.[109]
In der Folge traten im 19. Jahrhundert im Bereich der Armenpflege und –fürsorge in Preußen gesetzliche Regelungen in Kraft, welche eine Zäsur im preußischen Armenrecht darstellten. Hierbei handelte es sich um das Gesetz über die Aufnahme neu anziehender Personen (G. S. 1843, S. 5)[110] und das Ge-

---

§ 9. Priviligierte Kooperationen, welche einen besonderen Armenfonds haben, oder dergleichen, ihrer Verfassung gemäß, durch Beiträge unter sich aufbringen, sind ihre unvermögenden Mitglieder zu ernähren, vorzüglich verbunden.
§ 10. Auch Stadt- und Dorfgemeinden müssen für die Ernährung ihrer verarmten Mitglieder und Einwohner sorgen.
§ 11. In Ansehung der ausdrücklich aufgenommenen Mitglieder entsteht die Verpflichtung, sobald die Aufnahme wirksam geworden ist.
§ 12. In Ansehung anderer Einwohner hingegen ist nur diejenige Stadt- oder Dorfgemeinde zur Ernährung eines Verarmten verpflichtet, bei welcher derselbe zu den gemeinen Lasten zuletzt beigetragen hat.
§ 13. Nach den Grundsätzen (§§ 9-12) müssen auch die Ehefrauen, Witwen und unversorgten Kinder des Verarmten von den Kooperationen und Gemeinden versorgt werden.
§ 14. Die Vorsteher der Kooperationen und Gemeinden sind schuldig, sich nach den Ursachen des Verfalls ihrer Mitglieder zu erkundigen, und dieselben der Obrigkeit, zur Abhelfung, in Zeiten anzuzeigen.
§ 15. Aller Armen und Unvermögenden, denen ihr Unterhalt auf andere Art nicht verschafft werden kann, muß die Polizeiobrigkeit eines jeden Ortes, ohne Unterschied des Ranges und sonstigen Gerichtsstandes derselben, sich annehmen.
[109] Sachße/Tennstedt, Geschichte der Armenfürsorge, Bd. 1, 1998, S. 196.
[110] Die wichtigsten Regelungen des **Gesetzes über die Aufnahme neu anziehender Personen vom 31.12.1842** lauten wie folgt:
§ 1. Keinem selbständigen Preußischen Untertan darf an einem Orte, wo er eine eigene Wohnung oder ein Unterkommen sich selbst zu verschaffen im Stande ist, der Aufenthalt verweigert oder durch lästige Bedingungen erschwert werden.
(...)

setz über die Verpflichtung zur Armenpflege (G. S. 1843, S. 8)[111], beide vom 31.12.1842[112], sowie das Gesetz zur Ergänzung der Gesetze vom 31.12.1842

---

§ 4. Denjenigen, welche weder hinreichendes Vermögen noch Kräfte besitzen, sich und ihren nicht arbeitsfähigen Angehörigen den notdürftigen Lebensunterhalt zu verschaffen, solchen auch nicht von einem zu ihrer Ernährung verpflichteten Verwandten zu erwarten haben, kann der Aufenthalt an einem anderen Orte, als dem ihres bisherigen Aufenthalts, verweigert werden.
§ 5. Die Besorgnis künftiger Verarmung eines Neuanziehenden genügt nicht zu dessen Abweisung; offenbart sich aber binnen Jahresfrist nach dem Anzuge die Notwendigkeit einer öffentlichen Unterstützung, und weiset die Gemeinde nach, daß die Verarmung schon vor dem Anzuge vorhanden war, so kann der Verarmte an die Gemeinde seines früheren Aufenthaltes zurückgewiesen werden.
(...)
§ 8. Wer an einem Orte seinen Aufenthalt nehmen will, muß sich bei der Polizei-Obrigkeit dieses Ortes melden, und über seine persönlichen Verhältnisse mit Rücksicht auf die Vorschriften der §§ 1-6 die erforderliche Auskunft geben. Über die erfolgte Meldung ist eine Bescheinigung zu erteilen.
§ 9. Ein jeder, welcher Neuanziehenden Wohnung oder Unterkommen gewährt, ist verpflichtet, bei Vermeidung einer Polizeistrafe, darauf zu halten, daß Meldung (§ 8) geschehe.
(...)
§ 11. Hat der Neuanziehende die im § 8 vorgeschriebene Meldung unterlassen, so kann einen Wohnsitz im Sinne des Gesetzes vom heutigen Tage über die Verpflichtung zur Armenpflege (§ 1 Nr. 2) nicht erwerben. Ist aber in einem solchen Fall durch den fortgesetzten Aufenthalt (§ 1 Nr. 3 des angeführten Gesetzes) eine Fürsorge der Gemeinde oder Gutsherrschaft für den Verarmten notwendig geworden, so bleibt ihr der Anspruch auf Schadloshaltung gegen denjenigen, welcher nach Vorschrift § 9 für die Meldung zu sorgen verpflichtet war, nach den allgemeinen Rechtsgrundsätzen vorbehalten.
(...)

[111] Die wichtigsten Regelungen des **Gesetzes über die Verpflichtung zur Armenpflege vom 31.12.1842** lauten auszugsweise wie folgt:
§ 1. Die Fürsorge für einen Armen hat, wenn dazu kein Anderer (Verwandter, Dienstherrschaft, Stiftung usw.) verpflichtet und vermögend ist, diejenige Gemeinde zu übernehmen, in welcher derselbe

1. als Mitglied ausdrücklich aufgenommen worden ist, oder
2. unter Beobachtung der Vorschriften des Gesetzes vom heutigen Tage über die Aufnahme neuanziehender Personen (§ 8) einen Wohnsitz erworben, oder
3. nach erlangter Großjährigkeit während der letzten drei Jahre vor dem Zeitpunkt, wo seine Hilfsbedürftigkeit hervortritt, seinen gewöhnlichen Aufenthalt gehabt hat.

(...)
§ 3. Die Verpflichtung zur Fürsorge für den Verarmten beginnt im Falle des § 1 Nr. 1 mit dem Tage der Aufnahme, und in dem Falle des § 1 Nr. 2 mit dem Zeitpunkt der Erwerbung des Wohnsitzes. Sind die in § 1 unter Nr. 1 und 2 aufgestellten Bedingungen bei mehreren Gemeinden in Beziehung auf dieselbe Person vorhanden, so entscheidet deren gewöhnlicher Aufenthalt.
§ 4. Die durch die Vorschriften des § 1 bestimmte Verpflichtung der Gemeinde erlischt, wenn der Verarmte nach erlangter Großjährigkeit seit drei Jahren aus der Gemeinde abwesend ist.

über die Verpflichtung zur Armenpflege und die Aufnahme neu anziehender Personen vom 21.05.1855 (G. S. 1855, S. 311).[113]

Eine Ausnahme hiervon findet statt, wenn die Abwesenheit durch bloß vorübergehende Verhältnisse, insbesondere durch den Betrieb eines nicht stehenden Gewerbes, durch Erfüllung der allgemeinen Militärpflicht, durch Abbüßung einer zeitigen Freiheitsstrafe usw. veranlaßt worden ist.
§ 5. Gutsherrschaften, deren Güter nicht im Gemeindeverbande sich befinden, sind zur Fürsorge für die im Gutsbezirke befindlichen Armen in gleicher Weise, wie die Gemeinden, verpflichtet.
(...)
§ 9. Ist keine Gemeinde oder Gutsherrschaft (örtlicher Armenverband) vorhanden, welcher nach den Bestimmungen der §§ 1-7 die Fürsorge der Verarmten obliegt, so ist diese Fürsorge eine Provinziallast, welche von Landarmen-Verbänden getragen wird.
(...)
§ 14 Soweit Gemeinden zur Verpflegung ihrer Armen unvermögend sind, hat der Landarmen-Verband ihnen Beihilfe zu gewähren.
(...)
§ 16. Wo besondere Landarmenhäuser errichtet sind, müssen darin, soweit der Raum es gestattet, auch solche Arme, für welche von den Gemeinden oder Gutsherrschaften zu sorgen ist, auf deren Verlangen gegen Vergütung eines angemessenen Verpflegungssatzes aufgenommen werden.
(...)
§ 25. Ist eine Gemeinde oder Gutsherrschaft nach der Vorschrift § 5 des Gesetzes vom heutigen Tage über die Aufnahme neu anziehender Personen befugt, einen Verarmten, welcher in dem Gemeinde- oder Gutsbezirk einen Wohnsitz erworben hat (§1 Nr. 2), an dessen früheren Aufenthaltsort zurückzuweisen, so muß sie, bis die Wiederaufnahme desselben an diesem Orte erfolgt, für die Verpflegung des Verarmten sorgen. Die hieraus entstehenden Kosten hat die Gemeinde oder Gutsherrschaft des früheren Aufenthaltsortes zu erstatten.
§ 26. Keine Gemeinde oder Gutsherrschaft darf einen fremden Armen hilflos von sich weisen, sondern muß ihm die nötige Unterstützung, unter Vorbehalt ihres Anspruches an den dazu Verpflichteten, einstweilen gewähren.
(...)

[112] Hinzuweisen ist in diesem Zusammenhang auf den Artikel von Peter Collin „Die strafrechtliche Armierung der Sozialpolitik in Deutschland in historischer Perspektive" vom 31.01.2001, veröffentlicht in: forum historiae iuris. Erste Internet-Zeitschrift für Rechtsgeschichte. Collin weist darauf hin, daß sich seit der ersten Hälfte des 19. Jahrhunderts in Preußen und Deutschland Strafbestimmungen finden lassen, die in einem direkten Zusammenhang mit der Sozialpolitik, d.h. der Armenunterstützung/Sozialfürsorge, der Kranken-, Unfall- und Rentenversicherung, sowie der Arbeitslosenvermittlung und -unterstützung, finden lassen und setzt sich unter anderem auch mit der „Armengesetzgebung" Preußens auseinander (vgl. insbesondere Collin, in: http://www.rewi.hu-berlin.de/FHI/zitat/0102collin.htm, Rn. 5 und 28-30).

[113] Die wichtigstens Regelungen des **Gesetzes vom 21.05.1855 zur Ergänzung der Gesetze vom 31.12.1842 über die Verpflichtung zur Armenpflege und die Aufnahme neu anziehender Personen** lauten auszugsweise wie folgt:

Mit den Vorschriften der Gesetze von 1842 wurde in Preußen als neues Prinzip das Prinzip des Unterstützungswohnsitzes eingeführt, welche das zuvor geltende Prinzip des Heimatrechts ablöste[114]. Nach dem Heimatrecht waren von den Gemeinden allein die einheimischen Armen unterstützt worden, wobei die Heimatberechtigung entweder ursprünglich, d.h. durch Geburt von heimatberechtigten Eltern, oder erworben, d.h. beispielsweise durch Verbeamtung oder Eheschließung einer Frau mit einem heimatberechtigten Ehemann, oder verliehen, d.h. durch Vertragsschluß zwischen der Gemeinde und dem Ansuchenden, sein konnte. Der Erwerb des Heimatrechts war darüber hinaus auch durch Gesetz möglich. Hier waren die Gesetze in den verschiedenen Gemeindebezirken völlig unterschiedlich ausgestaltet. Sie knüpften zumeist an einen je nach Gemeinde unterschiedlichen langen Aufenthalt im Gemeindebezirk an[115] und verlangten

---

Zu § 1 Nr. 2 und § 3 des Gesetzes über die Verpflichtung zur Armenpflege vom 31.12.1842 (G.S. 1843, S. 8) und § 5 des Gesetzes über die Aufnahme neu anziehender Personen vom 31.12.1842 (G.S. 1843, S. 5)
Art. 1. Die Verpflichtung des Ortsarmen-Verbandes zur Fürsorge für einen Armen (der Unterstützungswohnsitz) entsteht in denjenigen Fällen, in welchen sie nach § 1 Nr. 2 des Gesetzes über die Verpflichtung zur Armenpflege vom 31.12.1842 durch Erwerb des Wohnsitzes begründet werden soll, fortan nicht mehr sogleich mit dieser Erwerbung, sondern erst dann, wenn der Neuanziehende den erworbenen Wohnsitz ein Jahr lang fortgesetzt hat.
Ergibt sich vor Ablauf dieses Jahres, daß der Neuanziehende sich in einem solchen Zustand der Verarmung befindet, welcher die öffentliche Unterstützung desselben erforderlich macht, so muß der zur Zeit dieses Ereignisses zur Fürsorge für ihn verpflichtete Armenverband denselben übernehmen. Dagegen ist an diesen Verband alsdann auch das etwa erlegte Einzugs- und Hausstandsgeld herauszuzahlen.
Die Vorschrift des § 1 Nr. 2 und des § 3 des Gesetzes über die Verpflichtung zur Armenpflege vom 31.12.1842, sowie § 5 des Gesetzes über die Aufnahme neu anziehender Personen von demselben Tage, sind, soweit sie von den Bestimmungen des vorliegenden Artikels abweichen, aufgehoben.
(...)
Art. 11. Solche Personen, welche arbeitsfähig sind, gleichwohl aber, nach Verlust ihrer bisherigen Wohnung, binnen einer von der Orts-Polizei-Behörde ihnen gestellten Frist, sich eine anderen Wohnung nicht verschafft haben, kann, insofern denselben durch polizeiliche Veranstaltung ein Obdach verschafft werden muß, für die Dauer der Obdachlosigkeit der Aufenthalt in einer Arbeitsanstalt angewiesen werden.
Art. 12. Auch solche Personen, welche die Armenpflege in Anspruch nehmen, sich aber weigern, für die ihnen gewährte Unterstützung die ihnen von der Obrigkeit, sei es im Orte oder auswärts, angewiesene, ihren Kräften angemessene Arbeit ordnungsmäßig zu verrichten, können, so lange sie der Unterstützung bedürfen und bei ihrer Weigerung beharren, in einer Arbeitsanstalt untergebracht werden.

[114] Dieses bewirkte eine „armenrechtliche Zweiteilung" Deutschlands, da insbesondere in den süddeutschen, noch agrarisch strukturierten Staaten das traditionelle Heimatprinzip fortgalt.

[115] Die Dauer des Aufenthaltes war sehr unterschiedlich. War beispielsweise in Mecklenburg ein Aufenthalt von 2 Jahren ausreichend, so war in Schleswig-Holstein ein Aufenthalt von 15

darüber hinaus zumeist noch eine dem Aufenthalt vorausgegangene polizeiliche Meldung, die Ansässigkeit mit einem Wohnhaus oder einem selbstständigen Gewerbebetrieb oder „sonstige Qualifikationen", die mindestens in der Bezahlung direkter Staats- und Gemeindesteuern bestand.[116]
Das Heimatrecht konnte nicht verloren gehen, so daß im Gegensatz zu der preußischen Unterstützungswohnsitzgesetzgebung ein hilfebedürftig gewordener Arbeiter auch nach langer Abwesenheit zurück in seine – zumeist inzwischen völlig fremd gewordene – Heimat geschickt werden konnte.
Vor- und Nachteile der beiden Prinzipen sind heftig diskutiert worden. Insoweit wird beispielhaft auf die Ausführungen von Wilhelm Roscher[117] verwiesen.
Mit den Gesetzen von 1842 und 1855 wurden in Preußen die rechtlichen Grundlagen für eine „Wanderung der Arbeit nach..."[118] geschaffen, welche die Voraussetzung für eine Weiterentwicklung der preußischen Industrie bildeten.
Vor dem Hintergrund dieser Ausgestaltung des Armenrechts, insbesondere vor dem Hintergrund der Regelung des Art. 11 des Gesetzes vom 21.05.1855[119] ist es nach Auffassung der Verfasserin durchaus möglich, daß eine Vorgehensweise, wie sie der Hausbesitzer der „Familienhäuser", Heyder, wie oben dargelegt,[120] wählte, erfolgreich war. Für den Fall nämlich, daß die Mieter ihre Wohnung verloren und sich auch eine Wohnung nicht verschaffen konnten, was in Anbetracht der Wohnungsknappheit vielfach der Fall war, mußten die Armen in Arbeitsanstalten untergebracht und damit auf Kosten der öffentlichen Hand un-

---

Jahren notwendig. Vgl. Sachße/Tennstedt, Geschichte der Armenfürsorge, Bd. 1, 1998, S. 202.

[116] Sachße/Tennstedt, Geschichte der Armenfürsorge, Bd. 1, 1998, S. 202.

[117] Wilhelm Roscher, System der Armenpflege und Armenpolitik, Stuttgart 1894, S. 106 – 109. Roscher faßt die vielfältigen Auffassungen mit Hinweis auf weitere Autoren zusammen. Als Hauptargumente für das Heimatrecht wird angeführt, daß das Heimatrecht oder Geburtsprinzip ein „natürliches System" sei, bei welchem Willkür ausgeschlossen sei, welches leichter zu kontrollieren sei und darüber hinaus wegen seines „stabileren Charakters" für die vorbeugende Armenpflege günstiger sei. Demgegenüber wird als negativ bei dem Heimatrecht angesehen, daß die kleineren Gemeinden zu leiden hätten, wenn die zunächst in die Städte zum Arbeiten fortgezogenen jungen Leute, „deren kräftigste Jahre von der Stadt ausgenutzt sind, später als hilfsbedürftige Greise" zurückkämen. Für den Unterstützungswohnsitz wird hingegen angeführt, daß der Ort, in der der Arme die letzten Jahre gewohnt habe, in der Regel weit mehr Nutzen von ihm gezogen habe, als der Geburtsort. Zudem sei auch zu berücksichtigen, daß man insgesamt „weniger Opfer" zu bringen habe, wenn man „den Armen dort unterstützt, wo der Mittelpunkt seiner bisherigen wirtschaftlichen Tätigkeit war, als an dem vielleicht ganz fremd gewordenen Orte seiner Geburt".

[118] Sachße/Tennstedt, Geschichte der Armenfürsorge, Bd. 1, 1998, S. 373.

[119] Vgl. insoweit oben Fußnote 113.

[120] Vgl. oben S. 35.

tergebracht werden. In Preußen fielen 1848 durchschnittlich 18,3% der Stadt- und 2,6% der Landbevölkerung der Armenfürsorge zur Last.[121]
Auch die Aufforderung Heyders an die Armendirektion, den Mietern Arbeit zu verschaffen, ist nicht verwunderlich, war die Armenpflege lange eine der wenigen Einrichtungen, die sich der Arbeitslosen annahm.[122] Die Gesetze von 1842 können daher auch als Gesetze gegen die Arbeitslosigkeit verstanden werden.[123] Der Bereich der Arbeitsvermittlung war bis zur Mitte des 19. Jahrhunderts kaum von Staat und Gesetzgebung beeinflußt. Die Arbeitsvermittlung war ganz überwiegend in der Hand privater Arbeitsvermittler. Bereits zu Beginn der Industrialisierung hatte es auf dem Land gewerbsmäßige Gesindevermittler und in den Städten auch Stellenvermittler gegeben. 1848 fanden sich darüber hinaus in einigen wenigen Städten auch „Arbeitsnachweise, die zum Teil von bürgerlichen Wohltätigkeitsvereinen getragen, zumeist jedoch von der Kommunalverwaltung im Rahmen der Armenpflege ins Leben gerufen wurden“[124]. Nach den Untersuchungen von Faust[125] kam es erst ab 1890 bis zum Begin des 1. Weltkrieges zu Änderungen in einem „durchgreifenden Tempo“ und einer zunehmenden Distanzierung der Arbeitslosenfürsorge und –vermittlung von der Armenpflege.
Daß von der Möglichkeit einer sofortigen „Exmission“ wohl nicht besonders häufig Gebrauch gemacht wurde, zeigt - neben „anderen Wegen“, die der Hausverwalter Heyder über die Armendirektion suchte – auch, daß einige Vermieter ihre Mieter selbst dann noch weiter in den Mietwohnung wohnen ließen, wenn schon ganz erhebliche Mietrückstände aufgelaufen waren. Ein solches Beispiel schildert Grunholzer in seinem Protokoll eines Besuches im Haus Nr. 42 in der Langen Gartenstraße vor dem Hamburger Tor.[126]
Das Problem der Zahlungsunfähigkeit war aber nach allem der wohl häufigste Grund, der zur Beendigung des Mietverhältnisses führte. Es finden sich zahlrei-

---

[121] Benöhr, Arbeitslosigkeit und Arbeitsbeschaffung, in: Arbeitsvermittlung und Arbeitslosenfürsorge in der neueren deutschen Rechtsgeschichte, hg. von H.-P. Benöhr, Tübingen 1991, S. 77 (78) mit Hinweis auf: V. Valentin, Geschichte der deutschen Revolution von 1848, Bd. 1, 2. Aufl. Köln 1970, S. 299.

[122] Vgl. Faust, Arbeitsvermittlung und Arbeitslosenversorgung, in: Arbeitsvermittlung und Arbeitslosenfürsorge in der neueren deutschen Rechtsgeschichte, hg. Benöhr, 1991, S. 105 (106). Zur Vertiefung sei noch auf Anselm Faust, Arbeitsmarktpolitik im Deutschen Kaiserreich. Arbeitsvermittlung, Arbeitsbeschaffung und Arbeitslosenunterstützung 1890-1918, Stuttgart 1986, verwiesen.

[123] Vgl. z.B. Benöhr, Arbeitslosigkeit und Arbeitsbeschaffung, in: Arbeitsvermittlung und Arbeitslosenfürsorge in der neueren deutschen Rechtsgeschichte, hg. von H.-P. Benöhr, Tübingen 1991, S. 77 (95). Zu weiteren privaten und staatlichen Bemühungen vgl. Benöhr, a.a.O., S. 97-103.

[124] Vgl. Faust, a.a.O., 1991, S. 105 (106).

[125] Vgl. oben Fußnote 122.

[126] Vgl. Anhang zum „Königsbuch“ in der Ausgabe Berlin 1843, S. 594.

che Schilderungen, daß Mieter wegen Zahlungsunfähigkeit aus der Wohnung geworfen wurden. Zahlen, die hier näheren Aufschluß über die Häufigkeit einzelner Kündigungsgründe geben, konnte die Verfasserin leider ebenso wenig finden, wie Angaben zu der Frage, ob den Mietern gewisse Kündigungsfristen eingeräumt wurden, es können daher nur die obigen Erwägungen angestellt werden.
War einem Mieter einmal gekündigt und hatte dieser die Wohnung verlassen, so kam es vor, daß die Wohnungen dann nicht wieder vermietet wurden, sondern leer standen. So wird beispielsweise über Königsberg in Preußen folgendes berichtet: „Da nach dem Armengesetz von 1842 die Zugehörigkeit zu einer Kommune und damit die Unterstützungsberechtigung von kürzeren Aufenthaltszeiten abhängig war, waren die Kommunen so belastet, daß die Hausbesitzer lieber auf Mieten verzichteten und Wohnungen leer stehen ließen, als sie an solche Mieter zu vergeben, bei denen auch nur eine künftige Unterstützungsbedürftigkeit und damit eine steuerliche Mehrbelastung für die Hausbesitzer vermutet werden konnte."[127] Bei der ohnehin schon bestehenden Wohnraumknappheit verschärfte auch dieser Leerstand die Lage für die Mieter.

D. Zusammenfassung

Das erste Kapitel hat gezeigt, daß das 19. Jahrhundert von ganz erheblichen ökonomischen und sozialen Umwälzungen geprägt war. Diese Umwälzungen wirkten sich in einem starken Maß auf das Leben der Mieter aus, da sich zum einen die Wohngewohnheiten im allgemeinen, zum anderen insbesondere die Wohnverhältnisse für die „unteren Schichten" in den aufkommenden Mietskasernen veränderten.
Die breite Masse der Mieter, der die Schicht der Arbeiter und zumeist Mittellosen angehörte, lebte in katastrophalen Verhältnissen. Die Schilderungen Grunholzers zeigen anschaulich, unter welchen Verhältnissen ein Großteil der Mieter leben mußte. Die schlechte Situation wurde durch die extreme Wohnraumknappheit noch verschärft.
In Anbetracht der Wohnraumknappheit und der großen Zahl von Menschen, die eine Wohnung suchten, waren die Vermieter in einer starken Position. Zahlte ein Mieter seinen Mietzins nicht regelmäßig, so fand sich nach der Exmission dieses Mieters ohne Probleme ein neuer Mieter. Problematisch war hier für den Vermieter allenfalls, daß möglicherweise auch dieser neue Mieter wieder in finanziellen Schwierigkeiten war. Doch auch dann fand sich wieder ohne weiteres ein neuer Mieter. Aus dieser starken Position heraus konnten die Vermieter in der Praxis die Mietverträge nach ihren Wünschen und Vorstellungen gestalten. Dabei wurden zahlreiche Regelungen zu Gunsten der Vermieter in die Verträge

---

[127] Hans-Jürgen Belke, Die Preußische Regierung zu Königsberg 1808-1850, Köln/Berlin 1976, S. 161.

aufgenommen, wie etwa das Recht des Vermieters zur fristlosen Kündigung für den Fall, daß der Mieter mit seinen Mietzinszahlungen in Rückstand gekommen war.

Insgesamt läßt sich festhalten, daß die Situation der Mieter schlecht war, mithin eine Situation gegeben war, in der die Mieter des Schutzes durch den Staat und das Recht bedurften.
Inwieweit dieser Situation der Mieter durch die verschiedenen mietrechtlichen Konzeptionen tatsächlich Rechnung getragen wurde und wie sich die mietrechtlichen Regelungen unterschieden, soll in den nun folgenden Kapiteln dargestellt werden. Bereits nach einem Blick auf die tatsächliche Situation der Mieter erscheint die in der Einleitung zitierte Aussage Dernburgs, daß die dingliche Ausgestaltung der Miete in Preußen von „tiefgreifender socialer Wichtigkeit" sei, jedoch mehr als fraglich. Sollte sich bei dem folgenden umfassenden Blick auf die rechtliche Situation tatsächlich zeigen, daß die mietrechtliche Konzeption in Preußen soziale Aspekte aufweist, so stellt sich die Frage, warum sich die Rechtslage nicht auf das alltägliche Leben positiv auswirkte.

2. Kapitel: Das Mietrecht in der gemeinrechtlichen Lehre des 19. Jahrhunderts.

A. Vorüberlegungen

Im Hinblick auf die „Rechtsquelle" des gemeinen Rechts, stellt sich die Frage: Was ist gemeines Recht? Es sind daher folgende kurze Vorüberlegungen veranlaßt:

Allgemein gesprochen bezeichnet der Ausdruck des gemeinen Rechts „bereits in der Antike sowohl das bei allen Völkern gleichmäßig geltende *ius gentium* als auch das den Bürgern ein und desselben Staates gemeinsame Recht im Gegensatz zum Sonderrecht (Partikularrecht) räumlich, ständisch oder wie auch immer abgegrenzter Bevölkerungsteile und zu dem bestimmten Gruppen oder Einzelpersonen erteilten Privileg"[128]. In der deutschen Rechtssprache findet sich der Begriff des gemeinen Rechts erstmals im Sachsenspiegel des Eike von Repgow (ca. 1230), wo zwischen dem *„gemeneme landrechte"* und dem *„sunderleken dorprechte"* unterschieden wird.[129]

Diese im Sachsenspiegel getroffene Unterscheidung zwischen dem allgemein geltenden Recht und dem Sonderrecht wurde auch im 19. Jahrhundert noch beibehalten. So definierte Maurenbrecher den Begriff des gemeinen Rechts folgendermaßen: „Alles positive Recht in Deutschland ist seiner Grundeintheilung nach entweder gemeines Recht (Reichsrecht, „Kaiserrecht") oder partikulaires (Landrecht). Unter ersterem versteht man dasjenige, welches in ganz Deutschland, ohne Unterschiede der vorhandenen einzelnen Staaten, angewandt wird; letzteres ist dasjenige, welches nur innerhalb der Grenzen eines bestimmten deutschen Staates gilt."[130]

Problematisch bei der Beantwortung der Frage „Was ist gemeines Recht?" ist die Tatsache, daß es kein einheitliches gemeines Recht gab. So weist Carl Gottlieb Svarez in der Einleitung zu der „Sammlung alter und neuer schlesischer Provinzialgesetze zum täglichen Gebrauche für Richter und Advocaten" von 1771[131] nach, daß nicht einmal in Schlesien ein einheitliches *„ius commune"* gegolten hat. Dementsprechend war das gemeine Recht in den verschiedenen deutschen Gebieten durchaus völlig unterschiedlich, und es kann nicht allgemein von einem einheitlichen gemeinen Recht gesprochen werden.

---

[128] Thieme, Artikel „Gemeines Recht", in: HRG Bd. I 1971, Sp. 1506.

[129] Vgl. Sachsenspiegel Landrecht III 79 § 2. Die Regelung III 79 § 2 lautet übersetzt nach Kaller: „Kein auswärtiger Mann ist auch verpflichtet in dem Dorf zu antworten nach ihrem besonderen Dorfrecht, sondern nach gemeinem Landrecht, wenn er nicht auf Erbe oder auf Gut oder wegen Schuld klagt.".

[130] Maurenbrecher, Lehrbuch des heutigen gemeinen deutschen Rechts, 1832, § 1.

[131] Insgesamt 3 Bände 1771-1773, Bd. 1 erschienen 1771 in Breslau.

Um eine optimale Vergleichsgrundlage, insbesondere vor dem Hintergrund der sozialen Wirklichkeit, zu haben, wäre es an sich notwendig, das preußische Recht mit einem „bestimmten“ gemeinen Recht, etwa dem in Mecklenburg, Schleswig-Holstein oder Hannover geltenden gemeinen Recht, zu vergleichen. Diese Untersuchung wird eine solche Vergleichsgrundlage nicht herstellen, sondern wird das gemeine Recht nur theoretisch betrachten. Zum einen ist es fast unmöglich, das in einem bestimmten Territorium geltende gemeine Recht im Hinblick auf die mietrechtlichen Regelungen genau zu rekonstruieren, zum anderen würde ein solcher Vergleich den Rahmen dieser Arbeit sprengen. Die „nur“ theoretische Behandlung des gemeinen Rechts unabhängig von einem bestimmten Territorium ist aber ausreichend und damit gerechtfertigt, daß die rechtliche Situation der Mieter im wesentlichen durch die oben genannten Aspekte (dingliches oder schuldrechtliches Mietrecht und Auswirkungen von Veräußerungen der Mietsache auf das Mietverhältnis) geprägt war. In diesem Punkt handelt es sich aber um allgemein im gemeinen Recht geltende Grundsätze, so daß es nicht notwendig ist, ein bestimmtes Gebiet zu betrachten. Auch die vorhandenen Quellen der Zeit sprechen allgemein von **dem** gemeinen Recht und stellen es unabhängig von örtlichen Besonderheiten dar[132]. Die Verfasserin verkennt nicht, daß gerade auch die örtlichen Besonderheiten in den verschiedenen Regionen und auch die Modifikationen beispielsweise in den Polizeiordnungen von Bedeutung sind und eine Ausblendung dieser örtlichen Besonderheiten die Gefahr einer Verfälschung der tatsächlichen Lage in sich birgt. Es wäre insoweit wünschenswert, die Stellung der Mieter auch im Hinblick auf verschiedenen Regionen und ihre regionalen Besonderheiten zu untersuchen. Dieses würde jedoch zum einen den Rahmen der vorliegenden Arbeit sprengen, zum anderen aber vor allem an der eigentlichen Intention der Arbeit, das gemeine Recht mit dem Preußischen Allgemeinen Landrecht zu vergleichen, vorbeigehen. Die Verfasserin folgt daher den „großen Pandektenwerken“ des 19. Jahrhunderts, in denen das gemeine Recht ebenfalls ohne Berücksichtigung örtlicher Besonderheiten dargestellt wurde. Dabei wird im weiteren Verlauf vorausgesetzt, daß das gemeine Recht das römische Recht in der Form, in der es im 19. Jahrhundert galt und angewendet wurde, ist. Diese starke Vereinfachung läßt sich auf die Ausführungen Friedrich Carl von Savignys im ersten Band seines „Systems des heutigen römischen Rechts“ von 1840 stützen. Dort schreibt er: „Mit dem im § 1 festgestellten Begriff des heutigen Römischen Rechts ist nahe verwandt der Begriff des in Deutschland geltenden gemeinen Rechts“.[133] Er kommt damit zu dem Schluß, daß seine Darstellung des heutigen römischen Rechts „nur weniger

---

[132] So zum Beispiel Holzschuher, Theorie und Casuistik des gemeinen Civilrechts, 4 Bde., 1843ff.; Brückner, Die Wohnungsmiethe nach gemeinem Recht, 1877; Sintenis, Das practische gemeine Civilrecht, 1847; Seuffert, Praktisches Pandektenrecht, 1825.

[133] Savigny, System des heutigen röm. Rechts, Bd. 1, 1840, S. 4.

Zusätze bedürfe, um zugleich als Darstellung des gemeinen Rechts für Deutschland gelten zu können"[134]. Diese Abweichungen des gemeinen vom klassischen römischen Recht werden im weiteren Verlauf der Arbeit dargelegt.
Soweit der Begriff des „klassischen römischen Rechts" verwendet wird, so ist dieser nicht im Sinne einer Differenzierung des römischen Rechts in altrömisches Recht, vorklassisches Recht, klassisches Recht und nachklassisches Recht zu verstehen, sondern vielmehr im Sinne des antiken römischen Rechts im Gegensatz zum gemeinen Recht des 19. Jahrhunderts. Zur Darstellung des klassischen römischen Rechts wird immer wieder auf das Corpus iuris civilis zurückgegriffen, wobei an dieser Stelle darauf hinzuweisen ist, daß Justinian die klassischen Quellen zur *locatio conductio* „ungefähr mit dem Sachgehalt übernommen" hat, „den sie in der klassischen Zeit hatten"[135]. Soweit im folgenden auf das Corpus iuris civilis zurückgegriffen wird, wird zum einen der lateinische Text des Corpus iuris zitiert werden, zum anderen auch die deutsche Übersetzung der zitierten Stellen nach der Übersetzung von Otto, Schilling und Sintenis von 1830. Die Übersetzung von Otto, Schilling und Sintenis wurde gewählt, da die 7 Bände dieser Ausgabe des Corpus iuris civilis aus den Jahren 1830 ff. stammen und somit in den Zeitraum fallen, der Gegenstand der vorliegenden Arbeit ist.
Bei der folgenden Darstellung des Mietrechts, die sich in die verschiedenen Problemkreise, wie zum Beispiel Vertragsgegenstand, Vertragsparteien, Verhältnisse der Vertragsparteien untereinander gliedert, soll daher zunächst immer ein Blick auf die Ursprünge im klassischen römischen Recht geworfen werden, bevor dann das im 19. Jahrhundert geltende gemeine Recht dargelegt wird.

B. Terminologie

I. Die Grundlagen im klassischen römischen Recht

Die römisch-rechtliche *locatio conductio* umfaßte neben der Miete im heutigen Sinne auch Tatbestände, die wir heute unter die Begriffe Pacht-, Werk- und Dienstvertrag verteilen.[136]
Die aus diesem weiten Verständnis der *locatio conductio* resultierende begriffliche Untergliederung der *locatio conductio* in *locatio conductio rei*, *locatio conductio operis* und *locatio conductio operarum* war den Römern selbst jedoch fremd, sie entstammt erst dem Latein des Mittelalters.[137]
Die verschiedenen unter den Begriff der *locatio conductio* fallenden Tatbestände wurden aber schon von den Römern vom Sachverhalt, wenn auch nicht vom

---

[134] Savigny, System des heutigen röm. Rechts, Bd. 1, 1840, S. 5.
[135] Kaser, Das römische Privatrecht, Bd. 2, 1975, S. 405 mit weiteren Nachweisen.
[136] Honsell, Röm. Recht, 1994, § 48, S. 121; Kaser, Das römische Privatrecht, Bd. 1, 1955, S. 468.
[137] Mayer-Maly, Röm. Privatrecht, 1991, § 28 II 1, S. 117.

Begriff her, unterschieden. Diese Unterscheidung wurde deutlich durch die Zuweisung zu verschiedenen Klageformeln: Wenn es auch nur eine Klage für alle unter die *locatio conductio* fallenden Tatbestände gab, so variierte doch die *demonstratio*, also der Teil der *formula*, in welchem der konkrete Kontrakt als Streitgegenstand erschien.[138]
Auch zwischen den Tatbeständen der Miete und Pacht in unserem heutigen Sinne unterschieden die Römer: Im Gegensatz zur Miete stand bei der Pacht neben der Gebrauchsüberlassung vor allem die Fruchtziehung und der Genuß der Früchte durch den Pächter im Vordergrund. Demnach betraf in der römischen Antike die Miete meist Stadtwohnungen, wohingegen sich die Pacht auf Landgüter bezog.[139] Die Differenzierung zwischen Pacht und Miete, die als Sachverhalte beide unter die *locatio conductio* fielen, trat in der Terminologie der Römer bereits teilweise in der Bezeichnung der verschiedenen Personen an den Tag: So wurde derjenige, dem ein Landgut und damit auch die Nutzung der Felder und der Ertrag der Ernte überlassen wurde, d.h. der Pächter, als *colonus* bezeichnet, wohingegen der Mieter von Stadtwohnungen *inquilinus* genannt wurde. Der Mieter sonstiger Sachen wurde als *conductor*[140] bezeichnet.

II. Die Besonderheiten des im 19. Jahrhundert geltenden gemeinen Rechts
Das gemeine Recht übernahm, seinem Ursprung im klassischen römischen Recht entsprechend, die lateinische Begrifflichkeit des klassischen römischen Rechts. Nachdem in der Rechtswissenschaft nach und nach die deutsche Sprache Einzug gehalten hatte[141], wurden jedoch einige Begriffe „eingedeutscht“ oder einfach übersetzt.
Das gemeine Recht trennte Miete und Pacht nicht mehr nur vom Sachverhalt her, wie es das klassische römische Recht tat, sondern auch vollständig vom Begriff her: Miete war danach die Gebrauchsüberlassung einer Sache gegen eine Geldsumme. Trat das Recht zur Fruchtziehung aus der überlassenen Sache hinzu, so sprach man von Pacht.[142]
Unter den Begriff der „Miethe“ im allgemeinen fielen im gemeinrechtlichen Sprachgebrauch auch die „Gesindemiethe“, zuweilen auch Leihverträge, so daß

---

138 Hausmaninger/ Selb, Röm. Privatrecht, 1997, 5. Kap. II 1, S. 321. Zur Prozeßformel bei *actio conducti* und *actio locati* vgl. Kaser/Knütel, Röm. Privatrecht, 2003, § 83, Rn. 16.
139 Honsell, Röm. Recht, 1994, § 49 I, S. 122.
140 Zur Terminologie: *conductor* von *conducere* = mit sich führen; übernehmen - *conductor* ist derjenige, der die gemietete Sache mit sich führt, in seine Verfügungsgewalt nimmt; *locator* von *locare* = (auf)stellen; setzen; vergeben - *locator* ist derjenige, der die zu vermietende Sache hinstellt, d.h. jemandem die Verfügungsgewalt einräumt.
141 Die erste Vorlesung in deutscher Sprache hielt Christian Thomasius 1687 in Leipzig, 1688 gründete Thomasius die Zeitung „Monatsgespräche“, in der er in deutscher Sprache seine Ideen verbreitete.
142 Brückner, Die Wohnungsmiethe nach gemeinem Recht, 1877, S. 1.

zur genaueren Definition von verschiedenen Arten der Miete gesprochen wurde, etwa von der „Hausmiethe".[143]
Der „Hausmiethvertrag", der den Hauptgegenstand dieser Untersuchung bildet, wurde im gemeinen Recht beispielsweise folgendermaßen definiert:
„Unter dem Hausmiethvertrag versteht man die freie Übereinkunft wenigstens zweier berechtigter Personen, wonach die eine der anderen ein Haus, oder einen Theil desselben nebst etwaigen Zubehörungen gegen eine Vergütung in Geld zur Bewohnung für sie und ihren Hausstand auf Zeit überläßt."[144]
Aus dieser Definition wird deutlich, daß die Entgeltlichkeit ein wesentliches Merkmal für die Miete war. Eine unentgeltliche Gebrauchsüberlassung fiel demnach auch nicht unter den Begriff der Miete. Die unentgeltliche Überlassung einer Wohnung, sog. *gratuita habitatio*,[145] war ebensowenig als Miete zu verstehen wie die Überlassung einer Wohnung an den Hausmeister oder Kastellan als Vergütung für seine Dienste.[146] Miete lag auch dann nicht vor, wenn ein Haus „auf ewige Zeiten für einen jährlichen Zins zur Benutzung überlassen wird", es handelte sich dann vielmehr um einen „Erbzinsvertrag", sog. *emphyteusis*.[147]
Die Haus- oder Wohnraummiete als eine Gattung der Sachmiete wurde also im gemeinen Recht vielfach gesondert behandelt. Neben den allgemeinen für die Sachmiete geltenden Vorschriften galten für die Wohnraummiete spezielle Vorschriften, wie z.B. Vorschriften über Kündigungsfristen oder die Tragung der Einquartierungslasten. Als Rechtsquellen für die Wohnraummiete wurden im gemeinen Recht die folgenden genannt:
„1.) Gesetze, 2.) Ortsstatuten, Herkommen und Gerichtsbrauch, 3.) Vernunftgründe (Rechtsphilosophie), 4.) (als Hülfsmittel) die Schriften der Rechtsgelehrten."[148]
Anhand dieser Quellen soll nun im folgenden versucht werden, das Mietrecht im gemeinen Recht des frühen 19. Jahrhunderts zu rekonstruieren.

C. Der Vertragsabschluß

Bei der Betrachtung des Mietrechts erscheint es sinnvoll, zunächst chronologisch vorzugehen und den Vertragsabschluß an den Beginn der Untersuchung zu stellen. In diesem Abschnitt sollen die folgenden Fragen geklärt werden: Wer konnte überhaupt Partei eines Mietvertrages sein? Was war der Gegenstand des

---

143 Hermann, Der Miethvertrag, 1840, S. 4, Anm. c.
144 Hermann, Der Miethvertrag, 1840, S. 5.
145 Teilweise wird auch die kostenlose Gebrauchsüberlassung von Wohnungen auf dem Land als „Herberge" und in den Städten als „Wohnungsrecht" (= *habitatio*) bezeichnet; vgl. Hermann, Der Miethvertrag, 1840, S. 5.
146 Brückner, Wohnungsmiethe, 1877, S. 1, Fn. 2.
147 Hermann, Der Miethvertrag, 1840, S. 5.
148 Hermann, Der Miethvertrag, 1840, S. 1.

Mietvertrages? (Bei der letzten Frage ist natürlich vor allem die Frage nach dem Mietobjekt von Bedeutung.) In welcher Form wurde der Mietvertrag geschlossen?

I. Die am Mietvertrag beteiligten Personen

1. Die Person des Vermieters

„Vermiethen kann in der Regel jeder, der zur Eingehung rechtsverbindlicher Geschäfte überhaupt befugt ist und einen bewohnbaren Gegenstand, sei es auch nur zur Benutzung, besitzt."[149]

Entscheidend war somit die Geschäftsfähigkeit einer Person, damit diese als Vermieter auftreten konnte. Minderjährige konnten also beispielsweise nicht selbst als Vermieter handeln, für sie handelte der Vormund als gesetzlicher Vertreter. Hierbei war jedoch teilweise umstritten, wie weit die Vertretungsbefugnis des Vormunds reiche. Zum Teil wurde die Auffassung vertreten, daß der Vormund das „Mündelgut" nur solange vermieten dürfe, wie die Vormundschaft dauere.[150] Dagegen wurde eingewendet, daß diese Beschränkung gesetzlich nicht geregelt sei und daher zu verwerfen sei.[151] Wieder andere wollten die Entscheidung durch das „wohlerwogene Interesse des Curanden" bestimmt wissen.[152]

Aus unserer heutigen Sicht ist besonders die Gruppe der Frauen als eine der Gruppen derer, die nicht als geschäftsfähig angesehen wurde und damit nicht als Vermieter auftreten konnte, interessant. Dieses vor allem, da es sich um eine große Gruppe der Bevölkerung handelt. Sie soll deshalb exemplarisch herausgegriffen werden.

Unverheiratete Frauen konnten, „wenn sie selbständig sind", also z.B. Witwen oder sonst unverheiratete Frauen, Wohnhäuser vermieten. Anders war die Stellung der verheirateten Frauen. Diese konnten Wohnhäuser, die ihnen gehörten, ohne die Zustimmung und den Beitritt ihres Ehemannes in der Regel nicht vermieten. Dieses resultierte daraus, daß dem Ehemann die Verwaltung und Nutznießung des Vermögens der Ehefrau gebührte. In dieser Eigenschaft als gesetzlichem Nutznießer war es dem Ehemann möglich, ein Haus seiner Ehefrau ohne deren Einwilligung zu vermieten. Vermietete dagegen die Ehefrau ohne die Zustimmung ihres Mannes, so konnte der Mietvertrag nur durch die nachträgliche Genehmigung des Ehemannes wirksam werden.[153]

---

[149] Hermann, Der Miethvertrag, 1840, S. 6.

[150] Vgl. die Darstellung bei: Hermann, Der Miethvertrag, 1840, S. 6ff..

[151] Gersterding, in: AcP Bd. 4, S.1.

[152] Holzschuher, Theorie und Casuistik des gemeinen Civilrechts, Bd. II 2. Abt., 1847, S. 749, Fn. 2.

[153] Hermann, Der Miethvertrag, 1840, S. 7-8.

Bei der Vermietung von Wohnungen war weiterhin zu beachten, daß Wohnungen, die bestimmten öffentlichen Zwecken dienten, von Personen, die nicht besonders dazu ermächtigt waren, nicht vermietet werden konnten. So war es etwa dem Pfarrer ohne die Zustimmung der vorgesetzten Kirchenstelle nicht möglich, die Pfarrwohnung zu vermieten.[154]
Um als Vermieter berechtigt handeln zu können, war es aber nicht nötig, daß der Vermieter auch Eigentümer der zu vermietenden Wohnung war. Es war, wie etwa der Fall der „Aftermiethe" zeigt, vielmehr ausreichend, daß der Vermieter ein Benutzungsrecht hatte.

2. Die Person des Mieters
„Zum Miethen ist ebenfalls in der Regel Jeder berechtigt, welcher zur Eingehung von Rechtsgeschäften überhaupt befähigt ist, und die freie Verfügung über sein Vermögen hat (dispositionsbefugt ist)."[155]
Mieter konnte somit grundsätzlich jeder geschäftsfähige Mensch sein. Eine Ausnahme von diesem Grundsatz wurde allgemein gesprochen dann gemacht, wenn die Miete einer Wohnung im Interesse eines an und für sich nicht Geschäftsfähigen lag. Dieses war z.B. bei einem Lehrling der Fall, der auch ohne die Zustimmung seiner Eltern am Ort seiner Ausbildung ein Zimmer anmieten konnte.
Unter diesem Gesichtspunkt waren auch Ehefrauen unter Umständen berechtigt, eine Wohnung zu mieten: Grundsätzlich konnte eine Ehefrau nicht ohne den Beitritt oder den Auftrag ihres Ehemannes mieten. Mietete die Frau dennoch eine Wohnung für sich selbst, so wurde der Ehemann dann dennoch dem Vermieter verpflichtet, wenn die Wohnung den Bedürfnissen der Ehefrau entsprach und diese nicht gegen den Willen des Mannes die Wohnung angemietet hatte. Ein Beispiel hierfür war etwa die Anmietung einer Wohnung in einem Bade- oder Kurort, den die Frau zur Wiederherstellung ihrer Gesundheit besuchte.
Hatte eine Ehefrau jedoch gegen den Willen ihres Mannes eine Wohnung für sich selbst gemietet, so war sie dem Vermieter aus der „Substanz ihres Einbringens" verpflichte und auch der Ehemann konnte vom Vermieter hieraus in Anspruch genommen werden.[156] Für den Vermieter ergaben sich demnach keine Nachteile. Er fand sich in einer abgesicherten Stellung.
Für den Fall der Scheidung von Tisch und Bett konnte die Ehefrau ohne die Zustimmung und den Beitritt ihres Mannes eine Wohnung mieten. Zahlte der Ehemann der Ehefrau keine Alimente, so war er dem Vermieter zur Zahlung der Mietzinses verpflichtet.

---

[154] Hermann, Der Miethvertrag, 1840, S. 16.
[155] Hermann, Der Miethvertrag, 1840, S. 10.
[156] Hermann, Der Miethvertrag, 1840, S. 11.

Das klassische römische Recht kannte im Gegensatz zum gemeinen Recht noch eine größere Zahl von persönlichen Ausnahmen von der Möglichkeit als Mieter am Rechtsleben teilzuhaben oder wenigstens Besonderheiten bei der Vermietung an bestimmte Personengruppen. Das klassische römische Recht kannte beispielsweise keine Vermietung an Soldaten, wer wissentlich an einen Soldaten vermietete, durfte keinen Mietzins fordern.[157] Diese Einschränkungen kannte das gemeine Recht nicht mehr.[158] Auch andere römisch-rechtliche Beschränkungen hinsichtlich der Möglichkeit, Mieter zu sein, wurden im gemeinen Recht fallen gelassen[159] oder wurden als dem öffentlichen Recht angehörig behandelt, hatten also auf den zivilrechtlichen Bestand des Mietverhältnisses keine Auswirkungen. Dieses galt etwa für die Vermietung von Gebäuden oder Räumen zum Betreiben eines Gewerbes, dessen Ausübung mit erheblichen Emissionen verbunden war. Hiermit verbundene Beschränkungen etwa feuerpolizeilicher Art fielen nicht in das Zivilrecht, sondern wurden im Bereich des öffentlichen Rechts behandelt.[160]

II. Der Gegenstand des Mietvertrages

1. Die Grundlagen im klassischen römischen Recht

Inhalt des Mietverhältnisses war im klassischen römischen Recht die Gebrauchsüberlassung einer Sache gegen Entgelt. Die *locatio conductio* war ein entgeltlicher gegenseitig verpflichtender Vertrag. Der synallagmatische Charakter kam insoweit schon durch die Doppelbezeichnung *locatio conductio* zum Ausdruck.

Hauptpflicht des Vermieters in dem gegenseitigen Verhältnis war die Überlassung der Sache, wohingegen der Mieter den Mietzins, die sog. *merces* oder auch das *pretium*, zu zahlen hatte. Die Höhe des Mietzinses wurde allein durch die Vereinbarung der Parteien bestimmt. Dabei war es, ebenso wie beim Kauf, zulässig, eine Sache zu einem höheren Preis zu vermieten als die Sache tatsächlich wert war.[161]

---

[157] Modest. D. 19,2,50; Codex IV, 65, 31 & 35.

[158] Hermann, Der Miethvertrag, 1840, S. 12, anders: Thibaut, Pandektenrecht, 1833, Bd. 2, § 513 und Mühlenbruch, Pandektenrecht, 2.Theil, 1840, § 409.

[159] Vgl. Glück, Pandektenrecht Bd. XVII, 1815, § 1046, S. 296f..

[160] Vgl. Glück, Pandektenrecht Bd. XVII, 1815, § 1046, S. 296f..

[161] Paul. D. 19,2,22,3: „*Quemadmodum in emendo et vendendo naturaliter concessum est quod pluris sit minoris emere, quod minoris sit pluris vendere et ita invicem se circumscribere, ita in locationibus quoque et conductionibus iuris est.*"
Übersetzt nach Otto Schilling, Sintenis: „Gleichwie es nach dem Naturrecht beim Kauf und Verkauf erlaubt ist, dasjenige, was mehr werth ist, zu einem geringeren Preise zu kaufen, und was weniger werth ist, theurer zu verkaufen, und sich dergestalt zu übervortheilen, so ist es auch Rechtens beim Verpacht und Pacht.".

Bestand die Gegenleistung in einer anderen Form als Geld, so handelte es sich nach dem klassischen römischen Recht nicht mehr um einen Mietvertrag. Es lag dann vielmehr ein Innominatkontrakt vor.[162] Die Frage, ob die Gegenleistung in Geld bestehen muß oder nicht, war bereits bei den Klassikern umstritten[163], vereinzelt wurden von der Verpflichtung zu einer Geldleistung auch Ausnahmen zugelassen.[164]
Mietobjekt konnten bewegliche und unbewegliche Sachen sein, d.h. überhaupt alle unverbrauchbaren Sachen[165]. Auch verbrauchbare Sachen konnten vermietet werden, allerdings nur insoweit, als sie durch den Gebrauch durch den Mieter nicht vollständig aufgebraucht wurden.[166]
Neben dem Mietobjekt und dem Mietzins richteten sich im klassischen römischen Recht auch die Rechte und Pflichten der Vertragsparteien im Mietverhältnis nach den Vereinbarungen der Parteien und wurden somit zum Vertragsgegenstand. Man sprach hier insofern von der regelmäßig vom *locator*[167] formu-

---

[162] Kübel, Recht der Schuldverhältnisse Teil 2, 1980, zu Artikel 538-540, S. 254. Zum Begriff des Innominatvertrages vgl. z.B. Honsell, Röm Recht, 1994, § 54 III, S. 136.
[163] Kaser, Das römische Privatrecht, Bd. 1, 1971, S. 566.
[164] Zu Streitfragen bzgl. des Mietzinses vgl. Gai. Inst., 3, 142-144: *„(142) Locatio autem et conductio similibus regulis constituitur; nisi enim merces certa statuta sit, non videtur locatio et conductio contrahi. (143) Unde si alieno arbitrio merces permissa sit, velut quanti Titius aestimauerit, quaeritur, an locatio et conductio contrahatur. Qua de causa si fulloni polienda curandaue, sarcinatori sarcienda vestimenta dederim, nulla statim mercede constituta, postea tantum daturus, quanti inter nos conuenerit, quaeritur, an locatio et conductio contrahatur. (144) Item si rem tibi utendam dederim et inuicem aliam rem utendam acceperim, quaeritur, an locatio et conductio contrahatur."*
In der Übersetzung von Lammeyer, 1929, heißt dieses: „(142) Miete und Vermietung (Pachtung und Verpachtung) werden nach ähnlichen Regeln abgeschlossen, denn wenn nicht ein bestimmter Mietzins festgesetzt ist, scheint die Miete und Vermietung nicht abgeschlossen zu werden. (143) Daher ist es fraglich, ob Miete und Vermietung geschlossen werde, wenn der Mietzins der Schätzung eines Dritten, z.B. wie hoch ihn Titius abgeschätzt haben wird, überlassen wird; und aus diesem Grunde ist es fraglich, ob Miete und Vermietung geschlossen werden, wenn ich einem Walker zum Glätten oder Verarbeiten, einem Schneider zum Flicken Kleidungsstücke gegeben habe ohne sofortige Festsetzung eines Mietzinses, da ich später soviel geben will, wie wir unter uns festgesetzt haben werden. (144) Ebenso wenn ich dir eine Sache zum Gebrauch gegeben und ich dafür wieder eine andere zum Gebrauch erhalten habe, so fragt es sich, ob Miete und Vermietung geschlossen werde.".
Ungeklärt war z.B. auch die Frage, ob der Mieter den Mietzins vor oder nach dem Ablauf der Mietzeit zu zahlen hatte, vgl. Jacobi, Miethe und Pacht, 1889, S. 28 & Kaser/Knütel, Röm. Privatrecht, 2003, § 42, Rn. 12; für beide Zahlungsmodalitäten gibt es Quellenbelege, vgl. Mayer-Maly, Röm. Privatrecht, 1991, § 28 II 2, S. 119.
[165] Damit konnten nach römisch-rechtlichen Verständnis z.B. auch Sklaven vermietet werden.
[166] Mayer-Maly, Röm. Privatrecht, 1991, § 28 II 2, S. 118.
[167] Zur Terminologie vgl. oben Fn. 140.

lierten *lex locationis*[168]. Über die vertraglichen Regelungen hinaus galten allgemeine Regeln, die im Rahmen der folgenden Darstellung mit dargestellt werden.

2. Die Besonderheiten des im 19. Jahrhunderts geltenden gemeinen Rechts

Gegenstand des Mietvertrages waren zum einen selbstverständlich die Regelungen über das Mietobjekt und den Mietzins, zum anderen hingen aber auch im gemeinen Recht die Ausgestaltung des Mietverhältnisses und die wechselseitigen Verpflichtungen der Vertragsparteien im wesentlichen von den vertraglichen Vereinbarungen der Parteien ab. Neben den vertraglichen Vereinbarungen, galten jedoch allgemeingültige Regeln, die nicht abbedungen werden konnten oder die dann eingriffen, wenn die Parteien bestimmte Punkte vertraglich nicht geregelt hatten. Diese allgemeingültigen Regeln werden im vorliegenden Kapitel dargestellt.

Den Hauptteil des von den Parteien zu vereinbarenden Vertragsgegenstandes bildete zweifellos die Einigung über das Mietobjekt und den Mietzins.

Gegenstand des Mietverhältnisses waren auch im gemeinen Recht Sachen. Vermietet werden konnten eigene und auch fremde Sachen, lediglich die Vermietung eigener Sachen des Mieters war ausgeschlossen.[169]

Vermietet wurde dabei der Mietgegenstand selbst nebst Zubehör. Seuffert schreibt: „Der Locator ist verbunden, dem Conductor an der vermieteten oder verpachteten Sache sammt deren Pertinenzen die zugesicherte Benützung (frui licere) zu verschaffen.“[170] Die Frage, was unter „Pertinenzen“ zu verstehen ist, läßt Seufert dabei jedoch unbeantwortet.

Die Frage, was bei der Vermietung von Häusern und Wohnungen im gemeinen Recht als Zubehör eines Quartiers anzusehen ist, also folglich mitvermietet und vom Mietzins mitumfaßt ist, ist – vor allem in Anbetracht der Tatsache, daß das klassische römische Recht hierzu keinerlei Antwort gibt – daher von besonderem Interesse.

Die Lehre von den Pertinenzen, also die Lehre über das Zubehör einer Sache, galt unter den Wissenschaftlern des frühen 19. Jahrhunderts als eine der schwierigsten Materien des gemeinen Rechts. Diese Auffassung rührte da her, daß es kaum möglich war, die Lehre nach den Pertinenzen auf allgemeine und klare Grundsätze zurückzuführen. Die Hauptquelle des gemeinen Rechts, das klassische römische Recht, bot selbst nämlich keine Klarheit im Hinblick auf die Frage nach dem Zubehör einer Sache. Es finden sich dort vielmehr nur vereinzelte Beispiele für das Vorliegen der Pertinenzeneigenschaft, allgemeine Regeln sind nur am Rande erwähnt.[171] So finden sich im klassischen römischen Recht insbe-

---

[168] Vgl. hierzu ausführlich: Mayer-Maly, Locatio Conductio, 1956, S. 106ff..
[169] Brückner, Wohnungsmiethe, 1877, S. 2f..
[170] Seuffert, Praktisches Pandektenrecht, 1825, Bd. 2, § 327.
[171] Funke, Die Lehre von den Pertinenzen, 1850, S. 1f..

sondere keine Definition für die Pertinenzeneigenschaft und auch keine Abgrenzung der Pertinenzen gegenüber anderen „Sachteilen", also etwa den wesentlichen Teilen einer Sache.
Da aufgrund der fehlenden Abstraktion im Bereich der Pertinenzen nicht auf das römische Recht als Grundlage zurückgegriffen werden konnte, mußten die Wissenschaftler des 19. Jahrhunderts eine eigene Lehre entwickeln. Hier soll nun in aller Kürze zum besseren Verständnis auf diese gemeinrechtliche Lehre von den Pertinenzen im allgemeinen eingegangen werden, bevor dann direkt die Frage nach der Pertinenzeneigenschaft im Hinblick auf Häuser und Wohnungen gestellt wird. Die Darstellung der Lehre von den Pertinenzen erfolgt anhand der Ausführungen von Funke[172], die m.E. die ausführlichste und doch zugleich knappste und präziseste Darstellung sind, auf die auch im Rahmen der Literatur des 19. Jahrhunderts verwiesen wird[173].
Funke definierte die Pertinenzeneigenschaft wie folgt: „Pertinenzen sind, ihrer Haupteigenschaft nach, Nebensachen, die durch die Beziehung, in der sie zur Hauptsache stehen, ohne besondere Bestimmung, den rechtlichen Verhältnissen derselben unterworfen sind."[174]
Entscheidend für die Pertinenzeneigenschaft war nach dieser Definition die Art der Beziehung zwischen zwei verschiedenen Sachen. Diese Beziehung zwischen zwei Sachen konnte sich zum einen aus dem Gesetz ergeben, zum anderen „aus dem Verhältnis, nach welchem eine Sache als außerwesentlicher Nebentheil eines Ganzen erscheint"[175]. Wie dieses Verhältnis zu definieren war, wurde von Funke im Detail hergeleitet, dabei ging er insbesondere auf den Unterschied zwischen dem Zubehör einer Sache und den wesentlichen Bestandteilen einer Sache ein: Eine Sache war nach Funkes Auffassung ein wesentlicher Teil des Ganzen, wenn „dessen Vollendung, nach seiner individuellen Beschaffenheit und Bestimmung, durch deren Mitwirkung bedingt ist", sie war hingegen Zubehör einer Hauptsache, „wenn sie in einem solchen Verhältnisse zur Hauptsache steht, daß sie sich, ohne wesentlich zur Vollendung derselben zu gehören, doch auf das Ganze, als solches, oder auf den Zweck desselben bezieht".[176] Zubehör in diesem Sinne war eine Sache nach Auffassung Funkes jedoch nur dann, wenn sie nicht irgendeinem Zweck diente. Die Sache mußte vielmehr, um als Zubehör zu gelten, dem unmittelbaren Zweck der Hauptsache förderlich sein. Es war

---

[172] Die Lehre von den Pertinenzen, aus der Natur der Sache und dem römischen Rechte, mit Rücksicht auf das heutige Maschinen-Wesen, Chemnitz 1850.
[173] So etwa von Brückner, Wohnungsmiethe, 1877, S. 3, Fn. 9
[174] Funke, Die Lehre von den Pertinenzen, 1850, S. 9.
[175] Funke, Die Lehre von den Pertinenzen, 1850, S. 10.
[176] Funke, Die Lehre von den Pertinenzen, 1850, S. 11f..

nicht ausreichend, wenn Gegenstände einem gemeinschaftlichen Zweck dienten.[177]
Nach dieser kurzen allgemeinen Einleitung soll nun auf die Pertinenzen von Gebäuden und Wohnungen eingegangen werden, da diese Frage im Hinblick auf das Mietverhältnis entscheidend ist. Problematisch ist insoweit, daß sich nur wenig Literatur zu dieser Frage findet. Lediglich diejenigen Autoren, wie Brückner oder Hermann[178], die sich ausdrücklich mit dem Wohnraummietrecht befassen, oder aber Funke, der sich ausschließlich mit der Frage der Pertinenzen befaßt[179], nehmen zu dieser Frage Stellung.
Nach der gemeinrechtlichen Lehre von den Pertinenzen waren Zubehör eines Gebäudes (oder einer Wohnung) diejenigen Gegenstände, die, ohne Bestandteil desselben zu sein, „zum fortdauernden Gebrauch für dasselbe bestimmt sind und zugleich in eine solche Beziehung oder Verbindung mit demselben gebracht sind, welche die Erreichung jenes Zweckes ermöglicht"[180]. Zubehör war demnach das, was entweder in einem körperlichen Zusammenhang mit dem Gebäude bzw. der Wohnung stand, oder das, was sich dauernd im Gebäude befunden hat und/oder ausschließlich für dasselbe benutzt worden ist.[181] Diese ausschließliche Nutzung für das Gebäude brachte als Konsequenz mit sich, daß „von den Pertinenzen der Grundstücke und Gebäude alle Geräthschaften auszuschließen sind, welche einen selbständigen Zweck verfolgen, und namentlich alle diejenigen, welche einem Gewerbe oder Geschäfte dienen, weil diese vielmehr dem Zwecke angehören, der zugleich mittelst jener erreicht werden soll"[182].
Bei der Frage, welche Sachen als Zubehör mitvermietet wurden, ist also zunächst immer zu fragen, zu welchem Zweck das Haus oder die Wohnung vermietet wurde. Wurde also z.B. ein Wohnhaus vermietet, so war das als Zubehör anzusehen, was dazu diente, das Haus zum Zwecke des Bewohnens vorzubereiten, also etwa Öfen. Nicht als Zubehör waren hingegen die Möbel und Sachen anzusehen, die sich in einer besonderen Beziehung zum Bewohnenden befanden, da diese nicht allein und unmittelbar dem Zweck des Hauses dienten, sondern eben in einer besonderen Beziehung zum Bewohnenden standen.[183]
Teilweise findet sich in der Literatur neben der Differenzierung zwischen Bestandteilen einer Sache und Zubehör noch eine weitere Differenzierung: die Unterscheidung zwischen wesentlichem und unwesentlichem Zubehör.

---

[177] Funke, Die Lehre von den Pertinenzen, 1850, S. 12.
[178] Brückner, Wohnungsmiethe, 1877; Hermann, Der Miethvertrag, 1840.
[179] Funke, Die Lehre von den Pertinenzen, 1850.
[180] Brückner, Wohnungsmiethe, 1877, S. 3.
[181] Brückner, Wohnungsmiethe, 1877, S. 4.
[182] Funke, Die Lehre von den Pertinenzen, 1850, S. 15.
[183] Funke, Die Lehre von den Pertinenzen, 1850, S. 46f..

Nach dieser weiteren Unterscheidung umfaßte das wesentliche Zubehör die Gegenstände und Räume, ohne die der Zweck des Mietvertrages, nämlich das Bewohnen, nicht erfüllt werden konnte. Hierzu zählten z.B. eine Küche oder wenigstens ein Kochherd, ein Raum für Brennmaterial, der freie Zugang zur Wohnung. Dieses wesentliche Zubehör mußte der Vermieter zur Verfügung stellen, ohne daß der Mieter darauf extra hinweisen mußte, daß er es benötigte, oder daß er es zusätzlich mieten mußte.
Unwesentliches Zubehör, wie z.B. ein Keller, Gärten, eine Badestube, ein Waschhaus, ein Backofen oder auch Möbel oder sonstige Mobilien, mußte hingegen ausdrücklich mitgemietet werden.[184]
Festzustellen ist, daß die gemeinrechtliche Lehre von den Pertinenzen in diesem Punkt sehr uneinheitlich war. So wurde zum Beispiel teilweise angenommen, daß Möbel als unwesentliches Zubehör einer Wohnung galten, da sie dem Zweck des Bewohnens dienten[185], andererseits ging etwa Funke davon aus, daß gerade Möbel kein Zubehör seien, da sie in einer besonderen Beziehung zum Bewohnenden stünden. Insofern wird deutlich, daß durchaus von verschiedenen Definitionen und Begriffen gesprochen wurde. Das Problem einer nicht immer einheitlichen Terminologie findet sich im gemeinen Recht immer wieder.
Unproblematisch und für den Mieter letztlich entscheidend war aber die Frage, was er automatisch mitmietete. Hier ist festzuhalten, daß unabhängig von der Bezeichnung als Zubehör oder wesentliches Zubehör immer die Sachen im Rahmen eines Wohnungsmietvertrages mitvermietet wurden, ohne die der Zweck des Mietvertrages, also das Bewohnen, nicht möglich gewesen wäre. So etwa die oben erwähnte Küche bzw. Kochmöglichkeit.
Hinsichtlich des Mietzinses war zum einen die Vereinbarung hinsichtlich der Höhe der Zahlungen[186], zum anderen die Zahlungsart festzulegen. Insoweit war eine vertragliche Vereinbarung nötig, wenn der Mietzins im voraus gezahlt werden sollte. Ohne eine entsprechende Vereinbarung konnte die Vorausbezahlung nicht gefordert werden.[187]
Neben der Frage nach dem Mietobjekt und dem Mietzins wurden vielfach auch bestimmte Sicherheiten zum Vertragsinhalt gemacht. Dieses war insbesondere dann der Fall, wenn Mietverträge auf längere Zeit und zu einem hohen Mietzins abgeschlossen wurden. Bei Vertragsabschluß wurde in diesen Fällen häufig ein sog. Aufgeld[188] gezahlt. Das Aufgeld diente als Sicherheit, um den Vertrag auch tatsächlich zur Vollziehung zu bringen. Dabei war das Aufgeld als Abschlag auf

---

[184] Hermann, Der Miethvertrag, 1840, S. 17. Eine Liste dessen, was das Zubehör einer Wohnung war, findet sich bei: Brückner, Wohnungsmiethe, 1877, S. 4ff..
[185] Hermann, Der Miethvertrag, 1840, S. 17.
[186] Siehe hierzu unten S. 59.
[187] Keller, Pandekten, 1866, Bd. 2, § 336 II.
[188] Auch: Draufgeld, Miethgeld, Handgeld oder Mahlschatz.

den künftig fälligen Mietzins anzusehen und wurde mit diesem nach der Invollzugsetzung des Mietvertrages verrechnet. Wurde der Vertrag nicht vollzogen, so wurde das Aufgeld nur dann ausnahmsweise zurückgegeben, wenn der Nichtvollzug nicht verschuldet wurde.[189] Das Aufgeld diente allein als Sicherheit, wenn auch unter Nichtjuristen vielfach die irrige Meinung verbreitet war, daß ein Aufgeld notwendig sei, um den Vertrag als geschlossen anzusehen. Das Aufgeld wurde aus diesem Grunde in der Praxis oft gezahlt, ohne daß es von den Parteien als Sicherheit gewollt und benötigt wurde.[190]

III. Die Form des Vertragsschlusses

1. Die Grundlagen im klassischen römischen Recht

Die Römer empfanden die *locatio conductio* als einen dem Kauf verwandten Vertrag[191]. Der Vertragsschluß erfolgte demnach wie bei der *emptio venditio* durch formfreie Einigung und „nicht durch Worte“, wie Paulus schreibt[192]. Eine Schriftform war den Römern für den Mietvertrag nicht bekannt.
Der Mietvertrag zählte somit zu den Konsensualverträgen[193] und seine Gültigkeit war im Gegensatz etwa zu den Verbalkontrakten, vor allem der *stipulatio*, nicht an bestimmte Wortformeln gebunden. Allein der Konsens war obligationsbegründend. Dabei wurde aber nicht der Konsens, wie nach unserem heutigen Verständnis, für sich selbst Kraft des Willens der beteiligten Partner Verpflichtungsgrund, sondern nur, wenn die *fides* es gebot, die Partner am übereinstimmenden Wollen festzuhalten.[194]

---

[189] Hermann, Der Miethvertrag, 1840, S. 42f. und S. 121.

[190] Hermann, Der Miethvertrag, 1840, S. 42f.; Diese unter Nichtjuristen verbreitete Irrmeinung wurde von der Rechtswissenschaft mit dem Hinweis darauf abgelehnt, daß bereits die mündliche Übereinkunft bindend war.

[191] Vgl. hierzu z.B. Paul. D. 19,2,1 und Gai. D. 19,2,2:
Paul. D. 19,2,1: „*Locatio et conductio cum naturalis sit et omnium gentium, non verbis, sed consensu contrahitur, sicut emptio et venditio.*“
Übersetzt nach Otto, Schilling, Sintenis: „Der Pacht, als natur- und völkerrechtlich, wird nicht mit Worten, sondern durch gegenseitge Einwilligung eingegangen, wie der Kauf.“
Gai. D. 19,2,2: „*Locatio et conductio proxima est emptioni et venditioni isdemque iuris regulis constiti: nam ut emptio et venditio ita contrahitur, si de pretio convenerit, sic et locatio et conductio contrahi intellegitur, si de mercede convenerit. (...).*“
Übersetzt nach Otto, Schilling, Sintenis: „Der Pacht steht zunächst dem Kaufe, und wird nach denselben Rechtsregeln beurtheilt. Denn ebensowie der Kauf vollzogen ist, sobald man über den Preis einige ist, so wird auch der Pacht als vollzogen betrachtet, sobald man über den Pachtzins einig ist (...).“.

[192] Paul. D. 19,2,1 (vgl. oben Fn. 191).

[193] Grundlegend zu den Konsensualverträgen: Benöhr, Das sogenannte Synallagma in den Konsensualkontrakten des klassischen römischen Rechts, 1965.

[194] Hausmaninger/ Selb, Röm. Privatrecht, 1997, 5. Kap., S. 298.

Als Konsensualvertrag war die Miete auch den Peregrinen, also Nichtrömern, zugänglich und konnte unter Abwesenden z.B. durch Boten oder Briefe zustande kommen. Beherrscht wurde die Miete als Konsensualkontrakt vom Grundsatz der *bona fides*.[195]

2. Die Besonderheiten des im 19. Jahrhundert geltenden gemeinen Rechts

Auch nach dem gemeinen Recht galt der Mietvertrag als Konsensualvertrag.[196] Damit war der Mietvertrag grundsätzlich gültig abgeschlossen, sobald sich Mieter und Vermieter über den Gegenstand des Vertrags und den Mietzins[197] einig waren. Die Einigung erfolgte dabei durch die gegenseitige Erklärung des Konsens, die ausdrücklich oder stillschweigend erfolgen konnte.[198]

Hinsichtlich der Beschaffenheit des Mietzinses wurde von Puchta festgehalten: „Der Preis muß die Beschaffenheit des Kaufpreises haben: *merces vera, certa, in pecunia numerata.*“[199]

Ausnahmsweise galt der Vertrag auch vor der Einigung über den Mietzins als wirksam abgeschlossen, wenn die Absicht der Parteien endgültig auf die Gewährung der Wohnung und die Leistung einer Vergütung hierfür gerichtet war. Bis zu einer späteren Einigung der Parteien über den Mietzins war in diesem Fall der ortsübliche und angemessene, d.h. auf billigem Ermessen beruhende, Mietzins zu Grunde zu legen und notfalls durch Sachverständige zu ermitteln.[200]

War der Mietzins, der in Form einer einmaligen Zahlung ebenso erfolgen konnte, wie in Form periodisch wiederkehrender Leistungen,[201] also nicht im Vertrag bestimmt, so mußte er bestimmbar[202] und ernst gemeint, also nicht nur zum Schein verabredet sein.[203]

Hinsichtlich des Mietzinses hieß es in einem Ratgeber für Rechtsunkundige: “Bei der Verabredung des Miethzinses ist es rathsam, 1.) die Münzsorten, 2.) die Zeit der Zahlung und 3.) den Ort, wo derselbe gezahlt werden soll, genau zu

---

[195] Mayer-Maly, Röm. Privatrecht, 1991, § 28 I 2, S. 109.

[196] Thibaut, Pandektenrecht, 1833, Bd. 2, § 512.

[197] In den Quellen und der Literatur finden sich auch die lateinischen Begriffe „*merces*“ und „*pretium*“, vgl. Sintenis, Das practische gemeine Civilrecht, 1847, Bd. 2, § 118, Anm. 3, S. 648.

[198] Seuffert, Praktisches Pandektenrecht, 1825, Bd. 2, § 326; Thibaut, Pandektenrecht, 1833, Bd. 2, § 512.

[199] Puchta, Pandekten, 1845, § 365.

[200] Windscheid, Pandektenrecht, 7. Aufl. 1891, § 399, Anm. 14 mit Hinweis über § 386, Anm. 5a auf § 254, Anm. 5.

[201] Keller, Pandekten, 1866, Bd. 2, § 334.

[202] Thibaut, Pandektenrecht, 1833, Bd. 2, § 513.

[203] Sintenis, Das practische gemeine Civilrecht, 1847, Bd. 2, § 118, S. 649.

bestimmen.“[204] In demselben Werk wurde den Parteien eines Mietvertrages auch empfohlen, Quittungsbücher über die Mietzinsen zu führen.[205]
Das gemeine Recht kannte ebensowenig wie das klassische römische Recht ein Schriftformerfordernis für die Gültigkeit des Mietvertrages. In der Praxis wurden aber vielfach Verträge über größere Gebäude und Wohnungen sowie Verträge, die für einen längeren Zeitraum abgeschlossen werden sollten, schriftlich abgeschlossen.[206]
Hatten die Parteien in den Vertragsgesprächen oder beim Vertragsschluß die Schriftform verabredet, so wurde der Vertrag erst wirksam, wenn die Parteien den schriftlichen Vertrag tatsächlich unterzeichnet hatten. Kam es in diesem Fall zu Ergänzungen oder Abänderungen des Vertrages, so waren diese ebenfalls schriftlich vorzunehmen. Wurden diese Änderungen nur mündlich zwischen den Parteien vereinbart, so galten sie nur dann ausnahmsweise als wirksam, wenn nachgewiesen wurde, daß sie nach dem Willen der Parteien unabhängig von ihrer Form gültig sein sollten.[207]
Vereinbarten die Parteien hingegen erst nach dem Vertragsschluß die Schriftform, so galt diese nur als Beweismittel, die Wirksamkeit des Vertrages war von der Anfertigung der schriftlichen Urkunde nicht abhängig.
Teilweise wurde auch die Frage erörtert, ob ein Mietvertrag stillschweigend abgeschlossen werden könne. War der Mietpreis gesetzlich oder auf andere Weise vorbestimmt, so daß eine Einigung hierüber, die eigentlich grundsätzlich zu den *essentialia negotii* gehörte, entbehrlich war, wurde ein stillschweigender Vertragsabschluß durchaus angenommen.[208] Wie man sich einen solchen Vertragsschluß vorzustellen hat, ist unklar. In der Praxis finden sich keinerlei Hinweise darauf, daß diese Art von Vertragsschluß häufig vorkam, auch Beispiele finden sich nicht.

---

[204] Hermann, Der Miethvertrag, 1840, S. 23.

[205] Dort wurde auch im einzelnen dargelegt, wie die Quittungsbücher anzulegen sind und welcher Inhalt nötig war; vgl. Hermann, Der Miethvertrag, 1840, S. 76f.

[206] Vgl. als Beispiele für Mietverträge etwa die Muster im Anhang zu Hermann, Der Miethvertrag, 1840 und die Mustermietverträge für die Stadt Berlin im Anhang zu Brückner, Wohnungsmiethe, 1877.

[207] Diese Regelungen hinsichtlich der Schriftlichkeit wurden aus den römisch-rechtlichen Kaufvertragsregelungen entnommen, die aufgrund der Analogie zwischen Kauf und Miete (vgl. Gai. D. 19, 2, 2 oben Fn. 191) als anwendbar angesehen wurden.

[208] Vgl. Holzschuher, Bd. 1, 1843, S. 333f. mit Hinweis auf die ältere Lehre des 18. Jhdt.: August Polycarpus Leyser, Meditationes ad pandectas, Leipzig 1741, Sp. 213. Med. 1; Karl Friedrich Walch, Introductio in contorversias juris civilis recentiores inter jurisconsultos agitatas, 3. Aufl., Jena 1791, S. 632.

D. Die Dauer des Mietverhältnisses

I. Die Grundlagen im klassischen römischen Recht

Die Dauer des Mietvertrages richtete sich grundsätzlich nach den vertraglichen Vereinbarungen der Parteien, die durch allgemeine Regeln ergänzt wurden. Die Festsetzung einer bestimmten Mietdauer gehörte jedoch nur zu den *accidentalia negotii*[209], so daß ein Vertrag auch ohne Regelungen über die Dauer als wirksam geschlossen anzusehen war.

Regelmäßig schlossen die Parteien Mietverträge ohne Zeitbestimmung. Eine Ausnahme bildete die Vermietung ganzer *insulae* an einen „Generalmieter", den sog. *insularius*, der dann einzelne Wohnungen weitervermietete. Diese Verträge wurden für gewöhnlich auf bestimmte Zeit geschlossen[210], wie auch die Verträge im Rahmen der Landpacht, welche üblicherweise für die Dauer von fünf Jahren geschlossen wurden[211].

War zwischen den Parteien eine bestimmte Dauer für das Mietverhältnis vereinbart, so endete selbiges jedoch nicht notwendig mit dem Ablauf der vereinbarten Zeit: Blieb der Mieter nach dem Ablauf der vereinbarten Zeit im Genuß der gemieteten Sache, so galt dieses als eine vertragliche Erneuerung des Mietverhältnisses[212], es lag dann eine sog. *relocatio tacita*, eine stillschweigende Vertrags-

---

[209] Vgl. Jacobi, Miethe und Pacht, 1889, S. 31, Fn. 28.

[210] Vgl. bzgl. der festgelegten Dauer von Mietverträgen bei Häusern und bei Pachtverträgen z.B. Paul. D. 19,2,24,2: „*Si domus vel fundus in quinquennium pensionibus locatus sit, potest dominus, si deseruit habitationemvel fundi culturam colonus vel inquilinus, cum eis statim agere.*"

Übersetzt nach Otto, Schilling, Sintenis: „Wenn ein Haus oder ein Landgut auf fünf Jahr um [bestimmte] Pachtsummen verpachtet worden ist, und der Pächter oder Miethsmann die Wohnung verlassen, oder die Bewirthschaftung des Gutes [unterlassen] hat, so kann der Eigenthümer wider dieselben auf der Stelle Klage erheben.".

[211] Kaser, Das römische Privatrecht, Bd. 1, 1971, S.568.

[212] Vgl. Kaser, Das römische Privatrecht, Bd. 1, 1971, S. 568 mit Hinweis auf Ulp. D. 19,2,13,11. Vgl. desweiteren Ulp. D. 19,2,14:

Ulp. D. 19,2,13,11: „*Qui impleto tempore conductionis remansit in conductione, non solum reconduxisse videbitur, sed etiam pignora videntur durare obligata.(...). quod autem diximus taciturnitate utriusque partis colonum reconduxisse videri, ita accipiendum est, ut in ipso anno, quo tacuerunt, videantur eandem locationem renovasse, non etiam in sequentibus annis, etsi lustrum forte ab initio fuerat conductioni praestitutum. sed et si secundo quoque anno post finitum lustrum nihil fuerit contrarium actum, eandem videri locationem in illo anno permanisse: hoc enim ipso, quo tacuerunt, consenisse videntur et hoc deinceps in unoquoque anno observandum est.(...).*"

Übersetzt nach Otto, Schilling, Sintenis: „Wenn Jemand nach Ablauf der Pachtzeit in der Pachtung geblieben ist, so wird nicht nur angenommen, daß er wieder gepachtet habe, sondern auch die [gestellten] Unterpfänder als fortdauernd verpflichtet betrachtet (...) Wenn wir aber sagen, daß durch das Stillschwiegen beider Theile angenommen werde, es habe der Pächter wieder gepachtet, so ist dies so zu verstehen, daß die Erneuerung der Pachtung als für das Jahr geschehen betrachtet werden, indem sie geschwiegen haben, nicht auch für die künfverlängerung, vor. Nicht ganz klar, und daher in der Wissenschaft umstritten, war, für wie lange das Mietverhältnis als erneuert galt: Ulpian ist in den Digesten[213] m.E. wohl so zu verstehen, daß die Verlängerung immer nur für das Jahr galt, in dem es zu ihr gekommen ist. Im Gegensatz dazu wurde auch vertreten, daß es zu einer Erneuerung auf die Zeit ankommen sollte, auf die die abgelaufene Vertragsperiode ausgemacht war.[214]

II. Die Besonderheiten des im 19. Jahrhundert geltenden gemeinen Rechts

Grundsätzlich maßgeblich für die Dauer des Mietverhältnisses war auch im gemeinen Recht das von den Parteien vertraglich Vereinbarte. Die Festsetzung der Dauer konnte ausdrücklich oder auch stillschweigend erfolgen. Eine stillschweigende Festsetzung war beispielsweise in der Vermietung einer Wohnung oder eines Gebäudes zu einem bestimmten Zweck zu sehen.[215]

War die zwischen den Parteien vereinbarte Zeit abgelaufen, so konnte das Mietverhältnis stillschweigend verlängert werden und auf diese Weise fortdauern.

Die Voraussetzungen für eine stillschweigende Vertragsverlängerung waren dieselben wie im klassischen römischen Recht: Der Mieter blieb nach dem Ablauf der vereinbarten Zeit mit dem Willen des Vermieters im Genuß der Mietsache. Auch im gemeinen Recht war aber die Frage, auf wie lange der Vertrag als erneuert galt, heftig umstritten. Dieses ist vor allem darauf zurückzuführen, daß die als Grundlage für die stillschweigende Vertragsverlängerung im Mietrecht angesehene Digestenstelle (D 19,2,13,11)[216] vom Wortlaut her nicht ganz eindeutig ist, was bereits im klassischen römischen Recht zu erheblichen Meinungsverschiedenheiten geführt hatte. Durch die weiterhin vielfältige Ausle-

---

tigen Jahre, selbst, wenn ursprünglich ein fünfjähriger Zeitraum für die Pacht bestimmt worden ist. Auch wenn im zweiten Jahre nach dem Verlauf des fünfjährigen Zeitraums nichts dem Zuwiderlaufendes geschehen, wird die Pacht für dieses Jahr fortdauernd betrachtet; denn die Einwilligung wird aus dem Stillschweigen selbst gefolgert, und so ist dies fernerhin in jedem Jahre zu beobachten.(...)."

Ulp. D. 19,2,14: *Qui ad certum tempus conducit finito quoque tempore colonus est: intellegitur enim dominus, cum patitur colonum in fundo esse, ex integro locare, et huiusmodi contractus neque verba neque scripturam utique desiderant, sed nudo consensu convalescunt. (...)*".

Übersetzt nach Otto, Schilling, Sintenis: „Wer auf eine bestimmte Zeit pachtet, ist nach deren Verlauf auch Pächter; denn wenn der Eigenthümer den Pächter fernerweit auf dem Landgute lässt, so wird angenommen, als verpachte er von Neuem, und Contracte dieser Art erfordern weder Worte noch Schrift, sondern bestehen durch die blosse Einwilligung (...).".

[213] Ulp. D. 19,2,13,11, vgl. oben Fn. 212.

[214] Mayer-Maly, Röm. Privatrecht, 1991, § 28 II 2, S. 119.

[215] Z.B. Vermietung einer Wohnung oder eines Zimmers für die Zeit eines Jahrmarktes oder einer Tagung.

[216] Vgl. oben Fn. 212.

gung[217] in der gemeinrechtlichen Wissenschaft wurden die bestehenden Unklarheiten fortgeführt und verstärkt.
So wurde etwa von Keller unter Hinweis auf D 19,2,13,11 vertreten, daß „stets ein ganzes Jahr als der stillschweigend verstandene Zeitraum der relocatio gelten solle“[218].
Nach der wohl herrschenden Auffassung[219] in der Wissenschaft galt das Mietverhältnis jedoch durch die stillschweigende Verlängerung als auf unbestimmte Zeit geschlossen. Nach der Verlängerung konnte damit jeder Vertragspartner den nunmehr auf unbestimmte Zeit weitergeltenden Mietvertrag beliebig aufkündigen.[220] Dabei war er aber an die für den ursprünglichen Vertrag vereinbarten oder, falls keine Vereinbarung vorlag, an die ortsüblichen Kündigungsfristen und Termine gebunden.[221]
Eine Ausnahme war in dem Fall gegeben, in dem die Parteien bereits beim Abschluß des ursprünglichen Mietvertrages festlegten, für wie lange die Vermietung nach Ablauf der ersten Mietzeit stillschweigend verlängert werden sollte, falls keine Partei kündigte.[222] Dieser Fall stellt nach unserer heutigen Auffassung letztlich einen befristeten Mietvertrag mit Verlängerungsklausel dar, wobei fraglich ist, ob man hier wirklich von einer stillschweigenden Verlängerung sprechen konnte und kann.
Eine weitere Ausnahme war dann gegeben, wenn die Parteien einen schriftlichen Vertrag auf eine bestimmte Zeit geschlossen hatten. In diesem Fall galt der Vertrag für die Zeitspanne verlängert, auf die er ursprünglich geschlossen war.[223]
Diese letztgenannte Auffassung, daß ein Vertrag, der beispielsweise schriftlich auf 5 Jahre geschlossen worden war, sich auf weitere 5 Jahre verlängerte, also noch einmal um die ursprüngliche Zeit verlängert wird, wurde teilweise mit dem Argument kritisiert und abgelehnt, daß diese Meinung den mutmaßlichen Willen der Parteien, auf den es bei der stillschweigenden Vertragsverlängerung ja schließlich ankomme, völlig verkenne. Eine Verlängerung auf noch einmal die-

---

[217] Eine Zusammenstellung der unterschiedlichen Auffassungen findet sich etwa bei Karl Adolf von Vangerow, Lehrbuch der Pandekten Bd. III, 6. Aufl. Marburg/Leipzig 1851, § 644.
[218] Keller, Pandekten, 1866, Bd. 2, § 337.
[219] Brückner, Wohnungsmiethe, 1877, S. 59, Holzschuher, Theorie und Casuistik des gemeinen Civilrechts, Bd. II 2. Abt., 1847, S. 751; Glück, Pandektenrecht Bd. XVII, 1815, § 1045, S. 287f..
[220] Thibaut, Pandektenrecht, 1833, Bd. 2, § 512, Glück, Pandektenrecht Bd. XVII, 1815, § 1045, S. 288.
[221] Brückner, Wohnungsmiethe, 1877, S. 59.
[222] Glück, Pandektenrecht Bd. XVII, 1815, § 1045, S. 288f..
[223] Brückner, Wohnungsmiethe, 1877, S. 59f.; Seuffert, Praktisches Pandektenrecht, 1825, Bd. 2, § 329; Thibaut, Pandektenrecht, 1833, Bd. 2, § 512 für die Pacht von Landgütern und die Miete von *praediis urbanis*.

selbe Zeit könne den Parteien keinesfalls als mutmaßlicher Wille unterstellt werden.[224] Diese Argumentation kann die Verfasserin allerdings nicht nachvollziehen.
Der zweite Fall, der im Rahmen dieses Abschnitts über die Dauer des Mietverhältnisses nach der Darstellung hinsichtlich der auf bestimmte Zeit geschlossenen Mietverhältnisse noch kurz anzusprechen ist, ist das Mietverhältnis auf eine unbestimmte Zeit. Es dauerte grundsätzlich bis zu seiner Beendigung durch die Parteien (z.B. durch Kündigung). Zu den Beendigungsmöglichkeiten wird im folgenden Abschnitt ausgeführt.

E. Die Beendigung des Mietverhältnisses

I. Die Grundlagen im klassischen römischen Recht

Zur Beendigung eines Mietverhältnisses kam es im klassischen römischen Recht grundsätzlich durch zwei Ereignisse, entweder durch Zeitablauf oder durch die Schaffung von bestimmten, den Vertrag auflösenden Fakten durch die Parteien.[225]
Ausgehend von diesem Grundsatz war jedoch im Hinblick auf die Beendigung des Mietverhältnisses noch weiter zu differenzieren, ob das Mietverhältnis auf eine bestimmte Zeit geschlossen war oder nicht.
Grundsätzlich endete das Mietverhältnis, das auf eine bestimmte Zeit geschlossen war, mit dem Ablauf der zwischen den Parteien vereinbarten Zeit. Dieses war aber immer dann nicht der Fall, wenn das Mietverhältnis (stillschweigend) verlängert wurde oder von einer der Parteien vor dem Ablauf der vereinbarten Zeit beendet wurde, wobei jeder Teil nur wegen Vertragsbruchs des Gegners das Mietverhältnis beenden konnte[226].
Für den zweiten Fall, daß keine Mietzeit zwischen den Parteien vereinbart war, endete das Mietverhältnis, indem es durch eine der Mietparteien beendet wurde.
Nachdem die Problematik der stillschweigenden Vertragsverlängerung bereits oben dargestellt wurde, da es hierbei ja gerade nicht um die Beendigung des Mietvertrages geht, sondern dessen Fortsetzung, soll hier nur noch auf die Beendigung des Mietvertrages durch Parteihandlung eingegangen werden.
Die Beendigung des Mietverhältnisses durch Parteihandlung war zum einen vor dem Ablauf der vertraglich vereinbarten Mietzeit, zum anderen bei einer fehlenden vertraglichen Regelung über die Mietzeit möglich.
Das Mietverhältnis konnte sowohl durch den Mieter und als auch durch den Vermieter einseitig beendet werden. Dieses geschah jedoch nicht durch rechtsgeschäftliche Erklärung im Sinne einer Kündigung, sondern durch die faktische Beendigung, indem entweder der Mieter die Mietsache zurückgab, d.h. der *in-*

[224] Holzschuher, Theorie und Casuistik des gemeinen Civilrechts, Bd. II 2. Abt., 1847, S. 751.
[225] Mayer-Maly, Locatio conductio, 1956, S. 215.
[226] Kaser, Das römische Privatrecht, Bd. 1, 1971, S. 568.

quilinus aus der Wohnung auszog[227], oder indem der Vermieter die Sache wieder an sich nahm, d.h. den Mieter aus der Wohnung vertrieb[228].
Eine Kündigung kommt in den Quellen des klassischen römischen Rechts nicht vor.[229] Folglich waren dem klassischen römischen Recht auch Kündigungsfristen fremd.[230] Das Mietverhältnis konnte jederzeit beendet werden, gegebenenfalls machte sich die beendende Partei schadenersatzpflichtig.
Bei der Beendigung des Mietverhältnisses durch Parteihandlung war, insbesondere in Hinblick auf die mögliche Schadenersatzpflicht, zu differenzieren, ob der Mietvertrag auf eine bestimmte Zeit geschlossen war oder nicht:
(a.) War das Mietverhältnis auf eine bestimmte Zeit geschlossen, so war eine Beendigung vor dem Ablauf der vereinbarten Zeit immer dann möglich, wenn ein anerkannter Grund für die Beendigungshandlung, also für das *expellere* oder *relinquere*, bestand. Solche Gründe für die Beendigung waren für den Vermieter etwa die Nichtzahlung des Mietzinses[231] oder auch der Eigenbedarf an dem

[227] Die röm. Quellen sprechen von „relinquere", „discedere", „deserere", „migrare".
[228] Die röm. Quellen benutzen die Worte „expellere", „repellere".
[229] Mayer-Maly, Locatio conductio, 1956, S. 215; Kaser, Das römische Privatrecht, Bd. 1, 1955, S. 474.
Eine Besonderheit stellt insofern das Reskript Caracallas aus dem Jahre 214 n.Chr. dar, in dem der „Kündigungsgrund" des Eigenbedarfs bei der Wohnraummiete wohl seinen Ursprung findet, vgl. dazu den Aufsatz von Alfredo Calonge und Andreas Wacke, „Die Kündigungsgründe für den Wohnraummiete im europäischen Recht seit Caracallas Reskript vom Jahre 214 n.Chr.", in: ZEuP 1997 (Heft 4), S. 1010ff..
[230] Jacobi, Miethe und Pacht, 1889, S. 27.
[231] Paul. D. 19,2,54,1: *„(...) Inter locatorem fundi et conductorem convenit, ne intra tempora locationis Seius conductor de fundo invitus repelleretur et, si pulsatus esset, poenam decem praestet Titius locator Seio conductori: vel Seius conductor Titio, si intra tempora locationis discedere vellet, aeque decem Titio locatori praestare vellet: quod invicem de se stipulati sunt. Quaero, cum Seius conductor biennii continui pensionem non solveret, an sine metu poenae expelli possit. Paulus respondit, quamvis nihil expressum sit in stipulatione poenali de solutione pensionum, tamen verisimile esse ita convenisse de non expellendo colono intra tempora praefinita, si pensionibus paruerit et ut oportet coleret: et inde, si poenam petere coeperit is qui pensionibus satis non fecit, profuturam locatori doli exceptionem."*
Übersetzt nach Otto, Schilling, Sintenis: „(...) Zwischen dem Verpächter und dem Pächter eines Landgutes war ausgemacht worden, daß der Pächter Sejus innerhalb der Pachtzeit wider seinen Willen nicht aus dem Landgute vertrieben werden solle, und wenn er verdrängt würde, der Verpächter Titius an den Pächter Sejus zur Strafe zehn[tausend Sestertien] erlegen, oder der letztere an den erstern, wenn er binnen der Zeit der Pachtung ausscheiden wolle, ebenfalls zehn[tausend] entrichten solle, und stipulirten dies gegenseitig von einander; ich frage nun, ob, wenn der Pächter Sejus zwei Jahre hinter einander den Pachtzins rückständig geblieben ist, derselbe ohne Besorgnis vor der Strafe [aus der Pachtung] vertrieben werden könne? Paulus antwortet: obwohl bei der Stipulation wegen der Strafe über die Zahlung des Pachtzinses nichts erwähnt worden ist, so sei es doch wahrscheinlich, daß das Uebereinkommen in Betreff der binnen des bestimmten Zeitraumes nicht geschehen sollenden Vertreibung des Pächters

vermieteten Gegenstand[232]. Für den Mieter hingegen waren anerkannte Endigungsgründe etwa die Unbrauchbarkeit der vermieteten Sache oder die Tatsache, daß eine weitere Benutzung der Mietsache gefährlich wurde.[233]
Bestand einer der allgemein anerkannten Beendigungsgründe, so konnte das Vertragsverhältnis vor Ablauf der vertraglich vereinbarten Zeit beendet werden, ohne daß sich die beendende Partei schadenersatzpflichtig machte bzw. zur Weiterzahlung des Mietzinses verpflichtet war.[234] War im Gegensatz dazu keiner der anerkannten Beendigungsgründe gegeben, so mußte die beendende Partei Schadenersatz zahlen.
(b.) Für den Fall, daß die Mietzeit zwischen den Parteien nicht vereinbart worden war, ist die Meinung, wie mit dieser Situation verfahren wurde, in der Wissenschaft umstritten:
Nach einer Auffassung war es beiden Parteien jederzeit möglich, das Vertragsverhältnis zu beenden, ohne dabei schadenersatzpflichtig zu werden.[235] Für diese Auffassung gibt es keine Quellenbelege, sie wurde quasi als Umkehrschluß aus Stellen wie etwa D. 19, 2, 24, 2ff.[236] hergeleitet, da in diesen Stellen immer ein auf eine bestimmte Zeit abgeschlossener Vertrag vorausgesetzt wird.

---

nur unter der Voraussetzung getroffen worden sei, daß der Pachtzins richtig abgetragen und die Bewirthschaftung so, wie es sich gebührt, betrieben werde, wenn daher derjenige, wer den Pachtzins nicht richtig abgetragen, auf die Strafe Anspruch machen will, so werde dem Verpächter die Einrede der Arglist von Nutzen sein.".

232 Codex IV,65,3: „*Diaetae, quam te conductam habere dicis, si pensionem domino insulae solvis, invitum te expelli non oportet, nisi propriis usibus dominus esse necessariam eam probaverit aut corrigere domum maluerit aut tu male in re locata versatus es.* "
Übersetzt nach Otto, Schilling, Sintenis: „Wenn du für das Haus, welches du gemiethet zu haben angiebst, den ganzen Zins bezahlt hast, so darfst du nicht wider deinen Willen herausgetrieben werden, ausser wenn der Eigenthümer beweist, daß dasselbe ihm zum eignen Gebrauche nöthig sei, oder wenn er sein Haus ausbessern will, oder du das Vermiethete übel gehalten hast.".

233 Z.B. Alf. D. 19,2,27,1: *Iterum interrogatus est, si quis timoris causa emigrasset, deberet mercedem necne. Respondit, si causa fuisset, cur periculum timeret, quamvis periculum vere non fuisset, tamen non debere mercedem: sed si causa timoris non fuisset, nihilo minus debere.* "
Übersetzt nach Otto, Schilling, Sintenis: „Auch ist die Frage erhoben worden, ob derjenige, wer aus Furcht ausgezogen, den Pachtzins zu entrichten habe, oder nicht? Die Antwort ist dahin gegangen, daß, wenn Grund, Gefahr zu befürchten, vorhanden gewesen wäre, wiewohl diese noch nicht wirklich eingetreten ist, dennoch keine Verpflichtung zum Miethzins begründet sei; wenn hingegen kein hinreichender Grund zu Besorgnissen da gewesen, so dauere die Verbindlichkeit zum Miethzins nichts desto weniger fort.".

234 Wolter, Mietrechtlicher Bestandsschutz, 1984, S. 22.

235 So unter anderem: Mayer-Maly, Locatio conductio, 1956, S. 215; Jörs/Kunkel, Röm. Privatrecht, 1949, S. 238, Fn. 6.

236 Vgl. oben Fn. 210.

Nach einer anderen Auffassung, die sich auf die Stelle D. 19, 2, 13, 11[237] stützte, bedurfte es in einem Mietvertrag immer einer festen Regelung hinsichtlich der Mietzeit. War eine solche ausdrückliche Vereinbarung nicht getroffen worden, so ergab sich der maßgebliche Zeitraum aus dem für die Mietpreiszahlung maßgeblichen Zeitraum. D.h. bei der Vermietung von städtischen Wohnungen, bei denen im antiken Rom eine Vermietung nach Tagen üblich war, wäre es nach dieser Auffassung täglich möglich gewesen, das Mietverhältnis unabhängig vom Vorliegen anerkannter Endigungsgründe ohne Schadenersatzpflicht zu beenden, wenn nicht eine längere Mietzeit ausdrücklich vertraglich vereinbart war.[238]
Neben der Beendigung des Mietverhältnisses durch faktische Umstände (*migrare* und *expellere*) kam eine Beendigung durch Vertrag in Betracht:
Durch einen formlosen Konsensualvertrag konnte eine Aufhebungsvereinbarung (sog. *contrarius consensus*) getroffen werden[239], die darauf gerichtet war, das Vertragsverhältnis insgesamt aufzuheben.[240]
Zu dem Institut des *contrarius consensus* ist zunächst auf das grundlegende Werk von Knütel[241] zu verweisen, welches zur Vertiefung der hier nur im Hinblick auf den Mietvertrag angerissenen Problematik zu empfehlen ist.
Die Möglichkeit der Vertragsaufhebung nach dem *contrarius consensus* beruhte auf dem Symmetrieprinzip des alten römischen Rechts, das sich ursprünglich auf einige Formalgeschäfte bezog. In den Digesten, D. 46, 3, 80, findet sich die Anwendung des Prinzips auch auf Konsensualverträge.[242]
In der Praxis wurde der *contrarius consensus* vor allem beim Kaufvertrag verwendet, wobei wesentliche Voraussetzung stets war, daß noch von keiner Seite geleistet worden war, d.h. daß *res integra* oder auch *res nondum secuta* war.[243]
Der Begriff der *res integra* soll dabei zum Ausdruck bringen, daß die Sache sich noch in ihrem ursprünglichen Zustand befindet und damit unversehrt ist.[244]
Nach den Untersuchungen von Knütel war es jedoch beim Kauf auch möglich, daß die *res integra* durch die Parteien wieder herzustellen.[245]

---

[237] Vgl. oben Fn. 212.

[238] Vgl. die Darstellung bei Wolter, Mietrechtlicher Bestandsschutz, 1984, S. 23 mit Bezug zu der Auffassung von F. Gallo, in: Synteleia Vincenzo Arangio-Ruiz, 1964, Bd. 2, S. 1198ff..

[239] Dieses ergibt sich aus D. 46,3,80: *Prout quidque contractum est, ita et solvi debet.* Frei übersetzt: Je nachdem, wie etwas abgeschlossen ist, so muß man es auflösen.

[240] Knütel, *Contrarius consensus*, 1968, S. 1.

[241] Rolf Knütel, *Contrarius consensus*. Studien zur Vertragsaufhebung im römischen Recht, Köln 1968.

[242] Knütel, *Contrarius consensus*, 1968, S. 10.

[243] Knütel, *Contrarius consensus*, 1968, S. 1 mit Hinweis u.a. auf Ner. D. 2,14,58; Iul. D. 18,5,5,1; Pompon. D. 18,1,6,2; ders. D. 18,5,2; Pap. D. 46,3,95,12; Paul. D. 18,5,3.

[244] Knütel, *Contrarius consensus*, 1968, S. 23.

[245] Knütel, *Contrarius consensus*, 1968, S. 44-49.

Die Quellen erwähnen im Zusammenhang mit dem *contrarius consensus* das Rechtsinstitut der *locatio conductio* niemals allein, sondern immer im Zusammenhang mit dem Kauf.[246] Nach den Untersuchungen von Knütel muß davon ausgegangen werden, daß im Fall der *locatio conductio* – und zwar in allen drei Ausprägungen (*locatio conductio rei, locatio conductio operarum, locatio conductio operis*) – die Aufhebung mittels *contrarius consenus* anerkannt war.[247] Einer Aufhebung eines Mietvertrages unter der Voraussetzung der *res integra* dürften keinerlei Schwierigkeiten entgegengestanden haben. Im täglichen Rechtsleben dürfte diese Möglichkeit der Beendigung aber auch keine große Bedeutung gehabt haben, da sie eben nur dann von Bedeutung war, wenn noch von keiner Seite geleistet wurde, d.h. sie war nur direkt nach dem Vertragsschluß noch vor der Invollzugsetzung möglich.
Zu der Frage, ob die Vertragsaufhebung im Falle der Miete auch bei *res non integra* möglich war, findet sich in den Quellen nichts. Nach Knütel muß jedoch davon ausgegangen werden, daß bei der Miete ebenso wie auch beim Kauf die Vertragsaufhebung im Wege des *contrarius consensus* auch bei *res non integra* möglich war. Knütel führt hierzu folgendes aus: „Es erscheint nicht zweifelhaft, daß man eine solche Auflösung *re non integra* zuließ; man konnte die Parteien entgegen ihrem vereinten Willen keinesfalls in einem Dauerschuldverhältnis belassen."[248] Zur Begründung verweist Knütel darauf, daß die Römer dazu neigten, dem einzelnen ein Recht zuzuerkennen, eine dauernde Bindung jederzeitig zu beenden. Zum Nachweis bezieht sich Knütel insoweit zutreffend auf die *societas*, das *mandatum* und auch die Ehe.[249]
Nach allem ist davon auszugehen, daß das antike römische Recht eine einvernehmliche Aufhebung des Mietvertrages und damit seine Beendigung auf diese Weise anerkannte.
Schließlich endete das Mietverhältnis unter Umständen mit dem Tod einer Partei. War etwa der Wille des Vermieters für die Dauer des Mietverhältnisses entscheidend und starb dieser, so erlosch mit seinem Tod auch das Mietverhältnis.[250]

---

[246] Knütel, *Contrarius consensus*, 1968, S. 21 mit Hinweis auf Pompon. D. 46,3,80; Ner. D. 2,14,58; Lab.-Paul. D. 46,4,23; Paul. D. 4,2,21,4.
[247] Knütel, *Contrarius consensus*, 1968, S. 120-123.
[248] Knütel, *Contrarius consensus*, 1968, S. 122.
[249] Knütel, *Contrarius consensus*, 1968, S. 122, Fn. 16.
[250] Pompon. D. 19,2,4.: *„Locatio precariive rogatio ita facta, quoad is, qui eam locasset dedissetve, vellet, morte eius qui locavit tollitur."*
Übersetzt nach Otto, Schilling, Sintenis: „Eine Pacht oder bittweises Gestatten in der Art eingegangen, daß dessen Dauer vom Willen des Verpächters oder des Gestattenden abhängt, erlischt mit dessen Tode.".

II. Die Besonderheiten des im 19. Jahrhunderts geltenden gemeinen Rechts

Wie bereits im Rahmen der Ausführungen zur stillschweigenden Vertragsverlängerung erwähnt, endete das Mietverhältnis grundsätzlich auch im gemeinen Recht mit dem Ablauf der vereinbarten Zeit. Das Mietverhältnis konnte weiterhin durch Parteihandlung beendet werden, falls keine Zeit vereinbart war oder die vereinbarte Zeit noch nicht abgelaufen war. Bei der Beendigung durch Parteihandlung bestand eine erhebliche Abweichung des gemeinen vom klassischen römischen Recht: Das gemeine Recht kannte die Kündigung als rechtsgeschäftliche Handlung. Bevor auf die Kündigung als besonderen Endigungsgrund für das Mietverhältnis eingegangen wird, soll zunächst noch auf die allgemeinen, für alle Verträge geltenden Endigungsgründe eingegangen werden.

1. Allgemeine Endigungsgründe

Für den Mietvertrag galten zunächst natürlich die allgemeinen, auch für andere Vertragsverhältnisse geltenden Endigungsgründe des gemeinen Rechts.
So wurde der Mietvertrag etwa durch vertragsmäßige Aufhebung oder bei Arglist oder Betrug beendet. Das Mietverhältnis endete auch dann, wenn der Mieter Eigentum an der vermieteten Sache erwarb[251] oder es zur Zwangsenteignung des vermieteten Hauses kam. Im letzteren Fall mußte allerdings geprüft werden, ob und gegen wen der Mieter gegebenenfalls Entschädigungsansprüche hatte.
Auch die Zerstörung der Mietsache konnte ein Endigungsgrund sein. Dieses war dann der Fall, wenn die Mietsache, d.h. das vermietete Haus oder die vermietete Wohnung durch Zufall (z.B. durch einen Brand oder durch Einsturz) zerstört wurde. Die Zerstörung mußte die vermietete Wohnung oder das vermietete Haus vollständig oder wenigstens in seinen für das Mietverhältnis wesentlichen Teilen zerstören. War dieses nicht der Fall, so wurde nicht das Mietverhältnis beendet, sondern lediglich der Mietzins verhältnismäßig herabgesetzt.[252]
Kein Endigungsgrund für das Mietverhältnis war der Tod einer der Parteien.[253] Die Rechte und Verbindlichkeiten aus dem Mietverhältnis gingen auf die Erben über. Damit ist die deutschrechtliche Regelung des Sachsenspiegels der Unvererblichkeit der Verpflichtungen des Vermieters durch die Rezeption des klassischen römischen Rechts im gemeinen Recht außer Kraft gesetzt worden.[254]
Eine Ausnahme war nur dann gegeben, wenn bei der Eingehung des Mietverhältnisses auf eine bestimmte Person besondere Rücksicht genommen wurde

---

[251] In diesem Fall wurde hervorgehoben, daß die *obligatio* selbst nicht aufgehoben werde, allerdings eine Befreiung des Mieters von seinen Verbindlichkeiten erfolge, da bei einem Schuldverhältnis zwischen 2 Personen niemand sein eigener Schuldner sein könne, vgl. Holzschuher, Theorie und Casuistik des gemeinen Civilrechts, Bd. II Abt. 2, 1847, S. 367.
[252] Brückner, Wohnungsmiethe, 1877, S. 51.
[253] Sintenis, Das practische gemeine Civilrecht, 1847, Bd. 2, § 118, S. 673.
[254] Fischer, Kauf bricht Miethe, 1888, S. 378.

oder sich aus den Umständen ergab, daß eine Fortsetzung über die Lebensdauer einer der Parteien hinaus nicht beabsichtigt war.[255]
Weiterhin konnte das Vertragsverhältnis unter Umständen durch den Konkurs einer Vertragspartei beendet werden, wobei jedoch die folgende Unterscheidung zu treffen war: Fiel der Vermieter in Konkurs, so durften die Gläubiger des Vermieters den Mieter nicht „vor der Zeit", also ohne Beachtung der Kündigungsfristen oder des vereinbarten Vertragsablaufes, aus der Wohnung vertreiben. Fiel jedoch der Mieter in Konkurs, so konnten sowohl der Vermieter als auch die Gläubiger des Mieters das Mietverhältnis sofort beenden.[256]

2. Der besondere Endigungsgrund der Kündigung

Neben dem Ablauf der vereinbarten Mietzeit war im gemeinen Recht die Kündigung ein besonderer für die Miete geltender Endigungsgrund.
Das römische Recht kannte keine Kündigung im Sinne einer rechtsgeschäftlichen Erklärung zur Beendigung eines Vertrages, es waren nur erste Schritte hin zum Institut der Kündigung vorhanden.[257] Das gemeine Recht kannte hingegen die Kündigung und wich hier entscheidend von seinen Ursprüngen im klassischen römischen Recht ab.
Problematisch ist die Bearbeitung und Darstellung des Rechtsinstitutes der Kündigung insofern, als daß sich in der Literatur eine sehr uneinheitliche Terminologie hinsichtlich dieses Rechtsinstitutes findet. Die Begriffe „Kündigung" oder „aufkündigen" finden sich nur vereinzelt, insgesamt herrschte eine erhebliche begriffliche Uneinheitlichkeit: Insbesondere bezüglich der Beendigung befristeter Mietverhältnisse wurden Begriffe wie z.B. „einseitige Vertragsaufhebung", „Recht des Mieters auf Rücktritt", „Recht des Vermieters auf Entsetzung des Mieters", „Lösung des Vertrages" verwendet.
Fraglich ist, ob in diesen Bereich der uneinheitlichen Terminologie auch die Frage nach dem „Widerruf des Mietrechts" einzuordnen war: Seuffert etwa schreibt, daß das Mietrecht nur ein widerrufliches Recht des Mieters war, das im Fall der Revocation erlösche. Hatte der Vermieter dem Mieter diese Widerruflichkeit verheimlicht, so hafte er ihm auf das Interesse.[258]
In der Literatur und der Rechtsprechung finden sich keine weiteren Stimmen, die von dem „Widerruf" als Endigungsmöglichkeit sprechen. Wie man die Auffassung Seufferts somit zu bewerten hat, ist fraglich: Handelt es sich um eine besondere Art zur Beendigung des Mietverhältnisses oder ist wiederum die

---

[255] Seuffert, Praktisches Pandektenrecht, 1825, Bd. 2, § 331.
[256] Seuffert, Praktisches Pandektenrecht, 1825, Bd. 2, § 331 mit Hinweis auf: Albrecht Schweppe, Das System des Concurses der Gläubiger nach dem gemeinen in Deutschland geltenden Recht, 3. Aufl., Göttingen 1829, §§ 59 & 62.
[257] Vgl. oben zum Reskript Caracallas Fn. 229.
[258] Seuffert, Praktisches Pandektenrecht, 1825, Bd. 2, § 331.

Kündigung gemeint? Nach Auffassung der Verfasserin dürfte hier wohl davon auszugehen sein, daß Seuffert letztlich „Kündigung" meint. Die Verfasserin stützt diese Ansicht darauf, daß sie weder in der weiteren Literatur noch in der Rechtsprechung etwas über einen „Widerruf" als Endigungsmöglichkeit finden konnte.
Einheitlicher war die Terminologie hinsichtlich der Beendigung unbefristeter Mietverhältnisse: In diesem Zusammenhang wurde einheitlich der Begriff „Kündigung" verwendet.[259]
Nicht nur hinsichtlich der Terminologie war die Unterscheidung von Mietverträgen, die auf eine bestimmte Zeit geschlossen wurden, und Mietverträgen auf unbestimmte Dauer von entscheidender Bedeutung: Für den Fall, daß vertraglich eine Mietzeit vereinbart war, konnte ein Mietvertrag nur beendet werden, wenn bestimmte besondere Gründe vorlagen. War keine Mietzeit vereinbart, ist die Kündigung ohne das Vorliegen eines besonderen Kündigungsgrundes im Rahmen der jeweils geltenden Frist möglich.
Für das Vorliegen eines besonderen Kündigungsgrundes bei der Kündigung befristeter Mietverhältnisse gab es einen von der Rechtsprechung und Wissenschaft erstellten Katalog, der sich an dem Katalog des klassischen römischen Rechts[260] hinsichtlich der Beendigung von Mietverhältnissen orientierte. Danach ergaben sich die folgenden Kündigungsgründe zur vorzeitigen Beendigung eines auf eine bestimmte Zeit geschlossenen Mietvertrages:
(a.) Der Vermieter war zur Kündigung in den folgenden Fällen[261] berechtigt:

- Der Mieter war seit zwei Jahren mit dem Mietzins im Rückstand (dieser Kündigungsgrund war für den Vermieter wegen des langen Zeitraums von 2 Jahren kaum eine wirkliche Hilfe),
- der Mieter mißbrauchte die Mieträume (z.B. leichtsinniges Umgehen mit Feuer und Licht, Betrieb eines verbotenen Gewerbes (z.B. eines Bordells)),
- wegen einer notwendigen Reparatur, die die Fortsetzung des Mietverhältnisses unmöglich machte (bei einer Kündigung aus diesem Grund konnte der Mieter aber nach Abschluß der Reparaturarbeiten die Wiedereinräumung des Besitzes verlangen[262]),
- wegen eigener unvorhergesehener Bedürfnisse.

In der Regel war aber in den ersten beiden Fällen eine fruchtlos gebliebene Abmahnung notwendig.[263]

---

[259] Wolter, Mietrechtlicher Bestandsschutz, 1984, S. 41.
[260] Vgl. Paulus, D. 19,2,54,1 (oben Fn. 231) und Codex IV,65,3 (oben Fn. 232).
[261] Vgl. u.a. Seuffert, Praktisches Pandektenrecht, 1825, Bd. 2, § 331.
[262] Wolter, Mietrechtlicher Bestandsschutz, 1984, S. 40.
[263] Vgl. zu weiteren Beispielen und Literaturhinweisen: Brückner, Wohnungsmiethe, 1877, S. 63f..

(b.) Der Mieter konnte seinerseits das Vertragsverhältnis in den folgenden Fällen[264] beenden:

- Der Vermieter war mit der Einräumung des Mietquartieres erheblich verspätet,
- der Mieter wurde am Gebrauch der Mietsache wegen Mängeln an der Mietwohnung (z.B. Feuchtigkeit, Ungeziefer) oder wegen Handlungen des Vermieters oder Dritter gehindert oder erheblich beschränkt,
- dem Mieter konnte das weitere Verbleiben in der gemieteten Wohnung nicht zugemutet werden, da beispielsweise der Einsturz des Hauses drohte.

Die Kündigung war in der Regel an bestimmte Fristen gebunden, die sich aus Gesetzen, dem Mietvertrag selbst oder auch aus den (orts-)üblichen Gewohnheiten ergaben. Erfolgte die Kündigung nicht fristgerecht oder war in ihr kein beabsichtigter Endtermin angegeben, so galt sie als Kündigung zum nächsten zulässigen Termin.[265]

Die Kündigungserklärung bedurfte im gemeinen Recht keiner besonderen Form, sie konnte sowohl mündlich als auch schriftlich erfolgen. Die Kündigungserklärung war eine einseitige Erklärung, die - außer dem wirksamen Zugang - keiner besonderen Voraussetzung, insbesondere keiner Annahme bedurfte. Die Verweigerung der Annahme war daher unerheblich.

Je nachdem, ob die Kündigung mündlich oder schriftlich erfolgte, waren bestimmte Kriterien für einen wirksamen Zugang der Kündigungserklärung zu beachten:

Eine mündliche Kündigung konnte nur dem betreffenden Mieter oder Vermieter selbst gegenüber erklärt werden. In Stellvertretung für diese konnte die Kündigung gegenüber den gesetzlichen oder ausdrücklich bestellten Vertretern derselben ausgesprochen werden. Problematisiert wurde in der Wissenschaft des gemeinen Rechts vor allem die Frage, ob eine mündliche Kündigung auch gegenüber der Ehefrau des Mieters oder Vermieters wirksam erklärt werden konnte. Nach der wohl vorherrschenden Auffassung war die Ehefrau in Abwesenheit ihres Ehemannes grundsätzlich nicht zur Entgegennahme mündlicher Kündigungserklärungen befugt.[266] Begründet wurde diese Auffassung damit, daß die Ehefrau nur für die Geschäfte zum Zwecke der Führung des Haushaltes als Beauftragte und Vertreterin ihres Ehemannes galt, die Verhandlungen über „Hausmiethsachen" aber über den Rahmen dieser Geschäfte hinausgingen.[267]

Anders war es im Fall einer schriftlichen Kündigungserklärung: Ein schriftliches Kündigungsschreiben konnte auch der Ehefrau des Mieters oder Vermieters in

---

[264] Vgl. u.a. Seuffert, Praktisches Pandektenrecht, 1825, Bd. 2, § 331.

[265] Brückner, Wohnungsmiethe, 1877, S. 53.

[266] Brückner, Wohnungsmiethe, 1877, S. 54; Meißner, Der Miethvertrag nach dem im Königreich Sachsen geltenden Recht, 1874, S. 75.

[267] Brückner, Wohnungsmiethe, 1877, S. 54.

dessen Abwesenheit rechtswirksam zugestellt werden. Diese Differenzierung wurde folgendermaßen begründet: „...da anerkannt werden muß, daß die Ehefrauen, wie auch andere erwachsene Hausgenossen, in Abwesenheit des Familienvaters zur Annahme der für ihn bestimmten Zuschriften einen allgemeinen Auftrag haben".[268]
Wurde im Falle einer schriftlichen Kündigung das Kündigungsschreiben mit der Post zugestellt, so war es unerheblich, ob der Empfänger den Brief annehmen wollte oder nicht. Ließ sich auch aus keinem Gesetz ausdrücklich die Pflicht herleiten, daß ein Empfänger verpflichtet war, Briefe anzunehmen, so war es doch allseits herrschende Auffassung, daß, zumindest dann, wenn kein Nachporto oder sonstige Kosten zu zahlen waren, eine Annahmeverweigerung unzulässig war. Weiterhin gingen die Gerichte auch davon aus, daß nach der Annahme eines Briefes auch die Verpflichtung bestand, diesen zu lesen.[269]
Neben die mündliche und schriftliche Form der Kündigung trat noch eine weitere Form der Kündigung: die gerichtliche Kündigung. Diese war für den Kündigenden insbesondere deshalb von Bedeutung, da er sich so den Beweis der erfolgten Kündigung sicherte.[270]
Die gerichtliche Kündigung bestand darin, daß der Kündigende seine Erklärung bei „dem persönlichen Gericht dessen, dem gekündigt werden soll", schriftlich oder mündlich, d.h. zu Protokoll, abgab und die Zustellung der Kündigungserklärung zu einem bestimmten Termin beantragte. Die Kündigungserklärung wurde dann vom Gericht der anderen Seite „ohne Androhung eins Rechtsnachtheils" zugestellt, und der Antragsteller wurde von der Zustellung benachrichtigt.[271] In einem Buch, das auch der „Anleitung Rechtsunkundiger" diente, wurde dem juristischen Laien die folgende Anleitung für eine gerichtliche Kündigung gegeben:
„Man sagt an der Gerichtsstelle z.B.: „Ich habe Anton Müllern in meinem (da und da gelegenen) Hause eine Wohnung gegen halbjährige Kündigung vermiethet, und will Müllern diese Wohnung dergestalt gekündigt haben, daß die Miethe zu Michael des Jahres zu Ende geht." Man bittet hierauf, diese Kündigung dem Müller gehörig, und jedenfalls vor dem 31. März bekannt zu machen, und demselben aufzugeben, das Quartier zu Michael zu räumen und gehörig zurück zu geben. Hierauf läßt das betreffende Gericht vom verpflichteten Protocollanten eine Registratur aufnehmen und schickt eine Abschrift dieser Registratur

---

[268] Brückner, Wohnungsmiethe, 1877, S. 54 mit Hinweis auf die Deutsche Postordnung vom 18.12.1874, §§ 34-35.
[269] Meißner, Der Miethvertrag nach dem im Königreich Sachsen geltenden Recht, 1874, S. 76f..
[270] Meißner, Der Miethvertrag nach dem im Königreich Sachsen geltenden Recht, 1874, S. 76.
[271] Brückner, Wohnungsmiethe, 1877, S. 54.

dem, welchen gekündigt worden, mit einer Ausfertigung durch den Gerichtsdiener zu; der Kündiger erhält aber vom Gericht eine Anzeige (Notification) der erfolgten Kündigung."[272]
Die gerichtliche Kündigung konnte auch schriftlich eingeleitet werden, indem dem zuständigen Gericht ein Schreiben zugesandt wurde, das in einer Abschrift der Gegenseite vom Gericht zugestellt wurde.
Eine andere Möglichkeit, die Kündigung zu beweisen, war die Zuziehung von Zeugen[273], die bei der Abgabe der Kündigungserklärung anwesend waren:
Diese Art der Kündigung durch einen Notar und zwei Zeugen stand hinsichtlich ihrer Gültigkeit und Beweisfähigkeit der gerichtlichen Kündigung gleich. Diese Form war insbesondere dann von Vorteil, wenn eine gerichtliche Kündigung nicht mehr im Rahmen der vorgeschriebenen Kündigungsfristen erfolgen konnte.[274]

F. Die Rechtsnatur des Mietrechts und die Problematik des Besitzschutzes

I. Die Grundlagen im klassischen römischen Recht

Dem Mieter stand aus dem Mietverhältnis kein dingliches Recht, sondern nur ein obligatorisches Recht zu, so daß es dem Mieter insbesondere an einer *actio in rem*[275], mittels derer er gegen jedermann die Verpflichtung, in seinen Gebrauch oder Genuß der Sache nicht störend einzugreifen, durchsetzen könnte, fehlte. Auch für den Fall, daß ein Dritter dem Mieter die Sache entzog, hatte der Mieter gegen den Dritten keinen eigenen Anspruch auf Rückgabe der entzogenen Sache. Schutz gegen Dritte konnte der Mieter nur erlangen, indem er gegen den Vermieter mit der *actio conducti* vorging, der seinerseits im Rahmen seiner Vermieterpflichten dann gegen den Dritten vorgehen mußte[276].
Neben dem fehlenden „dinglichen" Schutz über eine *actio in rem* fehlte es dem Mieter auch an dem relativen Schutz als Besitzer. Das römische Recht erkannte die Stellung des Mieters nicht als Besitz an.[277] Dem Mieter stand damit vor allem kein Interdiktenschutz zu. Um die Bedeutung dieser Aussage bemessen zu können, muß zunächst wenigstens in aller Kürze auf die Grundlagen der römisch-rechtlichen Lehre vom Besitz eingegangen werden.

---

[272] Hermann, Der Miethvertrag, 1840, S. 30f..
[273] Die außergerichtliche Kündigung galt dann als am sichersten, wenn auf dem Lande der Dorfrichter und wenigstens ein Schöppe und in der Stadt zwei Gerichtsdiener oder zwei unparteiische Zeugen hinzugezogen wurden, vgl. Hermann, Der Miethvertrag, 1840, S. 32.
[274] Hermann, Der Miethvertrag, 1840, S. 31.
[275] D.h. die *actio* war gegen eine Sache gerichtet und es wurde ein absolutes Recht gegen den, der es beeinträchtigt, geltend gemacht; vgl. Honsell, Röm. Recht, 1994, § 26 II, S. 71.
[276] Vgl. Fischer, Kauf bricht Miethe, 1888, S. 317.
[277] Vgl. Kaser/Knütel, Röm. Privatrecht, 2003, § 42, Rn. 13.

Exkurs: Die römische Lehre vom Besitz

Der Ausgangspunkt für die römische Lehre vom Besitz wird bei Paulus gesehen.[278] *Paulus schreibt: „Possessio appellata est a sedibus, quasi positio, quia naturaliter res tenetur ab eo, qui ei insistit; dominiumque rerum ex naturali possessione coepisse, Nerva ait, ejusque rei vestigium remanere in his, quae terra, mari coeloque capiuntur; nam haec protinus eorum fieri, qui primi possessionem eorum apprehenderint."*[279]

Was frei übersetzt folgendes bedeutet: Besitz heißt es von den Wohnungen, gleichsam Lage, da von Natur aus ein Gegenstand von dem innegehabt wird, der auf ihm steht, und Nerva sagt, daß das Eigentum mit einem natürlichen Besitz angefangen hat und daß ein Merkmal davon bei den Gegenständen bleibt, die zu Lande, zu Wasser und im Himmel in Besitz genommen werden, denn diese würden sofort denen gehören, die als erste deren Besitz ergriffen hätten.

Auch wenn diese Aussage des Paulus keine Begriffsdefinition des Besitzes enthält, so werden aus ihr doch die entscheidenden Charakteristika des römischrechtlichen Besitzbegriffes entnommen: Zum einen wird die physische Herrschaft über eine Sache hervorgehoben, zum anderen, und das ist das Entscheidende, wird der unmittelbare Zusammenhang zwischen Besitz und Eigentum hervorgehoben.

Paulus ging davon aus, daß das Eigentum mit einem „natürlichen Besitz" („..*ex naturali possessione..*") angefangen hat. Paulus zog hieraus die Schlußfolgerung, daß der Eigentumserwerb letztlich eine Wirkung des Besitzes ist, da der Eigentumserwerb nur den Besitz der Sache sowie deren Herrenlosigkeit voraussetze, Besitz mithin die volle physische Herrschaft über eine Sache verbunden mit dem Willen, diese Sache für sich haben zu wollen, ist. Der weiterführende Schritt vom Besitz zum Eigentum wurde dann nur noch durch die volle rechtliche Anerkennung des Besitzes als Eigentum gemacht.[280]

Paulus entwickelte demnach einen „Eigentumsbesitz", einen Besitz also, der als wesentliches Merkmal einen *animus domini* enthält,[281] den man unserer heutigen Terminologie als Eigenbesitz zu bezeichnen hätte.

Bereits im klassischen römischen Recht waren die Fragen zur Besitzlehre nicht unumstritten. Da sich diese Arbeit aber nicht mit dem Besitzrecht, sondern mit dem Mietrecht beschäftigt, die Grundlagen des Besitzrechtes hierfür aber benö-

---

[278] Vgl. Bruns, Das Recht zum Besitz, 1848, S. 1 mit Hinweis auf eine Stelle von Paulus vom Beginn seines Kommentars zum Edikt (Anm.: des Edictum perpetuum von ca. 130 n. Chr.), die später an den Beginn des Abschnitts der Pandekten über den Besitz gestellt wurde.

[279] Paul. D. 41,2,1.

[280] Sehr ausführlich ist die Herleitung und Argumentation bei Bruns, Das Recht zum Besitz, 1848, S. 1-5.

[281] Diese Auffassung vom „Eigentumsbesitz" wird noch durch die Stellung der Besitzlehre in den Schriften Paulus' unterstrichen, vgl. Bruns, Das Recht zum Besitz, 1848, S. 4.

tigt werden, soll hierbei auf die wohl herrschende Auffassung des Paulus zurückgegriffen werden.
Man muß wohl davon ausgehen, daß diese Auffassung des Paulus durchaus charakteristisch für das römische Recht war. Wohl nicht ohne Grund wurden seine Auffassung und weitere Teile seiner Besitzlehre an den Anfang des Abschnitts über den Besitz in den Pandekten gestellt, der seinerseits zwischen die Abschnitte über das Eigentum und die Ersitzung (*usucapio*) eingeordnet wurde.[282]
Neben diese Form des „Eigentumsbesitzes", wie sie Paulus beschreibt, trat im klassischen römischen Recht der sog. abgeleitete Besitz oder Fremdbesitz. In einzelnen Fällen anerkannte das römische Recht den Besitz unter Loslösung vom Eigentum an. Dieses geschah ausnahmsweise in vier Fällen: So wurden der Pfandbesitzer, derjenige, der aufgrund eines *precarium* besaß, der Sequester und der Erbpächter als Besitzer angesehen.[283] Darüber hinaus waren keine Fälle anerkannt, in denen eine Besitzübertragung unter Zurückbehaltung des Eigentums möglich war.
Geht man von dieser in Grundzügen dargestellten Besitzlehre im klassischen römischen Recht aus, so zeigt sich, daß insbesondere die Möglichkeit, einem Mieter Besitzschutz zu gewähren, indem die Parteien dieses im Vertrag vereinbarten, ausgeschlossen war. Der Gedanke an eine solche Lösung ist im klassischen römischen Recht nicht zu finden. Daraus kann jedoch nicht der Rückschluß gezogen werden, daß eine solche Möglichkeit stillschweigend als gegeben anerkannt wurde. In Anbetracht der genauen Darlegung eines ausnahmsweise gegebenen abgeleiteten Besitzes muß davon ausgegangen werden, daß auch eine vertragliche Verabredung zwischen den Parteien im Falle ihrer Anerkennung in diesem Zusammenhang genannt worden wäre, eine Nichtnennung daher eine Nichtanerkennung bedeutete.[284]
Auch die Einräumung eines *precarium*[285] an den Mieter, um diesem Besitzschutz zu gewähren, war ausgeschlossen.[286] Dieses lag in der Tatsache begründet, daß die Römer einen Widerspruch darin sahen, einerseits eine Sache als Mieter haben zu wollen, andererseits aber auch Besitzer aufgrund eines *precarium* sein zu wollen.[287]

---

[282] Bruns, Das Recht zum Besitz, 1848, S. 4.
[283] Honsell, Röm. Recht, 1994, § 15 III, S. 45. Zu genaueren Begründungen für die anerkannten Ausnahmen vgl. Bruns, Das Recht zum Besitz, 1848, S. 5-17.
[284] Bruns, Das Recht zum Besitz, 1848, S. 11.
[285] Diese sog. Bittleihe hatte die Überlassung einer Sache gegen den jederzeitigen Widerruf zum Gegenstand und brachte für den Fremdbesitzer die Möglichkeit des Interdiktenschutzes mit sich; vgl. Honsell, Röm. Recht, 1994, § 15 IV 2a, S. 46 und S. 185.
[286] Vgl. Fischer, Kauf bricht Miethe, 1888, S. 315.
[287] Bruns, Das Recht zum Besitz, 1848, S. 11.

Das heißt, daß in allen Fällen, die nicht unter den Eigenbesitz oder einen Fall des anerkannten abgeleiteten Besitzes fielen, somit auch bei der Nutzungsüberlassung im Rahmen eines Mietverhältnisses, lediglich ein faktischer Gewahrsam eingeräumt wurde, der Empfänger der Sache also nicht Besitzer, sondern nur Stellvertreter des weiterhin beim Geber liegenden Besitzes wurde. Die Stellung des Mieters wurde als Detention, bzw. Innehabung oder auch Gewahrsam, bezeichnet.

Sowohl der Eigenbesitzer als auch die Fremdbesitzer aus abgeleitetem Besitz in den genannten vier Fällen genossen jedoch im Gegensatz zum Detentor Interdiktenschutz[288], der eine ganz erhebliche Bedeutung als Rechtsschutzmöglichkeit darstellte. Um die Bedeutung dieser Aussage bemessen zu können, soll in wenigen Sätzen die Bedeutung des Interdiktenschutzes dargestellt werden:

Im Rahmen des Interdiktenschutzes durch die *interdicta possessoria* unterschied das römische Recht zwei Arten von Interdikten: die *interdicta retinendae possessionis*, die dem Erhalt des Besitzes dienten, und die *interdicta recuperandae possessionis,* die der Wiedererlangung des Besitzes dienten. Weiterhin wurde im Rahmen des Interdiktenschutzes differenziert, ob es sich um den Besitz an einer beweglichen oder unbeweglichen Sache handelte. Im Hinblick auf den Besitz an Wohnungen oder Gebäuden gab es somit zwei wichtige Interdikte: Zur Erhaltung des Besitzes diente das *interdictum uti possidetis*, mit dem der gegenwärtige Besitzer gegen jede gewaltsame Störung seines Besitzes geschützt war, sofern er nicht selbst den Besitz durch verbotene Eigenmacht erlangt hatte. Geschützt war demnach nur der fehlerfreie Besitz. Zur Wiedererlangung des Besitzes an einem Grundstück diente das *interdictum unde vi.*[289]

Die Besitzschutzinterdikte eröffneten demnach weitreichende Schutzmöglichkeiten, die dem Mieter als „Nichtbesitzer“ verwehrt wurden.

Dem Mieter stand vor allem kein Schutz aus dem *interdictum uti possidetis* zu, ihm wurde im Gegensatz zum Precaristen, zum bösgläubigen Besitzer oder gar zum Dieb der Besitzschutz verwehrt. Erst, wenn der Mieter rechtswidrig den Eigentümer oder einen anderen Besitzer aus dem Besitz entsetzte, erlangte er selbst paradoxerweise Besitzschutz.

Zusammenfassend muß daher festgehalten werden, daß dem Mieter als Nichtbesitzer im klassischen römischen Recht nur höchst unzureichende Rechtsschutzmöglichkeiten zustanden. Allein gegenüber dem Vermieter stand ihm mit der *actio conducti* eine effektive Klagemöglichkeit zur Verfügung. Gegenüber Drit-

---

[288] Honsell, Röm. Recht, 1994, § 15 III, S. 45. Anders verhielt es sich mit einer dritten Art des Besitzes, der „*possessio civilis*“ (Voraussetzung hierfür war der tatsächliche Besitz aufgrund anerkannter Erwerbstitel wie z.B. Kauf oder Erbschaft), die durch die Besitzschutzinterdikte nicht geschützt war.

[289] Honsell, Röm. Recht 1994, § 15 IV, S. 45f..

ten war der Mieter nur geschützt, indem er über den Vermieter mit Hilfe der *actio conducti* gegen Dritte vorging.[290]

II. Die Besonderheiten des im 19. Jahrhunderts geltenden gemeinen Rechts

Wie im klassischen römischen Recht war das Mietrecht auch im gemeinen Recht obligatorischer Natur. Aus dem obligatorischem Charakter ergab sich, daß aufgrund des Vertrages allein ein schuldrechtliches Verhältnis zwischen Mieter und Vermieter bestand, der Mieter demnach als solcher keine Ansprüche gegenüber Dritten hatte. Ansprüche gegen Dritte konnten dem Mieter allenfalls dann zustehen, wenn ihm als Besitzer der gemieteten Sache Ansprüche gegen Dritte auf Herausgabe, Schadenersatz oder Unterlassung zustanden.

Die Frage nach dem Besitzschutz des Mieters ist, auch wenn es letztlich keine Frage des Bestandsschutzes des Mietverhältnisses im engeren Sinne ist, da der Mietvertrag selbst von dieser Frage unberührt bleibt, eine Frage von erheblicher Bedeutung für den Schutz des Mieters. Dieses ist vor allem deshalb der Fall, da der Mieter erheblich beeinträchtigt ist, wenn er die gemietete Sache nicht nutzen kann und ihm auch keine Möglichkeit zusteht, die Nutzungsmöglichkeit wieder herzustellen. Tatsächlich ist in dieser Situation aus der Sicht des Mieters damit sehr wohl der Bestand des Mietverhältnisses betroffen, wenn auch in einem weiteren Sinne, da der Mietvertrag ja weiterhin besteht. Die Frage nach einem möglichen Besitzschutz ist demnach von großer Bedeutung für den Mieterschutz, so daß im Folgenden auf diese Fragen des Besitzrechts und des Besitzschutzes eingegangen werden muß.

Problematisch ist hierbei, daß der Begriff des Besitzes und die Lehre vom Besitz im 19. Jahrhundert heftigst umstritten war. Die Diskussion war ideologisch und politisch stark aufgeheizt. Der Streit um das Institut des Besitzes und der damit verbundenen Fragen, wie er etwa zwischen Friedrich Carl von Savigny und Eduard Gans herrschte, [291] und die daran anknüpfenden Diskussionen und Streitigkeiten in der Rechtswissenschaft können hier nicht gelöst und entschieden werden. Dieses würde zum einen an der Intention der Arbeit vorbeigehen, zum anderen auch dem eigentlichen Ziel dieser Arbeit nicht dienen und den Rahmen der Arbeit völlig sprengen. Da die Frage nach dem Besitzschutz für die Frage des Mieterschutzes aber, wie oben dargelegt, von erheblicher Bedeutung ist, muß wenigstens im Kontext auf die Problematik der Lehre vom Besitz hingewiesen werden. Hierbei kann jedoch nur ein grober dogmengeschichtlicher Exkurs geboten werden, der aus den genannten Gründen keinen Anspruch auf Vollständigkeit hat.

---

[290] Vgl. Fischer, Kauf bricht Miethe, 1888, S. 317.

[291] Vgl. hierzu etwa: Braun, in: JZ 1979, S. 769ff.; ders., in: Quaderni Fiorentini 1980, S. 457ff..

Exkurs: Die Entwicklung des Besitzrechts seit der Rezeption in Deutschland

Das klassische römische Recht ging davon aus, daß der Mieter als bloßer Detentor niemals Besitzschutz genießen konnte. Umstritten war dagegen in der gemeinrechtlichen Lehre die Frage, ob der Mieter Besitz an der gemieteten Sache erlangte und in welchem Maße ihm Besitzschutz zustand.

Das römische Besitzrecht hatte sich im Laufe der Zeit vor allem seit der Rezeption des römischen Rechts in Deutschland erheblich gewandelt: Durch unterschiedliche Interpretationen und den Einfluß des germanischen und vor allem des kanonischen Rechts hatte das römische Recht in der Form des gemeinen Rechts, des *ius commune*, erhebliche Modifikationen erfahren, die sich etwa durch die Anerkennung der Klagemöglichkeit der Spolienklage positiv auf die Stellung des Mieters ausgewirkt hatten.

Die römisch-rechtliche *possessio* war im Rahmen der Rezeption in das deutsche Recht eingedrungen und dort auf das Rechtsinstitut der *gewere* gestoßen und war dadurch geprägt und verändert worden.

Die *gewere* hatte im deutschen Recht zwar teilweise ähnliche Funktionen wie die *possessio*, war aber ein erheblich weiteres und umfassenderes Rechtsinstitut. Die *gewere* war ursprünglich ebenso wie auch die Investitur[292] zur Zeit des frühen Mittelalters so zu verstehen, daß man mit ihr die „Einkleidung des Erwerbers mit dem Besitz der Sache“[293] meinte. Mit der Zeit wurde diese Auffassung zunächst auf den „Zustand des Bekleidetseins mit der Sache“[294] erweitert, bevor man schließlich allgemein die tatsächliche Sachherrschaft über eine Sache, im späten Mittelalter dann sogar im Bereich der Liegenschaften unabhängig von der körperlichen Herrschaft über die Sache, darunter verstand. Anders als bei der *possessio* war es demnach im deutschen Recht möglich, daß im Bereich der Liegenschaften eine mehrfache *gewere* möglich und anerkannt war[295], da eben die körperliche Sachherrschaft nicht mehr entscheidendes Kriterium war. Die *gewere* konnte mithin sowohl körperlich als auch ideell sein.[296]

Dem klassischen römischen Recht hingegen war der mehrfache Besitz, wie ihn etwa auch wir in unserer heutigen Terminologie mit der Unterscheidung zwischen „mittelbarem Besitz“ und „unmittelbarem Besitz“ kennen, fremd. Grundsätzlich setzte aber auch die *gewere* wie auch die römisch-rechtliche *possessio*

---

292 In den lateinischen Quellen der karolinigischen Zeit wird das Wort „*gewere*“ mit dem Ausdruck „*investitura*“ wiedergegeben, vgl. Heusler, Die Gewere, 1872, S. 1.

293 Ogris, Artikel „Gewere“, in: HRG, Bd. I, 1971, Sp. 1659; Köbler, Bilder aus der deutschen Rechtsgeschichte, 1988, S. 96.

294 Ogris, Artikel „Gewere“, in: HRG, Bd. I, 1971, Sp. 1659.

295 Vgl. hierzu die sehr ausfürlichen Darstellungen bei Heusler, Die Gewere, 1872, S. 121ff (vor allem S. 130).

296 Köbler, Bilder aus der deutschen Rechtsgeschichte, 1988, S. 207.

eine tatsächliche Sachherrschaft, wenn auch zum Teil losgelöst von der körperlichen Innehabung, voraus. Darüber hinaus war als zweite Voraussetzung eine dingliche Berechtigung notwendig, die der Grund für die Sachherrschaft war.[297] Lagen diese zwei Voraussetzungen vor, so war die *gewere* als ein Recht für ihren Inhaber gegeben. Diese Tatsache, daß es sich bei der *gewere* nicht nur dem äußeren Erscheinungsbild nach um ein dingliches Recht handelte, sondern, daß sie selbst als Recht angesehen wurde,[298] war ein ganz entscheidendes Charakteristikum. Damit wurde die *gewere* quasi zu einem Zeugnis der Macht: Fielen einmal die *gewere* und die dingliche Berechtigung auseinander, so hatte die *gewere* als Recht den Schein des Rechts für sich und gewährte ihrem Inhaber Rechtsschutz bis gerichtlich eine stärkere dingliche Berechtigung bewiesen wurde[299], sie war damit ein „allgemein sachenrechtliches Legitimationsmittel, das wegen des ihm innewohnenden Publizitätsprinzips die Sicherheit des Rechtsverkehrs verbürgte“[300].

Das deutsche Recht hatte mit dem Rechtsinstitut der *gewere* den „Gedanken der Umwandlung des Forderungsrechts in ein dingliches Recht dagegen unmittelbar auch in seine dogmatische Konstruktion aufgenommen. Nach seiner Vorstellung erstarkte jedes durch die Leistung mit seiner typischen Erscheinungsform, der Gewere, bekleidete Recht ohne weiteres zu einem dinglichen Recht.“[301] Von dieser Verdinglichung von Forderungsrechten wird noch zu sprechen sein.

Mit der Rezeption stieß die *possessio*, die bereits durch die italienischen Juristen zum Teil erhebliche Modifikationen erfahren hatte, nunmehr auf dieses Rechtsinstitut der *gewere*, das sie zwar dem Namen nach verdrängte, in der Sache wurde sie jedoch erheblich hierdurch beeinflußt.[302]

Das Zusammentreffen von germanischem und römischen Recht im Bereich des Besitzrechtes führte zu den verschiedensten Wechselwirkungen und Entwicklungen, in denen es quasi wie Wellen zum vermehrten Einfluß des einen, dann wieder des anderen Rechts kam. So war beispielsweise im Rahmen der Rezeption zunächst die für das deutsche Sachenrecht typische Trennung in Fahrnisrecht auf der einen Seite und Liegenschaftsrecht auf der anderen Seite aufgehoben worden, und es war zu einem für alle Arten von Sachen geltenden Besitzrecht gekommen. Mit der Zeit jedoch lebte das deutsche Recht wieder auf, und das Liegenschaftsrecht wurde im Bereich des Besitzrechts wieder gesondert behan-

---

[297] Ogris, Artikel „Gewere“, in: HRG, Bd. I, 1971, Sp. 1659.
[298] Ogris, Artikel „Gewere“, in: HRG, Bd. I, 1971, Sp. 1660.
[299] Vgl. hierzu Heusler, Die Gewere, 1872, S. 248ff..
[300] Ogris, Artikel „Gewere“, in: HRG, Bd. I, 1971, Sp. 1667.
[301] Dulckeit, Die Verdinglichung obligatorischer Rechte, 1951, S. 9.
[302] Vgl. Heusler, Die Gewere, 1872, S. 442ff..

delt, indem für Liegenschaften nicht mehr der Besitz, sondern der Bucheintrag entscheidend und damit die alte deutsche Trennung wieder hergestellt wurde.[303] In anderen Bereichen wiederum beeinflußte das deutsche Recht das römische Recht. So wurde etwa der Kreis der Besitzer gegenüber den im klassischen römischen Recht als Besitzer anerkannten Eigentümern, Faustpfandgläubigern, Prekaristen und Sequestern teilweise auf alle die erweitert, die ein beschränkt dingliches Recht an der Sache hatten. Weiterhin wurde in Anlehnung an das deutsche Recht, das eine mehrfache *gewere* kannte, und auch dem Beispiel der Postglossatoren folgend, die, um den Bedürfnissen der Zeit insbesondere im Lehnsrecht gerecht zu werden, im Bereich des Eigentumsrecht die Konstruktion des *dominium directum* und des *dominium utile* entwickelt hatten, eine Zweiteilung des Besitzes in *possessio civilis* und *possessio naturalis*[304] angenommen. Diese Zweiteilung findet sich schließlich in den Regelungen des Preußischen Allgemeinen Landrechts, das den „vollständigen" und „unvollständigen" Sachbesitz unterschied[305].

Im Hinblick auf das Thema dieser Arbeit - das Mietrecht - scheint jedoch vor allem die Frage nach den Wirkungen des Besitzes hinsichtlich eines eventuellen Besitzschutzes des Mieters von Bedeutung: Das deutsche Recht kannte keine selbständigen Besitzschutzklagen. Gerichtliche Auseinandersetzungen über die *gewere* waren stets ein Streit um das durch die *gewere* verkörperte Recht.[306] Hier brachte das römische Recht im Rahmen der Rezeption eine erhebliche Neuerung, da es Klagen kannte, mit denen der Besitz völlig unabhängig davon, ob man ihn als Recht ansah oder nicht, als bloße Tatsache und ohne Rücksicht auf seine Rechtmäßigkeit geschützt wurde. Diese rein possessorischen Klagen des klassischen römischen Rechts waren jedoch durch die Praxis, die vermehrt petitorische Einreden zuließ, erheblich verändert worden, teilweise waren völlig neue Klagen an die Stelle der römisch-rechtlichen Interdikte getreten. So war etwa das *interdictum unde vi* durch die Spolienklage weitgehend ersetzt worden, die eine erhebliche Bedeutung für den Mieter im gemeinen Recht hatte.

Die Spolienklage, die sog. *actio spolii*[307], ist eine Errungenschaft des kanonischen Rechts, deren Ursprung vor allem auf die pseudoisidorischen Dekretalen

---

[303] Ogris, Artikel „Besitz", in: HRG, Bd. 1, 1971, Sp. 391. Zu der Eintragung in sog. „Schreinskarten" und „Schreinsbücher" vgl. auch Köbler, Bilder aus der deutschen Rechtsgeschichte, 1988, S. 208.

[304] Ogris, Artikel „Besitz", in: HRG, Bd. 1, 1971, Sp. 391.

[305] Vgl. ALR I, 7, § 124f.

[306] Ogris, Artikel „Besitz", in: HRG, Bd. 1, 1971, Sp. 392.

[307] Zur Begrifflichkeit: *spolium, -i* = Beutestück; *spoliare* = der Kleider berauben, vor allem in dem Sinne, dem erschlagenen Feind die Rüstung abzunehmen.

des Isidorus Mercator[308], zurückgeht[309], die der Mönch Gratian in das nach ihm benannte Decretum Gratiani von 1140 aufgenommen hatte.[310]
Durch erhebliche Verfälschungen[311] konstruierte Pseudo-Isidor in dem *Canon redintegranda* zunächst eine Einrede, die sog. *exceptio spolii*, aufgrund derer ein Bischof, der seines Besitzes und seines Amtes beraubt worden war, sich auf eine Strafanklage erst dann einlassen mußte, wenn ihm seine Güter zurückerstattet worden waren.
Die genannte Stelle des *Canon redintegranda* lautet:
„Joannes urbis Romae episcopus scribit Zachariae archiepiscopo epist. I: Redintegranda sunt omnia exspoliatis vel ejectis episcopis praesentialiter ordinatione pontificum et in eo loco, unde abscesserant, funditus revocanda, quacunque condicione temporis aut captivitate aut dolo aut violentia majorum aut per quascunque injustas causas res ecclesiae vel proprias aut substantias suas perdidisse noscuntur ante accusationem aut regularem ad synodum vocationem eorum.“[312]
Frei übersetzt heißt dieses: Johannes, Bischof von Rom, schreibt dem Erzbischof Zacharias: Zu erstatten ist alles den beraubten oder vertriebenen Bischöfen persönlich durch päpstliche Anordnung und alles ist wieder völlig in den Zustand, aus dem sie gewichen waren, zu bringen, zu welchem Zeitpunkt auch immer sie entweder durch Verhaftung oder List oder Gewalt der Mächtigen oder aus welch ungerechten Gründen auch immer sie entweder den Kirchenbesitz oder ihr unmittelbares Eigentum verloren haben, wie man vor der Anklage oder ihrer regulären Berufung zur Synode feststellt.
Pseudo-Isidor stellte diese Einrede ganz allgemein dar, ohne darauf einzugehen, wer etwa den Bischof von seinen Besitztümern vertrieben hatte, warum der Bi-

---

[308] Die pseudoisidorischen Dekretalen sind eine von Isidorus Mercator verfaßte frühmittelalterliche Kirchenrechtssammlung, die zum einen echtes Konzilsmaterial, zu einem Großteil jedoch gefälschte oder verfälschte Dekretalen enthält. Sie sind Bestandteil der sog. pseudoisidorischen Fälschungen, die ab dem 11. Jhdt. als Programm der Kirchenreform im Rahmen des Investiturstreites einen starken und viele Bereiche des Rechtslebens tangierenden Einfluß hatten. Bereits ab dem Mittelalter war die Unechtheit vereinzelter Teile erkannt worden, was jedoch ohne Auswirkungen auf den Einfluß der pseudoisidorischen Fälschungen blieb. Vgl. u.a. Fuhrmann, Artikel „Pseudo-Isidor“, in: LThK, Bd. VIII, 1986, S. 864ff.; Fuhrmann, Artikel „Pseudoisidorische Fälschungen“, in: HRG, Bd. IV, 1990, Sp. 80ff., jeweils mit weiteren Literaturhinweisen.
[309] Bruns, Das Recht zum Besitz, 1848, S. 131ff.; Wolter, Mietrechtlicher Bestandsschutz, 1984, S. 56.
[310] Maassen, Dogmengeschichte der Spolienklage, in: Jahrbuch des gemeinen dt. Rechts, 3. Bd. 1859, S. 227 (228).
[311] Sehr interessant ist hier die Darstellung von Bruns, Das Recht zum Besitz, 1848, S. 137ff. Unter dem Gliederungspunkt § 17 „Pseudo-Isidor. Quellen“ stellt Bruns die Verfälschungen im Detail dar.
[312] C.3 c.3 qu.1.

schof spoliiert wurde, wer nunmehr die Sachen in Besitz hatte, warum und von wem der Bischof angeklagt werden sollte.
Aus dieser Einrede entwickelte sich in der kanonistischen Lehre eine Klagemöglichkeit auf Rückerstattung, die in einer Verknüpfung des klassischen römischen Rechts, vor allem des *interdictum unde vi*, mit der genannten Einrede wurzelte. Die hieraus entstandene *condictio ex canone redintegranda* wurde in der Folge durch die kanonistische Wissenschaft zu einem umfassenden Besitzschutzmittel erweitert.
Im Rahmen der Rezeption gelangte diese *condictio* aus dem kirchlichen Recht, welches man seit den Kommentatoren als einen Teil des gemeinen Rechts angesehen hatte,[313] in das weltliche Recht. Unter der Bezeichnung der Spolienklage, *actio spolii*, erlangte dieses aus dem kanonischen Recht stammende Rechtsmittel erhebliche Bedeutung für den Besitzschutz.[314]
Die Anwendung der Spolienklage ging soweit, daß nicht nur dem juristischen Besitzer einer beweglichen oder unbeweglichen Sache, sondern auch dem Detentor[315], also z.B. dem Mieter, in allen Fällen des unfreiwilligen Besitzverlustes gegen jeden dritten Inhaber der Sache ein Anspruch zugestanden wurde.[316] Dieser Anspruch, der nach der gewöhnlichen Frist von 30 Jahren verjähren sollte[317], setzte eine für den Kläger günstige Beweislastverteilung voraus, da der Kläger nicht beweisen mußte, daß er den Besitz an der herauszugebenden Sache unfreiwillig verloren habe. Der Beklagte mußte vielmehr beweisen, daß der Verlust der Sache in einer ihn rechtfertigenden Art und Weise eingetreten sei.[318]
Die Klage stand dem Spoliierten nicht nur gegen den Spolianten, sondern auch gegen dessen Rechtsnachfolger zu. Als Einrede konnte sie gegen Zivilklagen jeglicher Art vorgebracht werden. Ihr wurde in der gemeinrechtlichen Prozeßpraxis eine prozeßhindernde Wirkung zugeschrieben, so daß der Beklagte sich bis zur Erledigung der Einrede nicht auf die Verhandlung zur Hauptsache einlassen mußte.
Die Anerkennung und Anwendung der Spolienklage im 19. Jahrhundert war nicht unumstritten. Gegen die oben dargelegt sehr weite Form des Besitzschutzes (auch für den Detentor) hatte sich bereits seit dem 17. Jahrhundert immer

---

313 Wolter, Mietrechtlicher Bestandsschutz, 1984, S. 56.
314 Bruns, Besitzklagen, 1874, S. 213.
315 Bereits Durantis gab dem Detentor diese Klagemöglichkeit, vgl. Bruns, Das Recht zum Besitz, 1848, S. 231.
316 Windscheid, Pandekten, 7. Aufl. 1891, § 162 a.
317 Diese Verjährung wurde aus dem Passus des *Canon Redintegranda* (vgl. oben) „... *quacunque condicione temporis..*" hergeleitet. Dieses war jedoch nicht unumstritten, vgl. Bruns, Besitzklagen. 1874, S. 261.
318 Windscheid, Pandekten, 7. Aufl. 1891, § 162 a; Diese Beweisregel stammt aus dem Kommentar Innocenz IV. zu den Dekretalen.

wieder heftiger Widerspruch und Kritik erhoben.[319] Einen nicht unerheblichen Sieg gegen diese weite Auffassung der Anwendung konnte schließlich die Pandektenrechtswissenschaft des 19. Jahrhunderts, die vor allem durch Savigny[320] und sein Werk „Das Recht des Besitzes“[321] bestimmt wurde, erringen. Bruns führt hierzu aus: „Von da an und namentlich seit Savigny hat sich die Theorie wieder überwiegend für das römische Princip erklärt, und auch die Praxis ist ihr darin wenigstens zum Theil gefolgt. So ist namentlich dem Pächter als Detentor die Spolienklage abgesprochen in Entscheidungen der obersten Gerichte von Celle 1842, Darmstadt 1849, Rostock 1865, Lübeck 1871 (Seufferts Archiv, 1, 225; 26, 11; 22, 147), München (Roth, bayr. Civilr. § 134. n. 61). In Wolfenbüttel ist dagegen in zwei Erkenntnissen von 1859 und 1864 dem Detentor die Klage gegeben, falls er in eigenem Interesse detinirt, daher namentlich dem Pächter gegen seinen Verpächter (Seufferts Archiv, 25, 7; 24, 212).“[322]
In der Tat schlossen sich große Teile der Wissenschaft und auch der Rechtsprechung[323] der Auffassung Savignys an, daß der Detentor keinen Besitzschutz (über die Spolienklage) erhalte. Dabei wurde zum Teil von der Rechtsprechung, wie etwa vom Obertribunal Stuttgart in seiner Entscheidung vom 17.11.1837[324], ausdrücklich auf Savigny Bezug genommen.
Dennoch war auch diese vor allem von Savigny vertretene Auffassung auch in der gemeinrechtlichen Lehre nicht unumstritten. Insbesondere die Spätpandektisten, wie etwa Dernburg[325], anerkannten die Anwendung der Spolienklage für den Mieter, so daß in der gemeinrechtlichen Lehre im wesentlichen die folgenden zwei Auffassungen vertreten wurden:
Nach der einen gemeinrechtlichen Auffassung, vertreten u.a. von Savigny, verblieb auch im gemeinen Recht der juristische Besitz beim Vermieter, der

---

319 Windscheid, Pandekten, 7. Aufl. 1891, § 162 a.
320 Zur Person und dem Werk Friedrich Carl von Savignys (1779 – 1861) sei an dieser Stelle zur Einführung auf Kleinheyer/Schröder, Dt. Juristen aus fünf Jahrhunderten, 3. Aufl. 1989, S. 239-246 und die dortigen zahlreichen weiterführenden Literaturhinweise sowie auf den Artikel von Luig/Dölemeyer, Alphabetisches Verzeichnis der neuen Literatur über F.C.v. Savigny, in: Quad. Fior. 1980, S. 501-558 verwiesen.
321 Erschienen in der 1. Auflage 1803; es folgten bis 1865 weitere sechs erweiternde Auflagen.
322 Bruns, Besitzklagen, 1874, S. 227.
323 Vgl. u.a. die folgenden Urteile: OAG Celle von 1842, in: Seuffert's Archiv Bd. 1, Nr. 225; OAG Darmstadt vom 2.11.1849, in: Seuffert's Archiv Bd. 26, Nr. 11; OAG Rostock vom 27.3.1865, in: Seuffert's Archiv Bd. 22, Nr. 147; OAG Lübeck vom 9.6.1871, in: Seuffert's Archiv Bd. 26, Nr. 220.
324 Seuffert's Archiv Bd. 1, Nr. 224.
325 Vgl auch oben Fn. 7.

Mieter erhielt nur die Innehabung (= Detention) an der Mietsache.[326] Nach dieser Auffassung standen dem Mieter, wie auch im klassischen römischen Recht, grundsätzlich keine Besitzklagen gegen Dritte zu. Der Mieter konnte nur mit Hilfe der Vertragsklage den Vermieter zwingen, gegen Dritte mit der Besitzklage vorzugehen oder sie ihm abzutreten. Diese Auffassung stützte sich auf das klassische römische Recht. Auch wurde nach dieser Auffassung dem Mieter als bloßem Detentor die Klagemöglichkeit der Spolienklage versagt.[327] Insbesondere verwehrte sich auch Savigny gegen eine Erweiterung auf den Mieter, er anerkannte lediglich zwei Neuerungen. Bei diesen handelte es sich um das Klagerecht gegen den bösgläubigen Besitzer sowie die *excepio spolii* und die Anwendung der Spolienklage auf germanische Rechtsinstitute, wie z.B. Reallasten.[328]
Nach der anderen Auffassung wurde bereits in der Praxis des 17. und 18. Jahrhunderts unter Bezugnahme auf das kanonische und die deutsche Rechtsanschauung, die in der Innehabung des Mieters einen Besitz sah, dem Mieter gegen den Vermieter und Dritte possessorischer Besitzschutz gewährt.[329] Der Mieter konnte demnach von jedem Dritten und nach dem Recht der Spolienklage auch vom Vermieter die Wiedereinräumung des Besitzes fordern.[330] Auch im 19. Jahrhundert fand diese Auffassung weiterhin ihre Anhänger in der Wissenschaft[331] und in der Rechtsprechung.[332]
Innerhalb der Strömung, die dem Mieter die Klagemöglichkeit der Spolienklage einräumen wollte, lag der vertretene Auffassung vielfach nicht eine dogmatische Überzeugung von der Richtigkeit der Stellung des Mieters als Besitzer, sondern die Einsicht einer praktischen Notwendigkeit zugrunde. So schloß sich etwa

---

[326] Vgl. u.a. Brückner, Wohnungsmiethe, 1877, S. 14f., Fn. 6 mit Hinweis auf die Digesten; Sintenis, Das practische gemeine Civilrecht, Bd. 2, 1847, § 118, S. 656. Brückner selbst geht davon aus, daß dem Mieter als Detentor aus eigenem Recht keine Besitzklagen zustehen. In der zitierten Fußnote stellt er jedoch die gegenteilige Auffassung dar und kommt zu dem folgenden Ergebnis: „Dessenungeachtet läßt sich behaupten, daß, so sehr auch die Zulassung des Besitzschutzes für den Miether der Billigkeit und dem natürlichen Rechtsgefühl entspricht, doch zur Zeit der römisch-rechtliche Standpunkt, welcher diesen Schutz versagt, in der gemeinrechtlichen Theorie und Praxis noch die Oberherrschaft hat."

[327] Mühlenbruch, Pandektenrecht, 2.Theil, 1840, §233; Puchta, Pandekten, 1845, § 135; Holzschuher, Theorie und Casuistik des gemeinen Civilrechts, Bd. II, 1. Abt., 1845, S. 61f..

[328] Savigny, Das Recht zum Besitz, 1. Aufl., 1803, S. 456 – 459, sodann hinsichtlich der Reallasten Zusatz zu der 6. Aufl..

[329] Vgl. Brückner, Wohnungsmiethe, 1877, S. 15, Fn. 6 mit Hinweis u.a. auf: August Polycarpus Leyser, Meditationes ad pandectas, Leipzig 1741, spec. 451 med. 3.

[330] Fischer, Kauf bricht Miethe, 1888, S. 379.

[331] Ziebarth, Realexekution und Obligation, 1866, S. 215ff, S. 219ff.; Dernburg, Pandekten, 1. Aufl. 1884, Bd. 1, § 189, S. 430f.; Bruns, Besitzklagen, 1874, § 21, S. 226ff.

[332] Vgl. u.a. die folgenden Urteile: Cassationshof Wolffenbüttel vom 25.11.1859, in: Seuffert's Archiv Bd. 25, Nr. 7; OG Wolffenbüttel vom 12.4.1864, in: Seuffert's Archiv Bd. 24, Nr. 212; OLG Celle vom 5.4.1882, in: Seuffert's Archiv Bd. 37, Nr. 290.

Windscheid der Auffassung an, die den Mieter die Möglichkeit der Spolienklage einräumte, zugleich lehnte er jedoch eine „theoretische Rechtfertigung“ für die Ausdehnung des Besitzschutzes auf den Mieter ab.[333]
Auch Dernburg wagte es letztlich nicht, ganz von der vorherrschenden gemeinrechtlichen Auffassung, die den Mieter nicht als Besitzer, sondern als bloßen Detentor sah, abzuweichen[334]. Auch Dernburg anerkannte jedoch die Spolienklage für den Mieter, indem er schrieb: „Die Eigenthümlichkeiten der Spolienklage sind folgende: a) Sie kommt nicht bloß juristischem Besitz zu gute. Auch die Detention zu eigenem Interesse, insbesondere des Miethers, Pächters und Retentionsberechtigten reicht aus.(...)“[335]. Zu berücksichtigen ist nach Dernburg allein, das „Miethbesitz“ vorliegt. Etwaige Einreden wie beispielsweise die Ungültigkeit oder die Auflösung des Mietvertrages beträfen allein „die Frage des Rechts und sind gegenüber der Spolienklage unzulässig“[336].
Zur Begründung seiner Auffassung verweist Dernburg auf rein praktische Erwägungen. So schreibt Dernburg in seinem Werk zu den Pandekten: „In Folge dessen[337] haben diese Personen, insbesondere der Miether und Pächter, eine Besitzstellung, welche sie in Rom nicht hatten. Dies entspricht den wirthschaftlichen Bedürfnissen und Rechtsanschauungen der neueren Zeit.“[338]
Noch deutlicher wird Dernburg, der in der Literatur als ein „Jurist mit praktischem Sinn“[339] oder als Jurist mit einem „Bekenntnis zur praxisorientierten Wissenschaftlichkeit und wissenschaftlich angeleiteten Praxis“[340] bezeichnet wird, in seinem Werk zur juristischen Besitz des römischen Rechts[341]. Hier äußert sich Dernburg wie folgt: „In Wahrheit ist die Frage des selbständigen Besitzschutzes des Miethers und Pächters eine wirthschaftliche und sociale, nicht logische und dialektische. Die Römer verweigerten den Miethern und Pächtern den Besitzschutz, weil dieselben durchschnittlich den ärmeren Klassen angehörten, weil die Vermiether und Verpächter nur dann Ordnung halten zu können vermeinten, wenn Miether und Pächter in absoluter Abhängigkeit blieben, weil das römische Recht durch die Interessen der reicheren Klassen vorzugsweise bestimmt war. Die ganz andere wirthschaftliche und sociale Stellung, welche in Deutschland und in der Jetztzeit Miether und Pächter einnehmen, muß zu einer

---

[333] Windscheid, Pandekten, 7. Aufl. 1891, § 162a.
[334] Dernburg, Pandekten, 1. Aufl. 1884, Bd. 1, § 174, S. 411.
[335] Dernburg, Pandekten, 1. Aufl. 1884, Bd. 1, §189, S. 446.
[336] Dernburg, Pandekten, 1. Aufl. 1884, Bd. 1, §189, S. 446f., Fn. 7.
[337] Anm.: der Anerkennung der Spolienklage bei Detention zu eigenem Interesse.
[338] Dernburg, Pandekten, 1. Aufl. 1884, Bd. 1, § 189, S. 431.
[339] Luig, Der Spätpandektist Heinrich Dernburg, in: Dölemeyer/Mohnhaupt (Hgg.), 200 Jahre Allgemeines Landrecht für die Preußischen Staaten, 1995, S. 211 (212).
[340] Luig, a.a.O., 1995, S. 211 (212).
[341] Dernburg, Entwicklung und Begriff des juristischen Besitzes des römischen Rechts, Halle 1883.

anderen Behandlung ihres Besitzes und ihres Rechtes führen. Alles spricht dafür, ihren Miethbesitz anzuerkennen und folgerecht auch sie als die Gleichberechtigten anzusehen."
Im Gegensatz zu Dernburg, der sich mit den Notwendigkeiten der sozialen Lage auseinandersetzte, ist die von Savigny vertretene Auffassung eine rein wissenschaftliche. So äußert sich Koschaker wie folgt: „Eines ist sicher: Savigny hatte niemals ein positives Verhältnis zur gemeinrechtliche Praxis, lernte sie nie kennen, zitierte in seinen Schriften keine Entscheidungen, hatte keine persönlichen Beziehungen zu Praktikern und verkehrte in seinen jungen Jahren mehr in literarischen Kreisen."[342,343]
Abgesehen von dogmatischen, wissenschaftlichen oder auch sozialen Gründen, die zu einer Bejahung oder Verneinung eines erweiterten Besitzschutzes für den Mieter führten, ist nach Auffassung der Verfasserin auch immer zu berücksichtigen, daß die Erweiterung des Besitzschutzes quasi ein „zweischneidiges Schwert" [344] war: Wann immer man aus sozialen Erwägungen heraus den Besitzschutz verstärkte und auf den Mieter erweiterte, diese Seite des Schwertes also schärfte, um so mehr beschränkte man damit die Rechte des Vermieters und Eigentümers. Wenn diese „machtpolitischen" Erwägungen auch nicht ausgesprochen wurden, so ist doch anzunehmen, daß sie wenigstens im Hintergrund eine Rolle gespielt haben und auch manch einen Juristen bewogen haben, sich im Interesse der Vermieter auf die rein wissenschaftlichen und dogmatischen Argumente des römischen Rechts, die gegen eine Erweiterung des Besitzschutzes auf den Mieter sprachen, zu berufen.
Zusammenfassend läßt sich festhalten, daß sich im gemeinen Recht des 19. Jahrhunderts nur teilweise ein wirksamer Besitzschutz für den Mieter fand. Gegenüber dem römischen Recht hatte sich die Situation des Mieters durch den Einfluß des germanischen und kanonischen Rechts zwar verbessert, es gab aber zu viele Strömungen und Streitigkeiten, die einem effektiven Schutz des Mieters im Rahmen des Besitzschutzes verhinderten.
Fragen wie z.B.

- War der Mieter Besitzer oder nur Detentor?
- War die Spolienklage in einer weiten Form auch zugunsten des Mieters anzuwenden?

---

[342] Koschaker, Europa und das römische Recht, 1966, S. 256.
[343] Interessant zu diesem „privaten" Savigny und seinen Beziehungen - beispielsweise zu Clemens Brentano, Bettina von Arnim (geb. Brentano) oder auch Ludwig Joachim (Achim) von Arnim - sind die Ausführungen von Matthias Freiherr von Rosenberg, Friedrich Carl von Savigny (1779-1861) im Urteil seiner Zeit, 2000.
[344] Bruns, Besitzklagen, 1874, S. 217.

bewirkten eine uneinheitliche und unsichere Situation, was deutlich im Bereich der Rechtsprechung zu bemerken ist, wenn man die oben in den Fußnoten 323 und 332 zitierten Urteile betrachtet:
In der Mitte des 19. Jahrhunderts (in den Jahren 1842 bis 1865) finden sich fünf Urteile oberer Gerichte, die in der Frage der Spolienklage für den Detentor völlig unterschiedliche Auffassungen vertraten. Erst gegen Ende des 19. Jahrhunderts wurde die Rechtsprechung einheitlicher und ging dazu über, die Spolienklage nicht nur dem „juristischen Besitzer" zuzusprechen, sondern nach der Rechtsprechung des Reichsgerichts jedem, der „aus einer in eigenem Interesse ausgeübten Detention eigenmächtig entsetzt worden ist".[345] Für den Wandel in der Rechtsprechung sorgte das vorzitierte Urteil des Reichsgerichts. Hatte beispielsweise das OAG Celle im Jahr 1842 noch eine Spolienklage für den Mieter abgelehnt[346], so ging es in einer weiteren Entscheidung aus dem Jahr 1882 von dieser früheren Auffassung unter Hinweis auf die Rechtsprechung des Reichsgerichts ab.[347]
In der Wissenschaft hatte sich im Laufe des 19. Jahrhunderts unter dem Einfluß Savignys zunächst immer mehr eine rein römisch-rechtliche Auffassung durchgesetzt, die den Besitzschutz des Mieters nicht anerkannte. Auch hier erkannten jedoch die Spätpandektisten, wie etwa Dernburg 1884[348], durchaus die Notwendigkeit eines Wandels, wenn sie ihn – wie beispielsweise Brückner[349] - auch noch nicht immer in der Wissenschaft und Lehre vollzogen. Süss, dem Verfasser des grundlegenden Werkes über Person und Werk Dernburgs[350], ist insoweit beizupflichten, wenn er die Auffassungen und Erkenntnisse Dernburgs vor den Hintergrund der aktuellen politischen, wirtschaftlichen und sozialen Lage stellt und zu dem Ergebnis kommt: „In die entscheidende Schaffensperiode Dernburgs (1870 – 1900) fällt der eigentliche Wandel Deutschlands vom Agrar- zum Industriestaat mit all seinen oben ausgeführten Auswirkungen auf Rechtswissenschaft und Rechtsprechung. Gleichzeitig tritt - zumindest auf wissenschaftlich–theoretischer Ebene - ein „sozialer Klimawechsel" ein."[351] Die Richtigkeit dieser Auffassung, daß erst etwa in den letzten zwanzig Jahren des 19. Jahrhunderts ein Umdenken stattfand, kann nach Auffassung der Verfasserin auch darin gesehen werden, daß nunmehr auch Ihering[352] nochmals zu einem Angriff auf die

---

[345] Entscheidung 3. Senats des Reichsgerichts vom 21.10.1881 (RGZ 5, 164).
[346] Seuffert's Archiv Bd. 1, Nr. 225.
[347] Seuffert's Archiv Bd. 37, Nr. 290.
[348] Vgl. Fn. 338.
[349] Vgl. Fn. 326.
[350] Vgl. Fn. 7.
[351] Süss, Heinrich Dernburg – Ein Spätpandektist im Kaiserreich, 1991, S. 192.
[352] Rudolf von Ihering (1818 – 1892), Professor in Basel, Rostock, Kiel, Gießen, Wien, Göttingen.

von Savigny vertretene Auffassung startete. Hatte Ihering bereits erstmals 1868 mit seinem Werk „Über den Grund des Besitzsschutzes. Eine Revision der Lehre vom Besitz“ versucht, gegen die von Savigny vertretene Auffassung anzugehen[353], so nahm er mit seinem Werk „Der Besitzwille“ 1889 „geradezu einen Frontalangriff“[354] vor und hob nochmals hervor, daß dem Mieter als Detentor in einem „selbstnützigen Detentionsverhältnis“ aufgrund moderner wirtschaftlicher Interessen Besitzschutz gewährt werden müsse.[355]
Anders als in der uneinheitlichen Rechtslage in der gemeinrechtlichen Literatur und der auf dem gemeinen Recht basierenden Rechtsprechung zeigten sich in den gesetzlichen Regelungen des Allgemeinen Landrechts für die Preußischen Staaten ganz andere Tendenzen im Hinblick auf die Stellung des Mieters als Besitzer, auf die im folgenden 3. Kapitel noch eingegangen wird.

G. Bestandsschutz im Verkaufsfalle?

Neben der Frage des Besitzschutzes bzw. der Anerkennung der Spolienklage für den Mieter ist auch die Frage nach seinen Ansprüchen und seinem Schutz bei einer Singularsukzession im Falle der Veräußerung des Mietgegenstandes von erheblicher Bedeutung. Ob der Mieter im Falle der Veräußerung des Gebäudes durch den Vermieter an einen Dritten in der gemieteten Wohnung verbleiben kann oder ob er die Wohnung verlassen muß (gegebenenfalls nur auf Schadenersatzansprüche verwiesen wird), ist eine aus Sicht des Mieters wichtige Frage des Bestandsschutzes des Mietverhältnisses. Üblicherweise wird diese Problematik des Bestandsschutzes im Verkaufsfall unter die Schlagworte „Kauf bricht Miete“ bzw. „Kauf bricht nicht Miete“ gefaßt. Die Geschichte dieser Fragestellung ist, wie in der Einleitung bereits erwähnt,[356] bis zur Entstehung des BGB vor allem durch Jüttner aufgearbeitet worden, auf dessen Dissertation nochmals verwiesen wird.[357] Weiterhin sei auch noch auf das Gutachten von Fischer[358] sowie die Dissertation von Hintze[359] hingewiesen. Nachdem die Geschichte dieses Komplexes durch die genannten Autoren und auch von Genius im Rahmen seines Werkes zum Bestandsschutz des Mietverhältnisses[360] ausführlich behandelt wurde, wird in Rahmen dieser Arbeit auf eine Darstellung der historischen Entwicklung verzichtet und lediglich auf die im 19. Jahrhundert geltenden ge-

---

[353] Ihering, Über den Grund des Besitzschutzes, 1868, 2. Aufl. 1869, S. 13ff..
[354] Wolter, Mietrechtlicher Bestandsschutz, 1984, S. 61.
[355] Ihering, Der Besitzwille, 1889, S. 465ff..
[356] Vgl. oben S. 8.
[357] Bernhard Jüttner, Zur Geschichte des Grundsatzes „Kauf bricht nicht Miete“, Münster 1960.
[358] Fischer, „Kauf bricht Miethe“, in: Verhandlungen 19. Dt. Juristentag, 1888.
[359] F. Hintze, Der Satz „Kauf bricht Miete“ im römischen Recht, 1888.
[360] Vgl. Genius, Bestandsschutz des Mietverhältnisses, 1973, unter anderem die Abschnitte S. 26ff., 52ff., 77ff., 95ff., 106ff., 123ff., 134ff., 148ff., 178ff., 192, 195ff., 200ff., 208ff..

meinrechtlichen Regeln und ihre Grundlage im klassischen römischen Recht verwiesen.

I. Die Grundlagen im klassischen römischen Recht

Von besonderer Bedeutung ist die Frage nach dem Einfluß einer Veräußerung der Mietsache auf die Rechtsstellung des Mieters, sowie die Frage nach dem Einfluß des Mietvertrages auf die Wirksamkeit der Veräußerung. Der vielfach vereinfachend zitierte und dem römischen Recht zugeschriebene Satz des „Kauf bricht Miete“ ist dabei zur Beantwortung dieser Frage aufgrund seiner Formulierung ungenau, wenn nicht sogar falsch, denn auch im klassischen römischen Recht konnte der Vermieter die Mietsache trotz seiner Stellung als Eigentümer nicht ohne jede Rücksichtnahme auf die Stellung und Rechte des Mieters verkaufen.

Dem Vermieter war es möglich, die Mietsache zu veräußern, d.h. zu verkaufen, zu verschenken oder aber auch zum Vermächtnis auszusetzen. Dieses Veräußerungsgeschäft selbst wurde in seiner Wirksamkeit durch das Bestehen eines Mietverhältnisses und die Rechte des Mieters nicht beeinträchtigt.[361] Dieses ist nachvollziehbar, da letztlich nicht das Veräußerungsgeschäft, also der Kaufvertrag, sondern vielmehr das dingliche Geschäft den Mieter beeinträchtigt.[362] Aufgrund der dinglichen Berechtigung des Käufers mußte der Mieter diesem weichen und die Wohnung verlassen.[363]

Im Falle der Veräußerung hatte der Vermieter aber dafür Sorge zu tragen, daß dem Mieter die Benutzung der Mietsache verbleibt. Gaius, der die Worte *„curare debet“* benutzt,[364] ist dahingehend zu verstehen, daß er dem Vermieter nicht nur einen guten Rat geben wollte, den Käufer der Mietsache zu dem Versprechen zu veranlassen, den Kontrakt aushalten zu wollen, weil er sich sonst einer Entschädigungsklage des Mieters aussetzt.[365] Es handelte sich vielmehr um eine

---

[361] Fischer, Kauf bricht Miethe, 1888, S. 320.

[362] Kaser, Das römische Privatrecht, Bd. 1, 1971, S. 567, Fn. 44.

[363] Kaser, Das römische Privatrecht, Bd. 1, 1971, S. 566; Honsell, Röm. Recht, 1994, § 49 V, S. 125.

[364] Gai. D. 19,2,25,1: *„Qui fundum fruendum vel habitationem alicui locavit, si aliqua ex causa fundum vel aedes vendat curare debet, ut apud emptorem quoque eadem pactione et colono frui et inquilino habitare liceat: alioquin prohibitus is aget cum eo ex conducto.“*
Übersetzt nach Otto, Schilling, Sintenis: „Wer die Benutzung eines Landgutes oder eine Wohnung an Jemanden verpachtete hat, und das Landgut oder das Haus aus irgend einem Grunde verkauft, der muss dafür Sorge tragen, daß dem Pächter die Benutzung und dem Miethsmann die Wohnung auch bei dem Käufer unter denselben Contractsbestimmungen vorbehalten bleibe, denn sonst kann derjenige, wer daran verhindert wird, wider ihn Klage aus dem Pacht erheben.“.

[365] So aber etwa Ruhstrat, in: Iherings Jahrbücher für Dogmatik (14), 1875, S. 341 (373).

vertragsmäßige Verpflichtung des Vermieters.[366] Der Vermieter handelte demnach vertrags- bzw. rechtswidrig, wenn er die vermietete Sache veräußerte, ohne für den Mieter zu sorgen. Hieraus folgte, daß der Mieter gegen den Vermieter mit der *actio conducti* vorgehen konnte, wenn dieser seiner vertraglichen Pflicht, dem Mieter die weitere Benutzung der Mietsache zu sichern, nicht nachkam.[367] Problematisch bei diesem klageweisen Vorgehen gegen den Vermieter war jedoch, daß im klassischen römischen Recht Verurteilung und Zwangsvollstreckung stets auf Geld gerichtet waren,[368] so daß der Mieter nur Schadensersatz in Geld erhielt, nicht aber den Verbleib in der gemieteten Wohnung einklagen konnte.

Um seiner vertraglichen Verpflichtung nachzukommen, wurde der Käufer der Mietsache vielfach vertraglich durch den Vermieter verpflichtet, daß der Mieter in der gemieteten Wohnung verbleiben könne.[369] Kam der Erwerber seiner Verpflichtung, den Mieter in der Wohnung zu belassen, nicht nach, so konnte der Mieter nicht direkt gegen diesen vorgehen. Der Mieter mußte vielmehr mittels der *actio conducti* gegen den Vermieter vorgehen, der seinerseits mit Hilfe der *actio venditi* gegen den Käufer klagte.

II. Die Besonderheiten des im 19. Jahrhunderts geltenden gemeinen Rechts

Auch in der gemeinrechtlichen Lehre und Praxis stellte sich die Frage nach der Möglichkeit, eine vermietete Sache zu verkaufen. Wie schon im klassischen rö-

---

[366] Fischer, Kauf bricht Miethe, 1888, S. 320f..

[367] Gai. D. 19,2,25,1 (vgl. oben Fn. 364).

[368] Vgl. Fischer, Kauf bricht Miethe, 1888, S. 312 (314), mit einem Verweis auf Gaius Inst. 4,48: „*Omnium autem formularum, quae condemnationem habent, ad pecuniariam aestimationem condemnatio concepta est. Itaque et si corpus aliquod petamus, ueluti fundum hominem uestem (aurum) argentum, iudex non ipsam rem condemnat eum cum quo actum est, sicut olim fieri solebat, (sed) aestimata re pecuniam eum condemnat.*" In der Übersetzung von Lammeyer, 1929, heißt dieses: „Die *condemnatio* aller *formulae* aber, welche eine *condemnatio* haben, ist auf eine Veranschlagung in Geld abgefaßt. Daher kondemniert auch bei Beanspruchung irgendeines körperlichen Gegenstandes, z.B. eines Grundstückes, Sklaven, Kleides, Gold, Silber der *iudex* nicht auf die Sache selbst den Verklagten, so wie es vormals zu geschehen pflegte, sondern unter Anschätzung der Sache kondemniert er ihn auf die Geldsumme.".

[369] Codex IV, 65,9: „*Emptori quidem fundi necesse non est stare colonum, cui prior dominus locavit, nisi ea lege emit. verum si probetur aliquo pacto consensisse, ut in eadem conductione maneat, quamvis sine scripto, bonae fide iudicio ei quod placuit parere cogitur.*"
Übersetzt nach Otto, Schilling, Sintenis: „ Der Käufer eines Grundstücks hat nicht nöthig, dem Pachter, den der vorige Eigenthümer verpachtet hat, den Pacht auszuhalen, er müsste denn unter dieser Bedingung gekauft haben. Wird ihm jedoch erwiesen, daß er vermöge eines Vertages eingewilligt habe, daß der Pachter im Pachte bleibe, wenn es auch nur mündlich geschehen wäre, so wird er durch eine Klage guten Glaubens angehalten, der Verabredung nachzukommen.".

mischen Recht war es dem Eigentümer einer Sache selbstverständlich möglich, diese zu verkaufen, selbst, wenn die Sache vermietet war. Das Rechtsverhältnis zwischen dem Vermieter als Verkäufer und einem Dritten als Käufer wurde durch einen über die zu verkaufende Sache bestehenden Mietvertrag nicht beeinträchtigt. Der Veräußerung war gültig.[370] Insbesondere konnte die Verfasserin in der gemeinrechtlichen Literatur auch keine Hinweise darauf finden, ob die „Belastung" des Kaufgegenstandes mit einem Mietvertrag als Sach- oder Rechtsmangel im Rahmen des Kaufvertrages gewertet wurde, wenn der Käufer hiervon keine Kenntnis hatte.

1. Das Verhältnis zwischen Käufer und Mieter

Grundsätzlich war nach der herrschenden gemeinrechtlichen Lehre der Käufer der vermieteten Sache nicht an den bestehenden Mietvertrag gebunden und konnte aufgrund seines dinglichen Rechtes als neuer Eigentümer der Sache den Mieter aus der Wohnung vertreiben.[371]

Dieses war immer der Fall, unabhängig davon, ob es sich um einen freiwilligen oder notwendigen Verkauf der Mietsache handelte, ob der Käufer zum Zeitpunkt des Vertragsschlusses von dem bestehenden Mietverhältnis Kenntnis hatte oder nicht.[372]

Da der Käufer durch den Kauf nicht in den bestehenden Mietvertrag eintrat, übernahm er auch keine Rechte oder Pflichten aus dem Mietvertrag und war damit auch nicht an die vertraglichen oder sonst üblichen Kündigungsfristen gebunden, er konnte das Mietverhältnis sofort aufkündigen.[373] In der gemeinrechtlichen Praxis wurde entgegen dieser Auffassung zum Teil auch davon ausgegangen, daß der Käufer dem Mieter eine angemessene Frist einräumen mußte, innerhalb derer der Mieter sich eine andere Wohnung suchen und den Umzug durchführen konnte.[374] Diese Auffassung wurde nicht nur im Schrifttum, sondern auch in der Rechtsprechung vertreten.[375]

Dem Mieter selbst war es nicht möglich, wegen der Veräußerung gegen den Käufer vorzugehen oder irgend etwas gegen den Verkauf bzw. die Eigentums-

---

[370] Fischer, Kauf bricht Miethe, 1888, S. 320.

[371] So unter anderem: Brückner, Wohnungsmiethe, 1877, S. 38; Seuffert, Praktisches Pandektenrecht, Bd. 2, 1825, § 331; Vangerow, Lehrbuch des Pandekten Bd. III, 6. Aufl., 1851, § 643, Anm. 2; Puchta, Pandekten, 1845, § 369.

[372] Brückner, Wohnungsmiethe, 1877, S. 38; Seuffert, Praktisches Pandektenrecht, Bd. 2, 1825, § 331, Fn. 3.

[373] Ziebarth, Realexekution und Obligation, 1866, S. 146; Brückner, Wohnungsmiethe, 1877, S. 39; Windscheid, Pandekten, 7. Aufl. 1891, § 162a, Fn. 7 (ohne Begründung).

[374] Seuffert, Praktisches Pandektenrecht, Bd. 2, 1825, § 331, Anm. 3; Dernburg, Pandekten, Bd. 2, 5. Aufl. 1897, § 111, S. 309.

[375] OAG Dresden, Urteil vom 19.01.1853, in: Seuffert's Archiv Bd. 8, Nr. 42.

übertragung zu tun.[376] Insbesondere hatte er auch keine Möglichkeit dazu, den Käufer zur Übernahme des Vertrages zu zwingen.[377]
Um seine Rechte aus dem Kaufvertrag durchzusetzen, standen dem Käufer gegen den Mieter verschiedene Rechtsmittel zu, welche im einzelnen von Brückner[378] dargestellt werden: So konnte der Käufer den Mieter vor Ablauf der Mietzeit mit Hilfe der Eigentumsklage zur Räumung der gemieteten Wohnung zwingen. Gegen diese Klage konnte der Mieter auch nicht vorgehen, indem er einer Besitzübertragung widersprach. Der Widerspruch gegen eine Besitzübertragung war nämlich insofern unerheblich, als daß die Eigentumsübertragung ohne eine Besitzübertragung erfolgte. Die Eigentumsübertragung erfolgte vielmehr durch die gerichtliche Auflassung und Übereignung, bzw. Bestätigung des Kaufs verbunden mit der Eintragung in das Grundbuch. Eine außergerichtliche Besitzübergabe war in der Regel nicht erforderlich.[379]
Die einzige Möglichkeit des Mieters sich gegen eine solche Eigentumsklage des Käufers zu wehren, stellte ein Zurückbehaltungsrecht dar, das sich unter anderem dann ergeben konnte, wenn der Mieter Aufwendungen auf die gemietete Sache gemacht hatte, die ihm zu erstatten waren.[380]
Neben der Eigentumsklage konnte der Käufer den Mieter auch mit Hilfe der Besitzklage zur Räumung der gemieteten Wohnung zwingen. Diese Klagemöglichkeit setzte jedoch eine fehlerfreie Besitzausübung des Käufers voraus. Diese war immer dann problematisch, wenn der Mieter die Übergabe des Besitzes an den Käufer und die Besitzausübung durch Widerstand verhinderte. In dieser Situation des Widerstands durch den Mieter wurden zwei Situationen unterschieden: War nur ein Teil des Hauses, also etwa nur eine kleine von mehreren Wohnungen, vermietet und war der Großteil des Hauses dem Käufer übergeben und zugänglich, so war der Widerstand des Mieters unerheblich. Eine fehlerfreie Besitzausübung des Käufers als Voraussetzung für eine Besitzklage wurde dann mit der Begründung, daß an einem einzelnen Stockwerk kein selbständiger Besitz möglich sei, als gegeben angesehen.[381]
War allerdings das gesamte Haus vermietet und der Mieter ließ den Käufer dasselbe nicht betreten, so konnte ein Besitzübergang auch gegen den Willen und Widerstand des Mieters dann angenommen werden, wenn der Verkäufer die Erklärung abgab, das Haus nunmehr im Wege eines Besitzkonstitutes im Namen

---

[376] Brückner, Wohnungsmiethe, 1877, S. 39.
[377] Keller, Pandekten, 1866, Bd. 2, § 337 a.E..
[378] Brückner, Wohnungsmiethe, 1877, S. 41- 45.
[379] Brückner, Wohnungsmiethe, 1877, S. 41f.
[380] Seuffert, Praktisches Pandektenrecht, Bd. 2, 1825, § 331 a.E.; Brückner, Wohnungsmiethe, 1877, S. 42.
[381] Seuffert, Praktisches Pandektenrecht, Bd. 2, 1825, § 331 Fn. 3 a.E.; Brückner, Wohnungsmiethe, 1877, S. 43.

des Käufers innehaben zu wollen.[382] Damit war der Voraussetzung einer fehlerfreien Besitzausübung als Klagevoraussetzung allerdings nicht genüge getan. In dieser Situation des Widerstands des Mieters gegen den Besitzübergang war jedoch der folgende Ausweg denkbar: Der Käufer veranlaßte den Verkäufer, die diesem nach wie vor zustehende Besitzklage gegen den Mieter zu erheben oder er ließ sich Befugnis zur Klage vom Verkäufer abtreten.[383]
In dem Fall, in dem der Käufer den Mieter nach dem Kauf und dem Eigentumsübergang in der Wohnung beließ, war fraglich, ob der Mieter damit gezwungen war, das Mietverhältnis mit dem Käufer fortzusetzen. Nach einer Auffassung hatte der Mieter in dem Fall, in dem der Käufer den Mietvertrag „respektierte", keinen Grund zum „Rücktritt" vom Vertrag.[384] Nach anderer Auffassung war der Mieter nicht verpflichtet, mit dem Käufer und neuen Eigentümer das Mietverhältnis fortzusetzen.[385] In dem Fall, in dem jedoch der Käufer den Mieter in der Wohnung beließ und der Mieter an diesen den früher mit dem Vermieter vereinbarten Mietzins zahlte, wurde davon ausgegangen, daß Käufer und Mieter stillschweigend einen Vertrag geschlossen hatten, welcher den Inhalt des früheren Mietvertrages zum Inhalt hatte.[386]

2. Das Verhältnis zwischen Verkäufer und Mieter

Dem Mieter standen keinerlei Ansprüche gegen den Vermieter und Verkäufer zu, mit deren Hilfe er die Veräußerung der Mietsache und den Eigentumsübergang auf den Käufer hätte verhindern können. Dieses begründete sich aus der dinglichen Rechtsstellung des Vermieters: Der Vermieter als Eigentümer der Sache behielt nach der gemeinrechtlichen Lehre stets das Eigentum an der Sache und das mit diesem dinglichen Recht verbundene Veräußerungsrecht. Demgegenüber stand dem Mieter kein dingliches Recht zu, sondern nur ein schuldrechtlicher Anspruch auf Gewährung des Gebrauchs an der gemieteten Sache.
Durch den Verkauf der gemieteten Sache wurde das Mietverhältnis zwischen Käufer und Mieter, wie dargelegt, nicht fortgesetzt, es wurde jedoch auch das bestehende Verhältnis zwischen Mieter und Vermieter nicht beendet. Der Ver-

[382] Brückner, Wohnungsmiethe, 1877 mit Hinweis auf Savigny, Recht des Besitzes, 6. Aufl., S. 371 Anm. 1; a.A. Vangerow, Lehrbuch des Pandekten Bd. III, 6. Aufl., 1851, § 643, Anm. 2 Ziff. 2.
[383] Brückner, Wohnungsmiethe, 1877, S. 43f..
[384] Keller, Pandekten, 1866, Bd. 2, § 337 a.E.; Fischer, Kauf bricht Miethe, 1888, S. 323; Ziebarth, Realexekution und Obligation, 1866, S. 147, wobei Ziebarth zu dem Ergebnis kommt, daß damit der Vermieter seinen Anspruch auf den Mietzins behält, „wenngleich er zu diesem Genuß nur durch den guten Willen des Käufers gelangt", der Käufer dagegen „in gar keiner Beziehung zum Miether" steht, vielmehr den Mieter „jederzeit exmittiren" kann.
[385] Vangerow, Lehrbuch des Pandekten Bd. III, 6. Aufl., 1851, § 643, Anm. 2; Seuffert, Praktisches Pandektenrecht, Bd. 2, 1825, § 331.
[386] Brückner, Wohnungsmiethe, 1877, S. 48.

kauf stellte keine Beendigung des ursprünglichen Mietverhältnisses dar,[387] vielmehr standen dem Mieter in diesem Fall nach der gemeinrechtlichen Praxis und Lehre, wie auch schon im klassischen römischen Recht, Schadensersatzansprüche gegen den Vermieter zu, die sich aus dem Vertrag ergaben. Der Verkauf des Mietgegenstandes während der Mietzeit stellte nämlich einen Vertragsbruch dar, der Schadensersatzansprüche nach sich zog.
Kündigte der Käufer das Mietverhältnis, wozu er, wie oben dargelegt, berechtigt war und wurde dadurch der Mieter vorzeitig aus der Wohnung vertrieben, so war diese Einschränkung der Benutzung auf das Verhalten des Vermieters zurückzuführen. Dieses Verschulden zog dann einen Schadensersatzanspruch nach sich.[388]
Da das Mietverhältnis durch den Verkauf nicht beendet wurde, mußte der Mieter unter bestimmten Umständen weiterhin den Mietzins als die von ihm zu erbringende vertragliche Leistung zahlen. Der Mieter konnte nicht durch den Vermieter gezwungen werden, das Vertragsverhältnis mit dem Käufer fortzusetzen, eine einseitige Übertragung war nicht möglich. Ließ der Käufer den Mieter aber in der Wohnung wohnen, so war dieser weiterhin verpflichtet, an den Vermieter, nicht an den Käufer, den Mietzins zu zahlen.
Für den Fall, daß Vermieter und Käufer sich einigten, daß der Mieter weiterhin in der Wohnung wohnen durfte, ergaben sich aus dieser Absprache für den Mieter selbst keine Ansprüche gegen den Käufer.[389] Vertragspartner aus der Sicht des Mieters war bis zum Abschluß eines neuen Mietvertrages mit dem Käufer weiterhin der ursprüngliche Vermieter. Aus der Einigung zwischen Vermieter und Käufer konnte der Mieter nur dann ausnahmsweise Ansprüche herleiten, wenn der Vermieter als Geschäftsführer für den Mieter aufgetreten war, oder der Vermieter seine Ansprüche gegen den Käufer an den Mieter abtrat.
Vielfach wurde, wie oben dargelegt, aber stillschweigend ein neuer Mietvertrag begründet, indem der Mieter in der Wohnung verblieb und den Mietzins an den Käufer zahlte. Hatte der Mieter zuvor Mietzinsvorauszahlungen an den ursprünglichen Vermieter geleistet, so mußte der Käufer und nunmehr neue Vermieter diese nicht anerkennen.
Betrachtet man zusammenfassend die Situation im gemeinen Recht, so ist festzustellen, daß der Mieter im Verkaufsfall keinen Bestandsschutz genoß. Gegenüber dem römischen Recht hatte sich die Lage für den Mieter zwar insoweit gebessert, als nunmehr wenigstens Teile der gemeinrechtlichen Lehre[390] davon ausgingen, daß dem Mieter eine ausreichende Kündigungsfrist eingeräumt werden mußte und er nicht sofort aus der Wohnung gesetzt werden durfte. Diese

---

[387] Brückner, Wohnungsmiethe, 1877, S. 45.
[388] Seuffert, Praktisches Pandektenrecht, Bd. 2, 1825, § 327.
[389] Brückner, Wohnungsmiethe, 1877, S. 46, Fn. 6.
[390] Vgl. oben S. 92

„Besserstellung“ gegenüber dem römischen Recht stellte jedoch letztlich nur eine „Galgenfrist“ dar, ein Bestandsschutz war damit nicht verbunden, es war dem Käufer vielmehr unproblematisch möglich, den Mieter aus der Wohnung zu vertreiben. Dem Mieter blieben dann lediglich auf Geld gerichtete Schadenersatzansprüche gegen den ursprünglichen Vermieter, was in Anbetracht der herrschenden Wohnraumknappheit wohl kaum eine Hilfe gewesen sein dürfte. Eine Klage auf vertragsgemäße Gebrauchsüberlassung gegen den Vermieter scheiterte, da es diesem aufgrund des Verkaufs unmöglich war, über die Wohnung zu verfügen und dem Mieter den Gebrauch einzuräumen.

H. Haftung des Vermieters – Klagemöglichkeiten des Mieters[391]

I. Die Grundlagen im klassischen römischen Recht

Der Vermieter hatte dem Mieter den Vertragsgegenstand für die Vertragszeit zum Gebrauch zu übergeben und sie dafür in einem tauglichen Zustand zu erhalten.[392] Dieser Anspruch des Mieters, die Sache in einem tauglichen Zustand zu erhalten, ergibt sich aus der Tatsache, daß in dem Fall, in dem dieses nicht geschah, dem Mieter die Möglichkeit der Klageerhebung mittels der *actio conducti* zustand.[393]

Für welche Tatbestände und in welcher Höhe der Vermieter dem Mieter jedoch zu haften hatte, wenn dem Mieter der Gebrauch nicht oder nur in beschränkten Umfang gewährt wurde, war bereits unter den Juristen jener Zeit umstritten, was sich vor allem vor dem Hintergrund der sehr differenzierten Ausgestaltung der Regeln der Gefahrtragung[394] erklären läßt.

Soweit der Vermieter dem Mieter den vertragsgemäßen Gebrauch an der vermieteten Sache nicht verschaffte, so trug der Vermieter die Zinsgefahr. Sein Anspruch auf Zahlung des Mietzinses entfiel selbst dann, wenn die fehlende Ge-

---

[391] Wegen der umstrittenen Frage der Anerkennung der Spolienklage zugunsten des Mieters wird auf die obigen Ausführungen (ab S. 83) verwiesen.

[392] Kaser, Das römische Privatrecht, Bd. 1, 1971, S. 566.

[393] Vgl. Ulp. D. 19,2,15,1: *"Ex conducto actio conductori datur. Competit autem ex his causis fere: ut puta si re quam conduxit frui ei non liceat (forte quia possessio ei aut totius agri aut partis non praestatur, aut villa non reficitur vel stabulum vel ubi greges eius stare oporteat) vel si quid in lege conductionibus convenit, si hoc non praestatur, ex conducto agetur."*
Übersetzt nach Otto, Schilling, Sintenis: „Die Klage aus dem Pachte wird dem Pächter ertheilt. Es wird dieselbe zum Beispiel in solchen Fällen begründet: wenn ihm der Genuß des gepachteten Gegenstandes nicht gestattet wird, etwa weil ihm der Besitz des ganzen Ackers oder eines Theiles desselben nicht gewährt, oder ein Landhaus nicht ausgebessert wird, oder ein Stall, oder wo sonst seine Herden untergetrieben werden müssen, oder wenn ihm etwas dem Übereinkommen im Pachtkontrakt zuwider nicht gewährt wird, [in allen diesen Fällen] kann aus dem Pachte geklagt werden.“.

[394] Vgl. hierzu weiterführend: Kaser, Periculum locatoris, in: SZ RA, 74 (1957), S. 155ff..

brauchsverschaffung nicht auf das Verschulden des Vermieters zurückzuführen war.[395]
Nach Auffassung von Kaser in der 1. Auflage seines Werkes „Das römische Privatrecht“ kam insoweit „die Rechtsordnung dem sozialen Bedürfnis des Mieters entgegen“[396].
Für den Mieter konnte mithin die Situation entstehen, in der er völlig von der Mietzinszahlung befreit war. In der Literatur findet sich darüber hinaus auch das Institut der *remissio mercedis*. Die *remissio mercedis* wurde durch die Severen-Kaiser als Erweiterung der vorstehend erwähnten völligen Zinsbefreiung entwickelt und galt in dem Falle des bloß teilweisen Verlustes der Nutzung. Aus der Literatur ergibt sich nicht ganz eindeutig, ob die *remissio mercedis* ausschließlich im Falle der Landpacht oder auch im Falle der Miete Anwendung fand. Es ist jedoch wohl davon auszugehen, daß sie lediglich im Falle der Landpacht bei Ernteausfällen bewilligt wurde.[397] Allerdings findet sich bei Honsell[398] ein Hinweis darauf, daß eine ähnliche Reduktion des Mietzinses als politische Maßnahme auch zugunsten der hauptstädtischen *inquilini* vorgenommen wurde. Fundstellen und Nachweise werden von Honsell jedoch nicht angeführt und konnten auch von der Verfasserin in der weiteren Literatur nicht gefunden werden.
Der Vermieter hatte, wie dargelegt, dafür zu haften, daß die Sache dem Mieter zum Gebrauch überlassen wurde. Wurde dem Mieter der Gebrauch infolge höherer Gewalt wegen der Mangelhaftigkeit der Sache entzogen, so haftete auch hierfür der Vermieter. Höhere Gewalt sollte nicht zum Schaden des Mieters gereichen.[399] Wurde der Gebrauch der Sache mithin durch höhere Gewalt vereitelt,

---

[395] Vgl. Ulp. D. 19,2,15,2: „*Si vis tempestatis calamitosae contigerit, an locator conductori aliquid praestare debeat, videamus. Servius omnem vim, cui resisti non potest, dominum colono praestare debere ait, ut puta fluminum graculorum sturnorum et si quid simile acciderit, aut si incursus hostium fiat: si qua tamen vitia ex ipas re oriantur, haec danno coloni esse, veluti si vinum coacuerit, si raucis aut herbis segetes corruptae sint. (...) si vero nihil extra consuetudinem acciderit, damnum coloni esse. (...).*“
Übersetzt nach Otto, Schilling, Sintenis: „Ob, wenn ein Sturm ein Unglück angerichtet hat, der Vermiether dem Pächter etwas zu ersetzen habe, ist die Frage. Servius sagt, der Eigenthümer muss dem Pächter [die Folgen] solcher Gewalt vertreten, der zu widerstehen unmöglich war, z.B. Ueberschwemmung, Häher- oder Staaren[frass], und was sonst dem Aehnliches sich ereigne, oder wenn ein feindlicher Einfall geschehe; wenn jedoch ein Fehler aus der Sache selbst entspringt, so muss der Pächter den Schaden tragen, z.B. wenn der Wein sauer wird, [oder] wenn die Saat durch Wurm[frass] oder Unkraut verdorben wird. (...) Wenn sich nichts Aussergewöhnliches ereignet, trifft der Schaden den Pächter. (...).“
[396] Kaser, Das römische Privatrecht, Bd. 1, 1955, S. 472. In der 2. Auflage von 1977 findet sich diese Äußerung nicht mehr.
[397] Kaser/Knütel, Römisches Privatrecht, 2003, § 42, Rn. 10.
[398] Honsell, Röm. Recht, 1994, § 49 III 2., S. 124.
[399] Vgl. etwa Ulp. D. 19,2,15,2 (oben Fn. 395) oder Gai. D. 19,2,25,6:

so verlor der Vermieter aufgrund der Gefahrtragungsregeln seinen Mietzinsanspruch und hatte den gegebenenfalls bereits bezahlten Mietzins zurückzuerstatten[400]. Darüber hinausgehende Schadenersatzansprüche des Mieters waren dann jedoch nicht mehr gegeben.[401] In der Literatur war insoweit umstritten, ob der Vermieter neben der Tragung des Zinsrisikos auch eine „Garantiehaftung" auf das volle Interesse des Mieters hatte[402]. Kaser wies in seiner 1. Auflage des Werkes „Das römische Privatrecht" insoweit zu Recht darauf hin, daß eine sol-

---

Gai. D. 19,2,25,6: „*Vis maior, quam Graeci Θεου βιαν appellant non debet conductori damnosa esse, si plus, quam tolerabile est, laesi fuerint fructus (...).*"
Übersetzt nach Otto, Schilling, Sintenis: „Unabwendbare Naturereignisse, welche die Griechen *Θεου βιαν* (göttliche Gewalt) nennen, dürfen dem Pächter nicht zum Schaden gereichen, wenn die Früchte dergestalt verheert worden sind, daß es nicht zu verschmerzen ist (...).".

[400] Afr. D. 19,2,33: „*Si fundus quem mihi locaveris publicatus sit, teneri te actione ex conducto, ut mihi frui liceat, quamvis per te non stet, quo minus id praestes: quemadmodum, inquit, si insulam aedificandam locasses et solum corruisset, nihilo minus teneberis. Nam et si vendideris mihi fundum isque priusquam vacuus traderetur publicatus fuerit, tenearis ex empto: quod hactenus verum erit, ut pretium restituas, non ut etiam id praestes, si quid pluris mea intersit eum vacuum mihi tradi. Similiter igitur et circa conductionem servandum puto. Ut mercedem quam praestiterim restituas, eius scilicet temporis, quo fruitus non fuerim, nec ultra actione ex conducto praestare cogeris. Nam et si colonus tuus fundo frui a te aut ab eo prohibetur, quem tu prohibere ne id faciat possis, tantum ei praestabis, quanti eius interfuerit frui, in quo etiam lucrum eius continebitur: sin vero ab eo interpellabitur, quem tu prohibere propter vim maiorem aut potentiam eius non poteris, nihil amplius ei quam mercedem remittere aut reddere debbis.*"
Übersetzt nach Otto, Schilling, Sintenis: „Wenn ein Landgut, das du mir verpachtet hast, confiscirt worden ist, so haftest du durch die Klage aus dem Pacht, mir den Genuß zu verschaffen, obwohl es nicht in deiner Macht steht, mir dies zu gewähren. Der Fall ist derselbe, sagte er, wie wenn du den Bau eines Gehöfts in Verdingung gegeben hast und der Grund und Boden eingestürzt ist, indem du nichts weniger [aus dem Contract] haftest; denn du haftest auch dann aus dem Kauf, wenn du mir ein Landgut verkauft hast, und dasselbe vor der Uebergabe des ausschliesslichen Besitzes confiscirt worden ist. Die rechtliche Wirkung hiervon ist jedoch nur die, daß du den [etwa schon entrichteten] Kaufpreis zurückgeben, nicht aber auch dasjenige gewähren mußt, um wieviel mir an der Übergabe des ausschliesslichen Besitzes gelegen war. Ebenso muß es nun meinem Erachten nach auch bei der Pachtung gehalten werden, so daß du nämlichden für die Zeit, wo ich den Genuß nicht gezogen habe, bereits von mir entrichteten Pachtzins wieder herausgeben mußt, zu etwas Weiterem aber durch die Klage aus dem Pacht nicht genöthigt wirst. Denn wenn dein Pächter am Genuß des Landgutes von dir selbst, oder von Jemandem, den du davon abhalten konntest, gehindert worden ist, so mußt du ihm soviel gewähren, als ihm am Genuß gelegen war, wohin auch sein Gewinn gerechnet wird; wenn er aber von Jemandem gestört wird, den du wegen eines unabwendbaren Naturereignisses, oder seiner Uebermacht nicht davon abhalten kannst, so brauchst du ihm nichts weiter, als den Pachtzins zu erlassen, oder zurückzugeben."

[401] Kaser/Knütel, Römisches Privatrecht, 2003, § 42, Rn. 9.

[402] So Seckel-Levy, in: SZ RA, 47 (1927), S. 221ff..

che Garantie zum einen eine unerträgliche Härte für den Vermieter wäre, zum anderen der sozialen Abhängigkeit des Mieters widerspräche und darüber hinaus auch in den Digesten zumeist der Verlust des Zinsanspruches gemeint sei.[403]
Wurde dem Mieter der Gebrauch der Mietsache aus einem anderen Grund als höherer Gewalt entzogen, so lag die Gefahr beim Mieter, er hatte sodann den Mietzins zu bezahlen, obschon ihm die Nutzung entging.[404]
Darüber hinaus hatte der Vermieter dafür Sorge zu tragen, daß sich die Sache in einem für den Gebrauch tauglichen Zustand befand, er hatte jedoch nicht für jegliche, den Gebrauch einschränkende Mängel zu haften.
Zu unterscheiden war zunächst, ob die Mietsache von Anfang an, d.h. bereits bei Einräumung des Gebrauchs, einen Mangel aufwies, oder ob der Mangel im Laufe der Mietzeit entstand. Für den Fall, daß dem Mieter eine schadhafte Sache vermietet wurde, d.h. daß der Mangel von Anfang an vorhanden war, so war nach Ulpian davon auszugehen, daß der Vermieter hierfür haftete, auch ohne daß der Vermieter von diesem Schaden wußte. Der Vermieter haftete dem Mieter insoweit auf das Interesse.[405]
Verschlechterte sich die vermietete Sache während der Mietzeit, so war die Rechtslage nicht eindeutig:
Auf den ersten Blick könnte man davon ausgehen, daß eine Differenzierung dergestalt vorgenommen wurde, daß nach der Ursache des Mangels unterschieden wurde. So weisen sowohl Honsell[406] als auch Kaser/Knütel[407] darauf hin, daß in dem Fall, in dem der Mieter, in dem der Gebrauch aufgrund eines Mangels, der aus der Sache selbst entstand, behindert war, die Gefahr hierfür allein beim Mieter lag. Dieses ergibt sich aus den Ausführungen Ulpians (D. 19,2,15,2)[408]. Man könnte damit davon ausgehen, daß der Vermieter nicht für in

---

[403] Kaser, Das römische Privatrecht, Bd. 1, 1955, S. 472, Fn. 25 mit Hinweis auf Ulp. D. 19,2,15,2 (*mercedes agri praestare*), Afr. D. 19,2,33 (*mercedes ... restituas*), vgl. Fn. 400.
[404] Alr. D. 19,2,33, vgl. Fn. 400.
[405] Vgl. Ulp. D. 19,2,19,1: „*Si quis dolia vitiosa ignarus locaverit, deinde vinum effluxerit, tenebitur in id quod interest nec ignorantia eius erit excusata: et ita Cassius scripsit. Aliter atque si saltum pascuum locasti, in quo herba mala nascebatur: hic enim si pecora vel demortua sunt vel etiam deteriora facta, quod interest praestabitur, si scisti, si ignorasti, pensionem non petes, et ita Servio Labeoni Sabino placuit.*"
Übersetzt nach Otto, Schilling, Sintenis: „Wenn Jemand, ohne es zu wissen, schadhaftes Gefäss vermiethet hat, und nachher der Wein herausgelaufen ist, so wird er auf das Interesse haften, und seine Unwissenheit findet keine Entschuldigung; dies hat Cassius auch gelehrt. Etwas Anderes ist es, wenn du einen Weidefleck verpachtet hast, wo schädliche Kräuter wachsen; wenn hier das Vieh gefallen oder schlechter geworden ist, so musst du, wenn du davon wusstest, das Interesse ersetzen, wenn du aber nichts davon wusstest, so kannst du blos den Pachtzins nicht fordern; hierin stimmen Servius, Labeo und Sabinus überein.".
[406] Honsell, Röm. Recht, 1994, § 49 III 2, S. 124.
[407] Kaser/Knütel, Römisches Privatrecht, 2003, § 42, Rn. 9.
[408] Vgl. Fn. 395.

der Mietsache steckende Defekte haftete, sein Anspruch auf die Mietzahlung vielmehr bestehen blieb. Diese Schlußfolgerung scheint jedoch zunächst im Widerspruch zu den Ausführungen bei Gaius zu stehen. So ist bei Gaius[409] die Rede davon, daß der Vermieter dem Mieter hafte, wenn die Helligkeit eines Stockwerkes durch den Bau eines Nachbarhauses verdunkelt werde, und daß der Vermieter schadhafte Fenster und Türen ausbessern lassen müsse. Aus der zitierten Stelle bei Gaius ergeben sich zwei Sachverhalte für eine Verpflichtung des Vermieters: Zum einen die Haftung für den „von außen kommenden Mangel", im konkreten Fall den Bau des Nachbarhauses und die damit verbundene Dunkelheit, zum anderen die Verpflichtung zur Ausbesserung schadhafter Fenster und Türen. Fraglich ist, wie die zweite der genannten Vermieterpflichten, d.h. die Pflicht zur Ausbesserung der Fenster und Türen, zu verstehen ist. Dieses ist leider unklar und in der Literatur nicht beantwortet. Nach Auffassung der Verfasserin umfaßt dieser Tatbestand jedoch nicht die Frage eines Gefahrüberganges auf den Vermieter und etwaige Schadenersatzansprüche des Mieters, sondern vielmehr die Frage, wer für notwendige Aufwendungen auf die Mietsache aufzukommen hat. Für diese hier vertretene Auffassung sprechen insbesondere auch die Ausführungen bei Kaser/Knütel,[410] die darauf hinweisen, daß die Vermieter die notwendigen Aufwendungen auf die Mietsache zu tragen habe und insoweit auf Ulpian (D. 19,2,19,4[411]) verweisen.

---

[409] Gai. D. 19,2,28,2: *„Si vicino aedificante obscurentur lumina cenaculi, teneri locatorem inquilino: certe quin liceat colono vel inquilino relinquere conductionem, nulla dubitatio est. De mercedibus quoque si cum eo agatur, reputationis ratio habenda est. Eadem intellegemus, si ostia fenestrasve nimium corruptas locator non restituat."*
Übersetzt nach Otto, Schilling, Sintenis: „Wenn die Hellung eines Stockwerks durch den Bau des Nachbars verdunkelt wird, so haftet der Vermiether [desfalls] dem Miethsmann; daß wenigstens dem Pächter oder Miethsmann freistehe, die Pachtung in Stich zu lassen, unterliegt keinem Zweifel. Auch in Ansehung des Pachtzinses [für die verflossene Zeit] muss, wenn wider ihn geklagt wird, Rücksicht [auf das ihm gebührende Interesse] genommen werden. Dasselbe verstehen wir auch dann, wenn der Vermiether zu sehr verdorbene Thüren und Fenster nicht ausbessern lässt.".

[410] Kaser/Knütel, Römisches Privatrecht, 2003, § 42, Rn. 11.

[411] Ulp. D. 19,2,19,4: *Si inquilinus ostium vel quaedam alia aedificio adiecerit, quae actio locum habeat? Et est verius quod Labeo scripsit competere ex conducto actionem, ut ei tollere liceat, sic tamen, ut damni infecti caveat, ne in aliquo dum aufert deteriorem causam aedium faciat, sed ut pristinam faciem aedibus reddat."*
Übersetzt nach Otto, Schilling, Sintenis: „Welche Klage findet statt, wenn der Miethsmann in einem Gebäude eine Thür oder sonst etwas anderes eingesetzt hat? Labeo hat Recht, wenn er sagt, es stehe ihm die Klage aus dem Pacht auf Wiederhinwegnahme zu, jedoch dergestalt, daß er wegen drohenden Schadens Sicherheit bestellten muß, bei der Hinwegnahme die Beschaffenheit des Gebäudes nicht zu verschlechtern, sondern deren vorige Gestalt wiederherstellen zu wollen."

Zur Durchsetzung seiner Interessen stand dem Mieter gegen den Vermieter die sog. *actio conducti* zu.[412] Diese umfaßte sämtliche Verpflichtungen des Vermieters gegenüber dem Mieter. Mit Hilfe der *actio conducti* konnte der Mieter demnach z.B. sowohl Schadenersatzansprüche als auch die Gebrauchsüberlassung der gemieteten Sache verlangen. Problematisch war jedoch, wie oben bereits dargelegt[413], daß im klassischen römischen Recht Verurteilung und Zwangsvollstreckung stets auf Geld gerichtet waren. Für den Fall, daß der Vermieter seiner Pflicht, dem Mieter die Sache zu überlassen, nicht nachkam, hatte der Mieter zwar einen Anspruch aus der *actio conducti*, dieser war jedoch auf Schadenersatz gerichtet, die Klage bewirkte somit keine Erzwingung des Sachgebrauchs[414].

---

[412] Vgl. Kaser/Knütel, Röm. Privatrecht, 2003, § 42, Rn. 3.
[413] Vgl. oben S. 91.
[414] Vgl. u.a. Alf. D. 19,2,30 oder Lab. D. 19,2,60:
Alf. D. 19,2,30: „*Qui insulam triginta conduxerat, singula caenacula ita conduxit, ut quadraginta ex omnibus colligerentur: dominus insulae, quia aedificia vitium facere diceret, demolierat eam: quaesitum est, quanti lis aestimari deberet, si is qui totam conduxerat ex conducto ageret. Respondit, si vitiatum aedificium necessario demolitus esset, pro portione, quanti dominus praediorum locasset, quod eius temporis habitatores habitare non potuissent, rationem duci et tanti litem aestimari: sin autem non fuisset necesse demoliri, sed quia melius aedificare vellet, id fecisset, quanti conductoris interesset, habitatores ne migrarent, tanti condemnari oportere.*"
Übersetzt nach Otto, Schilling, Sintenis: „Jemand, der ein Gehöfte für dreissig[tausend Sestertien] gemiethet hatte, vermiethete wiederum die einzelnen Stockwerke dergestalt, daß aus allen im Ganzen vierzig[tausend] einkamen; der Eigentümer des Gehöftes riss es darauf unter dem Vorwand ein, es sei baufällig; nun entstand die Frage, wie hoch der Streit gewürdert werden dürfe, wenn derjenige, der das ganze Gehöfte gemiethet, aus dem Pacht Klage erhebt? Die Antwort hat gelautet: wenn ein baufälliges Gebäude nothwendiger Weise habe eingerissen werden müssen, so werde von der Summe, wofür es der Eigenthümer vermiethet, der verhältnissmässige Antheil für den Zeitraum, wo die Bewohner nicht [im Hause] wohnen konnten, abgezogen, und der Streit so hoch gewürdert; wäre aber das Niederreissen nicht nöthig gewesen, sondern habe er es bloß gethan, um es besser wieder aufzubauen, so müsse er zu soviel verurtheilt werden, als der Miether dabei betheiligt war, daß die Bewohner nicht zum Ausziehen genöthigt gewesen wären."
Lab. D. 19,2,60: „*Cum in plures annos domus locata est, praestare locator debet, ut non solum habitare conductor ex calendis illis cuiusque anni, sed etiam locare habitatori si velit suo tempore possit. Itaque si ea domus ex kalendis Ianuariis fulta in kalendis Inuiis permansisset, ita ut nec habitare quisquam nec ostendere alicui posset, nihil locatori conductorem praestaturum, adeo ut nec cogi quidem posset ex kalendis Iuliis refecta domu habitare, nisi si paratus fuisset locator commodam domum ei ad habitandum dare.*"
Übersetzt nach Otto, Schilling, Sintenis: „Wenn ein Haus auf mehrere Jahre vermiethet worden ist, so muss der Vermiether dafür stehen, daß der Miether nicht nur von dem contractsmässigen Anfang darin wohnen, sondern auch, wenn er sonst wolle, es an einen Bewohner zu seiner Zeit vermiethen könne. Wenn daher das Haus vom ersten Januar an gestützt den ersten Juni noch in demselben Zustande ist, so daß man es weder bewohnen, noch Jemanden zeigen

Die *actio conducti* war eine reine *actio in personam*[415] und war passiv vererblich. Mit der *actio conducti* konnte der Mieter gegen den Vermieter beispielsweise wegen der Überlassung einer schadhaften Mietsache vorgehen.
Für die Geltendmachung der verschiedenen Schadenersatzansprüche und zur Durchsetzung seiner Rechte aus dem Mietvertrag stand dem Mieter demnach stets die *actio conducti* als umfassendes, aber auch in Hinblick auf die Besonderheiten des Mietverhältnisses einziges Rechtsschutzmittel zur Verfügung. Die Effektivität des Rechtsschutzes mag bezweifelt werden, da die Verurteilung stets auf Geld gerichtet war und etwa die für den Mieter mitunter lebenswichtige Überlassung der gemieteten Wohnung nicht durchgesetzt werden konnte.

II. Die Besonderheiten des im 19. Jahrhunderts geltenden gemeinen Rechts

Wie auch im klassischen römischen Recht stand dem Mieter auch im gemeinen Recht die Klage aus dem Vertrag, d.h. die *actio conducti*, gegen den Vermieter zu, mit der er auf die Erfüllung **aller** vertragsmäßigen Pflichten klagen konnte.
Die Verpflichtungen des Vermieters finden sich etwa gut zusammengefaßt in den Ausführungen Seufferts[416]:
„Der Locator ist 1) verbunden, die vermiethete oder verpachtete Sache dem Conductor sammt deren Pertinenzen zu überliefern; 2) dieselbe während der Dauer des Verhältnisses in brauchbarem Stande zu erhalten, insbesondere jede dem Conductor nachteilige Veränderung zu unterlassen, und nothwendige Reparaturen auf seine Kosten vorzunehmen; 3) die auf der Sache haftenden Lasten zu tragen; 4) die von dem Conductor gemachten nothwendigen Verwendungen unbedingt, die nützlichen, sofern dadurch die Sache auf die Dauer verbessert ist, zu vergüten; 5) für den ganzen Umfang des Verschuldens zu haften, insbesondere dem Conductor volle Entschädigung zu leisten, wenn durch sein, des Locators, Verschulden die überlassene Benützung entzogen oder geschmälert wurde. - Die dem Conductor gegen den Locator zustehende Klage heißt actio conducti.“[417]
Anders als im klassischen römischen Recht konnte dabei der Vermieter jedoch nicht nur auf eine Geldleistung verurteilt werden. Es war nunmehr auch möglich, mit Hilfe der *actio conducti* etwa die Gebrauchsüberlassung der gemieteten Sache durchzusetzen. Bereits Genius hatte in seinem Werk festgestellt, daß am Ende der von ihm beschriebenen Periode der Mieter sein Recht auf Gebrauchs-

---

kann, so braucht der Miether dem Vermiether gar nichts zu zahlen, ja er kann nicht einmal zur Bewohnung genöthigt werden, wenn das Haus den ersten Juli wieder ausgebessert ist, ausser wenn der Vermiether sich bereit erklärt hätte, ihm ein anderes bequemes Haus zum Bewohnen [einstweilen] zu verschaffen.“.

[415] D.h. die *actio* war gegen eine Person gerichtet und mit ihr wurde ein relatives Recht verfolgt; vgl. Honsell, Röm. Recht, 1994, § 26 II, S. 71.

[416] Siehe auch die kurze Zusammenstellung bei Thibaut, Pandektenrecht, 1833, Bd. 2, § 514.

[417] Seuffert, Praktisches Pandektenrecht, 1825, Bd. 2, § 327.

überlassung durchsetzen konnte, nicht mehr allein auf Schadenersatz in Geld angewiesen war.[418] Diese Feststellungen lassen sich für das 19. Jahrhundert ebenfalls treffen. Zu verweisen ist hier auf die umfassenden Darlegungen Ziebarths zu der Möglichkeit der „Realexecution" des Mieters.[419] Spätestens mit dem Inkrafttreten der reichseinheitlichen Civilprozeßordnung im Jahr 1877 war die Möglichkeit einer Zwangsvollstreckung zur Gebrauchsüberlassung unzweifelhaft normiert und geltendes Recht. § 771 Abs. 1 der Civilprozeßordnung vom 30.01.1877 sah vor, daß in dem Fall, in dem der Schuldner eine unbewegliche Sache zu überlassen hatte, es Sache des Gerichtsvollziehers war, den Schuldner aus dem Besitz zu entsetzen und den Gläubiger in den Besitz einzuweisen. Dabei war in der gemeinrechlichen Literatur anerkannt, daß diese Regelung für die Überlassung zum Zwecke der Übertragung von juristischem Besitz und Detention gleichermaßen galt.[420]

In Erweiterung des klassischen römischen Rechts umfaßte die *actio conducti* in der Form des gemeinen Rechts auch die Klage auf Gewährung des freien Abzuges bei Beendigung des Mietverhältnisses. Im klassischen römischen Recht war der freie Auszug noch mit der Hilfe des sog. *interdictum de migrando* durchgesetzt worden.[421]

Neben der Vertragsklage standen dem Mieter weitere Entschädigungsklagen gegen den Vermieter zur Verfügung, sofern deren gesetzliche Voraussetzungen vorlagen. Dieses waren unter anderem die Klagen wegen Zwang und Bedrohung (sog. *actio quod metus causa*), wegen Arglist und Betrug (sog. *actio doli*) sowie Klagen aus der *Lex Aquilia*[422] (sog. *actio legis Aquiliae*), das gemeine Recht sprach insoweit von Klagen aus dem Aquilischen Gesetz.[423]

Ob dem Mieter auch eine Klage wegen Handelns gegen ein Verbot (sog. *interdictum quod vi aut clam*) zustand, war umstritten, in der Praxis aber teilweise anerkannt.[424]

Insgesamt anerkannte die gemeinrechtliche Lehre als Klagemöglichkeiten des Mieters gegen den Vermieter neben der Vertragsklage alle Klagen aus Delikt,

---

[418] Genius, Bestandsschutz, 1972, S. 116, S. 141f. und S. 190.

[419] Ziebarth, Realexekution und Obligation, 1866, S. 166ff..

[420] Seuffert, CPO-Kommentar, 4. Aufl., 1889, § 771 Anm. 1.

[421] Brückner, Wohnungsmiethe, 1877, S. 75, Fn. 1 mit Hinweis auf: Hermann, Der Miethvertrag, 1840, § 126, Fn. 6. Anders: Thibaut, Pandektenrecht, 1833, Bd. 2, § 514.

[422] Die Lex Aquilia aus dem Jahr 286 v. Chr. enthielt eine generelle Ordnung des Rechts der Sachbeschädigung. Vgl. hierzu etwa Honsell, Röm. Recht, 1994, § 60 II, S. 147ff..

[423] Brückner, Wohnungsmiethe, 1877, S. 76; Eine weitere ausführliche Auflistung der Klagemöglichkeiten findet sich bei Ziebarth, Realexekution und Obligation, 1866, S. 142.

[424] In der Praxis wurde dem Mieter diese Klagemöglichkeit teilweise zugestanden (vgl. Brückner, Wohnungsmiethe, 1877, S. 76, Fn. 3), während in der Literatur teilweise eine solche Klagemöglichkeit abgelehnt wurde (vgl. u.a. Ziebarth, Realexekution und Obligation, 1866, S. 142).

des weiteren Klagen wegen Arglist, d.h. die *actio doli* oder wegen Zwangs, d.h. die *actio quod metus causa*, und die Klagen, die eine ausschließliche Beziehung auf die Person des Mieters hatten, wie etwa die *actio iniuriarum*. Klagen hingegen, die dem Vermieter als Repräsentanten der Sache zustanden und dessen Herrschaftsverhältnis zur Sache schützen sollten, standen dem Mieter nicht zu. Anerkannt wurden auch Klagen, die dem Mieter aufgrund besonderer Rechtsgeschäfte, die in einer Beziehung zur Sache standen,[425] zustanden, sofern sie nicht eine Realexekution erzeugten.[426]
Auch gegen Dritte standen dem Mieter verschiedene Klagemöglichkeiten zur Seite: So konnte er unter anderem mit den oben genannten Entschädigungsklagen gegen den Vermieter auch gegen Dritte vorgehen. Neben diesen Entschädigungsklagen gegen Dritte stand dem Mieter auch eine Klage wegen eines Anspruchs auf Schadensersatzversprechen zu.[427]

I. Haftung des Mieters – Klagemöglichkeiten des Vermieters

1. Die Grundlagen im klassischen römischen Recht

Der Mieter hatte dem Vermieter den Mietzins zu zahlen und nach Ende der Mietzeit den Mietgegenstand an den Vermieter herauszugeben. Im Umgang mit der Mietsache haftete der Mieter dem Vermieter dabei für Vorsatz und Fahrlässigkeit.[428] Bei Diokletian[429] wurde auch eine *custodia*-Haftung[430] des Mieters erwähnt. Ob es eine solche *custodia*-Haftung aller Mieter bereits im klassischen römischen Recht gab, ist umstritten,[431] muß aber an dieser Stelle nach Auffassung der Verfasserin nicht näher untersucht werden, da diese Frage letztlich keine Bedeutung für die vorliegende Arbeit hat.
Kam der Mieter seinen vertraglichen Pflichten nicht nach, so stand dem Vermieter die Vertragsklage gegen den Mieter zu. Dem synallagmatischen Charakter der *locatio conductio* entsprach im klassischen römischen Recht auch eine Gegenseitigkeit der Klagen. Während dem Mieter die erwähnte *actio conducti* zustand, hatte der Vermieter gegen den Mieter die Klagemöglichkeit aus der *actio*

---

[425] Ziebarth nennt hier als Beispiele Commodat und Depositum, vgl. Ziebarth, Realexekution und Obligation, 1866, S. 143.
[426] Ziebarth, Realexekution und Obligation, 1866, S. 142f.; Zur Problematik der Realexekution vgl. auch oben S. 102 und unten Kapitel 4.
[427] Brückner, Wohnungsmiethe, 1877, S. 15.
[428] Ulp. D. 13,6,5,2; Mayer-Maly, Röm. Privatrecht, 1991, § 28 II 2, S. 119.
[429] Diocletian Codex IV, 65,28: „*In iudicio tam locati quam conducti dolum et custodiam, non etiam casum, cui resisti non potest, venire constat.*"
Übersetzt nach Otto, Schilling, Sintenis: „Bei der Verpachtklage sowohl als bei der Pachtklage wird bekanntlich auf Arglist und [nicht geleistete] Obhut, nicht aber auf Zufälle, denen man nicht widerstehen kann, gesehen."
[430] D.h. eine Haftung, die sich allein aus der Bewachung des Vertragsgegenstandes ergab.
[431] Mayer-Maly, Röm. Privatrecht, 1991, § 28 II 2, S. 119.

locati.[432] Darüber hinaus standen dem Vermieter weitere Klagemöglichkeiten zu: So konnte der Vermieter als Besitzer mittels *interdictum uti possidetis* oder einer *rei vindicatio* die Räumung einer vermieteten Wohnung auch schon vor dem Vertragsende durchsetzen, ohne daß dem Mieter dagegen ein wirksames Verteidigungsmittel zustand.[433] Der Mieter mußte die von ihm gemietete Wohnung räumen, wenn der Vermieter die Sache für sich selbst brauchte oder ein Fall notwendiger Reparaturen gegeben war.[434] Der dem Mieter aus dieser Situation heraus entstehende Entschädigungsanspruch wegen der Nichtgewährung der Mietwohnung ging verloren, wenn der Mieter nicht eine andere vom Vermieter angebotene Wohnung annahm.[435]

Neben den erwähnten Rechtsmitteln stand dem Vermieter zur Sicherung seiner Ansprüche bereits nach dem klassischen römischen Recht an den vom Mieter in die gemietete Wohnung eingebrachten Sachen ein Pfandrecht zu. Dieses Vermieterpfandrecht entstand unabhängig vom Wissen des Vermieters um die eingebrachten Sachen.[436]

---

[432] Vgl. Kaser/Knütel, Röm. Privatrecht, 2003, § 42, Rn. 3.

[433] Ob der Mieter eine Möglichkeit zur Verteidigung hatte, ist umstritten, vgl. hierzu Fischer, Kauf bricht Miethe, 1888, S. 318.

[434] Codex, IV, 65,3 (vgl. oben Fn. 232).

[435] Ulp. D. 19,2,9: „*Si quis domum bona fide emptam vel fundum locaverit mihi isque sit evictus sine dolo malo culpaque eius, Pomponius ait nihilo minus eum teneri ex conducto ei qui conduxit, ut ei praestetur frui quod conduxit licere. Plane si dominus non patitur et locator paratus sit aliam habitationem non minus commodam praestare, aequissimum esse ait absolvi locatorem.*"

Übersetzt nach Otto, Schilling, Sintenis: „Wenn mir Jemand ein im guten Glauben gekauftes Haus oder Landgut verpachtete hat, und dasselbe ohne Hinzukommen von Arglist oder Schuld entwährt worden ist, so, sagt Pomponius, hafte er dem Pächter nichts desto weniger aus dem Pacht, so daß ihm der freie Genuss des erpachteten [Hauses oder Landgutes] gewährt werden muss. Wenn freilich der Eigenthümer dies nicht leiden will und der Verpächter bereit ist, eine andere nicht weniger bequeme Wohnung zu verschaffen, so, sagt er, sei es billig, den Verpächter freizusprechen.".

[436] Codex IV, 65,5: „*Certi iuris est ea, quae voluntate dominorum coloni in fundum conductum induxerint, pignoris iure dominis praediorum teneri. quando autem domus locator, non est necessaria in rebus inductis vel illatis scientia domini: nam ea quoque pignoris iure tenentur.*"

Übersetzt nach Otto, Schilling, Sintenis: „Es ist gewissen Rechtens, daß die Sachen, welche die Pachter mit Willen des Eigenthümers in das verpachtete Grundstück gebracht haben, den letztern nach Pfandrecht haften. Wenn aber ein Haus vermiethet wird, so ist nicht erforderlich, daß der Eigenthümer um die eingebrachten Sachen wisse; denn dies haften auch [ohnedies] nach Pfandrecht.".

II. Die Besonderheiten des im 19. Jahrhunderts geltenden gemeinen Rechts

Nach dem gemeinen Recht hatte der Mieter die folgenden, bei Seuffert[437] systematisch zusammengefaßten Pflichten:

„Der Conductor hat (gegen den Locator) das Recht auf Benützung der Sache, und erlangt durch Perception das Eigenthum der Früchte. Dagegen ist er verbunden 1) das versprochene Miethgeld in den bedungenen oder herkömmlichen Fristen, sonst aber nach Endigung des Verhältnisses zu entrichten; 2) die Sache nach Erlöschung seines Vertragsrechtes an den Locator zurückzugeben; 3) allen durch ein Verschulden, insbesondere durch Vernachlässigung der custodia, durch unwirthschaftlichen oder vertragswidrigen Gebrauch, oder durch Dereliction der Sache verursachten Schaden zu ersetzen. Für die durch rechtmäßigen Gebrauch bewirkte Abnützung und zufällige Beschädigung steht er nicht. - Der Conductor wird auf die Erfüllung seiner Verbindlichkeiten mit der actio locati belangt."[438]

Eine Konkretisierung der Pflichten des Wohnraummieters im Umgang mit dem gemieteten Quartier findet sich bei Brückner:

„Der Miether hat das Quartier pfleglich und vertragsgemäß zu behandeln. Es liegt ihm in Folge dessen auch die Reinigung der ihm zur alleinigen oder zur Mitbenutzung überlassenen Räume ob. So hat er für die Reinigung der Fußböden, der zu seinem Logis gehörigen Treppenaufgänge, der im Quartier befindlichen Oefen, für die Reinigung des Waschhauses oder Hofes nach deren jedesmaliger Benutzung zum Waschen oder Holzmachen zu sorgen, auch zu seinem Antheil den Aufwand für die Reinigung der Schlöte von dem – durch seine Feuerung mit erzeugtem – Ruße zu übernehmen. Die Reinigung der Abtrittsgrube ist in der Regel Sache des Vermiethers (Hauseigenthümers), der dafür auch den darin angesammelten Dünger bezieht. Dem Hauseigenthümer fällt ferner, soweit Ortsstatute oder Polizeiverordnungen nichts Anderes bestimmen, die Reinigung der vor dem Hause führenden Plattengänge und Straßentheile zu. Wird solche vom Miether bewirkt, so ist derselbe berechtigt, dem Vermiether den diesfallfigen Aufwand in Anrechnung zu bringen."[439]

Die Erfüllung sämtlicher Verbindlichkeiten aus dem Mietvertrag konnte der Vermieter direkt aus dem Mietvertrag mit der *actio locati* einklagen. Mit der Vertragsklage in der Form der Exmissionsklage konnte insbesondere auch die Räumung der Mietwohnung verlangt und die einseitige Vertragsaufhebung vor Zeitablauf aus den oben genannten Gründen durchgesetzt werden.

Wichtig war im Falle der Räumung einer Wohnung die Tatsache, daß dem Vermieter kein Recht zur Selbsthilfe zustand, wenn sich der Mieter der Räumung

---

[437] Siehe auch die kurze Zusammenstellung bei Thibaut, Pandektenrecht, 1833, Bd. 2, § 515.

[438] Seuffert, Praktisches Pandektenrecht, 1825, Bd. 2, § 328.

[439] Brückner, Wohnungsmiethe, 1877, S. 32f..

widersetzte.[440] Auch in mittelbarer Weise, z.B. durch das Aushängen von Fenstern und Türen, durfte der Vermieter nicht selbst die Räumung durchsetzen. Übte der Vermieter dennoch Selbsthilfe aus, so setzte er sich zum einen Entschädigungsansprüchen des Mieters, zum anderen einer möglichen Verurteilung wegen Nötigung aus.
Gegen die Vertragsklage als Exmissionsklage stand dem Mieter eine besonders hervorzuhebende Einrede zu: Der Mieter hatte ein Zurückbehaltungsrecht, wenn er seinerseits einen Anspruch gegen den Vermieter wegen Aufwandsentschädigungen für auf die Wohnung gemachte Aufwendungen hatte. Bis zur Zahlung des Vermieters auf diesen Ersatzanspruch konnte er die Rückgabe der Wohnung verweigern. Das Zurückbehaltungsrecht bedeutete aber nicht, daß der Mieter die Wohnung auch weiterhin bewohnen durfte. Für eine weitere Nutzung der Wohnung hatte er den Vermieter zu entschädigen.[441]
Weiterhin konnte mit der Vertragsklage auch der Mietzins vom Mieter verlangt werden, wenn er die Nutzung der gemieteten Sache unterließ. Auch in diesem Fall war der Mieter nämlich zu Mietzinszahlung verpflichtet, es sei denn, der Vermieter hätte sofort an einen anderen vermieten können.[442]
Neben dem rückständigen Mietzins konnte der Vermieter unter Umständen auch die Verzinsung des rückständigen Mietzinses verlangen. Dieses war jedoch nur unter den Voraussetzungen des Verzuges möglich.[443]
Über die Vertragsklage hinaus standen dem Vermieter die „dingliche Klage“, d.h. die *rei vindicatio*, oder im Falle einer partiellen Eigentumsverletzung die Negatorienklage[444] und die Besitzklagen[445] zu.
Zur Verfolgung von Entschädigungsansprüchen standen dem Vermieter darüber hinaus noch die Klage aus dem Aquilischen Gesetz und die Klage wegen Handelns gegen fremden Willen (*interdictum quod vi aut clam*) zu. Hierbei war zu beachten, daß sich die beiden zuletzt genannten Klagen gegenseitig und auch die *actio locati* ausschließen.[446]

---

[440] Brückner, Wohnungsmiethe, 1877, S. 71; Meißner, Der Miethvertrag nach dem im Königreich Sachsen geltenden Recht, 1874, S. 61.
[441] Brückner, Wohnungsmiethe, 1877, S. 73.
[442] Seuffert, Praktisches Pandektenrecht, 1825, Bd. 2, § 328, Fn. 2.
[443] Seuffert, Praktisches Pandektenrecht, 1825, Bd. 2, § 328, Fn. 2.
[444] Im Gegensatz zur heutigen Ausformung der *actio negatoria* in § 1004 BGB bezog sich diese Klage im römischen und gemeinen Recht nicht auf alle Fälle der Störung und Beeinträchtigung des Eigentums, sondern verneinte ein vom Beklagten behauptetes Recht an der Sache. Die *actio negatoria* diente der Klärung des Streits um das Bestehen von Eigentumsbelastungen etwa durch Grunddienstbarkeiten oder Nießbrauch.
[445] Zum possessorischen Besitzschutz durch Interdikte (d.h. durch das *interdictum uti possidetis* und *interdictum unde vi*) wird auf die oben zum römischen Recht getroffenen Anmerkungen verwiesen.
[446] Brückner, Wohnungsmiethe, 1877, S. 73.

Im Hinblick auf die dem Vermieter zustehenden Schadenersatzansprüche haftete der Mieter, wie schon im klassischen römischen Recht, auch im gemeinen Recht nicht für Zufall und höhere Gewalt.[447]
Neben den genannten gerichtlichen Rechtsmitteln war streitig, ob dem Vermieter (und auch dem Mieter)[448] im außergerichtlichen Bereich die Anfechtung des Vertrages aufgrund der sog. *laesio enormis* zusteht.
Dieses Rechtsmittel ergab sich im gemeinen Recht aus der analogen Anwendung der im klassischen römischen Recht zum Kaufrecht entwickelten *laesio enormis*.
Schon im klassischen römischen Recht galt die Regel, daß der Verkäufer so teuer, wie möglich verkaufen, der Käufer so günstig, wie möglich, kaufen durfte.[449]
Es galt als natürlich und selbstverständlich, daß jede Vertragspartei ihren Vorteil suchte. Dieser Möglichkeit der Übervorteilung wurden gewisse Grenzen gezogen, indem der Verkäufer, wenn er weniger als die Hälfte des wahren Wertes der Sache erlangt hatte, ein gesetzliches Rücktrittsrecht hatte und der Käufer den Vertrag nur durch Nachzahlung bis zum Betrag des wahren Wertes aufrecht erhalten konnte.[450]
Zu der Geschichte und Entwicklung des Rechtsinstitutes der *laesio enormis* in Deutschland ist zunächst auf die umfassende Darstellung in der Dissertation von Schulze[451] zu verweisen. Vorliegend ist allein die Frage interessant, inwieweit die aus dem Kaufrecht stammende Läsionsanfechtung für ein Mietverhältnis von Bedeutung sein konnte.
In der gemeinrechtlichen Lehre bestand Streit darüber, ob das Rechtsmittel der *laesio enormis* nicht auf den Kauf von Grundstücken beschränkt sei oder ob die wahre Bedeutung der *laesio enormis* nicht erst dann zum Vorschein trete, wenn man sie auch auf den Käufer und auf alle gegenseitigen Verträge erstrecken

---

[447] Thibaut, Pandektenrecht, 1833, Bd. 2, § 515.
[448] Erwähnt wird die Anfechtung des Mietvertrages mit der *laesio enormis* üblicherweise bei Rechtsmitteln des Vermieters, so etwa bei Brückner, Wohnungsmiethe, 1877, S. 73, was auf den Ursprung der *laesio enormis* im römischen Kaufrecht zurückgehen dürfte, daß diese Anfechtungsmöglichkeit für den Verkäufer vorsah. Allerdings geht Brückner davon aus, daß auch die Mieter diese Möglichkeit hatte, vgl. Brückner, a.a.O..
[449] Vgl. Paul. D. 19,2,22,3 (vgl. oben Fn. 161).
[450] Vgl. Codex Iustiniani, l. 4, c 44,2, Impp. Diocletianus et Maximianus AA. Aurelio Lupo, anno 285:
„Rem maioris pretii si tu vel pater tuus minoris pretii distraxit, humanum est, ut vel pretium te restituente emptoribus fundum venditum recipias auctoritate intercedente iudicis, vel, si emptor elegerit, quod deest iusto pretio recipies. Minus autem pretium esse videtur, si nec dimidia pars veri pretii soluta sit."
Vor diesem Hintergrund ist auch das Höchstpreisedikt Diocletians aus dem Jahr 301 zu sehen.
[451] Wolfgang Georg Schulze, Die *laesio enormis* in der deutschen Privatrechtsgeschichte, Münster 1973.

würde.[452] Die Anwendbarkeit der Regeln über die *laesio enormis* wurde unter anderem über die nahe Verwandtschaft von Kauf und Miete und der damit verbundenen Anwendung kaufrechtlicher Regeln auf das Mietrecht begründet.[453]
Hinweise, ob in der Praxis ein Rücktritt des Vermieters oder auch des Vermieters vom Mietvertrag anerkannt wurde, wenn er einen zu geringen Mietzins erhielt bzw. einen zu hohen Mietzins zahlte, lassen sich nicht finden. Es ist daher anzunehmen, daß der Streit, ob die *laesio enormis* auch auf andere gegenseitige Verträge als den Kaufvertrag anzuwenden sei, ein rein wissenschaftlicher war und für die Praxis keine Bedeutung hatte.
In der Folge wurde das Institut der *laesio enormis* vor allem wegen eines Mangels an der juristischen Logik und Begründung kritisiert, da weder eine Rückführung auf den Irrtum noch auf den Betrug möglich ist.[454]
Aus der Sicht des Vermieters stellten weiterhin Pfand- und Zurückbehaltungsrechte an den vom Mieter in die Wohnung eingebrachten Sachen wichtige Rechte dar.
Das gemeine Recht gewährte dem Vermieter eines städtischen Grundstücks ein gesetzliches Pfandrecht an den eingebrachten Sachen des Mieters. Im einzelnen setzte das Entstehen des Pfandrechts das Folgende voraus:[455]

- Die Sachen des Mieters, an denen ein Pfandrecht entstehen sollte, mußten zum Zweck der Benutzung in der gemieteten Wohnung in die Wohnung als regelmäßigen Aufbewahrungs- oder Standort eingebracht werden. Das Pfandrecht konnte jedoch nur an Gegenständen entstehen, die nicht von der gerichtlichen Zwangsvollstreckung ausgeschlossen waren, es entstand zum Zeitpunkt der Einbringung der Sache in die Wohnung, selbst dann, wenn noch kein zu sichernder Anspruch bestand.
- Das Pfandrecht bestand nur für denjenigen, der Verfügungsgewalt über ein vermietetes städtisches Grundstück hatte, nicht aber für Personen, die beispielsweise nur Rechte auf Mietzinszahlungen aus abgetretenem Recht hatten.
- Das Pfandrecht entstand nur im Zusammenhang mit Ansprüchen, die aus dem Mietvertrag selbst herrührten und mit der Vertragsklage verfolgt werden konnten, in den häufigsten Fällen also Ansprüchen auf Mietzinszahlungen.

Für den Fall, daß der Mieter die von ihm gemietete Wohnung weitervermietet hatte[456], stand dem Mieter in den eben geschilderten Voraussetzung ein Pfand-

---

[452] Windscheid, Pandekten, 7. Aufl. 1891, § 396 Fn. 2 und Fn. 10 mit Nachweisen derer, die eine Ausweitung der Anwendung befürworten.
[453] So etwa Holzschuher, Theorie und Casuistik des gemeinen Civilrechts, Bd. II, 2. Abt. 1847, S. 756 mit Hinweis auf D. 19,2,22,3 (vgl. oben Fn. 161).
[454] Protokolle zum Dresdner Entwurf, S. 1702-1708.
[455] Brückner, Wohnungsmiethe, 1877, S. 77ff..

recht an den Sachen des Untermieters zu, woran wiederum der Vermieter ein sog. „Afterpfandrecht" bis zur Bezahlung des Untermietzinses hatte.

J. Zusammenfassung

Der Mieter hatte im klassischen römischen Recht eine ungünstige soziale Stellung. Dieses lag vor allem an dem Vermietungswesen und den sozialen Strukturen in Rom und anderen bevölkerungsreichen Städten. Die reichen Schichten wohnten in luxuriösen Häusern in der Stadt oder Villen auf dem Land. In diesen Häusern lebten sie allein mit ihrer Familie und den Sklaven. Mieter in ihre eigenen Häuser aufzunehmen, war den Römern fremd. Nur vereinzelt finden sich in der klassisch römischen Literatur Hinweise auf wohlhabende und angesehene Mieter. So berichtet etwa Cicero in einigen seiner Briefe von Verwandten als Mieter.[457] Zumeist bestimmte aber eine andere Klasse der Mieter das Bild: In den *insulae*, mehrere Stockwerke hohen Mietskasernen, die teilweise unsolide und feuergefährlich gebaut waren, wohnten Klienten und Freigelassene, zum Teil unentgeltlich, sowie Fremde, die sich vorübergehend in den Städten aufhielten.[458] Zur Miete wohnte demnach die „Unterschicht", die nicht die Macht hatte, ihre Interessen durchzusetzen. Aus dieser Situation heraus erklärt sich die insgesamt schlechte soziale Lage der Mieter. Diese schlechte soziale Lage der Mieter wurde durch den mangelnden rechtlichen Schutz noch begünstigt. Die „Masse der Großstadtbevölkerung", die nach Kaser rund um die Wende der Zeitrechnung in den Mietwohnungen lebte, war „vermöge der Vertragsfreiheit der Willkür des Vermieters" preisgegeben.[459] Dem Mieter fehlten völlig Rechtsschutzmöglichkeiten gegen Dritte, er wurde insbesondere nicht als Besitzer im Rahmen des Interdiktenschutzes geschützt, war darüber hinaus im Falle der Veräußerung der Mietsache in keiner Weise gegen eine sofortige Vertragsbeendigung

---

[456] Das gemeine Recht kannte ebenso wie das klassische römische Recht die Untermiete. Im römischen Recht war diese Möglichkeit gegeben, wenn die Parteien des Mietvertrages nicht etwas anderes vereinbart hatten. Vgl. u.a. Codex IV, 65,6: *„Nemo prohibetur rem quam conduxit fruendam alii locare, si nihil aliud convenit."* Übersetzt nach Otto, Schilling, Sintenis: „Niemanden ist verwehrt, eine erpachtete Sache einem Andern zur Benutzung [weiter] zu verpachten, wenn nicht ein Anders verabredet worden ist." Oder Lab D. 19,2,60: *„Cum in plures annos domus locata est, praestare locator debet, ut non solum habitare conductor ex calendis illis cuiusque anni, sed etiam locare habitatori si velit suo tempore possit."* Übersetzt nach Otto, Schilling, Sintenis: „Wenn ein Haus auf mehrere Jahre vermiethet worden ist, so muss der Vermiether dafür stehen, daß der Miether nicht nur von dem contractsmässigen Anfang an darin wohnen, sondern auch, wenn er sonst wolle, es an einen Bewohner zu seiner Zeit vermiethen könne.".
Das gemeine Recht hatte diese Möglichkeit übernommen.

[457] Cicero ad Atticum 12,32,3 und 13,38,1.

[458] Jacobi, Miethe und Pacht, 1889, S. 30.

[459] Kaser, Das römische Privatrecht, Bd. 1, 1955, S. 165.

des neuen Eigentümers gesichert. Wenn auch in manchen Bereichen die Regelungen für den Mieter auf den ersten Blick nicht ungünstig waren, wie etwa im Bereich der Gefahrtragung, wenn der Sachgenuß durch ein unverschuldetes Ereignis vereitelt wurde, so waren diese Möglichkeiten, doch in der Praxis wenig hilfreich, da es „an jeglichen Zwangsvorschriften“ fehlte, „die die übermächtigen Vermieter und Arbeitgeber daran hindern, im konkreten Vertrag von diesen Regeln abzuweichen und härtere Bedingungen festzusetzen“[460].

Das Mietrecht in der gemeinrechtlichen Lehre des 19. Jahrhunderts wurzelte einerseits fest im klassisch römischen Recht, wich aber andererseits in einigen wichtigen Punkten von ihm ab.

Im gemeinen Recht war das Mietrecht, wie auch im klassischen römischen Recht, rein obligatorischer Natur. Der Mieter hatte eine verhältnismäßig schwache Stellung, was vor allem daran lag, daß er nach wie vor nicht als Besitzer der Sache der gemieteten Sache angesehen wurde. Anders als im klassischen römischen Recht, nach dem der possessorische Schutz des Besitzers mittels Interdikten vollständig ausgeschlossen war, fanden sich in der gemeinrechtlichen Lehre des 19. Jahrhunderts Bestrebungen, die dem Mieter possessorischen Schutz gewähren wollten. So brachte unter anderem die teilweise Anerkennung der Spolienklage eine Besserstellung des Mieters.

Insgesamt war die Stellung des Mieters jedoch weiterhin schwach, zum einen, da nur teilweise ein Besitzschutz des Mieters anerkannt wurde, zum anderen, da im Falle der Veräußerung der Mietsache der Käufer jederzeit berechtigt war, den Mieter aus der Wohnung zu vertreiben, der Käufer trat nicht an der Stelle des bisherigen Eigentümers und Vermieters in den Mietvertrag ein. Dem Mieter blieb allein der Weg, gegenüber dem bisherigen Eigentümer und Vermieter Schadenersatzansprüche geltend zu machen, er hatte keine Möglichkeit, eine weitere Nutzung der Wohnung durchzusetzen.

Im Gegensatz zum klassischen römischen Recht hatte sich im gemeinen Recht die Kündigung als Rechtsgeschäft zur Beendigung des Vertragsverhältnisses fest etabliert. Eine Beendigung durch faktische Verhältnisse, wie durch *expellere* oder *migrare* wie im klassischen römischen Recht, kannte das gemeine Recht demgegenüber nicht mehr.

---

[460] Kaser, Das römische Privatrecht, Bd. 1, 1955, S. 469.

3. Kapitel: Das Mietrecht im Preußischen Allgemeinen Landrecht

A. Einführende Bemerkungen zum Allgemeinen Landrecht für die preußischen Staaten

Diese Arbeit bezweckt keine Darstellung der Gesetzgebungsgeschichte des Preußischen Allgemeinen Landrechts, dennoch scheint es sinnvoll, vorab wenigstens einige knappe einleitende Bemerkungen zu diesem Gesetzeswerk zu machen.[461]

In der Kabinettsordre vom 14.04.1780 schrieb Friedrich II. an seinen Großkanzler von Carmer: "Mein lieber Groß-Canzler von Carmer! Es kann Euch nicht unbekannt seyn, daß Wir schon im Jahr 1746 und vorher, bey Verwaltung der Justiz, in Unserem Königreich und Staaten, den bemerkten Unordnungen und Mängeln abzuhelfen bekümmert gewesen, und besonders verordnet haben: (...) 3. die bisher noch zu sehr zerstreute unbestimmte und zweydeutige Gesetze mit möglichster Precision und Deutlichkeit bestimmt und gesammlet werden sollen."[462] Diesen Gesetzgebungsauftrag konkretisierte Friedrich II. noch, indem er von Carmer die Vorgehensweise auf dem Weg zu dem gewünschten Gesetzbuch aufzeigte: "Es muß also nur das Wesentliche mit dem Natur-Gesetz und der heutigen Verfassung übereinstimmend aus demselben[463] abstrahirt; das Unnütze weggelassen; Unsere eigene Landes-Gesetze am gehörigen Orte eingeschaltet, und solchergestalt ein subsidiarisches Gesetz-Buch, zu welchem der Richter beym Mangel der Provinzial-Gesetze recurrieren kann, angefertigt werden."[464]

Ausgehend vom römischen Recht, Naturrecht und den Landesverfassungen sollte das neue Gesetzbuch geschaffen werden. Die Ziele waren dabei „die Simplifizierung (Vereinfachung und Gemeinverständlichkeit) und Unifizierung (Vereinheitlichung) der Gesetze".[465]

---

[461] Zur Vertiefung wird unter anderem auf die Einführung von Hattenhauer und die Bibliographie von Bernert in: "Allgemeines Landrecht für die Preußischen Staaten von 1794. Textausgabe", Frankfurt a.M. 1970 verwiesen. Interessant sind auch die Ausführungen von Schwennicke, Die Entstehung der Einleitung des Preußischen Allgemeinen Landrechts von 1794, Frankfurt a.M. 1993. Die Dissertation von Schwennicke befaßt sich zwar allein mit der Entstehungsgeschichte der Einleitung und damit nur mit einem sehr geringen Teil des Preußischen Allgemeinen Landrechts, sie klärt jedoch auch Fragen, die das gesamte Gesetz betreffen.

[462] Kabinettsordre Friedrich II. vom 14.04.1780, in: Novum Corpus Constitutionum Prussico-Brandenburgensium praecipue Marchicarum, 6. Band, 1781, Sp. 1935.

[463] Anm.: gemeint ist das röm. Gesetzbuch, auf das sich Friedrich II. vorher bezieht.

[464] Kabinettsordre Friedrich II. vom 14.04.1780, in: Novum Corpus Constitutionum Prussico-Brandenburgensium praecipue Marchicarum, 6. Band, 1781, Sp. 1941.

[465] Finkenauer, Vom AGB zum ALR, in: Zeitschrift für Rechtsgeschichte Germ. Abt. 1996, S. 40 (46f.).

Mit dieser Kabinettsordre wurde der bereits im Jahr 1714 in Preußen begonnene Gesetzgebungsprozeß[466] wieder energisch aufgenommen, der schließlich mit der Inkraftsetzung des Allgemeinen Preußischen Gesetzbuches am 01.06.1794 endete. Das Preußische Allgemeine Landrecht galt, eingeführt durch Patent vom 05.02.1794, zunächst in allen dem König von Preußen unterstehenden Gebieten mit Ausnahme von Neuenburg und Valengin[467] und zwar unter gänzlicher Verdrängung des gemeinen Rechts, während es partikuläre Besonderheiten mit Vorrang vor ihm selbst in Kraft ließ.
Nach dem Inkrafttreten 1794 wurde der Geltungsbereich des Allgemeinen Preußischen Landrechts jedoch immer wieder durch die territorialen Veränderungen etwa im Rahmen der napoleonischen Kriege verändert.[468]
Das Preußische Allgemeine Landrecht sollte den Provinzialgesetzbüchern Vorrang lassen und lediglich subsidiär gelten. Damit zeigt sich eine Besonderheit in der Gesetzgebungsgeschichte des Preußischen Allgemeinen Landrechts, da kein anderes Land diesen „preußischen Weg einer Verdoppelung der Gesetzbücher beschritten“[469] hat.
Tatsächlich traten Provinzialgesetzbücher mit Vorrang vor dem preußischen Gesetzbuch allerdings nur 1801 für Ostpreußen und 1844 für Westpreußen in Kraft, und auch diese begnügten sich mit nur knappen Ergänzungen des Preußischen Allgemeinen Landrechts.[470] Zum Teil galt das Preußische Allgemeine Landrecht bis zum Inkrafttreten des Bürgerlichen Gesetzbuches am 01.01.1900.
Mit einem Umfang von über 20.000 Paragraphen[471] war das preußische Gesetzbuch eine Kodifikation, die sowohl autoritäre und ständische Komponenten enthielt[472], aber auch aufklärerischen und fortschrittlichen Zielen folgte[473]. Im Be-

---

466 Vgl. Köbler, Bilder aus der deutschen Rechtsgeschichte, 1988, S. 246.
467 Dölemeyer, Kodifikation und Projekt, in: Handbuch der Quellen und Literatur der neueren europäischen Privatrechtsgeschichte, Bd. 3, 1982, S. 1440 (1491).
468 Vgl. hierzu die Ausführungen von Barbara Dölemeyer, Kodifikation und Projekt, in: Handbuch der Quellen und Literatur der neueren europäischen Privatrechtsgeschichte, Bd. 3, 1982, S. 1440 (1491ff.).
469 Krause, Das gemeine Recht und seine Kodifikation durch das allgemeine Landrecht, in: Das Preußische Allgemeine Landrecht. Politische, rechtliche und soziale Wechsel- und Fortwirkungen, 1995, S. 69 (78).
470 Dölemeyer, Kodifikation und Projekt, in: Handbuch der Quellen und Literatur der neueren europäischen Privatrechtsgeschichte, Bd. 3, 1982, S. 1440 (1500f.).
471 Grund für diesen Umfang war das Bestreben, alle Materien in Anlehnung an Christian Wolff vollständig zu regeln.
472 Beispielsweise wurde die Leibeigenschaft erst 1807 abgeschafft; das Familienrecht enthielt autoritär patriarchalische Züge (z.B. Ehefrau verliert mit der Eheschließung die Verfügungsgewalt über ihr eigenes Vermögen).
473 Beispielsweise Klagemöglichkeit auch gegen den Staat, Regelungen über die Aufopferung, Einführung eines modernen Polizeibegriffs.

reich des Mietrechts wurden im Preußischen Allgemeinen Landrecht völlig neue Wege beschritten, wie im folgenden dargelegt wird.

B. Allgemeines Preußisches Landrecht und Naturrecht: Die Ausgestaltung des Mietrechts als dingliches Recht

Wie Friedrich II. in der zuvor zitierten Kabinettsordre vom 14.04.1780 forderte, wurde im Preußischen Allgemeinen Landrecht das "Wesentliche aus dem römischen Gesetzbuch" mit dem "Natur-Gesetz" und den "eigenen Landes-Gesetzen"[474] verbunden. Das preußische Gesetzbuch als Naturrechtskodifikation brachte somit eine Umsetzung der in der theoretischen Naturrechtslehre entwikkelten Mietrechtskonzeption in die Rechtswirklichkeit unter Berücksichtigung des gemeinen Rechts und deutschrechtlicher Elemente als Grundlage.[475]

In der theoretischen Naturrechtslehre war eine dingliche Mietrechtskonzeption entwickelt worden, die das neue Gesetzbuch übernahm. Dieser naturrechtlich geprägte Charakter der mietrechtlichen Regelungen des Preußischen Allgemeinen Landrechts wurde bereits mit der systematischen Einordnung der Miete deutlich gemacht. So war die Fahrnis- und Immobilienmiete im 21. Titel des 1. Teils, überschrieben mit den Worten "Von dem Rechte zum Gebrauch oder Nutzung fremden Eigenthums", als dingliches Recht ausgestaltet. Ausdrücklich genannt wurde dieser dingliche Charakter der Miete in der Bestimmung I 21 § 2: "Soweit der Berechtigte sich im wirklichen Besitze der zu gebrauchenden oder zu nutzenden Sache befindet, hat seine Befugnis die Eigenschaft eines dinglichen Rechts".

Hintergrund dieser dinglichen Ausgestaltung war die Naturrechtslehre seit Hugo Grotius, insbesondere aber die Entwicklung eines dinglichen Mietrechts durch Christian Wolff[476].

Entscheidende Grundlage für den Schritt hin zur Konstruktion eines dinglichen Mietrechts durch Christian Wolff war die allgemeine Vertragslehre, wie sie vor allem Hugo Grotius (1583-1645), aber auch später Samuel von Pufendorf (1632-1694) und Christian Thomasius (1655-1728) entwickelten.

I. Die Versprechenslehre des Hugo Grotius

Die Lehre Wolffs ist inhaltlich stark von den Lehren Hugo Grotius' geprägt.

In seinem Werk "De jure belli ac pacis libri tres" von 1625 entwickelte Grotius seine Versprechenslehre als Grundlage für die allgemeine Vertragslehre. Die Versprechenslehre ist insoweit in den umfassenden Rahmen eines naturrechtlichen Systementwurfes einzuordnen, den Grotius aus Anlaß der Frage nach einem möglicherweise berechtigten Krieg skizzierte. Ein Entwurf, der von den

---

[474] Kabinettsordre Friedrich II. vom 14.04.1780, a.a.O., Sp. 1941.

[475] Genius, Bestandschutz des Mietverhältnisses, 1973, S. 193.

[476] Geboren 24.01.1679, gestorben 09.04.1754.

gemeinsamen Rechten aller Menschen bis hin zu den Sonderrechten einzelner Menschen führte.[477]

Im Rahmen seiner Versprechenslehre ging Grotius von verschiedenen Graden des Versprechens aus:

Der erste Grad eines Versprechens ist nach Grotius die (bloße) gegenwärtige Mitteilung eines zukünftigen Handlungsplanes: "*Primus gradus est assertio explicans de futuro animum qui nunc est; et ad hanc, ut vitio careat, requiritur veritas cogitationis pro tempore praesenti, non autem, ut in ea cogitatione perseveretur. Habet enim animus humanus non tantum naturalem potentiam mutandi consilium, sed et jus. Quod si in mutatione sententiae vitium sit aliquod, ut accidit, id non est intrinsecum mutationi, sed ex materia, puta quia prior sententia erat melior.*"[478]

Frei übersetzt: Der erste Schritt ist die Feststellung, die die gegenwärtig bestehende Absicht von der zukünftigen Entwicklung unabhängig macht, und dazu braucht man, um einen Fehler zu vermeiden, die Aufrichtigkeit der Überlegung für den gegenwärtigen Zeitpunkt, nicht aber, daß man auf dieser Überlegung beharrt. Der menschliche Geist hat nicht nur die natürliche Kraft, einen Plan zu ändern, sondern auch das Recht dazu. Wenn aber in einer Meinungsänderung ein Fehler ist, wie es vorkommt, und zwar nicht wegen der Veränderung an sich, sondern wegen der Sache, dann glaube, daß die frühere Meinung die bessere war.

Zur Fehlerfreiheit einer solchen Äußerung ist nur die gegenwärtige Wahrhaftigkeit, nicht aber zukünftiges Verharren beim gegenwärtigen Plan erforderlich. Grotius ging in dieser Stufe des Versprechens demnach nicht von einer Bindung des Versprechenden an seine Äußerung aus. Dieses begründete er damit, daß der Mensch die natürliche Möglichkeit und auch das Recht hat, seine Entschlüsse zu ändern.[479]

Als zweiter Grad eines Versprechens hat man es nach Grotius anzusehen, wenn sich der Wille zu zukünftigem Handeln entschließt und dieses derart kundtut, daß der Zwang zur Beständigkeit zur Genüge daraus hervorgeht: "*Secundus gradus est, voluntas seipsam pro futuro tempore determinat, cum signo sufficiente ad indicandam perseverandi necessitatem. Et haec pollicitatio dici potest, quae seposita lege civili obligat quidem, aut absolute, aut sub conditione, sed jus proprium alteri non dat. Multis enim casibus evenit, ut obligatio sit in nobis, et nullum jus in alio; sicut in debito misericordiae et gratiae reponendae apparet, quibus simile est hoc debitum constantiae sive fidelitatis. Itaque ex tali pol-*

---

[477] Dieselhorst, Die Lehre des Hugo Grotius, 1959, S. 35.
[478] Vgl. Grotius, De jure belli ac pacis, 1710, lib. II, XI § 2.
[479] Vgl. Grotius, a.a.O., lib. II., XI § 2.

licitatione retineri, aut is ipse qui pollicitus est ad implendam fidem cogi jure naturae non poterit."[480]
Frei übersetzt: Der zweite Schritt ist: Der Wille setzt sich selbst für die kommende Zeit eine Grenze mit einem ausreichenden Merkmal, um die Notwendigkeit des Fortbestehens anzuzeigen. Und das kann ein Versprechen genannt werden, das unter Außerachtlassung des bürgerlichen Gesetzes freilich entweder absolut oder unter einer Bedingung verpflichtet, aber dem anderen ein eigenes Recht nicht gibt. In vielen Fällen passiert es nämlich, daß wir zu etwas verpflichtet sind, ein anderer aber keinen Rechtsanspruch hat. So wie es bei einer geschuldeten Wiederherstellung von Mitleid und Gunst offenkundig wird, denen die hier geschuldete Beständigkeit und Zuverlässigkeit gleich ist. Also wird man von einem solchen Versprechen nicht Abstand nehmen können, vor allem derjenige, der versprochen hat, daß er zur Erfüllung der Treue vom Naturrecht gezwungen werde.
Dieser Akt, den Grotius "*pollicitatio*" nannte, zieht, unabhängig von einem positiven Gesetz, eine absolute oder bedingte Verpflichtung nach sich. Irgendein Forderungsrecht eines anderen geht jedoch nicht daraus hervor.[481]
Der dritte Versprechensgrad, den Grotius entwickelte, ist der in Hinblick auf die Entwicklung des dinglichen Mietrechts entscheidende: Dieser dritte Versprechensgrad liegt nach Auffassung Grotius, dann vor, wenn zu einer Willenserklärung des eben erwähnten zweiten Versprechensgrades die Absicht tritt, einem anderen das eigene Recht zu übertragen: "*Tertius gradus est, ubi ad determinationem talem accedit signum volendi jus proprium alteri conferre; quae perfecta promissio est, similem habens effectum qualem alienatio dominii. Est enim aut via ad alienationem rei, aut alienatio particulae cuiusdam nostrae libertatis. Illuc pertinent promissa dandi, huc promissa faciendi.*"[482]
Frei übersetzt: Der dritte Schritt ist, sobald zu einer solchen Festlegung das Merkmal hinzukommt, dem anderen ein eigenes Recht zu übertragen; das ist das vollkommene Versprechen, das eine ähnliche Wirkung hat wie die Veräußerung des Besitzes. Es ist nämlich entweder der Weg zur Veräußerung einer Sache oder die Veräußerung ist ein Teilchen unserer Freiheit. Darauf beziehen sich die Versprechen, es zu geben, hierauf beziehen sich die Versprechen es zu tun.
Dieses ist nach Grotius ein vollkommenes Versprechen, eine "*promissio perfecta*", welche die ähnliche Wirkung wie eine Eigentumsübertragung hat, da es sich nämlich entweder um den Weg zur Veräußerung einer Sache handelt, also quasi eine Vorstufe zur Veräußerung ist, oder aber die Veräußerung eines Teils der eigenen Freiheit.[483]

---

480 Vgl. Grotius, a.a.O., lib. II, XI § 3.
481 Vgl. Grotius, a.a.O., lib. II., XI § 3.
482 Vgl. Grotius, a.a.O., lib. II, XI § 4.
483 Vgl. Grotius, a.a.O., lib. II., XI § 4.

Diese Theorie Grotius,, die Obligation sei eine Veräußerung eines Teils der eigenen Freiheit, griff Christian Wolff in seinem "Jus Naturae", einem achtbändigen Werk, erschienen zwischen 1740 und 1748, auf und begründete darauf eine eigene allgemeine Vertragslehre, die in ihrer Konsequenz, so wie sie Wolff zog, zu der Konstruktion eines dinglichen Mietrechts führte.

II. Die Entwicklung des dinglichen Mietrechts durch Christian Wolff

Bei der Entwicklung seiner Vertragslehre im "Jus Naturae" ging Wolff von folgender Prämisse aus: *"Qui alteri ad faciendum sese obligat perfecte, particulam quandam libertatis suae alienat"*[484].
(Frei übersetzt: Wer sich einem anderen völlig für eine Handlung verpflichtet, tritt einen Teil seiner Freiheit ab.)
Diese Prämisse begründete er folgendermaßen: Wer sich einem anderen völlig zu einer Handlung verpflichtet, überträgt auf den anderen ein *"jus perfectum"*. Dieses *"jus perfectum"* ist ein vollkommenes oder auch vollendetes Recht auf die versprochene Handlung. Dieses ergab sich für Wolff daraus, daß die menschlichen Handlungen nur solange frei in unserer Verfügungsgewalt[485] sind, bis sie durch den Versprechensakt dem *"dominium"* des anderen, d.h. des Versprechensempfängers unterworfen werden.[486] Bevor sich der Mensch einem anderen zu einer Handlung verpflichtet, hat er die Freiheit, sich für oder gegen diese Verpflichtung zu entscheiden. Sobald sich der Mensch aber einem anderen verpflichtet hat, etwas Bestimmtes zu tun, ist es das Recht des anderen geworden, über diese Handlung zu entscheiden. Dieser kann entscheiden, ob die versprochene Handlung vorgenommen werden muß oder nicht, er kann den Versprechenden zu der Handlung zwingen[487] oder aber auf sein Recht verzichten, so daß die versprochene Handlung nicht mehr vorgenommen werden muß. Damit wurde für Wolff deutlich, daß die Freiheit, von der die Handlung ursprünglich

---

[484] Wolff, Jus Naturae, 1743, pars III cap. 4 § 360.
[485] Wolff verwendet den Begriff *"dominium"* = Besitz, Eigentum, Eigentumsrecht, dingliches Recht.
[486] Wolff, a.a.O., pars III cap. 4 § 360: *"Qui enim alteri perfecte sese obligat ad faciendum, is in alterum transfert jus perfectum ad actum quendum suum, consequenter cum actiones nostrae liberae sint in dominio nostro perinde ac res, quoad hunc actum libertatem suam dominio alterius subjicit."* Frei übersetzt: Wer sich nämlich einem anderen völlig für eine Handlung verpflichtet, überträgt auf den anderen den völligen Rechtsanspruch auf eine Handlung von sich, da konsequenterweise unsere Handlungen ebenso wie die Gegenstände frei in unserem Besitz sind, bis er durch diese Handlung seine Freiheit dem Besitz eines anderem unterwirft.
[487] Wolff, a.a.O., pars III cap. 4 § 363.

abhing, nicht mehr die Freiheit des Versprechenden ist, sondern die des anderen geworden ist, sie ist diesem veräußert worden.[488]
Damit es zu einer Abtretung eines Teils der eigenen Freiheit kommt, d.h. einer Obligation im eben genannten Sinne, bedarf es demnach einer *"promissio perfecta"*. Hier griff Wolff also den von Grotius entwickelten dritten Versprechensgrad auf. Nach Wolff ist eine *"promissio perfecta"* eine Erklärung unseres Willens, einem anderen etwas zu gewährleisten, verbunden mit der Übertragung des Rechts, von dem Versprechenden zu verlangen, daß er es einlöst.[489] Im Gegensatz zu Grotius, auf den er sich ausdrücklich berief, sah es Wolff für die *"promissio perfecta"* aber nicht für notwendig an, daß der Versprechende bei dem Willen, einem anderen etwas gewährleisten zu wollen, bleibt. Dieses war für Wolff unerheblich, da ja aus der genannten Übertragung des Rechts das Recht folgt, das zu fordern, was versprochen wurde, egal ob der andere noch leisten will.[490] Daraus zog Wolff die Schlußfolgerung *"promissa sunt servanda"*, die er sehr ausführlich begründete.[491] Dieses ergab sich für Wolff unter an-

---

[488] Wolff, a.a.O., pars III cap. 4 § 360: *"Antequam alteri ad faciendum te obligares, tibi competebat libertas hoc faciendi, & non faciendi, atque adeo de actu isto disponere poteras pro arbitrio tuo. Enim vero ubi te perfecte alteri obligasti ad hoc faciendum, huius est de actu isto disponere pro arbitrio suo, scilicet utrum velit ut hoc facias, an nolit ut facias, cum habeat jus te cogendi, ni facere velis, posset vero etiam jus suum remittere, ne tibi praestandum sit, ad quod praestandum te obligasti. Particula igitur libertatis, a qua actus iste pendebat, non amplius tua est, sed facta est alterius. Quamobrem minime dubitandum, eam a te fuisse alienatam. Obligatio igitur faciendi non modo tibi adimit libertatem quoad hunc actum, imposita agendi necessitate; verum etiam particulam libertatis, quae tibi adimitur, transfert in eum, cui te obligasti."* Frei übersetzt: Bevor du dich einem anderen für eine Handlung verpflichtest, stand dir die Freiheit zu, das zu tun und das nicht zu tun, und du konntest über die Handlung nach deinem Urteil entscheiden. Sobald du dich aber nämlich einem andren verpflichtest hast, dies zu tun, ist es sein Recht, über diese Handlung zu entscheiden nach seinem Urteil, natürlich ob er will, daß du es tust, oder nicht will, daß du es tust, da er das Recht hat, dich zu zwingen, wenn du es nicht tun willst, könnte er auch auf sein Recht verzichten, nämlich daß du nicht tun mußt, wozu du dich verpflichtet hast. Also ist der Teil der Freiheit, von dem diese Handlung abhing, nicht mehr deine, sondern die eines anderen geworden. Daher darf überhaupt nicht daran gezweifelt werden, daß sie von dir veräußert worden ist. Also nimmt dir die Verpflichtung, etwas zu tun, nicht nur die Freiheit hinsichtlich dieser Handlung, wenn sich die Notwendigkeit zum Handeln ergibt, sondern es geht auch der Teil der Freiheit, der dir genommen wird, auf den über, dem du dich verpflichtet hast.
[489] Wolff, a.a.O., pars III cap. 4 § 361: *"Promissio itaque est declaratio voluntatis nostrae de quodam alteri praestando conjuncta cum juris a se exigendi, ut praestetur, in ipsum translatione. Solet ea dici promissio perfecta."* Frei übersetzt: Ein Versprechen ist deshalb eine Erklärung unseres Willens, etwas einem anderen zu gewährleisten, die verbunden ist mit der Übertragung des Rechts, von ihm zu verlangen, daß er es einlöst. Dies nennt man gewöhnlich das vollkommene Versprechen.
[490] Wolff, a.a.O., pars III cap. 4 § 361.
[491] Wolff, a.a.O., pars III cap. 4 § 431.

derem auch daraus, daß sich niemand von seiner Verpflichtung selbst befreien kann, da einer solchen einseitigen Befreiung von der Verpflichtung der Wille desjenigen entgegensteht, dem man sich verpflichtet hat.[492]
Nach diesen grundlegenden Ausführungen zu einer allgemeinen Versprechenslehre wandte sich Wolff dem Vertrag zu:
Aus der Definition des Vertrages - "Pactum sive pactio est conventio, qua duo vel plures in eandem vel easdem promissiones consentiunt. Unde patet, pactum omne continere vel promissionem ab una tantummodo parte factam, ab altera acceptatam, vel mutuas promissiones & earundem mutuas acceptationes."- was frei übersetzt soviel heißt, wie „Ein Abkommen oder ein Vertrag ist ein Übereinkommen, in dem zwei oder mehrere zum Zwecke desselben oder derselben Versprechen übereinstimmen. Von daher ist es offenkundig, daß jeder Vertrag ein Versprechen, das nur von einem Teil gemacht und vom anderen angenommen worden ist, oder gegenseitig gemachte und gegenseitig angenommene Versprechen enthalten muß.“ [493]- folgerte Wolff, daß auch Verträge einzuhalten sind, da sie ja aus Versprechen bestehen, die ihrerseits einzuhalten sind.[494]
Diese allgemeine Versprechens- und Vertragslehre wandte Wolff nun auf das Mietrecht an und kam dabei zu folgenden Schlüssen:
1.) Beim Mietvertrag verpflichtet sich der Vermieter, dem Mieter den *"usus"*, d.h. den Gebrauch an der Sache einzuräumen, wohingegen sich der Mieter zur Bezahlung des vereinbarten Mietzinses verpflichtet.[495]
Insoweit zeigen sich bei Wolffs Verständnis vom Mietrecht noch keine Besonderheiten. Entscheidend ist aber die Bewertung Wolffs bezüglich der Gebrauchsüberlassung: In der Verpflichtung des Vermieters zur Gebrauchsüberlassung sah er eine Pflicht zur Übertragung eines Teils des Eigentums.
2.) Der Vermieter räumt dem Mieter den *"usus"* an der gemieteten Sache ein, indem er ihm das *"jus re utendi"* überträgt.[496] Dieses *"jus re utendi"* sah Wolff als einen Teil des Eigentumsrechts des Vermieters an, das somit auf den Mieter übertragen wird.
Diese Einstufung des *"jus re utendi"* als Teil des Eigentumsrechts ergab sich für Wolff daraus, daß grundsätzlich dem "Herrn" einer Sache das Recht über die Nutzung einer Sache zukommt und daß er damit alle übrigen von der Nutzung

---

[492] Wolff, a.a.O., pars III cap. 4 § 674: *Nemo ab obligatione sua se ipsum liberare potest.(...) Hic etiam obstat voluntas ejus, cui obligatus es, ne te ab obligatione liberare possis."* Frei übersetzt: Niemand kann sich von seiner Verpflichtung selbst befreien.(...) Hier steht nämlich der Wille desjenigen entgegen, dem du verpflichtet bist, daß du dich von der Verpflichtung befreien kannst.
[493] Wolff, a.a.O., pars III cap. 4 § 788.
[494] Wolff, a.a.O., cap. III pars 4 § 789: *"Pacta naturaliter obligant, seu servanda sunt."* Frei übersetzt: Verträge verpflichten von Natur aus oder müssen eingehalten werden.
[495] Wolff, a.a.O., cap. III pars 4 § 1198.
[496] Wolff, a.a.O., cap. III pars 4 § 1202.

ausschließt, es demnach niemandem erlaubt ist, die Sache eines anderen zu benutzen. Im Falle der Miete erlaubt der Vermieter dem Mieter aber gerade die Nutzung der vereinbarten Sache und überträgt damit das Nutzungsrecht völlig auf den Mieter.[497/498]
3.) Aus der Pflicht des Vermieters zur Übertragung eines Teils seines Eigentums ergab sich für Wolff die Vergleichbarkeit von Miete und Kauf: Wenn man nämlich das Recht, die Sache eines andern zu nutzen, als Eigentumsrecht - Wolff spricht von *"dominium"* - betrachtet und den Mietzins als den Preis dafür, ist die Miete mit dem Kauf vergleichbar.[499]
Diese Gleichsetzung der Miete mit dem Kauf spielt eine Rolle bei der Frage nach dem Einfluß der Veräußerung der Mietsache auf den bestehenden Mietvertrag und führt in letzter Konsequenz zu dem Grundsatz "Kauf bricht nicht Miete", der dem gemeinrechtlichen, sprich römisch-rechtlichen Grundsatz "Kauf bricht Miete" entgegensteht. Hierauf wird im folgenden noch näher einzugehen sein.

III. Gründe für die Übernahme des dinglichen Mietrechts in das Preußische Allgemeine Landrecht

Die dingliche Konzeption des Mietrechts ist eine Besonderheit: Das Preußische Allgemeine Landrecht war und ist bis heute die erste kontinentaleuropäische Rechtsordnung, die diese Konzeption übernahm und ganz eindeutig ein dingliches Mietrecht normierte.[500]
Es fragt sich demnach, wieso die Konzeption eines dinglichen Mietrechts durch Wolff in die gesetzlichen Regelungen Preußens gelangte, da das vor dem Inkrafttreten des Preußischen Allgemeinen Landrechts geltende gemeine Recht

---

[497] Wolff, a.a.O., cap. III pars 4 § 1202: "... *Etenim cum dominio competat jus re utendi, & is eodem excludat ceteros omnes; nemini quoque re alterius uti licet. Quamobrem cum locator conductori concedat eum usum rei, de quo convenitur; jus omnino in eum transfert re utendi, prouti fuerit.*" Frei übersetzt: Da nämlich dem Herrn das Recht über die Nutzung einer Sache zukommt und er darin alle übrigen ausschließt, ist es auch niemandem erlaubt, die Sache eines anderen zu benutzen. Da deshalb der Vermieter dem Mieter die Benutzung der vereinbarten Sache erlaubt, überträgt er auf ihn völlig das Nutzungsrecht, wie es vereinbart worden ist.
[498] Insoweit zeigt sich in diesem Punkt deutlich der Bezug zur Problematik des geteilten Eigentums. Die Entwicklung des geteilten Eigentumsbegriffs geht auf die mittelalterlichen Lehren der Glossatoren sowie der Postglossatoren, hier vor allem Bartolus und Baldus, zurück, die durch das Naturrecht und insbesondere Wolff fortgeführt wurden.
[499] Wolff, a.a.O., cap. III pars 4 § 1213: *"Si jus utendi re vel opera alterius confideretur ut dominium rei & pensio sive merces ut pretium ejus, locatio conductio spectari potest tanquam emtio venditio."* Frei übersetzt: Wenn man das recht, die Sache oder den Dienst eines anderen zu benutzen, als Eigentumsrecht betrachtet und den Mietzins oder den Lohn als Preis dafür, kann man die Vermietung als Miete betrachtet werden, wie der Verkauf als Kauf.
[500] Genius, Bestandsschutz des Mietverhältnisses, 1973, S. 197.

eine solche Konzeption nicht kannte. Allein die Tatsache, daß die Lehren und Auffassungen Wolffs, insbesondere seine Pflichtenlehre, das preußische Gesetzbuch in seiner Entstehung beeinflußten[501], kann kein Grund für die Übernahme dieser "ungewöhnlichen" Konstruktion gewesen sein. Was mag also den Redaktor Carl Gottlieb Svarez dazu bewogen haben, die Konzeption Wolffs zu übernehmen? Diese Frage stellt sich vor allem auch vor dem Hintergrund der bereits kurz angesprochenen Konsequenz der Lehre Wolffs, die zu dem Grundsatz "Kauf bricht nicht Miete" führte.
Wollte man mit der Aufnahme der dinglichen Konstruktion Wolffs in das Preußische Allgemeine Landrecht und der damit verbundenen Konsequenz des Grundsatzes des „Kauf bricht nicht Miete“ eine soziale, den Mieter begünstigende Regelung treffen?
Für diese Annahme spricht ein Reskript Friedrich II., das eine sozialpolitische Intention bei der Aufnahme der mietrechtlichen Regelungen nahelegt und in dem es wie folgt heißt:
„Wir haben mit dem größten Mißfallen wahrgenommen, daß in Unserer Residenz Berlin, der bisher eingerissene Wucher mit Häusern und die aufs höchste getriebene Steigerung der Haus-Miethen (...) beständig fortdauere, und beydes großen Theils seine Schutzwehre in der gemeinen Rechts-Regul: Kauf bricht Miethe finde (...) Von der Publication dieses Rescripti an, soll kein Käufer, Cessionarius, Legatarius, oder ein jeglicher anderer Erwerber eines Hauses, der sein Recht daran nur aus dem Willen des Veräusserers herleitet, die Befugniß haben, die Miether auszutreiben, welche von dem letzteren das Haus entweder gantz oder zum Theil gemiethet, und zur Zeit der geschehenen Veräußerung sich schon in dem Besitz ihres Mieths-Rechts befunden (...) Denen zur Veräusserungs-Zeit sich im Besitz befindenden Miethern hingegen, welche dem neuen Eigenthümer allemahl bekannt gemacht werden müssen, muß derselbe ihren Contract auf gleichen Fuß halten, als solches sein Author zu tun schuldig gewesen. Er tritt also für die übrige Dauer des Mieths-Contracts in Verbindlichkeiten, aber auch in die Rechte seines Verkäufers oder Veräusserers.“[502]
Im Hinblick auf die Aufnahme des Grundsatzes „Kauf bricht nicht Miete" wird die sozialpolitische Intention darüber hinaus auch deutlich in einer Aussage Svarez' in den Schlußvorträgen zum Preußischen Allgemeinen Landrecht.[503]
Auch der Spätpandektist Heinrich Dernburg schrieb in seinem Werk „Die Allgemeinen Lehren und das Sachenrecht des Privatrechts Preußens und des Reichs“[504]: „Das Recht des Miethers oder Pächters wird bei uns dinglich mit

---

[501] Kleinheyer/Schröder, Dt. Juristen, 1989, S. 321.
[502] Hofreskript vom 15.04.1765, in: Novum Corpus Constitutionum Bd. 3, Sp. 637 ff. (in Auszügen bei: Genius, Bestandsschutz des Mietverhältnisses, 1973, S. 196, Fn. 51).
[503] Vgl. Svarez, Schlußvorträge, zu Titel 21 § 358, in: Kamptz' Jahrbuch 41 (1833), S. 67.
[504] 4. Auflage Halle an der Saale 1884.

Erwerbung des Miethbesitzes, so daß es auch an Grundstücken ohne Eintragung Wirkung gegen Dritte hat. In dieser Dinglichkeit liegt eine Eigenthümlichkeit des preußischen Miethrechts, von Bedeutung für das System des Rechts, aber auch von tiefgreifender socialer Wichtigkeit"[505].
In der Realität zeigte sich jedoch nur wenig von dieser „tiefgreifenden socialen Wichtigkeit". Die Situation für den Mieter, vor allem in der Großstadt Berlin, war eine sehr schlechte. Obwohl der Mieter ein dingliches, d.h. absolutes Recht hatte, war er vielfach der Willkür des Vermieters unterworfen, der in der gedrängten Situation auf dem Wohnungsmarkt ständig neue Mieter fand, die bereit waren einen höheren Mietzins zu zahlen. Die Ware "Wohnraum" war im 19. Jahrhundert ein knappes Gut, was zu erheblichen Problemen und sozialen Spannungen führte. Ein besonderer Schutz allein durch die dingliche Ausgestaltung des Mietrechts im Preußischen Allgemeinen Landrecht war nicht gegeben.
Eine Gesamtbetrachtung der mietrechtlichen Regelungen des Allgemeinen Preußischen Landrechts soll klären, welche Schutzmöglichkeiten und Rechte dem Mieter und welche Rechte dem Vermieter im einzelnen zustanden. Darüber hinaus sollen Regelungen spezieller Mietgesetze und -verordnungen dargestellt, die das Preußische Allgemeine Landrecht ergänzten.

C. Das in Preußen im 19. Jahrhundert geltende Mietrecht. Preußisches Allgemeines Landrecht und ergänzende Regelungen

Das Mietrecht war im Preußischen Allgemeinen Landrecht im 21. Titel des 1. Teils unter der Überschrift "Von dem Rechte zum Gebrauche oder Nutzung fremden Eigenthums" geregelt.
Der 21. Titel begann mit einem für alle Gebrauchs- und Nutzungsrechte, demnach auch für die Miete geltenden einleitenden allgemeinen Teil (§§ 1- 21). In dem darauf folgenden 1. Abschnitt (§§ 22 - 186) wurde der Nießbrauch, im 2. Abschnitt des 21. Titels (§§ 187 - 226) die Erbpacht dargestellt.
Der für das Mietrecht entscheidende 3. Abschnitt war mit den Worten "Von dem eingeschränkten Gebrauchs- und Nutzungsrechte fremder Sachen" überschrieben. Dieser Abschnitt befaßte sich nach einer Darstellung des Leihvertrages unter dem Gliederungspunkt II. "Vom Mieth- und Pachtvertrage" in den §§ 258 - 397 mit der ausführlichen Darstellung des Mietrechts. In weiteren Untergliederungen des 3. Abschnitts wurden die "Miethen des Gesindes" und die "Pachtungen der Landgüter" dargestellt.
Den Abschluß des 21. Titels bildete der 4. Abschnitt "Von den zur Cultur ausgesetzten Gütern und Grundstücken".

---

505 Dernburg, Allg. Lehren, 1884, S. 46f..

Die mietrechtlichen Regelungen des Preußischen Allgemeinen Landrechts werden in der Folge im einzelnen dargestellt.[506]

I. Der Begriff des Mietvertrages

Das Preußische Allgemeine Landrecht bestimmte den Inhalt des Mietvertrages zunächst in Abgrenzung zum Leihvertrag: Nach I 21 § 258 ALR war Miete demnach dann gegeben, wenn "für den Gebrauch der geliehenen Sache ein bestimmter Preis bedungen wird".

Miete war also nach Preußischem Allgemeinen Landrecht vereinfacht gesagt, die Leihe gegen ein Entgelt, wobei die Sache zum Gebrauch an den Mieter verliehen und übergeben wurde.

Demgegenüber ging der Pachtvertrag, vom dem die Miete ebenfalls abgegrenzt wurde, über die reine Gebrauchsüberlassung einer Sache hinaus: Im Falle der Pacht wurde die Sache gegen Bezahlung nicht nur zum Gebrauch, sondern entsprechend I 21 § 259 ALR zur Nutzung überlassen.

Eine Definition der Begriffe "Gebrauch" und "Nutzung", die zur Abgrenzung von Miete und Pacht herangezogen wurden, fand sich jedoch nicht im Gesetzestext des Preußischen Allgemeinen Landrechts. In der Kommentierung des Preußischen Allgemeinen Landrechts durch Koch wurde aber unter Bezug auf die gesetzliche Regelung des I 21 § 260 hervorgehoben, daß Gegenstand des Pachtvertrages stets eine fruchttragende Sache sein müsse, die Nutzung demnach durch die "Gewinnung der natürlichen Früchte" erfolge.[507]

Für den Fall, daß die Abgrenzung von Miete und Pacht Schwierigkeiten bereitete, fanden sich im Gesetz Regelungen, die die Abgrenzung erleichtern sollten: War etwa in einem einzigen Vertrag die Überlassung von zwei Sachen geregelt, von denen eine eine fruchttragende Sache war, die andere hingegen nur in ihrer Substanz genutzt werden konnte, so entschied sich die Anwendung von Miet- oder Pachtrecht gemäß I 21 § 260 ALR danach, welche der beiden Sachen die Hauptsache war. Gemäß I 21 § 261 ALR wurde bei der Gebrauchsüberlassung von städtischen Grundstücken im Zweifel das Vorliegen eines Mietverhältnisses

[506] Neben den gesetzlichen Regelungen des ALR werden auch immer wieder die Gesetze und Verordnungen dargestellt, die die gesetzlichen Regelungen ergänzten, modifizierten oder aufhoben. Berücksichtigt werden jedoch nur solche Gesetze und Verordnungen, die entweder für ganz Preußen oder aber für die Hauptstadt Berlin galten. Nicht berücksichtigt werden Gesetze, die in mietrechtlichen Fragen nur für einzelne Landesteile galten, wie etwa Ergänzungen zur Konkursordnung vom 08.05.1855 für die Hohenzollernschen Lande (vgl. Gesetz-Sammlung für die Königlich Preußischen Staaten, Bd. 1860, S. 218), den Bezirk des Justizsenats Ehrenbreitstein (vgl. Gesetz-Sammlung für die Königlich Preußischen Staaten, Bd. 1864, S. 46) und im Bezirk des Appellationsgerichts Frankfurt am Main (vgl. Gesetz-Sammlung für die Königlich Preußischen Staaten, Bd. 1879, S. 109).

[507] Koch, ALR Bd. 2, 1875, Anm. 64 zum 1. Teil, 21 Titel.

angenommen, wohingegen die Überlassung eines Landgutes für die Annahme eines Pachtvertrages sprach.
Da jedoch trotz der deutlichen Trennung zwischen Pacht und Miete viele Gemeinsamkeiten bestanden, wurde in der Literatur vielfach die Behandlung beider Sachverhalte gemeinsam unter dem Begriff der Miete vorgenommen,[508] was dann teilweise zu Ungenauigkeiten in der Bearbeitung führen konnte. Auf solche Ungenauigkeiten wird im folgenden hingewiesen werden.
Darüber hinaus fanden sich in der Literatur auch Abgrenzungen der Miete vom Nießbrauch. Die Notwendigkeit dieser Abgrenzung begründete sich daraus, daß sowohl die Miete als auch der Nießbrauch im 21. Titel des 1. Teils des Preußischen Allgemeinen Landrechts ihre gesetzliche Regelung fanden und nach beiden Rechtsinstituten Nutzungsrechte an fremden Sachen eingeräumt wurden. Eine Unterscheidung etwa dergestalt, daß der Nießbrauch ein dingliches, die Miete jedoch nur ein persönliches Recht einräumte, war durch die dingliche Konstruktion des Mietrechts im Preußischen Allgemeinen Landrecht nicht möglich. Unterschieden wurden die beiden Rechtsinstitute daher durch die Art der eingeräumten Nutzung: Während durch den Nießbrauch eine uneingeschränkte Nutzung eingeräumt wurde, wurde die Miete als eingeschränkte Nutzung bezeichnet.[509]

II. Die Begründung des Mietverhältnisses

1. Der Vertragsschluß und die beteiligten Personen

In § 1 des 21. Titels des Allgemeinen Landrechts wurde festgelegt, daß das Recht, fremdes Eigentum zu gebrauchen oder Früchte und Nutzungen aus einer fremden Sache zu ziehen, auf dreierlei Art und Weise begründet werden konnte: durch Willenserklärung, durch Gesetz oder auch durch Verjährung.[510] Die Erwerbung durch Verjährung war, sofern man überhaupt von der Verjährung als Erwerbsart sprechen kann, insbesondere die Erwerbung eines Rechtes durch Ersitzung. Diese Erwerbsart war im Falle der Miete und auch der Leihe, die ebenfalls im 21. Titel des 1. Teils dargestellt wurde, nicht anwendbar.[511] Da sich § 1 des 21. Titels aber, wie die §§ 1- 21 überhaupt, auf alle in diesem Titel beschriebenen Gebrauchs- und Nutzungsrechte bezog, waren eben Ausnahmen hiervon zu machen. Für den Mietvertrag ergab sich somit, daß ein Mietverhältnis gemäß I 21 § 1 ALR "durch Willenserklärung" oder "unmittelbar durch Gesetze" begründet werden konnte.

---

[508] So z.B. Dernburg, Obligationenrecht, 4. Aufl.,1889, S. 463.
[509] Dernburg, Obligationenrecht, 4. Aufl.,1889, S. 462 mit Hinweis auf die gesetzliche Regelung in: ALR I 21 §§ 22; 23 und §§ 227; 228.
[510] ALR I 21 § 1.
[511] Koch, ALR Bd. 2, 1875, Anm. 2 zum 1. Teil, 21 Titel.

Auf diese zwei Arten, ein Mietverhältnis zu begründen, soll nunmehr eingegangen werden.
Das Recht, ein fremdes Eigentum zu gebrauchen, konnte sich unmittelbar aus dem Gesetz ergeben. Diese Aussage des § 1 ist im Hinblick auf das Mietrecht nur schwer vorstellbar, dennoch hielt etwa Koch in seinem Kommentar zum Allgemeinen Preußischen Landrecht diese Erwerbsart im Gegensatz zum Erwerb durch Verjährung für auf Miete und auch Leihe anwendbar, ohne hierfür jedoch ein Beispiel zu geben.[512]
Denkbar ist aber nach Auffassung der Verfasserin etwa, daß das Recht, eine fremde Wohnung zu benutzen, sich im Rahmen des Einquartierungswesens im Kriegsfalle unmittelbar aus dem Gesetz ergeben konnte. So regelte etwa das Regulativ über das Einquartierungswesen in Berlin vom 06.05.1814[513] die Probleme der Einquartierungslasten und zwar sowohl der Kostentragung als auch der Pflicht zur "Natural-Bequartierung".
Inwieweit man hier jedoch von dem Entstehen eines Mietverhältnisses reden kann, scheint fraglich: Sicher wurde unmittelbar durch Gesetz das Recht, eine fremde Sache zu gebrauchen, begründet. In Anbetracht der Tatsache, daß der Wohnungseigentümer aber im Normalfall keine Entschädigung für die Einquartierung bekam, sondern die Einquartierungslasten selbstverständlich von den Bürgern einer Stadt zu tragen waren[514], scheint es fraglich, ob wirklich ein Mietrecht begründet wurde oder ob man nicht vielmehr von einem "Wohnrecht sui generis" ausgehen muß.
Den eigentlichen Fall, wie ein Mietrecht und ein Mietverhältnis begründet wurde, stellt von daher unzweifelhaft die erste Alternative des I 21 § 1 ALR dar, nämlich die Begründung durch Willenserklärung.
Die Regelungen über die Willenserklärung fanden sich im 4. Titel des 1. Teils des Allgemeinen Preußischen Landrechts. Danach war eine Willenserklärung gemäß I 4 § 1 ALR eine "Aeußerung dessen, was nach der Absicht des Erklärenden geschehen, oder nicht geschehen soll", wobei rechtliche Wirkungen aus dieser Erklärung jedoch nur entstehen konnten, wenn gemäß I 4 § 2 ALR der Erklärende über den Gegenstand der Erklärung zu verfügen berechtigt war und er gemäß I 4 § 3 das Vermögen besaß, "mit Vernunft und Ueberlegung zu handeln".
Gegenstand einer Willenserklärung im Sinne der gesetzlichen Regelungen konnte ohne weiteres die Eingehung eines Mietverhältnisses sein: Gemäß I 4 § 5

---

[512] Koch, ALR Bd. 2, 1875, Anm. 2 zum 1. Teil, 21 Titel.
[513] "Allerhöchste Kabinetsorder in Betreff eines Regulativs über das Einquartierungswesen in Berlin" und "Regulativ über das Einquartierungswesen in Berlin" vom 06.05.1814, in: Gesetz-Sammlung für die Köngl. Preuß. Staaten, Bd. 4: 1814-1815, S. 29ff..
[514] Vgl. etwa § 6 des Regulativs über das Einquartierungswesen in Berlin vom 06.05.1814, mit den Ausnahmeregelungen der §§ 13, 14.

ALR konnten nämlich alle Sachen und Handlungen Gegenstand einer Willenserklärung sein, auf welche bzw. durch die ein Recht erworben oder auf einen anderen übertragen wurde. Die Einräumung eines Nutzungsrechts an der Wohnung gegen ein Entgelt war demnach ein zulässiger Gegenstand einer Willenserklärung.
Einschränkungen konnten sich insoweit nur ergeben, wenn gemäß I 4 § 14 ALR die Sache, d.h. im vorliegenden Fall die Wohnung, die Gegenstand der Willenserklärung war, dem Privatverkehr entzogen war. Eine solche Entziehung konnte sich gemäß I 4 § 15 ALR zum einen aus Gesetz oder der Natur, zum anderen aus "rechtlichen Privatverfügungen" ergeben.
Beispiele für die Entziehung einer Wohnung aus dem Privatverkehr finden sich in der Literatur nicht. Denkbar ist aber z.B. eine Situation, in der etwa eine Dienstwohnung einem Angestellten zur Verfügung gestellt wurde. In dieser Situation wäre der Angestellte dann - auch nicht im Wege der Untervermietung - nicht berechtigt gewesen, die Wohnung zu vermieten, da sie als Dienstwohnung dem Privatverkehr entzogen war.
Die persönliche Fähigkeit einer Person, eine wirksame Willenserklärung abzugeben, also im Sinne des I 4 § 3 ALR "mit Vernunft und Ueberlegung zu handeln", war ausführlich in den Regelungen des I 4 §§ 20 - 30 ALR dargestellt. Danach ergaben sich die folgenden Grundsätze:
Willenserklärung von Kindern unter 7 Jahren waren ebenso nichtig wie die von Rasenden und Wahnsinnigen (I 4 §§ 20, 23 ALR). Eine Ausnahme bestand bei Personen, welche "mit Anfällen einer solchen Krankheit (Anm.: der Raserei oder des Wahnsinns) behaftet sind" und für die noch kein Vormund bestellt wurde. In dieser Situation wurde davon ausgegangen, daß die Willenserklärung von der erkrankten Person in einem lichten Zustand abgegeben wurde (I 4 § 24 ALR). Wurde jedoch bereits ein Vormund für die erkrankte Person bestellt, so wurde das Vorbringen, die Person habe in einem lichten Moment gehandelt, zurückgewiesen (I 4 § 25 ALR).
Demgegenüber konnten Willenserklärungen von Unmündigen und Blödsinnigen unter Umständen wirksam sein: Unmündig waren die, die das 14. Lebensjahr noch nicht vollendet hatten. Gaben diese Personen eine Willenserklärung ab, die für sie lediglich einen Vorteil brachte, so war diese wirksam (I 4 § 21 ALR). Waren mit der Willenserklärung jedoch auch Pflichten und Lasten verbunden, so war, selbst wenn auch Vorteile gegeben waren, diese nur wirksam, wenn der "Vorgesetzte" des Unmündigen in die Willenserklärung einwilligte (I 4 § 22 ALR).
Der Blödsinnige, der unter Vormundschaft stand, war ebenso zu behandeln wie der Unmündige (I 4 § 26 ALR).
Für den Fall, daß Personen sich betranken oder durch besondere psychische Einwirkungen wie z.B. Schrecken, Furcht oder Zorn, ihrer Vernunft beraubt wa-

ren, so galten für sie die Regelungen über die Wahnsinnigen (I 4 §§ 28 & 29 ALR).
Neben diesen persönlichen Fähigkeiten, eine Willenserklärung abgeben zu können, mußte zur Wirksamkeit einer Willenserklärung noch ein weiteres Erfordernis hinzutreten: Die Willenserklärung mußte gemäß I 4 § 4 ALR "frey, ernstlich, und gewiß, oder zuverlässig seyn".
Hinsichtlich der Begründung des Mietverhältnisses, das durch wechselseitige Erklärungen begründet wurde, waren neben den Regelungen über die Willenserklärung auch die allgemeinen Regeln über den Vertrag zu beachten, die sich im 5. Titel des 1. Teils des Preußischen Allgemeinen Landrechts fanden.
Zu Beginn des Titels stand die Definition des Vertragsbegriffes, die gemäß I 5 § 1 ALR lautete: "Wechselseitige Erklärungen zur Erwerbung oder Veräußerung eines Rechts, wird Vertrag genannt". In diesem Titel wird der Einfluß der oben dargestellten Lehren Grotius, und Wolffs, insbesondere der Versprechenslehre, und die Verwurzelung des Preußischen Allgemeinen Landrechts in den Lehren des Naturrechts sehr gut deutlich. So zeigen sich die von Grotius entwickelten Versprechensgrade[515] in den §§ 2 und 3 des 5. Titels des 1. Teils des ALR, wo es hieß:
"§ 2. Die Erklärung, einem anderen ein Recht übertragen, oder eine Verbindlichkeit gegen denselben übernehmen zu wollen, heißt Versprechen. § 3. Dagegen ist die bloße Aeußerung, etwas thun zu wollen, noch für kein Versprechen anzusehen." Auch in § 5 des Titels, der bestimmt, daß ein Gelübde als bloß einseitiges Versprechen keine Verbindlichkeit nach bürgerlichen Gesetzen hervorruft, wird der Bezug zu den Lehren Grotius', vor allem dem 2. Versprechensgrad, deutlich.
Der Mietvertrag wurde im Rahmen der Einteilung des Preußischen Allgemeinen Landrechts als ein sog. "lästiger Vertrag" (im Gegensatz zu den sog. "wohlthätigen Verträgen") bezeichnet. "Lästige Verträge" waren gemäß I 5 § 7 ALR alle Verträge, durch die beide Vertragspartner gegenseitige Verbindlichkeiten übernahmen, d.h. der Vermieter die Pflicht zur Gebrauchsüberlassung und der Mieter die Pflicht zur Mietzinszahlung als Verbindlichkeit aufgrund des Vertragsschlusses übernahm.
Konsequenzen im Rahmen der rechtlichen Behandlung von Verträgen ergaben sich aus der begrifflichen Aufteilung in "lästige" und "wohlthätige" Verträge jedoch kaum. Lediglich im Umgang mit Minderjährigen spielte dieses eine Rolle[516], was hier jedoch zu vernachlässigen ist, da es sich bei den Mietverträgen, die hier interessieren, stets um "lästige Verträge" handelte.
Die Regelungen über die Verträge waren neben den allgemeinen Regelungen über die Willenserklärungen insbesondere deshalb heranzuziehen, da sich hin-

---

[515] Vgl. oben S. 116.
[516] Z.B. ALR I 5 § 18.

sichtlich der Fähigkeit, Verträge zu schließen, engere Anforderungen fanden als hinsichtlich der Fähigkeit, wirksame Willenserklärungen abzugeben.
Das Preußische Allgemeine Landrecht verwendete zur Kennzeichnung der Fähigkeit, Rechtsgeschäfte aller Art selbständig mit voller Rechtswirksamkeit vorzunehmen noch nicht den heute üblichen Begriff der Geschäftsfähigkeit. Der Begriff der Geschäftsfähigkeit wurde insoweit erst durch das preußische Gesetz vom 12.07.1875 über die Geschäftsfähigkeit Minderjähriger aufgenommen. Das Preußische Allgemeine Landrecht verwendete vielmehr den Begriff der Handlungsfähigkeit, der weiter gefaßt war als der Begriff der Geschäftsfähigkeit, da die Handlungsfähigkeit im Sinne des Gesetzes neben der Geschäftsfähigkeit auch die Fähigkeit zur Vornahme rechtsgeschäftsähnlicher Handlungen und die Deliktsfähigkeit umfaßte.[517]
Im folgenden wird der Begriff der Geschäftsfähigkeit in unserem heutigen Sinne verwendet, da vorliegend nicht die gesamte Handlungsfähigkeit im Sinne des umfassenden Begriffes des Preußischen Allgemeinen Landrechts interessiert, sondern eben nur die Fähigkeit, Rechtsgeschäfte mit voller Wirksamkeit vorzunehmen.
Im Preußischen Allgemeinen Landrecht wurde hinsichtlich der Geschäftsfähigkeit in unserem heutigen Sinne zunächst auf das Alter bzw. den Geisteszustand einer Person abgestellt. So waren etwa Kinder, d.h. nach I 1 § 25 ALR Personen unter sieben Jahren, nach I 4 § 20 ALR überhaupt nicht in der Lage, eine wirksame Willenserklärung abzugeben. Unmündige hingegen, d.h. gemäß I 1 § 25 Personen, die über sieben, aber unter vierzehn Jahren alt waren, konnten nach den Regelungen der I 4 §§ 21 f. ALR nur sogenannte vorteilhafte Willenserklärungen wirksam abgeben. Für den Fall, daß die Willenserklärungen zugleich mit Pflichten und/oder Lasten verbunden waren, benötigten sie jedoch zur Wirksamkeit der abgegebenen Erklärung die Einwilligung ihres Vormundes.
Als dritte Altersstufe kennt das Gesetz weiterhin die sogenannten Minderjährigen, d.h. nach I 1 § 26 ALR die Personen, die über vierzehn Jahre alt waren, das vierundzwanzigste Lebensjahr aber noch nicht vollendet hatten. Dieser Personenkreis wurde hinsichtlich der Fähigkeit, Verträge abzuschließen, den Unmündigen gleich gestellt und brauchte daher bei den sogenannten lästigen Verträgen die Zustimmung des Vormundes.
Diese unterschiedlichen Beschränkungen aufgrund des Alters galten insoweit für Männer und Frauen gleichermaßen, so wie auch die bereits dargestellten Sonderregelungen für Geisteskranke in den Regelungen der I 4 §§ 23 ff. ALR.
Grundsätzlich konnte sich gemäß I 5 § 9 ALR eine Person, die fähig ist, eine rechtsgültige Willenserklärung abzugeben, auch durch einen Vertrag verpflichten. Von diesem Grundsatz gab es jedoch Ausnahmen. So wurde etwa in § 22

---

[517] Weber-Will, Die rechtliche Stellung der Frau im ALR, 1983, S. 159.

des 5. Titels des ALR darauf hingewiesen, daß hinsichtlich der Verträge, die von Kindern, die noch in väterlicher Gewalt waren, oder von verheirateten Frauen geschlossen wurden, die Sonderregelungen des 2. Teils, 1. und 2. Titel galten. Exemplarisch soll hier wiederum, wie auch bereits bei der Darstellung des gemeinen Rechts, die Stellung der Frau betrachtet werden:
Wie das gemeine Recht ging also auch das Preußische Allgemeine Landrecht davon aus, daß Frauen nicht uneingeschränkt Vertragspartner, also im vorliegenden Fall Mieter oder Vermieter, sein konnten.
Hinsichtlich der unverheirateten Frauen war eine Gleichstellung mit den Männern gegeben, sofern nicht ausnahmsweise die Provinzialgesetze Sonderregelungen trafen.[518] So hielt die Regelung des I 5 § 23 ALR fest: „Unverheyrathete Frauens-personen werden, dafern die Provinzialgesetze keine Ausnahme machen, bey Schließung der Verträge den Mannspersonen gleich geachtet."
Bezüglich der verheirateten Frauen hingegen gab es weitreichende Sonderregelungen im Rahmen des Preußischen Allgemeinen Landrechts selbst.
Zur Stellung der Frau, vor allem der Ehefrau, im Preußischen Allgemeinen Landrecht oder auch die Stellung der Frau im ehelichen Güterrecht und ihre daraus folgenden Rechte und Pflichten findet sich eine große Anzahl wissenschaftlicher Schriften, von denen exemplarisch nur die umfassenden Werke von Malsbenden[519] und Weber-Will[520] genannt werden sollen. Mit dieser Arbeit soll nur ein Einblick in die rechtliche Stellung der Frau im Hinblick auf ihre Fähigkeit, Verträge abzuschließen, geworfen werden.

Exkurs: Geschäftsfähigkeit der Ehefrauen

Die Regelungen bezüglich der Beschränkung der Geschäftsfähigkeit der verheirateten Frauen wurden dogmatisch nicht sehr sauber gelöst, so daß sich Regelungen diesbezüglich verteilt an den verschiedensten Stellen des Gesetzestextes fanden. Die diesbezügliche „Einstiegsnorm" des I 5 § 22 ALR verwies pauschal darauf, daß „nähere Bestimmungen gehörigen Orts festgesetzt (Th. II. Tit. I. Tit. II.)" wären.
Hinsichtlich der „näheren Bestimmungen" im Sinne des I 5 § 22 ALR war zunächst eine wichtige Differenzierung zu treffen:
So war zwischen den Frauen, die in einer Ehe zur rechten Hand lebten, und denen, die in einer Ehe zur linken Hand lebten, zu unterscheiden.

---

518 ALR I 5 § 23.

519 Petra Malsbenden, Die rechtliche Stellung der Frau im ehelichen Güterrecht vom ALR zum BGB (= Europäische Hochschulschriften Bd. 1083), Frankfurt a.M. 1991.

520 Susanne Weber-Will, Die rechtliche Stellung der Frau im Privatrecht des Preußischen Allgemeinen Landrechts von 1794 (= Europäische Hochschulschriften Bd. 350), Frankfurt a.M. 1983; Eine Rezension des Werkes von Weber-Will wurde von Eva Kirchmayer, in: Zeitschrift für Rechtsgeschichte, Germ. Abt., 1985, S. 449 vorgenommen.

Ehen zur linken Hand[521] unterschieden sich von anderen Ehen dadurch, daß die Frau durch die Eheschließung nicht alle Standes- und Familienrechte erlangte, da sie über ihrem Stand heiratete.[522]
Das Preußische Allgemeine Landrecht war im Hinblick auf das ihm zugrundeliegende Sozialmodell dem hierarchisch geordneten Ständestaat verhaftet. Vor diesem Hintergrund verstand sich die Regelung des II 1 § 30 ALR, wonach ein Eheverbot wegen der Ungleichheit des Standes[523] gegeben war, d.h. Männer aus dem Adel keine Ehe zur rechten Hand mit einer Frau aus dem „Bauer- oder geringeren Bürgerstande" eingehen durften.
Die Gründe für dieses Eheverbot finden sich etwa bei Svarez, der in den Kronprinzenvorträgen festhielt, daß es einem Staat, wie dem preußischen daran gelegen sein müsse, „daß unter seinem Adel würcklich edle, großmüthige und ehrliebende Gesinnungen und Gefühle soviel als möglich erhalten und fortgepflanzt werden. Solche Gesinnungen und Empfindungen darf man von Kindern nicht erwarten, die von einer Mutter herstammen und von einer Mutter die erste Bildung erhalten, welche zu den niedrigen VolksClaßen oder gar zum Pöbel gehört, die selbst eine schlechte Erziehung gehabt hat und von der man also auch nichts weniger als edle und großmüthige Gesinnungen und Grundsätze vermuthen kann."[524]
Andererseits stand diesem ständischen Prinzip aber auch das staatliche Interesse an Bevölkerungszuwachs einerseits[525] und andererseits das Bestreben, insbesondere die Ehelosigkeit beim verarmten Adel und den höheren Beamten[526] abzubauen, um zu verhindern, daß sich dieser sonst Huren und Maitressen zuwandte[527/528].
Quasi als Interessenausgleich stand das Institut der Ehe zur linken Hand zur Verfügung, die es Männern höheren Standes erlaubte, mit einer entsprechenden landesherrlichen Genehmigung (II 1 § 836 ALR) Frauen eines niederen Standes zu heiraten.
Svarez brachte die Beweggründe für das Institut der Ehe zur linken Hand wie folgt auf den Punkt: „Damit MannesPersonen aus den höheren Ständen, denen

---

521 Der Name der Ehe zur linken Hand ist dadurch begründet, daß die Frau dem Mann an die linke, d.h. die schwächere Hand, getraut wurde, vgl. Weber-Will, Die rechtliche Stellung der Frau im ALR, 1983, S. 163; Svarez, Kronprinzenvorträge 1791/1792, 2. Teil, 2000, S. 715.
522 Vgl. ALR II 1 §§ 835-845.
523 Vgl. hierzu Lieselotte Jelowik, Die standesungleiche Ehe in Preußen im 19. Jahrhundert, in: ZNR 1995, S. 177ff..
524 Svarez, Kronprinzenvorträge 1791/1792, 2. Teil, 2000, S. 711.
525 Weber-Will, Die rechtliche Stellung der Frau im ALR, 1983, S. 163.
526 Svarez, Kronprinzenvorträge 1791/1792, 2. Teil, 2000, S. 714f..
527 Pütter, Entwurf eines allgemeinen Gesetzbuches für die Preußischen Staaten, in: Göttingische Anzeigen von gelehrten Sachen, 105. Stück, 01.07.1784, S. 1049 (1053f.).
528 Svarez, Kronprinzenvorträge 1791/1792, 2. Teil, 2000, S. 715.

es an Vermögen fehlt, eine Frau standesmäßig zu unterhalten, und Kinder standesmäßig zu erziehen und zu versorgen, die Befriedigung des Naturtriebes, und den Genuß der häuslichen Glückseligkeit in einer gesetzmäßigen Verbindung finden können, ohne zu den regellosen, für den Staat und die bürgerliche Gesellschaft schädlichen Maitreßen halten, od. andern Ausschweifungen, ihre Zuflucht nehmen zu dürfen."[529]

Die Ehefrauen in einer Ehe zur linken Hand bekamen weder Namen, noch Stand, noch Rang des Mannes (II 1 § 873 ALR), ihnen verblieben vielmehr gemäß II 1 § 878 ALR trotz der Eheschließung weiterhin alle Rechte hinsichtlich ihrer Befugnis, mit anderen Geschäfte zu machen, wie sie ihnen auch als unverheirateten volljährigen Frauen zustehen würden. Eine Beschränkung war lediglich dadurch gegeben, daß sie gemäß II 1 § 879 ALR die Einwilligung ihres Ehemannes benötigten, wenn sie eine Verbindlichkeit eingehen wollten, "wodurch ihre Person während der Ehe verhaftet wird".

Anders verhielt es sich mit der Stellung der Frau in den Ehen zur rechten Hand: Die Ehe zur rechten Hand war durch eine starke Stellung des Ehemannes gekennzeichnet, was eine erhebliche Beeinträchtigung der Frau hinsichtlich ihrer Fähigkeit, selbständig rechtsgeschäftlich tätig zu werden, mit sich brachte.

Grundsätzlich konnte die Ehefrau gegen den Willen des Ehemannes weder ein Gewerbe treiben (II 1 § 195 ALR) noch durfte sie eine „Verbindung" eingehen, „wodurch die Rechte auf ihre Person gekränkt werden" (II 1 § 196 ALR).

Vor allem aber war die Ehefrau durch die güterrechtliche Ausgestaltung der Ehe zur rechten Hand in ihrer Geschäftsfähigkeit eingeschränkt:

In den Fällen der Ehe zur rechten Hand ging das Vermögen der Frau in die Verwaltung des Mannes über, sofern nicht gemäß II 1 § 205 ALR Ausnahmen hiervon im Gesetz oder in einem Vertrag zwischen den Eheleuten ausdrücklich vereinbart waren. Eine solche Ausnahme stellte etwa das sog. vorbehaltene Vermögen der Frau, dem zum einen alles zugerechnet wurde, "was nach seiner Beschaffenheit zum Gebrauche der Frau gewidmet ist", zum anderen die vom Ehemann versprochene Morgengabe und vertraglich vereinbarte Gegenstände.[530]

An diesem Vermögensteil stand der Ehefrau Verwaltung, Nießbrauch und freie Dispositionsbefugnis zu, in die der Ehemann aber bei verschwenderischem Verhalten seiner Frau eingreifen konnte.[531]

Demgegenüber wurde das gesamte übrige Vermögen der Frau als sog. eingebrachtes Vermögen bezeichnet. Dieses unterlag der Verwaltung durch den Ehemann, dem gemäß II 1 § 231 ALR an dem eingebrachten Vermögen die Rechte eines Nießbrauchers zustanden. Verwaltung und Nießbrauch konnte die Frau dem Mann nicht entziehen, solange er gemäß II 1 § 256 ALR ihr "und den mit

---

[529] Svarez, Kronprinzenvorträge 1791/1792, 2. Teil, 2000, S. 720.

[530] ALR II 1 §§ 206-209.

[531] ALR II 1 § 221; §§ 224-225.

ihr erzeugten Kindern, den nach Verhältniß ihres Standes nothwendigen Unterhalt gewährt".
Nur in dem Fall, in dem der Ehemann verhindert war, stand der Ehefrau nach II 1 §§ 202 f. ALR ein selbständiges Verwaltungsrecht zu.
Darüber hinaus war die Geschäftsfähigkeit der Ehefrau nicht nur durch die hervorgehobene Stellung des Mannes, sondern auch zu ihrem Schutz etwa bei Verträgen zwischen den Eheleuten eingeschränkt. So mußten nach II 1 § 198 ALR Verhandlungen und Vertragsabschlüsse vor Gericht unter Hinzuziehung eines Beistandes für die Frau (II 1 § 200 ALR) stattfinden und vollzogen werden, wenn die Ehefrau „in stehender Ehe zu etwas, wozu sie die Gesetze nicht verpflichten, dem Manne, oder zu dessen Vortheile verbindlich gemacht werden soll". Waren solche Verträge nur außergerichtlich geschlossen, so entstanden für die Frau nach II 1 § 199 ALR aus diesen Verträgen nur „Befugnisse", nicht aber „Verbindlichkeiten".
Abschließend sei noch festgehalten, daß die Ehefrau im Rahmen der Ehe zur rechten Hand auch in ihrer Prozeßfähigkeit eingeschränkt war. Der Ehemann war nach II 1 § 188 ALR „schuldig und befugt, die Person, die Ehre, und das Vermögen seiner Frau, in und außer Gerichten zu vertheidigen". Diese Regelung hatte als logische Konsequenz zur Folge, daß die Frau nach II 1 § 189 ALR „in der Regel" „ohne Zuziehung und Einwilligung des Mannes, mit Andern keine Prozeße führen" konnte. Ausnahmen ergaben sich auch hier wiederum nur im Rahmen des Güterrechtes.
Bezogen auf den Abschluß von Wohnungsmietverträgen ergibt sich aus dem Dargestellten die folgende Situation:
Eine Wohnung der Frau gehörte nur in dem Fall, in dem dieses ausnahmsweise vertraglich festgelegt war, zum vorbehaltenen Vermögen der Frau und stand damit nur ausnahmsweise unter ihrer Verwaltung. War dieses ausnahmsweise der Fall, so konnte die Frau diese Wohnung auch vermieten. Im Normalfall fiel eine Wohnung jedoch als eingebrachtes Vermögen der Frau unter die Verwaltung des Mannes, der diese im Rahmen seines Nießbrauchrechts und der Verwaltungsbefugnis vermieten konnte. Dem stand bei der Vermietung von Grundstücken auch nicht die Regelung des II 1 § 232 ALR entgegen, da es durch die Vermietung zu keiner bleibenden dinglichen Belastung des Grundstücks kam.
Inwiefern eine Ehefrau in der Lage war, als Mieterin eigenständig aufzutreten, ist fraglich, Antworten hierzu finden sich nicht im Gesetzestext und auch nicht in den Kommentaren. In Anbetracht der Tatsache, daß der Ehemann für das gesamte Vermögen zuständig war und für die Belange seiner Familie zu sorgen hatte, muß man aber davon ausgehen, daß die Ehefrau grundsätzlich selbst nicht als Mieterin auftreten konnte, da sie nicht über das Vermögen verfügen konnte. Inwiefern sich Ausnahmen hierzu ergeben können, wie es sie etwa im gemeinen Recht gab, ist fraglich, da sich diesbezüglich keine Hinweise finden lassen. Es

bleibt aber anzunehmen, daß eine Ehefrau auch im Geltungsbereich des Preußischen Allgemeinen Landrechts durchaus die Möglichkeit hatte, eine Wohnung zu mieten, wenn dieses ihr berechtigtes Interesse etwa im Rahmen eines Kuraufenthaltes war.
Zu untersuchen ist weiterhin die Situation, in der die Ehefrau zusammen mit dem Ehemann den Mietvertrag unterschrieb. Ob es dazu in der Praxis kam, konnte die Verfasserin nicht feststellen, in der Literatur wurde diese Frage jedoch behandelt. So ging man davon aus, daß auch in diesem Fall die Ehefrau nicht als Mieterin behandelt wurde. Dieses wurde folgendermaßen begründet: Grundsätzlich war es ein Geschäft des Mannes, eine Wohnung für die Familie zu mieten. Unterschrieb die Frau den Mietvertrag ebenfalls, so beteiligte sie sich damit an einem für sie fremden Geschäft, d.h. sie wurde Interzedentin[532]. Selbst wenn man davon ausgehen wollte, daß die Frau mit ihrer Unterschrift selbst Vertragspartei wurde, so wäre sie es doch nicht hinsichtlich des Teiles des Vertrages, der sich auf ihren Ehemann bezog. Diesbezüglich wäre sie wiederum nur Interzedentin.[533]

2. Gegenstand des Vertrages

Notwendiger Gegenstand des Mietvertrages war selbstverständlich zunächst einmal die Einigung über das Mietobjekt. Weiterhin waren aber auch Regelungen über die Dauer und die Höhe des Mietzinses notwendig:
Gegenstand der Miete konnten zunächst alle Sachen sein, also körperliche Gegenstände, egal ob beweglich oder unbeweglich. Dieses ergab sich bereits aus dem Gesetzestext, wo stets von der gemieteten Sache gesprochen wurde. Ebenso wie Sachen konnten nach der Literatur[534] auch Rechte Gegenstand eines Mietvertrages sein, Regelungen, aus denen sich dieses ergab, waren im Gesetzestext jedoch nicht enthalten. Dernburg gibt als Beispiele etwa die Vermietung von Rechten auf Zölle oder auf die Betreibung von Bergwerken an. Inwieweit es tatsächlich zu Vermietungen von Rechten kam, soll jedoch nicht vertieft werden, da diese Frage für die Behandlung der Wohnraummiete unerheblich ist.
Im Falle der Miete einer Wohnung stellt sich vor allem die Frage, auf welches Zubehör der Mieter einen Anspruch hatte.

---

[532] Der Begriff der Interzession kommt aus dem römischen Recht, wo um die Mitte des 1. Jahrhunderts n. Chr. jede Form der Interzession, d.h. des Dazwischentretens, durch Frauen zum Schutz der Frauen wegen der Schwäche ihres Geschlechts verboten wurde. Dieses hatte zur Folge, daß sich Frauen weder verbürgen noch sonst irgendwie im Interesse Dritter Verbindlichkeiten eingehen durften; vgl. Honsell, Röm. Recht, 1994, § 39 IV, S. 100 mit weiterführenden Hinweisen.
[533] Zu diesem Streitpunkt vgl. Koch, ALR Bd. 2, 1875, Anm. 70 zum 1. Teil, 21 Titel.
[534] Dernburg, Obligationenrecht, 4. Aufl.,1889, S. 466.

Zunächst war es möglich, daß die Parteien vertraglich vereinbarten, welches Zubehör mit der Mietsache zusammen vermietet wurde. Hier war dann jedoch vielfach schwierig, wer die Gefahr des Untergangs des Inventars, dessen Eigentümer ja weiterhin der Vermieter war, zu tragen hatte. Den Vermieter traf hierbei die Gefahr des zufälligen Unterganges, während der Mieter verpflichtet war, alles, was durch seine Vernachlässigung, durch Alter oder Abnutzung untergeht, zu ersetzen. Um Schwierigkeiten bei der Abgrenzung zu entgehen, wurden jedoch in der Praxis vielfach Inventarstücke zu einer Schätzsumme an den Mieter verkauft.[535]

Fehlte eine solche vertragliche Regelung zwischen den Parteien jedoch, so war fraglich, auf welches Zubehör der Mieter gewöhnlich einen Anspruch hatte. Gesetzliche Regelungen finden sich hier nicht. Auch konnte die Verfasserin keine Hinweise darauf finden, ob hier die gemeinrechtliche Lehre über die Pertinenzen[536] herangezogen wurde.

Der Mietvertrag wurde erst als geschlossen angesehen, wenn eine Einigung über die Dauer erzielt wurde. Dabei war es jedoch ausreichend, daß die Dauer bestimmbar war. Es mußte also deutlich werden, ob für die Parteien das Mietverhältnis bis zum Eintritt eines bestimmten Ereignisses oder bis zu einem festgelegten Datum gelten sollte oder ob es auf unbestimmte Zeit bis zur Kündigung durch eine der Parteien oder bis zu einem zeitlich unbestimmbaren Ereignis, wie etwa dem Tod des Mieters, gelten sollte.

Weiterhin war eine Einigung über die Höhe des Mietzinses notwendig. Hierbei wurde auf die Vorschriften zum Kaufpreis in §§ 46ff. des 11. Titels des 1. Teils des Preußischen Allgemeinen Landrechts verwiesen.[537] Unter Zugrundelegung dieser Verweisung war es demnach nötig, daß der Mietzins in einer bestimmten Summe bestand. Dabei war es ausreichend, daß "er entweder in sich, oder in Beziehung auf ein künftiges Ereignis bestimmt sein" mußte.[538] Es durfte also bei Parteien bei Vertragsschluß kein Zweifel darüber bestehen, daß und wie der Preis bestimmt war.[539] Die Elemente, nach denen der Mietzins ermittelt werden konnte, mußten demnach festgelegt sein, der Mietzins mußte nicht bestimmt, sondern bestimmbar sein.

---

535 Dernburg, Obligationenrecht, 4. Aufl.,1889, S. 467.

536 Vgl. oben S. 54..

537 ALR I 21 § 263; dabei wird jedoch von Koch hervorgehoben, daß die Regelungen zum Kaufpreis bezüglich der *laesio enormis* nicht gelten, vgl. Koch, ALR Bd. 2, 1875, Anm. 66 zum 1. Teil, 21. Titel. Die Möglichkeiten, die diesbezüglich im gemeinen Recht also teilweise anerkannt wurden (vgl. oben 2. Kapitel, Gliederungpunkt F I 2) finden sich im Preußischen Allgemeinen Landrecht nicht wieder.

538 ALR I 11 § 47.

539 Koch, ALR Bd. 1, 1874, Anm. 28 zum 1. Teil, 11. Titel.

Dernburg schrieb, daß es zulässig sein konnte, daß der Mietzins nicht in Geld, sondern in Naturalien bezahlt wurde, und gab als Beispiel hierfür die Festlegung einer "Quote des Rohertrages" an.[540] Unter Berücksichtigung der gesetzlichen Regeln der I 21 § 264-266 (die allein auf den Pachtvertrag abstellen) und der Natur des Mietvertrages, ist wohl davon auszugehen, daß Dernburg sich insoweit auf den Pachtvertrag bezog und keine terminologische Trennung zwischen Pacht und Miete machte. Das von ihm gegebene Beispiel der Festlegung einer "Quote des Rohertrages" konnte nur im Falle der Pacht möglich sein, wenn der Pächter berechtigt war, Früchte und damit Erträge aus der Sache zu gewinnen. An diesem Beispiel wird die angesprochene[541] Ungenauigkeit im Umgang mit der Terminologie deutlich.
Unter Hinweis auf die Digesten gab Dernburg als Kriterium weiterhin an, daß man stets dann von Miete rede, wenn der Mietzins "in Geld angeschlagen ist und derselbe in anderer Weise, z.B. durch Dienste, entrichtet werden soll".[542] Anhand dieses weiteren Kriteriums dürfte jedoch teilweise die Abgrenzung zu anderen Verträgen schwierig gewesen sein. So etwa die Abgrenzung in dem Fall, in dem eine Wohnung als Dienstwohnung an einen Arbeiter überlassen wurde. Inwiefern man hier von Miete ausgehen konnte, war und ist fraglich.

3. Form

Das Preußische Allgemeine Landrecht sah für einige Fälle des Mietvertrages die Schriftform vor. Das Schriftformerfordernis konnte sowohl für Mobilien wie auch für Immobilien erforderlich sein, es ergab sich "nach dem Betrage des verabredeten Miethzinses".[543] Zunächst war im Entwurf zum Preußischen Allgemeinen Landrecht eine Regelung vorgesehen, nach der bei beweglichen Sachen grundsätzlich keine Schriftform erforderlich sein sollte. Svarez verteidigte diese Regelung, die jedoch letztlich gestrichen wurde.[544]
Problematisch war, daß das Gesetz keine weitere Erläuterung dazu gab, bei welchem "Betrag des verabredeten Miethzinses" die Schriftform nötig war. Auch in dem Kommentar von Koch fanden sich hierzu keine Angaben. Dernburg gab hingegen in seinem Lehrbuch zum Preußischen Recht an, daß die Schriftform in der Regel nur dann notwendig sei, wenn "der Zins über 150 Mark beträgt".[545] Er schrieb jedoch nichts darüber, in welchem Zeitraum der Mietzins 150 Mark betragen mußte, und auch über eine Quelle zu diesem Betrag machte er keine Angaben. In Anbetracht der gesetzlichen Regelung des I 21 § 268 ALR muß

---

540 Dernburg, Obligationenrecht, 4. Aufl.,1889, S. 464.
541 Vgl.oben S. 126.
542 Dernburg, Obligationenrecht, 4. Aufl.,1889, S. 464, Anm. 7.
543 ALR I 21 § 267.
544 Koch, ALR Bd. 2, 1875, Anm. 67 zum 1. Teil, 21 Titel.
545 Dernburg, Obligationenrecht, 4. Aufl., 1889, S. 464.

man wohl davon ausgehen, daß ein jährlicher Mietzins gemeint war. Nach dieser Regelung nämlich war auch bei Verträgen, die für einen längeren Zeitraum als für ein Jahr geschlossen wurden, für die Frage nach dem Schriftformerfordernis allein der "Betrag einer Einjährigen Miethe" maßgeblich.
War nach den Regelungen des Gesetzes die Schriftform zwar erforderlich, wurde diese aber nicht eingehalten, so konnte sich unter Umständen die Heilung dieses Formfehlers ergeben: War der Vertrag nämlich bloß mündlich geschlossen worden, aber bereits vollzogen worden, so galt er als für ein Jahr geschlossen:[546]
Zum Vollzug des Mietvertrages kam es durch die Übergabe des Mietobjektes. War die Übergabe erfolgt und war der Vertrag als mündlicher Vertrag wirksam, scheiterte also die Wirksamkeit nicht etwa daran, daß der Vertrag zunächst schriftlich geschlossen werden sollte, dieses dann aber vernachlässigt wurde[547], galt der Vertrag unabhängig von der Schriftform als für ein Jahr geschlossen, falls nicht zwischen den Parteien eine kürzere Vertragsdauer vereinbart war. Dieses Jahr begann mit dem Zeitpunkt des mündlichen Vertrages und nicht mit dem Zeitpunkt der Invollzugsetzung durch die Übergabe des Mietobjektes.
Strittig war in diesem Falle, ob der Vertrag nach Ablauf des Jahres von selbst sein Ende finden sollte oder ob es einer Kündigung durch die Parteien unter Beachtung der gesetzlichen Kündigungsfristen bedurfte. Das Gesetz regelte hierzu nichts. Dernburg wies auf die Rechtsprechung des Preußischen Obertribunals hin, wonach das Mietverhältnis automatisch endete.[548] Gegen diese Auffassung wurde eingewendet, daß die Regelung des I 21 § 406 ALR bezüglich Pachtverträgen, denen die nötige Form fehlte, nach Invollzugsetzung einer Aufkündigung bedurfte, um das Pachtverhältnis mit Ablauf der Jahresfrist des I 21 § 269 ALR zu beenden. Das Preußische Obertribunal sah hierin jedoch lediglich eine Sondervorschrift, was aber von Stimmen in der Literatur kritisiert wurde, die in dieser Regelung den Willen des Gesetzgebers nicht nur für einen einzelnen Fall, sondern für alle Fälle sehen wollten.[549]
Unstreitig war jedoch, daß der formlos geschlossene Vertrag nach Ablauf der Jahresfrist formlos um ein weiteres Jahr verlängert werden konnte, wenn der Mieter im Besitz des Mietobjektes blieb.[550]

---

[546] ALR I 21 § 269.
[547] In diesem Fall würde die Regelung des I 5 § 117 greifen, d.h. der Vertrag, der von einer schriftlichen Errichtung abhängig sein sollte, wird nur durch die Schriftlichkeit verbindlich.
[548] Koch, ALR Bd. 2, 1875, Anm. 71 zum 1. Teil, 21 Titel mit Hinweis auf zahlreiche Urteile des Obertribunals.
[549] Dernburg, Obligationenrecht, 4. Aufl., 1889, S. 465 Anm. 11.
[550] Dernburg, Obligationenrecht, 4. Aufl., 1889, S. 465 Anm. 11.

III. Dauer und Beendigung des Mietverhältnisses

1. Die Dauer des Mietverhältnisses

Hinsichtlich der Dauer eines Mietverhältnisses wurde zwischen zwei Formen des Mietverhältnisses unterschieden: den Mietverhältnissen auf eine bestimmte Zeit und den Mietverhältnissen auf eine unbestimmte Zeit.

Mietverhältnisse auf bestimmte Zeit waren (und sind) dadurch gekennzeichnet, daß das Ende des Mietverhältnisses bereits zum Zeitpunkt des Vertragsschlusses feststand. Dabei konnte sich das feststehende Ende zum einen aus einem bestimmten Datum ergeben, zum anderen aus dem Eintritt eines Ereignisses, dessen Eintritt von vornherein bei Vertragsschluß feststand.

Demgegenüber waren die Mietverhältnisse auf unbestimmte Zeit solange gültig, bis eine Partei den Mietvertrag aufkündigte oder ein Ereignis, dessen Datum ungewiß war, wie z.B. der Tod des Mieters[551], eintrat.[552]

Schwierig war unter Umständen die Bewertung von Mietverhältnissen, deren Beendigung von den Parteien ohne Zeitbestimmung vom Eintritt eines Ereignisses abhängig gemacht wurde, bei dem sowohl das "Wann" des Ereigniseintritts ungewiß war wie auch das "Ob". Trat ein solches Ereignis nicht ein, so galt der Vertrag als auf Lebenszeit geschlossen. Ein schönes Beispiel findet sich hierzu bei Eccius, der als Beispiel für einen absolut unbestimmten Endigungszeitpunkt eines Mietvertrages die Dauer "bis zur Entdeckung eines Planeten hinter dem Neptun"[553] angab. Eccius hielt eine solche Bedingung für zulässig und sah Mietverhältnisse, die für eine solche Dauer geschlossen wurden, sogar als vererblich an.

---

[551] Dernburg, Obligationenrecht, 4. Aufl., 1889, S. 463.

[552] In diesem Bereich kann es zu gefährlichen Verwechselungen und damit Verständnisschwierigkeiten kommen: Nach unserer heutigen Terminologie des BGB ist diese Differenzierung hinsichtlich der Bedingungen nur schwer zu begreifen. Im ersten Falle, daß das Datum des Eintritts des Ereignisses von vornherein feststeht, handelt es sich insoweit nach der heutigen Terminologie um keine Bedingung, da eine Bedingung nach der heutigen Auffassung ein zukünftiges ungewisses Ereignis darstellt (vgl. Kommentare zu § 158 BGB). Vorliegend ist der Eintritt des Ereignisses jedoch nicht ungewiß, so daß nach unserer heutigen Terminologie von einer Befristung zu sprechen wäre. Auch im zweiten Fall, in dem lediglich das Datum des Ereigniseintritts nicht feststeht, ist nach der heutigen Auffassung keine Bedingung gegeben, da es sich eben nicht um ein ungewisses Ereignis handelt. So kann man den Tod des Mieters nicht als ungewiß ansehen, da jeder Mensch stirbt, allein der Zeitpunkt ist fraglich, so daß man in diesem Fall heute ebenfalls von einer Befristung reden würde.
Diese Klarstellung soll zum einen das Verständnis erleichtern, zu anderen aber vor allem darauf hinweisen, daß Rechtsgeschichte niemals allein aus unserem heutigen Blickwinkel geprägt sein darf, sondern daß das Hineinversetzen in die damalige Zeit mit allen dazugehörigen Komponenten unumgänglich ist.

[553] Vgl. Dernburg, Obligationenrecht, 4. Aufl., 1889, S. 463 Anm. 6 mit Hinweis auf: Eccius, Bd. 2 S. 185.

Demgegenüber vertrat etwa Förster die Auffassung, daß Bedingungen, deren Eintritt in zweifacher Hinsicht (also hinsichtlich des "wann" und des "ob") ungewiß war, unzulässig waren.[554]
Neben den Regelungen im Gesetzestext des Preußischen Allgemeinen Landrechts fanden sich auch in weiteren Gesetzen Bestimmungen hinsichtlich der Dauer von Mietverhältnissen. In dem "Gesetz über die Termine bei Wohnungsmiethsverträgen" vom 30.06.1834[555] fanden sich z.B. Klarstellungen zu Terminbestimmungen im Rahmen von Mietverträgen. Unter anderem wurde klargestellt, daß Mietverträge, die Ostern, Johannis, Michaelis oder Weihnachten beginnen sollten, jeweils am Anfang des Kalenderquartals, also am 1. April, 1. Juli, 1. Oktober und der 1. Januar beginnen sollten.

2. Die Beendigung des Mietverhältnisses

Das Mietverhältnis konnte grundsätzlich auf verschiedene Art und Weise beendet werden: Zum einen kam es bei auf eine bestimmte Zeit abgeschlossenen Mietverträgen selbstverständlich durch Ablauf der vereinbarten Zeit zur Beendigung. Zum anderen war aber sowohl bei befristeten als auch bei unbefristeten Mietverträgen die Beendigung durch Parteihandlung möglich.
Die Beendigung durch Parteihandlung wurde sowohl als Aufhebung als auch als Kündigung bezeichnet. In der Terminologie herrschte jedoch die Bezeichnung Kündigung vor.
Die Gründe oder auch die Berechtigung für die einseitige Beendigung des Vertragsverhältnisses konnten sich sowohl aus dem Mietvertrag als auch aus dem Gesetz ergeben.
Ein Beispiel für eine Beendigungsmöglichkeit, die mietvertraglich zwischen den Parteien geregelt war, war etwa die in der Praxis häufige Aufnahme einer kassatorischen Klausel in den Mietvertrag, durch die der Vermieter berechtigt wurde, den Mietvertrag zumeist ohne Einhaltung einer Kündigungsfrist zu beenden, wenn der Mieter den Mietzins nicht zum vereinbarten Fälligkeitstermin zahlte.[556] Auch andere Verstöße des Mieters gegen seine Vertragspflichten konnten im Rahmen einer vertraglichen Klausel zum Beendigungsgrund für das Mietverhältnis gemacht werden.[557]
Die Beendigung aufgrund einer Vertragsklausel mußte der Vermieter jedoch sofort erklären, nachdem ihm der Verstoß des Mieters gegen dessen Pflichten bekannt geworden war. Er durfte sich den Grund also nicht in der Hinterhand

---

[554] Vgl. Dernburg, Obligationenrecht, 4. Aufl., 1889, S. 463 Anm. 6 mit Hinweis auf: Förster, Bd. 2, 3. Aufl. 1873, § 136 S. 193.
[555] Abgedruckt in: Gesetz-Sammlung für die Königlichen Preußischen Staaten, Bd. 1834, S. 92.
[556] Vgl. oben S. 35.
[557] Vgl. Dernburg, Obligationenrecht, 4. Aufl., 1889, S. 488f..

halten, um ihn irgendwann später zu nutzen. Zahlte der Mieter also zum Beispiel den fälligen Mietzins erst nach dem Fälligkeitstermin, hatte aber der Vermieter nicht sofort am Fälligkeitstermin die Beendigung des Mietverhältnisses erklärt, so konnte er dieses auch nicht mehr nachträglich tun.[558]
Das Recht zur Beendigung des Vertrages konnte sich neben den vertraglichen Regelungen auch aus dem Gesetz ergeben.
Ein Überblick über die wichtigsten gesetzlich geregelten Kündigungsgründe soll im folgenden gegeben werden. Es waren dieses insbesondere die folgenden Regelungen des Preußischen Allgemeinen Landrechts:

1. Zwangsversteigerung gem. ALR I 21 § 350ff
2. Freiwillige Veräußerung der Mietsache gem. ALR I 21, §361f: In diesem Fall konnte der Mieter vom Mietvertrag jedoch nur dann zurücktreten, wenn die Übergabe der Mietsache an ihn, d.h. den Mieter, noch nicht vollzogen worden war.
3. Notwendigkeit eines "Hauptbaues"[559] an der Mietsache gem. ALR I 21 § 363ff.: War der Hauptbau sofort notwendig, so war eine Einhaltung der gesetzlichen Kündigungsfristen nicht notwendig. Anders war dieses, wenn die Maßnahmen noch aufschiebbar waren. Hervorzuheben ist, daß es nicht um eine für die Zeit des Baues andauernde vorübergehende Lösung des Mietverhältnisses, sondern um eine endgültige Beendigung handelte. Keine der Mietparteien konnte die Fortsetzung des Mietverhältnisses nach Abschluß der Baumaßnahmen verlangen.[560]
4. Tod des Mieters gem. ALR I 21 § 366ff: Der Tod des Mieters berechtigte sowohl den Vermieter als auch die Erben des Mieters zur Kündigung, was auf dem im preußischen Recht angenommenen persönlichen Charakter des Mietrechts beruhte.[561]
5. Nicht freiwillige Veränderungen in der Person des Mieters gem. ALR I 21 § 376ff.: Eine wesentliche Veränderung in seiner Person oder der Umstände, die es dem Mieter unmöglich machte, von der Mietsache weiterhin Gebrauch zu machen, berechtigte den Mieter einer unbeweglichen Sache zur Kündigung, wenn es sich um nicht freiwillige Veränderungen handelte. Dieses Kündigungsrecht des Mieters war jedoch an einige Bedingungen geknüpft: Zum einen war eine Kündigung nur zum Ablauf eines Quartals möglich, zum anderen mußte der Mieter entweder einen geeigneten Nachmieter stellen oder den Mietzins für ein weiteres halbes Jahr zahlen, wenn die Wohnung nicht

---

[558] Koch, ALR Bd. 2, 1875, Anm. 94 zum 1. Teil, 21 Titel.
[559] Begriff "Hauptbau": Eine Definition des Begriffes "Hauptbau" findet sich weder in den Kommentaren zum ALR noch in Lehrbüchern. Aus dem Kontext ergibt sich jedoch, daß es sich hierbei wohl um umfassende Baumaßnahmen handelte.
[560] Koch, ALR Bd. 2, 1875, Anm. 64 zum 1. Teil, 21 Titel.
[561] Vgl. dazu im einzelnen unten S. 154.

anderweitig zu vermieten war. Anwendbar war dieses Kündigungsrecht etwa im Falle der Versetzung eines Beamten oder der Truppenmobilmachung im Kriegsfall.

6. Veränderungen der Mietsache gem. ALR I 21 § 383: Hinsichtlich der Veränderungen an der Mietsache war zwischen dem vollständigen Untergang der Mietsache und Veränderungen im engeren Sinne zu unterscheiden: Ging die Mietsache vollständig unter, so wurde das Mietverhältnis beendet. Diese Regelung ergab sich nicht aus dem Gesetz, sondern vielmehr aus allgemeinen Lehren. Demgegenüber war das Kündigungsrecht bei Veränderungen der Mietsache gesetzlich geregelt. Bei Veränderungen an der Mietsache stand dem Mieter ein Kündigungsrecht sowohl bei Veränderungen, die die Brauchbarkeit der Mietsache erheblich beeinflußten, als auch sonstigen Situationen, die den Mieter am Gebrauch der gemieteten Sache hinderten (wie etwa die länger dauernde Besetzung der Wohnung durch feindliche Truppen im Kriegsfalle[562]) zu.[563/564]

Lag ein Kündigungsgrund vor und wollte eine Partei das Mietverhältnis aus diesem Grund beenden, so mußte sie die Kündigung erklären. Diese Kündigungserklärung war grundsätzlich gem. § 348 des 1. Teils, 21. Titel formfrei, gegebenenfalls mußte jedoch bewiesen werden, daß der andere Vertragsteil von ihr Kenntnis hatte. Das einzige Erfordernis, das an die Kündigungserklärung gestellt wurde, war die Einhaltung von Kündigungsfristen.
Die Kündigungsfristen richteten sich zunächst einmal nach den im Vertrag vereinbarten Regelungen der Parteien. Existierten solche Abreden nicht, so waren "besondere Provinzial- oder statutarische Gesetze" heranzuziehen. Erst wenn auch nach diesen keine Regelungen gegeben waren, war das Preußische Allgemeine Landrecht subsidiär anzuwenden. Der subsidiäre Charakter des gesamten Preußischen Allgemeinen Landrechts wurde an dieser Stelle nochmals ausdrücklich im Gesetzestext hervorgehoben.[565] Im Fall der Wohnungsmiete war dann die Regelung des 1. Teils, 21. Titel, § 344 einschlägig, wonach bei der Miete unbeweglicher Sachen die Kündigung in den ersten drei Tagen des Quartals erfolgen mußte, mit dessen Ablauf die Räumung der Wohnung erfolgen sollte.

---

[562] Vgl. Dernburg, Obligationenrecht, 4. Aufl., 1889, S. 491.
[563] Vgl. dazu auch unten S. 143.
[564] Weitere Kündigungsgründe neben diesen genannten und wohl wichtigsten Gründen werden auch im folgenden im Rahmen der Rechte und Pflichten der Parteien noch genannt werden, da sie sich zum Teil aus den vertraglichen Pflichten der Parteien ableiten.
[565] ALR I 21 § 342.

Mit der "Verordnung, betreffend die Aufkündigungsfrist bei Monatsweise gemietheten Wohnungen" vom 09.01.1812[566] wurden die Regelungen I 21 §§ 341-344 ALR ergänzt. Für den Fall, daß keine anderweitige vertragliche Regelung gegeben war, galt nach dieser Verordnung für monatsweise gemietete Wohnungen ein Kündigungsrecht für beide Vertragsparteien, das jedoch in der ersten Monatshälfte bis spätestens zum 15. des Monats, "für dessen Dauer der Betrag des monatlichen Mietzinses bestimmt ist", ausgeübt werden mußte. War die Kündigung hiernach verspätet, so galt der Vertrag für einen weiteren Monat als stillschweigend verlängert.
Auch in dem oben bereits erwähnten "Gesetz über die Termine bei Wohnungsmiethsverträgen" vom 30.06.1834[567] fanden sich Regelungen hinsichtlich der Kündigungsfristen. So wurde mit dem genannten Gesetz die Möglichkeit eingeräumt, die gesetzliche Kündigungsfrist für größere Wohnungen durch Verordnung der örtlichen Polizeibehörden zu verlängern. Auch wurden Sonn- und Feiertage bei der Umzugszeit nicht berücksichtigt.

IV. Rechte des Mieters

Nach der Regelung der §§ 270; 271 des 1. Teils, 21. Titel hatte der Mieter das Recht auf den "gemeingewöhnlichen Gebrauch" der Sache. Der Gebrauch wurde ihm durch Übergabe der Mietsache ermöglicht, an der Mietsache hat der Mieter nach preußischem Recht unvollständigen Besitz. Durch den Mietbesitz entstand für den Mieter die dingliche Berechtigung, deren Entwicklung und Grundlagen bereits oben dargelegt wurde.[568]
In diesen drei Sätzen lassen sich die Rechte des Mieters kurz zusammenstellen und erfassen. Im folgenden sollen sie nun näher erläutert werden.

1. Das Recht des Mieters auf Gebrauchsüberlassung

Zum Vollzug des Mietvertrages war es nötig, daß der Mieter die gemietete Sache zum Gebrauch übergeben bekam. Hierbei handelte es sich um eine Hauptpflicht des Vermieters. Um dieser Hauptpflicht zu genügen, war es erforderlich, daß der Vermieter die Sache im "brauchbaren Zustand" übergab.[569]
Grundsätzlich bezogen sich die §§ 272 - 277 des 21. Titels des ALR nur auf sog. "natürliche" Fehler, nicht auf juristische bzw. rechtliche Fehler. Die Definition des "brauchbaren Zustands" war in den §§ 272-277 jedoch nicht enthalten, was

---

566 Abgedruckt in: Gesetz-Sammlung für die Königlichen Preußischen Staaten, Bd. 1812, S. 4.
567 Abgedruckt in: Gesetz-Sammlung für die Königlichen Preußischen Staaten, Bd. 1834, S. 92.
568 Vgl. oben S.116ff. .
569 ALR I 21 § 272.

hierunter zu verstehen war, ergab sich insoweit aus dem vertraglich vereinbarten Zustand.
Nach einem Urteil des Preußischen Obertribunals vom 29.08.1842 ergab sich die folgende Definition: "Bei der Frage: ob die Sache im brauchbaren Zustande überliefert worden ist, oder nicht, und ob also der Miether die Annahme verweigern und von dem Vertrage abgehen kann (§ 273), ist auf den im Kontrakte ausbedungenen Zustand der vermietheten Sache zu sehen, und es kommt nicht darauf an, ob nach der Meinung Sachverständiger, ungeachtet der Zustand der Sache nicht überall dem Kontrakte entspricht, derselbe im Allgemeinen ein brauchbarer sei."[570]
War die Mietsache jedoch mit Mängeln behaftet, so standen dem Mieter verschiedene Rechte zu. Dieses galt jedoch nicht für Mängel, die der Mieter zum Zeitpunkt des Vertragsschlusses kannte, selbst dann nicht, wenn die Folgen des bekannten Mangels erst später etwa in einer Gesundheitsschädigung greifbar wurden.[571] Ausnahmsweise durfte sich der Vermieter jedoch dann nicht auf die Kenntnis des Mieters von dem Mangel berufen, wenn der Mieter mit Recht die Instandsetzung der Mietsache erwarten durfte.[572]
Im einzelnen standen dem Mieter wegen eines Mangels an der Mietsache die folgenden Rechte zu:
Wurde dem Mieter die Mietsache nicht rechtzeitig bei Beginn des Mietverhältnisses übergeben oder wurde ihm die Mietsache während der Vertragszeit zeitweise entzogen, so konnte der Mieter vom Vertrag zurücktreten. Wurde die Mietsache also ganz oder größtenteils unbrauchbar, so stand dem Mieter ein Rücktrittsrecht zu.[573]
Das Rücktrittsrecht war jedoch nicht sofort bei Verzögerungen oder kürzeren Gebrauchseinschränkungen gegeben. Vielmehr mußte der Mieter etwa kürzere Verzögerungen bei der Übergabe der Mietsache, die etwa aufgrund eines verzögerten Auszuges des Vormieters entstehen konnten, ebenso in Kauf nehmen wie kurzfristige Gebrauchsstörungen etwa durch Reparaturen.[574]
Neben dem Rücktrittsrecht stand dem Mieter unter Umständen ein Anspruch auf Mangelbeseitigung zu. Zeigten sich bei der Übergabe der Mietsache oder während der Mietzeit Mängel, so war der Mieter berechtigt, vom Vermieter Mangelbeseitigung zu verlangen. Alternativ konnte er die dem Vermieter obliegenden Reparaturen selbst durchführen lassen und dann Ersatz hierfür verlangen. Beseitigte der Mieter die Mängel an der Mietsache selbständig, so war jedoch zwischen Mängeln, die bereits bei der Übergabe vorlagen, und denen, die erst

---

[570] Zitiert nach: Koch, ALR Bd. 2, 1875, Anm. 75 zum 1. Teil, 21 Titel.
[571] Vgl. Dernburg, Obligationenrecht, 4. Aufl., 1889, S. 469.
[572] Vgl. Dernburg, Obligationenrecht, 4. Aufl., 1889, S. 469.
[573] Vgl. ALR I 21 § 383.
[574] Vgl. Dernburg, Obligationenrecht, 4. Aufl., 1889, S. 470f..

später auftraten, zu unterscheiden: Mängel, die bereits bei der Übergabe vorlagen, konnte der Mieter ohne weiteres auf Kosten des Vermieters beseitigen lassen, bei später auftretenden Mängel mußte er zunächst dem Vermieter den Mangel anzeigen und diesem die Möglichkeit zur Abhilfe geben, bevor er ihn selbst beseitigen lassen konnte.[575]
Der Zustand der Brauchbarkeit der Mietsache war dem Mieter während der gesamten Mietzeit zu gewähren.[576] Dieses hatte zur Folge, daß der Vermieter im Falle der Wohnungsmiete etwa nicht berechtigt war, während der Dauer des Mietverhältnisses den Gebrauch der gemieteten Wohnung durch die Errichtung neuer Bauten zu beeinträchtigen. Die Baueinstellung konnte der Mieter erzwingen, nicht aber den Abriß bereits vor Erlaß des gerichtlichen Verbotes errichteter Bauten.[577]
Dem Mieter stand demnach ein Anspruch zu, während der gesamten Mietzeit eine fehlerfreie Sache zur Verfügung zu haben. Es handelte sich dementsprechend um eine fortgesetzte Pflicht des Vermieters, diesen Zustand zu gewähren.
Für den Fall, daß der Vermieter die nicht rechtzeitige Überlassung der Wohnung, eingetretene Gebrauchsstörungen oder Mängel verschuldete oder wenigstens mitverschuldet hatte, war er dem Mieter zum Schadenersatz verpflichtet. Dabei war ein Verschulden entsprechend I 6 § 11 ALR bei Vorsatz und grobem Versehen gegeben.
Wurde der Mieter vorübergehend in der Nutzung der Mietsache durch Mängel oder andere Umstände gestört, so stellte sich weiterhin die Frage, ob der Mieter zur Minderung des Mietzinses berechtigt war.
Grundsätzlich war der Mieter dann nicht zu einem Abzug an seinen Mietzinszahlungen berechtigt, wenn es sich um vorübergehende, zufällige Störungen handelte, welche der Vermieter nicht verschuldet hatte.[578]
Bei anderen Störungen war ein Abzug nur dann gerechtfertigt, wenn im Fall der Wohnungsmiete die Nutzung für wenigstens einen Monat gestört war (vgl. I 21 § 299ff. ALR).
Im preußischen Recht wurde dem Mieter die Möglichkeit zuerkannt, seine Rechte mit der sog. „aedilizischen Klage" durchzusetzen. Diese Klageart entsprang ursprünglich den römischen Recht, genauer dem römischen Kaufrecht. Sie beruhte darauf, daß der Verkäufer einer Sache nur für die Fehlerlosigkeit einer Sache zum Zeitpunkt des Vertragsschlusses haftete, während ihn für später

---

[575] Vgl. Dernburg, Obligationenrecht, 4. Aufl., 1889, S. 471.
[576] Vgl. ALR I 21 § 291.
[577] Vgl. Dernburg, Obligationenrecht, 4. Aufl., 1889, S. 470 Anm. 10 mit Hinweis auf: Entsch. des Königl. Obertribunals, Bd. 42, S. 169ff. (Das Urteil stand unter der Fragestellung: "Kann der Vermiether während der Dauer des Miethscontracts durch Ausführung neuer Bauten den Mieter in dem gemeingewöhnlichen Gebrauche seiner Wohnung beeinträchtigen?").
[578] Vgl. Dernburg, Obligationenrecht, 4. Aufl., 1889, § 169, S. 474.

eintretende Mängel keine Gewährleistung traf. Im römischen Recht war diese Klage auf das Mietrecht unanwendbar, da es sich bei den Pflichten des Vermieters im Gegensatz zu denen des Verkäufers, wie dargelegt, um fortgesetzte Pflichten handelte.
Diese Grundlagen ließ das preußische Recht außer acht, indem es dem Mieter die aedilizische Klage wegen Mängeln zugestand. Der fortgesetzten Verpflichtung des Vermieters trug man Rechnung, indem man den Beginn der Verjährung für die Klage erst mit dem Ende des Mietverhältnisses eintreten ließ.[579]

2. Rechte des Mieters aufgrund seiner dinglichen Berechtigung und Besitzstellung

Zu Beginn des 21. Titels des 1. Teils des ALR wurde die dingliche Berechtigung des Mieters festgelegt. Dort hieß es in § 2: "Soweit der Berechtigte sich im wirklichen Besitze der zu gebrauchenden oder zu nutzenden Sache befindet, hat seine Befugnis die Eigenschaft eines dinglichen Rechts".
Aus dieser Regelung ergaben sich für den Mieter als dinglich Berechtigten einige nicht unwesentliche Rechte. Bevor diese näher dargestellt werden, ist zunächst auf die Terminologie der zitierten Regelung einzugehen, da strittig war, wie das Wort "soweit" im Gesetzestext zu verstehen war.
Nach der wohl herrschenden Auffassung war "soweit" im Sinne der genannten Regelung nicht temporal, also nicht im Sinne von "so lange, wie", zu verstehen. "Soweit" bedeutete danach vielmehr den Umfang, in welchem der Berechtigte besaß.[580] Dieses bedeutete, daß allein der Besitzverlust das dingliche Recht nicht aufhob, dieses vielmehr fortdauerte. Möglicherweise konnte jedoch die freiwillige Aufgabe des Besitzes die Konsequenz haben, daß das dingliche Recht Dritten gegenüber aufgehoben wurde.[581]
Diese Auffassung, daß "soweit" im Sinne von "so ausgedehnt" und nicht temporal im Sinne von "so lange" zu verstehen war, wurde auch von Koch in seinem Kommentar zum Preußischen Allgemeinen Landrecht vertreten. Koch begründete diese Meinung folgendermaßen:
Würde man davon ausgehen, daß "soweit" temporal zu verstehen ist, so würde die Regelung des I 21 § 2 ALR so zu verstehen sein, daß die Dinglichkeit des Mietrechts in dem Moment aufhörte, in dem der Besitz - egal aus welchem Grund - aufgehoben wurde. Damit wäre jedoch der Sinn und Zweck eines dinglichen Rechts nicht mehr gegeben.[582]

---

[579] Dernburg, Obligationenrecht, 4. Aufl. 1889, S. 472.
[580] Vgl. Rehbein u.a., ALR Bd. 2, 2. Aufl. 1882, Anm. 2 zu ALR I 21 § 2.
[581] Vgl. Rehbein u.a., ALR Bd. 2, 2. Aufl. 1882, Anm. 2 zu ALR I 21 § 2 mit Hinweis auf ALR I 20 §§ 118, 119, 253 und Obertr. 60, 126.
[582] Vgl. Koch, ALR Bd. 2, 1875, Anm. 3 zum 1. Teil, 21. Titel.

Diese Argumentation vermag auch zu überzeugen: Wenn die Regelung des I 21 § 2 ALR die dingliche Natur des Mietrechts ausdrücklich anerkannte, so mußten auch die Qualitäten eines dinglichen Rechts gewährleistet sein. Sinn und Zweck eines dinglichen Rechts war (und ist) es aber gerade, daß es seine Wirksamkeit durch den Besitzverlust nicht verlor, sondern gerade in dieser Situation voll entfaltete und sich als wirkungsvoller Schutz zeigte.
Die Gegenmeinung, die sowohl von Rehbein als auch Koch erwähnt wurde, begründete sich nach der Darstellung von Koch aus dem Wortlaut der Regelung des I 21 § 2 ALR und stützte sich auf das Präsens des Wortes "befindet" in der genannten Regelung. Vertreter dieser Meinung wurden von Koch namentlich nicht aufgeführt und konnten auch in der Literatur nicht gefunden werden.
Ausgehend von der Regelung des I 21 § 2 ALR war Voraussetzung für das Entstehen der dinglichen Berechtigung zunächst, daß sich der Mieter im "wirklichen Besitze" der Sache befand.
Auch hier ist wieder die Terminologie zu hinterfragen: Was war unter dem "wirklichen Besitz" im Sinne des I 21 § 2 ALR zu verstehen?
Nach der Rechtsprechung des Preußischen Obertribunals aus dem Jahr 1867 war hier nur der sogenannte unvollständige Besitz gemäß I 7 § 6 ALR gemeint.[583]
Diese Regelung lautete folgendermaßen: "Wer eine Sache, oder ein Recht, zwar als fremdes Eigenthum, aber doch in der Absicht, darüber für sich selbst zu verfügen, in seine Gewahrsam übernommen hat, der heißt ein unvollständiger Besitzer."
War der Mieter Besitzer in diesem Sinne, so standen ihm aus dem Mietverhältnis dingliche Befugnisse zu.
Zu diesen dinglichen Befugnissen gehörte zunächst einmal der possessorische Schutz des Mieters in seiner Eigenschaft als Besitzer.
Als Besitzer konnte der Mieter den ihm durch Gewalt, heimlich, durch List oder bittweise entzogenen Besitz gem. I 7 §§146-147 ALR zurückfordern oder seine Besitzstellung gem. I 7 § 150 ALR gegen Störungen verteidigen, wenn er durch Gewalt, heimlich, durch List oder bittweise gestört wurde. Gem. I 7 § 151 ALR konnte er sich die zukünftige Störungsfreiheit des Besitzes durch Strafandrohung sichern lassen.
Wurde der Besitz des Mieters auf andere als die oben dargestellte Art gestört, so konnte sich der Mieter hiergegen gem. I 7 § 161, §§ 170-175 ALR zur Wehr setzen und sein "besseres Recht zum Besitz" durchsetzen.
Weiterhin war der Mieter durch seine Stellung als dinglich Berechtigter gegenüber Dritten deliktisch geschützt, was sich aus der Generalklausel des I 6 § 10 ALR ergab.[584]

---

[583] Entsch. des Königl. Obertribunals, Bd. 68, S. 212ff. (insbesondere S. 215).

Auch standen dem Mieter aufgrund der dinglichen Berechtigung die konfessorische und die negatorische Klage zu, d.h. ihm standen die Möglichkeiten zu, wegen jeder Störung seines Rechts zu klagen. Entweder er klagte mit der konfessorischen Klage auf die Anerkennung seines Rechts oder mit der negatorischen Klage auf die Feststellung, daß eine Befugnis zur Besitzstörung nicht gegeben war. Weiteres Ziel dieser Klagen war es dann selbstverständlich, die bereits existierenden Störungen zu beseitigen und künftige zu verhindern.
Die Konfessorienklage, die im römischen Recht ausschließlich dem Schutz der Servituten diente, wurde in der preußischen Rechtswissenschaft als genereller Name für die Klagen aus Rechten an Sachen mit der Ausnahme der Pfandrechtsklage verwendet. Sie griff im Fall der Besitzstörung oder Besitzentziehung und stand den an einer Sache dinglich Berechtigten wie dem Nießbraucher, Pächter und eben auch dem Mieter zu, "soweit dies im Interesse der Unversehrtheit ihres dinglichen Rechts liegt"[585].
Die negatorische Klage diente im römischen Recht als sogenannte *actio negatoria* ebenfalls nur als Schutz im Rahmen von Servituten, wurde jedoch bereits in der gemeinrechtlichen Praxis als Mittel "gegenüber jeder unberechtigten Antastung der Freiheit des Eigentums"[586] anerkannt. Diese Ausdehnung wurde von der preußischen Rechtswissenschaft und Praxis übernommen, die Klage diente der "Abwehr von dinglichen Nutzungsrechten, z.B. Nießbrauch, Grundgerechtigkeiten, dinglich prätendierten Mieths- und Pachtrechten, dergleichen zur Abweisung von Rechten auf die Substanz"[587]
Diese Übernahme der negatorischen Klage in die preußische Rechtspraxis war jedoch nicht unumstritten. Streitigkeiten gab es im Hinblick auf die Ausdehnung auf den Mieter, Pächter, Nutznießer oder Hypothekar.
So wurde zum Teil davon ausgegangen, daß die *actio negatoria* ausschließlich als Eigentumsfreiheitsklage diente, d.h. daß sie neben der Vindikationsklage als zweite Klage aus dem Eigentum den Zweck hatte, „die dem Eigenthum innewohnende Freiheit und Ausschließlichkeit seiner Ausübung gegen Eingriffe zu schützen", indem sie die Freiheit des Eigentums wiederherstellte.[588] Insoweit war die *actio negatoria* jedoch nur anzuwenden, sofern es sich um das Eigentum an Grundstücken handelte.[589]

---

[584] Diese Regelung muß im Zusammenhang mit den Regelungen der I 6 § 1 und § 8 ALR gelesen werden.
[585] Dernburg, Allgemeine Lehren, 4. Aufl. 1884, § 277.
[586] Dernburg, Allgemeine Lehren, 4. Aufl. 1884, § 250.
[587] Dernburg, Allgemeine Lehren, 4. Aufl. 1884, § 250.
[588] Förster, Theorie und Praxis des heutigen gemeinen preußischen Rechts, Bd. 3, 1874, § 181, S. 251.
[589] Förster, Theorie und Praxis des heutigen gemeinen preußischen Rechts, Bd. 3, 1874, § 181, S. 251f..

Als aktivlegitimiert wurde entsprechend dem Charakter als „Eigentumsklage" der Eigentümer eines Grundstückes angesehen. Darüber hinaus hatte die *actio negatoria* jedoch eine Erweiterung dahingehend erfahren, daß sie auch dem „vollständigen Besitzer"[590] zustehen sollte. Keinesfalls zustehen sollte die negatorische Klage nach der Auffassung Försters hingegen dem unvollständigen Besitzer, d.h. einem Mieter, denn „ein Rechtsstreit, durch welchen die Richtigkeit eines dinglichen Rechtes auf die Substanz einer fremden Sache ausgemittelt werden soll, kann nur mit dem Eigentümer oder vollständigen Besitzer derselben giltig verhandelt werden".[591] Diese Begründung Försters entsprach insoweit dem Wortlaut der Regelung I 19 § 10 ALR.
Gegen die dargestellte Auffassung, daß nur der Eigentümer und der vollständige Besitzer aktivlegitimiert, wandte sich Dernburg. Dernburg ging davon aus, daß die von der Gegenansicht zitierte Regelung des I 19 § 10 ALR jedoch insoweit nicht maßgeblich sei, da sie sich nur auf den Fall „konfessorischer – respektive hypothekarischer Klagen" beziehe.[592]
Die dingliche Berechtigung des Mieters bedurfte zu ihrer Wirksamkeit keiner Eintragung. In § 12 des "Gesetzes über den Eigenthumserwerb und die dingliche Belastung der Grundstücke, Bergwerke und selbständigen Gerechtigkeiten" vom 05.05.1872[593] wurde die Frage der Eintragung dinglicher Rechte geregelt. Dabei wurde festgelegt, daß dingliche Rechte an Grundstücken, welche auf einem privatrechtlichen Titel beruhten, gegen Dritte nur durch Eintragung Wirkung entfalten und diese Wirkung erst mit ihrer Löschung verlieren sollten. Eine Ausnahme stellte insoweit die dingliche Berechtigung aufgrund eines Mietvertrages dar. Es wurde gesetzlich festgelegt, daß die Miete keiner Eintragung bedurfte.

V. Rechte des Vermieters

1. Anspruch des Vermieters auf den Mietzins

Miete war, wie bereits mehrfach gesagt, die Gebrauchsüberlassung gegen Entgelt. Als Gegenleistung zur Gebrauchsüberlassung stand dem Vermieter nach dem ALR in diesem synallagmatischen Verhältnis demnach als erstes Recht das Recht auf den Mietzins zu:
Der Mieter war verpflichtet, den vereinbarten Mietzins zu bezahlen. Dabei wurde der Mietzins allerdings nur für die Zeit geschuldet, in der dem Mieter das Mietobjekt zur Verfügung gestellt wurde. Für den Fall, daß der Mieter den

---

590 Förster, Theorie und Praxis des heutigen gemeinen preußischen Rechts, Bd. 3, 1874, § 181, S. 255.
591 Förster, Theorie und Praxis des heutigen gemeinen preußischen Rechts, Bd. 3, 1874, § 181, S. 255.
592 Dernburg, Allgemeine Lehren, 4. Aufl. 1884, § 250, Fn. 7.
593 Abgedruckt in: Gesetz-Sammlung für die Königlichen Preußischen Staaten, Bd. 1872, S. 433ff..

Mietzins nicht zahlte, konnte der Vermieter mit Hilfe der Vertragsklage auf die Zahlung des Mietzinses klagen. Hierbei mußte er lediglich beweisen, daß der Mieter das Mietobjekt inne hatte, also die Wohnung bewohnte, oder daß es ihm wenigstens zur Verfügung gestellt worden war.
Wollte der Mieter die Wohnung nicht mehr beziehen und teilte er dem Vermieter diese Weigerung mit, so konnte der Vermieter die Wohnung anderweitig vermieten und die Differenz des Mietzinses vom Mieter verlangen.[594]
Unter Umständen konnte dem Mieter jedoch zugestanden werden, daß er Abzüge vom Mietzins vornahm. Dieses durfte er jedoch nicht bereits dann tun, wenn es zu einer nur kurzen und vorübergehenden Gebrauchsstörung kam, die der Vermieter nicht zu vertreten hatte. Vielmehr war nach dem Preußischen Allgemeinen Landrecht darauf abzustellen, daß ein Abzug vom Mietzins nur dann zulässig war, wenn der Mieter eines Gebäudes im Gebrauch der gemieteten Wohnung wenigstens einen Monat lang, egal aus welchem Grund, gestört wurde.[595]
Mit dieser gesetzlichen Regelung wich das preußische Recht von der gemeinrechtlichen Praxis ab, die keine festen Grundsätze hinsichtlich der Mietzinsminderung kannte, sondern auf das richterliche Ermessen diesbezüglich abstellte. Der Richter hatte demnach nach der allgemeinen Lebensanschauung von Fall zu Fall zu entscheiden, was der Mieter ohne das Recht auf Abzüge vom vereinbarten Mietzins erdulden mußte.[596]
Neben der gesetzlichen Regelung zur Mietzinsminderung fanden sich im Preußischen Allgemeinen Landrecht noch zahlreiche weitere Regelungen hinsichtlich des Mietzinses: So ist etwa in I 21 § 381 ALR geregelt, daß der Mietzinsanspruch des Vermieters erlosch, wenn der Mieter in Kriegszeiten gezwungen war, den Mietzins an den Feind zu zahlen. Er mußte dann nicht noch eine weitere Zahlung an den Vermieter vornehmen.
Grundsätzlich war für die Frage der Mietzinszahlung die vertragliche Vereinbarung der Parteien entscheidend. Dieses galt sowohl für die Höhe des Mietzinses als auch für den Zahlungszeitpunkt und den Zahlungsort. Waren jedoch über Zahlungszeitpunkt und -ort ausnahmsweise keine vertraglichen Regelungen getroffen worden, so griffen die gesetzlichen Regelungen. Danach war der Mietzins für gewöhnlich im nachhinein nach Beendigung des Mietverhältnisses oder bei längerfristigen Mietverhältnissen nach einer Mietperiode von einem Vierteljahr zu bezahlen.[597]

---

[594] Dernburg, Obligationenrecht, 4. Aufl., 1889, S. 473 Anm. 2.
[595] Vgl. ALR I 21 § 299.
[596] Dernburg, Obligationenrecht, 4. Aufl., 1889, S. 474.
[597] Vgl. ALR I 21 § 297. Im Falle der nicht rechtzeitigen Zahlung konnten Zinsen auf den Mietzins gefordert werden. Das "Gesetz wegen Einführung kürzerer Verjährungsfristen" vom 31.03.1838 (Gesetz-Sammlung für die Königlichen Preußischen Staaten, Bd. 1838, S.

Hinsichtlich des Zahlungsortes griffen im Fall fehlender vertraglicher Regelungen zunächst die sogenannte "Ortsgewohnheit", d.h. lokales Gewohnheitsrecht, bevor die allgemeinen Regelungen des Preußischen Allgemeinen Landrechts ins I 5 § 248 zur Anwendung kamen, wonach der Wohnsitz des Vermieters beim Vertragsschluß entscheidend war.[598]
Anders als auf die Zahlung des Mietzinses hatte der Vermieter gegen den Mieter grundsätzlich keinen Anspruch auf die Zahlung von Lasten und Abgaben für die Mietsache. Aus der Regelung des I 21 § 288 ALR ergab sich, daß der Mieter Abgaben und Lasten, "die er nicht ausdrücklich übernommen hat", nicht leisten mußte. Dieses galt nach I 21 § 289 ALR insbesondere für Einquartierungslasten, die grundsätzlich vom Vermieter zu tragen waren. Eine von dieser gesetzlichen Regelung des Preußischen Allgemeinen Landrechts abweichende Regelung galt jedoch im Kriegsfall aufgrund des "Königlichen Befehls, wegen nicht fernerer Anwendung der Gesetzstellen des Allgemeinen Landrechts Theil I Tit. XXI. § 289 und § 290 und der Städteordnung auf die gegenwärtige Art der Einquartierung und Verpflegung ausländischer Truppen" vom 20.05.1812.[599]
Später ergab sich aus § 6 des Gesetzes über die Kriegsleistungen vom 13.06.1873 die Verpflichtung des Mieters zur Tragung von Einquartierungslasten im Kriegsfalle.[600]
Neben den Lasten und Abgaben auf die Mietsache fiel in der Stadt Berlin die von den Mietern zu zahlende Mietsteuer an.[601/602] Mit der "Verordnung über die Servis-Einrichtung der Haupt- und Residenzstadt Berlin" vom 26.01.1815[603] wurden hinsichtlich der Mietsteuer in Abschnitt IV. Regelungen über die Befreiung von der "Miethssteuer" getroffen. Danach waren von der Steuer folgende Personengruppen befreit: die Bewohner der Schlösser und Wohnungen des königlichen Hauses, die Gesandten fremder Länder, Militärangehörige, die zum

---

249ff.)bestimmte hinsichtlich der Verjährung von Zinsen auf Mietforderungen in der Regelung des § 2 Nr. 5, daß die Forderungen nach vier Jahren verjähren sollten. Mit der "Verordnung wegen Einführung kürzerer Verjährungsfristen für die Landestheile, in welchen noch gemeines Recht gilt" vom 06.07.1845 (Gesetz-Sammlung für die Königlichen Preußischen Staaten, Bd. 1845, S. 483ff), wurde diese Regelung auf weitere Gebiete ausgeweitet.

598 Dernburg, Obligationenrecht, 4. Aufl., 1889, S. 474.

599 Abgedruckt in: Gesetz-Sammlung für die Königlichen Preußischen Staaten, Bd. 1812, S. 47.

600 "Gesetz über die Kriegsleistungen" vom 13.06.1873, abgedruckt in: RGBl 1873, S. 129; dazu im Hinblick auf die Frage der Entschädigung für die Gewährung von Naturalquartier an Truppen im Frieden: Entsch. des Königl. Obertribunals, Bd. 82, S. 193ff..

601 Vgl. oben S. 27.

602 Zur Mietsteuer im Konkursverfahren vgl. § 55 der Konkursordnung vom 08.05.1855 (Gesetz-Sammlung für die Königlichen Preußischen Staaten, Bd. 1855, S. 321ff.).

603 Abgedruckt in: Gesetz-Sammlung für die Königlichen Preußischen Staaten, Bd. 1815, S. 3ff..

Empfang von Servis oder Naturalquartier berechtigt waren, sowie Frauen und Kinder abwesender Militärangehöriger, diejenigen, die nicht Bürger oder Schutzverwandte der Stadt Berlin waren, diejenigen, die von Almosen lebten und öffentliche Anstalten.

2. Die Möglichkeit des Vermieters zur Veräußerung der Mietsache

Wie bereits in der Einleitung erwähnt, war eine der Neuheiten des Preußischen Allgemeinen Landrechts die Aufhebung des bis dahin üblichen, dem römischen Recht entstammenden Grundsatzes "Kauf bricht Miete". Nach der gesetzlichen Regelung des I 21 § 358 ALR galt im preußischen Recht demnach abweichend von der gemeinrechtlichen Regel nunmehr der Grundsatz, daß Kauf nicht Miete bricht.

Der freiwillige Verkauf der Mietsache während der Mietzeit änderte damit nichts an den Rechten und Pflichten des Mieters. Der Käufer der Mietsache war nicht nur verpflichtet, den Mieter im Gebrauch der Sache zu lassen und diesen Umstand zu dulden, er trat vielmehr vollumfänglich in die Rechte und Pflichten des Verkäufers ein.

Die Übertragung der Rechte und Pflichten aus dem Mietvertrag vom Verkäufer auf den Käufer war natürlich nicht allein an den Kaufvertrag zwischen beiden gebunden, vielmehr war die Eigentumsübertragung an der Mietsache entscheidend.

Im einzelnen stellte sich die Situation zwischen Verkäufer und Käufer folgendermaßen dar:

Der Übergang der Rechte des Vermieters, von Interesse war hier insbesondere das Recht auf Mietzinszahlung, wurde dogmatisch als eine im Kaufvertrag enthaltene Zession behandelt, die jedoch nur für die Zeit nach dem Eigentumsübergang galt. Im Fall, daß sich der Mieter seiner Mietzinszahlung bereits vollständig und gültig gegenüber dem früheren Vermieter entledigt hatte, war jedoch auch für die Zeit nach Eigentumsübergang kein Anspruch des neuen Vermieters gegeben.[604]

Neben den Rechten aus dem Mietvertrag gingen auf den Käufer auch die Pflichten und Verbindlichkeiten aus dem Mietvertrag über. Dabei war es unerheblich, ob der Käufer die Verbindlichkeiten bei Erwerb der Mietsache kannte oder nicht. Durch diese Übertragung der Verbindlichkeiten auf den Käufer wurde der Verkäufer und ursprüngliche Vermieter aber nicht aus der Haftung entlassen. Eine endgültige Entlassung des Verkäufers aus der Haftung konnte nur durch den Mieter erfolgen, welcher den ursprünglichen Vermieter aus der Haftung entlassen mußte oder wenigstens ausdrücklich oder konkludent den neuen Vermieter als alleinigen Verpflichteten anerkennen mußte.

---

[604] Vgl. Dernburg, Allgemeine Lehren, 4. Aufl. 1884, § 291.

Der Mieter mußte also zunächst gegen den neuen Vermieter als Singularsukzessor wegen der Geltendmachung seiner Rechte vorgehen. War auf diesem Wege keine Erfüllung zu erlangen, so konnte er seine Rechte gegenüber dem ursprünglichen noch nicht aus der Haftung entlassenen Vermieter geltend machen.[605]
Die gesetzlichen Regelungen bezogen sich allein auf den freiwilligen Verkauf[606] der Mietsache. Nach der herrschenden Auffassung waren diese Regelungen jedoch auch für jeden Fall der freiwilligen Veräußerung, d.h. zum Beispiel auch für die Schenkung oder ein Vermächtnis, gültig.[607] Anders verhielt es sich jedoch mit der notwendigen gerichtlichen Veräußerung. In diesem Falle war nach den Regelungen der I 21 § 350ff. ALR eine außerordentlich Kündigung möglich.

3. Weitere Rechte des Vermieters

Neben dem wohl wichtigsten Anspruch des Vermieters auf Mietzinszahlung standen dem Vermieter weitere Rechte gegen den Mieter zu, über die hier ein Überblick gegeben werden soll.
Zunächst konnten dem Vermieter gegen den Mieter Schadenersatzansprüche zustehen für den Fall, daß der Mieter die Mietsache vertragswidrig gebrauchte. Nicht jede Art des vertragswidrigen Gebrauchs durch den Mieter zog jedoch automatisch Schadenersatzansprüche nach sich. Notwendig war vielmehr, daß der Mieter die Sache durch den vertragswidrigen Gebrauch schuldhaft verschlechterte. Im Rahmen seiner Verpflichtungen hatte der Mieter daher der Verschlechterung der Sache auch durch Dritte oder durch die Gefährdung durch Zufälle entgegenzutreten. Der Mieter mußte im Rahmen dieser Verpflichtung nicht durch eigene Aufwendungen nachkommen, vielmehr tat er seiner Pflicht Genüge, indem er dem Vermieter etwa die Reparaturbedürftigkeit der Mietsache oder die sonstige Bedrohung der Mietsache anzeigte.[608]
Im Falle der Verschlechterung der Mietsache war der Vermieter berechtigt, Sicherheiten vom Mieter zu fordern. Unter Umständen konnte er sogar den Auszug des Mieters aus der gemieteten Wohnung verlangen.[609]
Nahm der Mieter selbst Veränderungen an der Mietsache vor, so durfte er dieses grundsätzlich nur mit der Zustimmung des Vermieters tun. Als Veränderung der Mietsache wurde jedoch nicht jeder Eingriff des Mieters in die Mietsache verstanden. So stellten etwa kleinere Reparaturen, wie etwa ein Neuanstrich, keine

---

[605] Vgl. Dernburg, Allgemeine Lehren, 4. Aufl. 1884, § 291.
[606] Zu den Auswirkungen der Eröffnung des Konkursverfahrens auf die von dem Gemeinschuldner geschlossenen Mietverträge vgl. §§ 18 & 152 Nr. 2 der Konkursordnung vom 08.05.1855 (Gesetz-Sammlung für die Königlichen Preußischen Staaten, Bd. 1855, S. 321ff).
[607] Vgl. Dernburg, Allgemeine Lehren, 4. Aufl. 1884, § 291.
[608] Dernburg, Obligationenrecht, 4. Aufl., 1889, S. 475.
[609] Dernburg, Obligationenrecht, 4. Aufl., 1889, S. 476.

Veränderung der Mietsache, sondern nur eine kleine Verbesserung dar, die ohne die Zustimmung des Vermieters vorgenommen werden durfte.
Nahm der Mieter jedoch ohne die Zustimmung des Vermieters Veränderungen an der Mietsache vor, so konnte letzterer auf die Wiederherstellung des früheren Zustandes oder Schadenersatz klagen.
Nach Beendigung des Mietverhältnisses stand dem Vermieter das Recht auf Rückgabe der vermieteten Sache samt dem vermieteten Zubehör zu. Kam der Mieter dieser Rückgabeverpflichtung nicht nach, so war fraglich, aus welcher Klageart der Vermieter die Klage auf Rückgewähr hatte:
Zum einen konnte man hier an eine Klage des Vermieters in seiner Eigenschaft als Eigentümer der vermieteten Wohnung denken. Im Rahmen einer solchen Vindikationsklage hätte der Mieter dann die Möglichkeit gehabt, der Klage Einreden aus dem Mietverhältnis entgegenzuhalten. Damit wäre der Prozeß, obwohl äußerlich zunächst ein Vindikationsprozeß, materiell ein Prozeß allein über Fragen des Mietverhältnisses und der sich daraus ergebenden Rechte und Pflichten geworden. Aus diesem Grunde wurde angenommen, daß die richtige Klageart bei der Klage auf Rückgewähr die Vertragsklage war, da es sich letztlich nicht um die Frage der Eigentümerstellung, sondern um die Durchsetzung vertraglicher Rechte handelte.[610]
Verblieb der Mieter nach der Beendigung des Mietverhältnisses weiterhin in der gemieteten Wohnung, so standen dem Vermieter gegen den Mieter neben dem Anspruch auf Rückgewähr weitere Rechte zu: So haftete der Mieter dem Vermieter als sog. "Verwalter fremder Sachen" und darüber hinaus als unredlicher Besitzer. Eine Haftung unter dem letzteren Gesichtspunkt kam jedoch nur in Betracht, wenn der Vermieter der Zurückbehaltung der Mietsache widersprochen hatte und den Mieter durch den Widerspruch in Verzug gesetzt hatte.[611] Darüber hinaus war der Vermieter auch berechtigt, weiterhin den Mietzins vom Mieter zu verlangen.
Zur Sicherung all seiner Rechte aus dem Mietverhältnis stand dem Vermieter das Vermieterpfandrecht als gesetzliches Pfandrecht zu.
Im preußischen Recht galt die Überlassung der Mietsache an den Mieter als eine Sache des persönlichen Vertrauens. Dieses hatte zur Folge, daß die Person des Mieters von entscheidender Bedeutung für das Mietverhältnis war, an sie wurde das Mietrecht geknüpft.[612] Diese Verknüpfung führte unter anderem zu den folgenden Konsequenzen:
Der Mieter durfte, da ja gerade an seine Person das Mietrecht geknüpft war, die Mietsache gem. ALR I 21 § 309 niemals ohne die Zustimmung des Vermieters

---

[610] Vgl. etwa Dernburg, Obligationenrecht, 4. Aufl., 1889, S. 478.
[611] Entsch. des Königl. Obertribunals Bd. 65, S. 411ff. (zur Frage des unredlichen Besitzes insbesondere S. 417).
[612] Dernburg, Obligationenrecht, 4. Aufl., 1889, S. 481.

untervermieten. Untermieter, die sich ohne Zustimmung des Vermieters in der gemieteten Wohnung aufhielten, durfte der Vermieter dementsprechend aus der Wohnung verweisen.[613] Der Vermieter konnte den Untermieter zum einen mit Hilfe der Eigentumsklage, zum anderen mit der Klage aus älterem Besitz aus der Wohnung klagen.
Unter Umständen durfte der Vermieter die Zustimmung zur Untervermietung jedoch nicht einfach verweigern. Quasi als Kompensation des fehlenden Rechts zur Untervermietung stand dem Mieter auch während der Dauer des Mietverhältnisses ein Kündigungsrecht (unter Beachtung der gesetzlichen Kündigungsfristen) zu, wenn der Vermieter ohne genügenden Grund seine Einwilligung zur Aufnahme eines annehmbaren Untermieters in die vermietete Wohnung verweigerte.[614] Den Grund für die Verweigerung mußte der Vermieter dem Mieter nennen. Andere als die Gründe, die er dem Mieter nannte, konnte er später zu seiner Rechtfertigung nicht mehr anbringen. Die Anforderungen an das Vorliegen eines genügenden Grundes waren dabei recht hoch. So wurden als Beispiele für das Vorliegen eines solchen etwa das Betreiben eines unehrbaren oder dem Haus oder der Wohnung schädlichen Gewerbes genannt.[615] Die Zustimmung des Vermieters zur Untervermietung konnte auf jede Art und formunabhängig, d.h. schriftlich, mündlich oder auch stillschweigend erteilt werden.
Probleme wurden in der Literatur insoweit diskutiert, wenn ein Fall vorlag, in dem das Recht zur Untervermietung bereits vertraglich ausgeschlossen war, ohne Folgen der Übertretung dieser Untersagung ebenfalls vertraglich zu regeln. Fraglich war, ob auch in diesen Fällen das Kündigungsrecht des I 21 § 312 ALR eingreifen sollte. Zum Teil wurde das Vorliegen des Kündigungsrechts auch in diesem Fall bejaht.[616] Andere wiederum verneinten das Kündigungsrecht für diesen Fall.[617]
Aufgrund der Verknüpfung von Person des Mieters und Mietrecht waren neben der Untervermietung weitere Rechte des Mieters ausgeschlossen: So durfte der Mieter das Mietrecht etwa nicht abtreten oder die gesamte Mietsache unentgeltlich einer Dritten Person überlassen. Anders war es mit der unentgeltlichen Überlassung nur eines Teils der vermieteten Wohnung: Die Einräumung eines Mitgebrauchs war ohne Zustimmung des Vermieters zulässig.

---

[613] ALR I 21 § 315.
[614] ALR I 21 §§ 311; 312; vgl. hinsichtlich der Einschätzung des Kündigungsrechts als Kompensation Dernburg, Obligationenrecht, 4. Aufl., 1889, S. 483.
[615] Dernburg, Obligationenrecht, 4. Aufl., 1889, S. 483.
[616] Entsch. des Königl. Obertribunal Bd. 34, S. 161ff. (insbesondere S. 165); die Entscheidung steht unter dem Leitsatz "Ueber die Befugnis des Miethers zur Kündigung, wenn ihm der Vermiether die Einwilligung zur Untervermiethung verweigert".
[617] Koch, ALR Bd. 2, 1875, Anm. 9 zum 1. Teil, 21. Titel, § 312.

Eine Zwangsverwaltung der vermieteten Wohnung durch Gläubiger des Mieters mußte der Vermieter nicht dulden.
Der persönliche Charakter des Mietrechts zog beim Tode des Mieters ein Kündigungsrecht des Vermieters nach sich, den Erben des Mieters stand ein Kündigungsrecht wegen wesentlicher Veränderung der Umstände zu.[618] Auch im Falle dieses Kündigungsgrundes waren jedoch stets die Kündigungsfristen einzuhalten.
Für den Fall, daß mehrere Personen Mieter der Wohnung waren, hatte der Tod eines der Mieter nur das Ausscheiden der Erben dieses Mieters zur Folge, das Mietverhältnis blieb für die übrigen Personen bestehen.[619]

---

[618] Vgl. ALR I 21 § 366ff..
[619] Vgl. ALR I 21 § 374.

4. Kapitel: Vergleich von Preußischem Allgemeinen Landrecht und gemeinem Recht

Bei dem Vergleich des Mietrechts im Preußischen Allgemeinen Landrecht und im gemeinen Recht gibt es vor allem drei besonders ins Auge springende Punkte, die wenigstens in der Theorie erhebliche Unterschiede für den Mieter mit sich brachten:

1. Im Preußischen Allgemeinen Landrecht war das Mietrecht im Gegensatz zum gemeinen Recht nicht schuldrechtlicher, sondern dinglicher Natur. Dieses war wohl der gewichtigste Unterschied, da sich hieraus vielfältige Konsequenzen ergaben.
2. Weiterhin galt im Gegensatz zum gemeinen Recht im Preußischen Allgemeinen Landrecht nicht der Grundsatz „Kauf bricht Miete", sondern das Gegenteil „Kauf bricht nicht Miete".
3. Im Preußischen Allgemeinen Landrecht wurde der Mieter unstreitig als Besitzer behandelt, wohingegen im gemeinen Recht Streit über die Besitzereigenschaft des Mieters bestand.

Berücksichtigt man die Rechtsprechung, ergeben sich weitere kleinere Unterschiede in den mietrechtlichen Konstruktionen des gemeinen Rechts und des Preußischen Allgemeinen Landrechts. Worin diese bestehen und ob sie den sich aus der Gegenüberstellung der Theorie ergebenden Befund relativieren, soll im folgenden dargestellt und überprüft werden.

I. Die Terminologie in gemeinem Recht und Preußischem Allgemeinem Landrecht

Wie ausgeführt, umfaßte das römische Recht unter dem Ausdruck der *locatio conductio* alle Arten der Sachmiete zusammen. Demgegenüber fand in der gemeinrechtlichen Lehre und Praxis eine Abgrenzung zwischen Miete und Pacht statt. Diese Abgrenzung hatte jedoch kaum Einfluß auf das anzuwendende Recht, da nach dem gemeinen Recht für alle Arten der Sachmiete im wesentlichen dieselben Rechtssätze zur Anwendung kamen und nur zum Teil bei der Gebrauchsüberlassung fruchttragender Grundstücke Abweichungen bzw. besondere Bestimmungen galten.

Da das Preußische Allgemeine Landrecht keine speziellen Bestimmungen darüber enthielt, was Gegenstand der Sachmiete sein konnte, hatte sich die Rechtswissenschaft insoweit den Grundsätzen des gemeinen Rechts angeschlossen.

Auch im Preußischen Allgemeinen Landrecht wurden Miete und Pacht nicht gesondert behandelt, sondern gemeinsam. Nur bezüglich der Landgüterpacht wurden die gesetzlichen Bestimmungen redaktionell ausgesondert. Diese wurden im Anschluß an die Bestimmungen über Miete und Pacht in den I 21 § 399 ALR behandelt.

Die allgemein übliche Unterscheidung in Miete und Pacht hatte demnach kaum eine Bedeutung im Hinblick auf die geltenden Rechtssätze, sowohl im Preußischen Allgemeinen Landrecht als auch im gemeinen Recht galten für Miete und Pacht im wesentlichen dieselben Regelungen. Eine praktische Bedeutung kam der Abgrenzung lediglich im Hinblick auf einige reichsgesetzliche Vorschriften zu, die nur für die Miete im engeren Sinne bzw. die Pacht galten (vgl. §§ 23; 202 GVG; § 41 Nr. 2-4 KO).

II. Die Regelungen über Vertragsgegenstand, Vertragsschluß und Dauer

1. Vertragsgegenstand

Wie bereits in der Einleitung[620] dargelegt, wurde die *locatio conductio* nach der modernen Betrachtung in verschiedene Unterarten (*locatio conductio rei*, *locatio conductio operis* und *locatio conductio operarum*) aufgeteilt. Die Aufteilung in *locatio rei* und *locatio operarum* war auch im gemeinen Recht des 19. Jahrhunderts noch üblich. Im Falle der Sachmiete wichen die mietrechtlichen Konzeptionen von gemeinem Recht und Preußischem Allgemeinen Landrecht hinsichtlich der Frage des Vertragsgegenstandes jedoch nicht voneinander ab. In beiden Fällen war Vertragsgegenstand die Gebrauchsüberlassung einer Sache, des Mietobjektes, gegen Zahlung eines Mietzinses, d.h. letztlich Miete im Sinne unserer heutigen Terminologie.
Im Zusammenhang mit der Frage nach dem Vertragsgegenstand stellte sich vielfach die Frage, welche Eigenschaften der Vertragsgegenstand aufzuweisen hatte und was als Zubehör galt. Nachdem sich (verständlicherweise) weder im gemeinen Recht noch im Preußischen Allgemeinen Landrecht detaillierte Regelungen fanden, in welchem Zustand eine Wohnung zu vermieten war und welche Anforderungen (beispielsweise im Hinblick auf die Vermietung von Zubehör) zum Beispiel an eine „Hinterhofwohnung“, die einer Arbeiterfamilie vermietet wurde oder aber bei der Vermietung einer Villa an wohlhabende Mieter etwa für den Zeitraum eines Kuraufenthaltes gestellt wurden, beschäftigte diese Frage vielfach die Gerichte.
In der obergerichtlichen Rechtsprechung finden sich einige Urteile zu diesen Fragestellungen, von denen beispielhaft folgende dargestellt werden sollen:
In einem Urteil vom 02.06.1848[621] beschäftigte sich das OAG Wiesbaden mit der Frage nach den Eigenschaften der Mietsache. Nach der Erkenntnis des Gerichts war der Vermieter einer einzelnen Sache, hier der Kläger, verpflichtet, dem Mieter, im vorliegenden Verfahren der Beklagte, die „zur Brauchbarkeit derselben für ihre Benutzungsweise dienenden Eigenschaften nicht weiter, als solche bei dem Vertragsschlusse nach der äußeren Erscheinung vorhanden waren, oder deren Existenz und Tauglichkeit von dem Miether aus genügenden

---

[620] Vgl. oben S. 1.
[621] In: Seuffert's Archiv Bd. 12, Nr. 149.

Gründen vorausgesetzt werden konnten, zu gewähren". Weiterhin hatte er diese Eigenschaften während der gesamten Mietzeit zu erhalten, soweit nicht der Mieter die Verschlechterung selbst verschuldet hatte.
Das Gericht hob aber hervor, daß sich nirgends eine gesetzliche Regelung finde, nach der der Vermieter verpflichtet wäre, es sei denn, es liege eine ausdrückliche vertragliche Verpflichtung vor, „neue zur Zeit des Vertragsabschlusses nicht bestandene Eigenschaften und Einrichtungen des Miethobjects dem Miether zu beschaffen".
Ebenfalls mit der Frage nach Veränderungen an der Mietsache beschäftigte sich das Urteil des Ober-Tribunals Berlin vom 26.03.1855[622]. Grundlage des streitigen Mietverhältnisses war ein Mietvertrag zwischen den Parteien, in dem festgelegt war, daß Veränderungen in der gemieteten Wohnung nur mit „Wissen und Bewilligung" des Vermieters erfolgen dürften. Für den Fall eines Verstoßes gegen diese Regelung war dem Vermieter das Recht eingeräumt worden, den Vertrag sofort aufzuheben.
Der Mieter der Wohnung ließ diese ohne „Wissen und Bewilligung" des Vermieters tapezieren. Das Gericht hatte sich nunmehr mit der Frage zu beschäftigen, ob der Vermieter auf Grund dieses Handelns des Mieters berechtigt war, „die Exmission des Miethers zu verlangen".
Das Gericht entschied in diesem Fall zugunsten des Mieters, da es keine „Verletzung des contractlichen Verbotes" durch das Tapezieren finden konnte, das Tapezieren bloß als eine „Erneuerung der äußeren Ausstattung der Zimmerwände" wertete, durch die „Substanz und Einrichtung der vermietheten Wohnung unversehrt" blieben.
Hätte der Vermieter verhindern wollen, daß der Mieter die normale Abnutzung der Innenwände durch eine Tapezierung erneuerte, dann hätte er dieses ausdrücklich im Vertrag festlegen müssen. „Verträge sind im zweifelhaften Fall gegen denjenigen, der sich unbestimmt ausgedrückt hat, und wie es dem Verpflichteten am wenigstens lästig ist, zu deuten."
Dem Mieter war es freigestellt, wie er die „Zimmerbekleidung" vornehmen wollte, ob durch „Anstrich und Malerei" oder durch Tapeten. Das sei insbesondere deshalb der Fall, da die vom Mieter gewählte Art und Weise nicht außergewöhnlich sei, „vielmehr eine häufig angewendete und als zur Empfehlung der Wohnung gereichende, der Regel nach den Vermiethern und späteren Miethern erwünschte". Auf die vom Vermieter aufgeworfene Behauptung, „daß die Tapezierung durch Beförderung des Ungeziefers und der Feuchtigkeit der Wohnung zum Nachtheile gereiche", nahm das Gericht bei seiner Entscheidung keine Rücksicht.

---

[622] In: Seuffert's Archiv Bd. 12, Nr. 22.

Eine weitere Entscheidung, die sich mit dem Mietgegenstand befaßt, ist die Entscheidung des OAG Kassel aus dem Jahr 1863[623]. In dem vorstehend genannten Urteil geht es um die Frage der Pertinenzenqualität[624] von Gegenständen, die der Mieter eines Hauses zum Gebrauch in demselben angeschafft hat.
In dem dem Urteil zugrunde liegenden Fall hatte der Vermieter den Mieter nach dem Ende des Mietverhältnisses und der Räumung der gemieteten Wohnung verklagt. Als Klagegrund gab der Vermieter an, daß der Mieter „mehrere Pertinenzien des vermietheten Hauses, namentlich zwei steinerne Krippen, einen Sparherd und einen Ofen abgebrochen und weggebracht" habe.
Der Beklagte räumte ein, die genannten Gegenstände mitgenommen zu haben, trug aber vor, daß es sich nicht um Pertinenzen gehandelt habe, sondern vielmehr um Gegenstände, die in seinem eigenen Eigentum gestanden hätten und niemals in dauernder Verbindung mit der gemieteten Wohnung.
Hiergegen wandte wiederum der Kläger ein, daß die genannten Gegenstände, selbst dann, wenn sie der Mieter angeschafft habe, Pertinenzen seien, da sie „wand-, band-, mauer- und nagelfest" gewesen seien.
Das OAG Kassel bestätigte die vorinstanzliche Auffassung, daß es sich nicht um Pertinenzen gehandelt habe und wies die Klage ab. Begründet wurde dieses Urteil damit, daß es für die Annahme einer Pertinenzeneigenschaft an der „Bestimmung der fraglichen Objecte zum beständigen Gebrauch des Gebäudes mit dem Willen des Eigenthümers" fehle.
Darüber hinaus hob das Gericht hervor, daß der Beklagte selbst dann, wenn man die Gegenstände als Verwendungen auf die gemietete Wohnung ansehen würde, zur Wegnahme der Gegenstände unter Wiederherstellung des ursprünglichen Zustandes berechtigt sei, solange sich der Kläger nicht zur Erstattung des Wertes der Gegenstände bereit erklärt hätte.

2. Vertragsschluß

Hinsichtlich des Vertragsschlusses herrschte zwischen gemeinem Recht und Preußischem Allgemeinen Landrecht weitgehende Übereinstimmung:
Der Vertrag kam dabei nach beiden Mietrechtskonzeptionen durch die übereinstimmenden Willenserklärungen der Parteien zustande. Das Preußische Allgemeine Landrecht kannte darüber hinaus noch die Begründung des Mietverhältnisses „unmittelbar durch Gesetz" nach I 21 § 1 ALR[625], die dem gemeinem Recht fremd war.
Ausgehend von der Begründung des Mietverhältnisses durch übereinstimmende Willenserklärung setzten beide Mietrechtskonzeptionen die Fähigkeit der am

---

[623] In: Seuffert's Archiv Bd. 18, Nr. 8.
[624] Zum Problem der Pertinenzen vgl.oben S. 54.
[625] Vgl. oben S. 127.

Vertragsschluß beteiligten Personen zur Abgabe rechtswirksamer Willenserklärungen für Mieter- bzw. Vermietereigenschaft voraus.
Darüber hinaus ließen beide Rechtsordnungen Frauen, insbesondere verheiratete Frauen, die unter der Gewalt ihres Ehemannes standen, nur in einem eingeschränkten Rahmen als Vertragspartei zu.
Hinsichtlich der Form des Vertragsschlusses war im gemeinen Recht grundsätzlich keine Regelung vorhanden, ein Schriftformerfordernis konnte sich aus den Parteivereinbarungen oder aus ortsüblichen Gebräuchen ergeben. Grundsätzlich hielt das gemeine Recht in Anlehnung an das klassische römische Recht und die dortige Lehre zu den Konsensualverträgen eine Schriftform nicht für erforderlich.[626]
Demgegenüber kannte das Preußische Allgemeine Landrecht für einige Fälle der Mobilien- und auch Immobilienmiete nach I 21 § 267 ALR ein Schriftformerfordernis in Abhängigkeit zu der Höhe des Mietzinses.[627]

3. Dauer des Mietverhältnisses

Auch im Hinblick auf die Frage nach der Dauer eines Mietverhältnisses war mangels gesetzlicher Regelungen im Einzelfall die Auslegung und Entscheidung durch die Gericht erforderlich, wie sich anhand der beiden folgenden Beispiele zeigt:
Das Obergericht Wolfenbüttel befaßte sich in seinem Urteil vom 02./05.10.1860[628] mit der Frage nach Dauer eines Mietverhältnisses, bei dem im Mietvertrag keine Zeitvereinbarung getroffen wurde, jedoch ein Jahresmietpreis vereinbart wurde.
In dem zugrunde liegenden Fall hatte der Mieter als Beklagter von dem Vermieter eine Wohnung gemietet, wobei ein Jahresmietzins, nicht aber die Vertragslaufzeit vereinbart worden war. Mit der Festlegung eines Jahresmietzinses hatten nach Auffassung des Gerichts die Vertragsparteien ihrem Willen, daß der Vertrag für ein Jahr laufen solle, hinreichend Ausdruck gegeben. Dieses war durch Auslegung mangels anderer entgegenstehender Erklärungen zu ermitteln.
Während der damit feststehenden Jahresdauer hatte der Mieter daher dem Kläger den Mietzins in Erfüllung seiner vertraglichen Verpflichtungen zu zahlen.
Eine weitere Entscheidung über die Frage der Dauer eines Mietverhältnisses findet sich in der Rechtsprechung des OAG Lübeck. In einer Entscheidung vom 21.07.1821[629] befaßte sich das OAG Lübeck mit der Lehre von der stillschweigenden Vertragsverlängerung, sog. *relocatio tacita*.
Dem genannten Urteil lag der folgende Sachverhalt zugrunde:

---

[626] Vgl. oben S. 58.
[627] Vgl. oben S. 137.
[628] In: Seuffert's Archiv Bd. 17, Nr. 32.
[629] In: Seuffert's Archiv Bd. 4, Nr. 218.

Die Mieter eines Lagerplatzes waren in Konkurs gefallen. Das auf dem Lagerplatz befindliche Steinlager hatten die Mieter an den nunmehr durch den Vermieter im genannten Prozeß verklagten Beklagten verkauft.
Der Vermieter verlangte nunmehr von dem Käufer die Zahlung des Mietzinses. Er begründete dieses damit, daß der Beklagte in den zwischen ihm und den ursprünglichen Mietern geschlossenen Vertrag „nach Analogie der *tacita relocatio* dadurch eingetreten sei, „daß er auf die an ihn erlassene Aufforderung zur Räumung des Lagerplatzes oder Bezahlung des Mietzinses die Benutzung desselben fortgesetzt habe".
Diese Auffassung wurde von dem Gericht nicht geteilt. Das Gericht ging vielmehr davon aus, daß der Vermieter zwar möglicherweise die Berechtigung habe, nach dem Konkurs seiner ursprünglichen Mieter, die Räumung des Platzes zu verlangen, es ihm jedoch keinesfalls zustehe, mit diesem Räumungsverlangen „eine willkürliche Bedingung zu verknüpfen, zu deren Erfüllung der Appellat, falls er nicht räumte, rechtlich verpflichtet worden wäre". Auch hob das Gericht hervor, daß allein aus der Tatsache, daß der Käufer auf die Aufforderung des Vermieters nicht reagierte, keine „stillschweigende Genehmigung irgend eines Theils jenes Antrags gefolgert werden" konnte.

III. Die Ausgestaltung des Mietrechts und die damit verbundene Problematik des Bestandsschutzes

1. Schuldrechtliche oder dingliche Ausgestaltung des Mietrechts?

Ausgehend von den römisch-rechtlichen Grundlagen war die Miete im gemeinen Recht schuldrechtlicher Natur, damit lag, anders als bei der dinglichen Ausgestaltung im Preußischen Allgemeinen Landrecht, lediglich ein vertragliches Verhältnis zwischen Mieter und Vermieter vor. Folgte man dieser rein vertraglichen Bindung zwischen Mieter und Vermieter konsequent und ohne Einschränkungen, so hatte der Mieter keinerlei Ansprüche gegenüber Dritten etwa auf Herausgabe der Sache, Beseitigung oder Unterlassung von Störungen oder Schadenersatz. Im Rahmen der konsequent schuldrechtlichen Ausgestaltung des Mietverhältnisses war es demnach nur möglich, dem Mieter gegenüber Dritten die genannten Ansprüche zu gewähren, indem die Innehabung der Mietsache als Besitz anerkannt wurde und dem Mieter dementsprechend als Besitzer Ansprüche gegenüber Dritten zustanden.
Sowohl die gemeinrechtliche Lehre und Wissenschaft als auch die gemeinrechtliche Praxis gingen von der obligatorischen Natur des Mietrechts aus. In Anbetracht der dargestellten Konsequenzen einer strikt schuldrechtlichen Ausgestaltung der Miete bestand aber keineswegs Einigkeit, inwieweit der rein obligatorische Charakter möglicherweise in einzelnen Fällen durchbrochen werden und die Miete einzelne dingliche Element in sich aufnehmen sollte. Die Auffassungen diesbezüglich waren hier durchaus gegensätzlich.

Entscheidend für die Frage nach der Durchbrechung der rein obligatorischen Ausgestaltung der Miete war vor allem die Frage, ob die Stellung des Mieters als Besitz anerkannt wurde.
Wie in Kapitel 2 dargestellt, ging ein Teil der gemeinrechtlichen Lehre und Praxis[630] davon aus, daß der Mieter nicht als Besitzer zu schützen sei. Begründet wurde diese Auffassung vor allem damit, daß sich aus dem Begriff der Obligation ergebe, daß dem Mieter kein anderes Recht zustehen könne als jenes, welches ihm durch den Willen des Vermieters vermittelt werde. Darüber hinaus wurde auf das klassische römische Recht verwiesen, nach dem der Mieter ebenfalls keine Besitzstellung innehatte.
Nach anderer Auffassung in der gemeinrechtlichen Praxis und Lehre[631]hingegen wurde die Stellung des Mieters sehr wohl, wie in Kapitel 2 dargestellt, als Besitz anerkannt oder aber es wurden dem Mieter wenigstens weitergehende Rechtsschutzmöglichkeiten, wie etwa die Spolienklage, zugestanden.
Auffällig ist, daß zum Teil sogar innerhalb eines Gerichtsbezirkes die Auffassungen im Laufe der Zeit auseinanderfielen. So hatte sich beispielsweise das OAG Celle in einem Präjudiz, das im Jahr 1842 veröffentlicht wurde,[632] dagegen ausgesprochen, einem Pächter die Möglichkeit der Spolienklage zu geben, da die Spolienklage „juristischen Besitz" voraussetze. Demgegenüber äußerte sich das OLG Celle (2. Senat) in einem Urteil vom 05.04.1882[633] positiv über eine Entscheidung des Reichsgerichts vom 21.10.1881[634], mit der das Reichsgericht sich für die Anwendung der Spolienklage auf den Detentor ausgesprochen hatte.
Aus den unterschiedlichen Auffassung im Rahmen des gemeinen Rechts, die sich wie im Bezirk Celle im Laufe der Zeit auch änderten, ergaben sich für den Mieter verschiedene Rechtsschutzmöglichkeiten, wie etwa die Anerkennung oder Versagung der Spolienklage, und damit eine bessere oder schlechtere Stellung für den Mieter.

---

[630] Vgl. u.a. OAG Celle, in: Seuffert's Archiv Bd. 1, Nr. 225; OAG Darmstadt vom 02.11.1849, in: Seuffert's Archiv Bd. 26, Nr. 11; OAG Rostock vom 27.03.1865, in: Seuffert's Archiv Bd. 22, Nr. 147; OAG Lübeck vom 09.06.1871, in: Seuffert's Archiv Bd. 26, Nr. 220; Brückner, Wohnungsmiethe, 1877, S. 14f., Fn. 6 mit Hinweis auf die Digesten.
[631] Ziebarth, Realexekution und Obligation, 1866, S. 215ff, S. 219ff.; Dernburg, Pandekten, 1. Aufl. 1884, Bd. 1, § 189, S. 430f.; Bruns, Besitzklagen, 1874, § 21, S. 226ff.; Sintenis, Das practische gemeine Civilrecht, 1847, Bd. 2, § 124, Anm. 48, S. 748ff; Cassationshof Wolffenbüttel vom 25.11.1859, in: Seuffert's Archiv Bd. 25, Nr. 7; OAG Wolffenbüttel vom 12.04.1864, in: Seuffert's Archiv Bd. 24, Nr. 212; OLG Celle vom 05.04.1882, in: Seuffert's Archiv Bd. 37, Nr. 290.
[632] OAG Celle, in: Seuffert's Archiv Bd.1, Nr. 225 (= Jurist. Zeit. F. Hannover 1842, H. 3, S. 92).
[633] OLG Celle vom 05.04.1882, in: Seuffert's Archiv Bd. 37, Nr. 290.
[634] RGZ 5, 164.

Die zunächst sehr uneinheitliche und zumeist für den Mieter ungünstige Rechtslage wandelte sich im Laufe des 19. Jahrhunderts.[635] Dabei trat der Wandel hin zu einer – zumindest in der Theorie – besseren Situation für den Mieter gegen Ende des 19. Jahrhunderts ein.
Mit der Erweiterung der Anerkennung eines Besitzrechts für den Mieter oder aber zumindest die Zuerkennung der Spolienklage für den Mieter als „Detentor im eigenen Interesse" durch Teile der gemeinrechtlichen Theorie und Praxis erhielt das obligatorisch gestaltete Mietrecht jedoch zweifelsfrei dingliche Elemente.
Im Gegensatz zum gemeinen Recht war das Mietrecht im Preußischen Allgemeinen Landrecht dinglich ausgestaltet, und der Mieter genoß unstreitig den Schutz als Besitzer. Nach dem Preußischen Allgemeinen Landrecht stand dem Mieter damit im Vergleich zum gemeinen Recht bereits seit dem Inkrafttreten des Gesetzes 1794 und nicht erst im Verlaufe des 19. Jahrhunderts eine größere Anzahl von Rechtsschutzmöglichkeiten - nicht nur gegenüber dem Vermieter, sondern auch gegenüber Dritten - zur Verfügung, so daß der Mieter – zumindest in der Theorie – hier nach dem Preußischen Allgemeinen Landrecht besser gestellt war.
Neben den genannten Ausgestaltungen im gemeinen Recht und dem Preußischen Allgemeinen Landrecht wurde von Ziebarth in seinem Werk „Die Realexekution und die Obligation. Mit besonderer Rücksicht auf die Miethe erörtert nach römischen und deutschen Recht in Vergleich mit dem preußischen" von 1866[636] quasi ein „Mittelweg" vertreten. Anders als die – zumindest noch Mitte des 19. Jahrhunderts geltende - herrschende Lehre und Praxis im gemeinen Recht ging Ziebarth davon aus, daß die Miete auch im gemeinen Recht unter der Berücksichtigung des deutschrechtlichen Elements der Realexekution[637] ein petitorisch verfolgbares dingliches Recht begründe[638], der Mietvertrag selbst bereits ein relativ dingliches Recht erzeuge, welches zu einem absolut dinglichen Recht werde, sobald der Mietbesitz zum Vertragsschluß hinzutrete.[639/640]
Schwierigkeiten ergaben sich für diese Auffassung Ziebarths jedoch im Hinblick auf die Frage nach dem Einfluß der Veräußerung der Mietsache auf das Mietverhältnis, da sich ein Widerspruch ergab, wenn durch Ziebarth zum einen ein

---

[635] Vgl. oben die Ausführungen auf S. 88f..
[636] Erschienen in Halle.
[637] Vgl. Ziebarth, Realexekution und Obligation, 1866, § 18 „Die Wirkungen der Realexekution", S. 215ff..
[638] Vgl. Ziebarth, Realexekution und Obligation, 1866, § 18 „Die Wirkungen der Realexekution", S. 220ff..
[639] Vgl. Ziebarth, Realexekution und Obligation, 1866, § 17 „Die Wirkungen der Realexekution", S. 197ff. und § 23 „Die Miethe als dingliches Recht", S. 316ff..
[640] Eine knappe Zusammenfassung der Auffassung Ziebarths findet sich bei Förster, Theorie und Praxis des heutigen gemeinen preußischen Rechts Bd. 3, 1874, § 136 Anm. 9.

dinglicher Charakter des Mietrechts begründet wurde, er zum anderen aber auch die Geltung des Grundsatzes „Kauf bricht Miete“ nach dem gemeinen Recht akzeptierte.
Ziebarth löste für sich diesen entstehenden Widerspruch auf, indem er unter Zugrundelegung deutschrechtlicher Elemente davon ausging, daß der Mieter zum einen zwar durch die Einräumung eines dinglichen Rechtes ein stärkeres Recht an der Mietsache erlange, sich zum anderen aber auch verpflichte, auf die Erfüllung des Vertrages zu verzichten und sich mit einer Geldsumme zur Entschädigung zu begnügen.[641] Dem Mieter stehe damit also weiterhin ein dingliches Recht zu, das aber im Fall der Veräußerung der Mietsache durch eine vom Erwerber zu zahlende Entschädigung „ablösbar“ sei.[642]
Die Auffassung Ziebarths wurde fast einhellig abgelehnt, es fanden sich nur vereinzelte, dafür aber in der damaligen Zeit sehr gewichtige Stimmen, wie die von Förster[643], dem wohl wichtigsten Kommentator seiner Zeit, die die Meinung Ziebarths teilten. Doch auch die Stimmen in Literatur und Praxis des gemeinen Rechts, die Ziebarth nicht folgten, erkannten die Probleme der rein obligatorisch ausgestalteten Miete und der sich daraus ergebenden Konsequenzen.
So bemerkte etwa Bruns: „Daß im modernen Rechtsbewußtsein eine solche Hinneigung zu einer so zu sagen Verdinglichung der Miethe oder Verselbständigung des Miethrechts stattfindet, die im preußischen Landrechte zur vollen Ausbildung gekommen ist, ist gar nicht zu leugnen, und von diesem Standpunkte aus läßt sich dann auch die Spolienklage des Pächters und Miethers in der Praxis erklären und als moderne Rechtsbildung rechtfertigen.“[644]

2. Bestandsschutz im Verkaufsfall

Auch im Rahmen des gemeinen Rechts wurde demnach – zumindest gegen Ende des 19. Jahrhunderts - durchaus die Notwendigkeit dinglicher Elemente zum Schutze des Mieters, der aufgrund der tatsächlichen Gegebenheiten dringend nötig war, erkannt und zum Teil auch verwirklicht, wie sich unter anderem an der Streitfrage nach dem Einfluß des Verkaufs der Mietsache auf den Mietvertrag zeigt. Die Notwendigkeit, die Mieter zu schützen, wurde demnach (zumindest vereinzelt) erkannt, fraglich war aber der Weg dorthin.
Wurde das Mietverhältnis durch den Verkauf der Mietsache beendet oder war der Käufer als Singularsukzessor des ursprünglichen Vermieters verpflichtet, das Mietverhältnis als neuer Vertragspartner für den Mieter fortzusetzen?

---

[641] Vgl. Ziebarth, Realexekution und Obligation, 1866, § 18 „Ablösbarkeit der Miethe“, S. 222f..
[642] Kübel, Recht der Schuldverhältnisse Teil 2, 1876-1883, S. 43.
[643] Förster, Theorie und Praxis des heutigen gemeinen preußischen Rechts Bd. 3, 1874, § 136 Anm. 9 und Anm. 74.
[644] Bruns, Besitzklagen, 1874, § 21, S. 239.

Auch diese Frage war eng verknüpft mit der Frage, ob das Mietrecht als obligatorisches oder als dingliches Recht angesehen wurde.
Stand dem Mieter nämlich nach der gemeinrechtlichen Auffassung lediglich ein obligatorisches Recht und allein dem Vermieter ein dingliches zu, so wurde das dingliche Recht auf den Erwerber übertragen. Aufgrund dieses dinglichen Rechts des Erwerbers war der Mieter verpflichtet, aus der Mietsache zu weichen.[645]
Der Grundsatz des „Kauf bricht Miete" galt jedoch nicht in allen Gebieten, in denen gemeines Recht zur Anwendung kam. Einzelne partikuläre Bestimmungen, wie das Hamburger Stadtrecht,[646] anerkannten im Rahmen des gemeinen Rechts durchaus auch die Regel des „Kauf bricht nicht Miete", was auf das ältere deutsche Recht zurückzuführen war.
In anderen Gebieten der Geltung des gemeinen Rechts, wie etwa Teilen des Großherzogtums Hessens, Neuvorpommern oder Rügen,[647] wiederum erlangte das Mietrecht durch Eintragung in das Grundbuch Wirkung gegenüber neuen Erwerbern der Mietsache.
Wieder andere Gebiete, wie etwa Bayern,[648] modifizierten die gemeinrechtliche Regel des „Kauf bricht Miete" dahingehend, daß der Mieter noch eine angemessene Zeit in der Wohnung bleiben durfte, um sich eine neue zu suchen,[649] bzw. dem Mieter und dem Erwerber ein Kündigungsrecht unter Einhaltung der üblichen Kündigungsfristen und dem Mieter gegebenenfalls Schadenersatzansprüche eingeräumt wurden.
Teilweise wurde hier von einem „dinglich wirksamen obligatorischem Recht" des Mieters gesprochen.[650]
Die uneinheitliche Rechtslage in diesem Bereich führte dazu, daß sich vielfach auch die Obergerichte mit dem Problem des Verkaufs einer vermieteten Sache befassen mußten.
So hatte sich etwa das OAG Jena in seinem Urteil vom 30.03.1831 mit der Frage auseinanderzusetzen, welche Rechte dem Käufer gegen den Verkäufer zustanden, falls der Mieter das gemietete Anwesen nicht räumte. Dabei legte das Urteil seinen Erwägungen den gemeinrechtlichen Grundsatz „Kauf bricht Miete" zugrunde.

---

645 Kübel, Recht der Schuldverhältnisse Teil 2, 1876-1883, S. 44.
646 Kübel, Recht der Schuldverhältnisse Teil 2, 1876-1883, S. 46.
647 Kübel, Recht der Schuldverhältnisse Teil 2, 1876-1883, S. 46.
648 Kübel, Recht der Schuldverhältnisse Teil 2, 1876-1883, S. 46.
649 Vgl. etwa Urteil des OAG Dresden vom 19.01.1853, in: Seuffert's Archiv Bd. 8, Nr. 42.
650 Kübel, Recht der Schuldverhältnisse Teil 2, 1876-1883, S. 47 mit Hinweis auf : Otto Stobbe Handbuch des deutschen Privatrechts in 5 Bänden, 2. Aufl. Berlin 1882-1885, III § 186, Anm. 7 & 17.

Sei der Kaufvertrag erfüllt worden und dem Käufer das Eigentum an der Kaufsache eingeräumt worden, so könne dieser ohne weiteres sein Eigentumsrecht geltend machen und damit auch die Räumung des Hauses von den Mietern verlangen.
Der Verkäufer sei jedoch aufgrund des Kaufvertrages verpflichtet, dem „Käufer freien Besitz des verkauften Objectes“ zu verschaffen. Tue er dieses nicht, so könne der Käufer, anstatt mit der Vindikationsklage gegen die Mieter vorzugehen, auch gegen den Verkäufer auf Vertragserfüllung klagen.
Auch das OAG Dresden legte in seiner Entscheidung vom 19.01.1853[651] den gemeinrechtlichen Grundsatz „Kauf bricht Miete“ zugrunde, setzte sich dann aber mit der Vereinbarkeit dieses Grundsatzes mit den Grundsätzen über die Beendigung von Mietverhältnissen auseinander.
Grundsätzlich könne die Beendigung eines Mietverhältnisses nur durch Zeitablauf oder durch fristgerechte Kündigung erfolgen. Aus diesem Grunde ging das erkennende Gericht davon aus, daß der Grundsatz, daß Kauf Miete breche, so zu verstehen sei, „daß der neue Erwerber an die besonderen zwischen dem Vorbesitzer und dem Miethinhaber bestandenhabenden Verabredungen nicht gebunden sei, dagegen an den sonstigen Bedingungen der Kündbarkeit nichts geändert werde“.
Begründet wurde dieses damit, daß „ein übernommenes Wohnungsrecht mit einem Miethverhältnis in gleicher Linie“ stehe.
Die Möglichkeit der Sicherung des Mietrechts durch Eintragung im Grundbuch war nicht nur in Gebieten, in denen gemeines Recht galt, eine Möglichkeit zur Sicherung der Interessen des Mieters. Auch das Preußische Allgemeine Landrecht kannte diese Möglichkeit der Eintragung in das Grundbuch. Nach Preußischen Allgemeinem Landrecht war die Eintragung jedoch nicht notwendig, um die Dinglichkeit des Mietrechts zu begründen,[652] diese bestand nach I 21 § 2 ALR bereits „soweit der Berechtigte sich im wirklichen Besitze“ der Mietsache befand. Damit war allein die Übergabe der Mietsache für die Entstehung des dinglichen Rechtes entscheidend.
Nach I 21 § 4 ALR war die Eintragung ist Grundbuch aber zulässig. Sie hatte die gleiche Wirkung wie der Besitz an der Sache, konnte also die Übergabe ersetzen.
Wolter schrieb in seinem Werk: „Die Verdinglichung bringt eine mieterfreundliche Einstellung des preußischen Gesetzgebers zum Ausdruck.“[653]
Diese Aussage Wolters hatte in der Rechtstheorie vor dem Hintergrund der Ausgestaltung der Position des Mieters im Allgemeinen Preußischen Landrecht als Besitzer und dinglich Berechtigtem, dem zahlreiche Rechtsschutzmöglich-

---

651 In: Seuffert's Archiv Bd. 8, Nr. 42.
652 Otte, in: Festschrift für Wieacker, 1978, S. 463ff. (S. 471).
653 Wolter, Mietrechtlicher Bestandsschutz, 1984, S. 30.

keiten nicht nur gegenüber dem Vertragspartner, sondern auch gegenüber Dritten zustanden, sicher ihre Berechtigung.
Es ist jedoch auch hervorzuheben, daß eine mieterfreundliche Ausgestaltung des Mietrechts keineswegs von der Einordnung des Mietrechts als dingliches oder als obligatorisches Recht abhängig ist, wie etwa das heute geltende BGB zeigt.[654]
Entscheidend ist vielmehr, inwieweit der rein obligatorische, nur zwischen den Vertragsparteien wirkende Charakter des Mietrechts strikt und konsequent ausgestaltet wird oder inwieweit er, etwa durch die Anerkennung des Besitzschutzes für den Mieter, durchbrochen wird.

IV. Die Regelungen zum Kündigungsrecht

Hinsichtlich eines Vergleiches des gemeinrechtlichen und des preußischen Kündigungsrechts schrieb Wolter in seiner Arbeit: „Auch im Kündigungsrecht ist eine mieterfreundliche Haltung des ALR nicht zu verkennen. Es steht zwar in gemeinrechtlicher Tradition, enthält aber teilweise eigenständige Lösungen."[655]
Auch Dernburg schrieb im Rahmen des Kündigungsrechts in seinem Obligationenrecht, daß das römische Recht im Rahmen der Aufhebung von Mietverträgen den Vermieter bevorzugte, wohingegen das preußische Recht „auch dem Miether in zahlreichen Fällen ein Kündigungsrecht" gab.[656]
Auch in dieser Stelle hob Dernburg indirekt die sozialen Errungenschaften des Preußischen Allgemeinen Landrechts hervor. Er belegte seine Auffassung mit einem Hinweis auf eine Stelle des Codex (Codex IV 65,3), in der dem Vermieter ein Recht zur Kündigung im Falle des Eigenbedarfs gewährt wurde, und stellte dieser Auffassung die Regelungen des Preußischen Allgemeinen Landrechts gegenüber, die im Eigenbedarf keinen Kündigungsgrund sahen (ALR I 21 § 386).
Das gemeine Recht hatte das Recht zur Kündigung wegen Eigenbedarfs aus dem klassischen römischen Recht übernommen[657], so daß sich hier in der Tat eine Abweichung vom preußischen Recht ergab.
Gemeines Recht wie Preußisches Allgemeines Landrecht unterschieden hinsichtlich der Beendigung des Mietverhältnisses zwischen Verträgen, die auf eine bestimmte Zeit geschlossen worden waren, und unbefristeten Verträgen.
Nach dem gemeinen Recht konnte für den Fall, daß eine bestimmte Dauer vereinbart war, der Mietvertrag nur beendet werden, wenn bestimmte Gründe vorlagen. War hingegen keine Dauer vereinbart, so war die Beendigung des Miet-

---

[654] Vgl. hierzu den ausführlichen Vergleich von ALR und BGB bei Otte, in: Festschrift für Wieacker, 1978, S. 463ff..
[655] Wolter, Mietrechtlicher Bestandsschutz, 1984, S. 30.
[656] Dernburg, Obligationenrecht, 4. Aufl., 1889, S. 488.
[657] Vgl. oben S. 70ff..

verhältnisses ohne das Vorliegen eines besonderen Kündigungsgrundes im Rahmen der jeweils geltenden Frist ohne weiteres möglich.
Auch nach preußischem Recht war die Unterscheidung in befristete und unbefristete Mietverträge für die Frage der Kündigung entscheidend. Grundsätzlich konnten unbefristet geschlossene Verträge nach I 21 § 348 ALR durch Aufkündigung ohne Einhaltung einer bestimmten Form beendet werden. D.h., daß die Kündigung, soweit nicht durch Vertrag zwischen den Parteien oder in Provinz- oder Ortsstatuten etwas anderes festgelegt war, in den ersten drei Tagen des Quartals, mit dessen Ablauf die Räumung erfolgen sollte, zu erfolgen hatte. Bei monatsweise gemieteten Wohnung spätestens am 15. des Monats. Die Angabe von Gründen war nicht erforderlich.
Unter der Zwischenüberschrift vor I 21 § 350 ALR „Fälle, wo die Aufkündigung auch innerhalb der kontraktmäßigen Zeit stattfindet" wurden die Fälle der vorzeitigen Beendigung befristeter Mietverträge behandelt. Auch hier war wie im gemeinen Recht ein besonderer Grund notwendig, um die Kündigung zu rechtfertigen.
Hinsichtlich der im gemeinen Recht und im Preußischen Allgemeinen Landrecht anerkannten Kündigungsgründe wird im einzelnen auf die Zusammenstellungen in den Kapitel 2[658] und 3[659] verwiesen. Hierbei finden sich im wesentlich ähnliche Kündigungsgründe. So war beispielsweise sowohl im gemeinen Recht als auch im Preußischen Allgemeinen Landrecht von einem Kündigungsrecht des Vermieters auszugehen, wenn der Mieter die Mietsache nicht vertragsgemäß nutzte, sie „mißbrauchte". Problematisch war in diesem Fall nicht die Frage, ob dem Vermieter ein solcher Kündigungsgrund grundsätzlich zustand, sondern die Frage, wann man von einem vertragswidrigen Gebrauch sprechen konnte, der zur Kündigung führte. Dieses war eine Frage, die nicht durch die mietrechtlichen Regelungen selbst, sondern vielmehr im Einzelfall durch die Gerichte entschieden wurde.
Das Ober-Tribunal Berlin hatte sich beispielsweise in seinem Urteil vom 30.08.1841[660] mit der Frage der Kündigung des Mietverhältnisses wegen des Mißbrauchs der gemieteten Sache zu befassen. Hierbei wurde zunächst festgelegt, daß der Mieter grundsätzlich „vor der Zeit vertrieben werden" könne, wenn er „Mißbrauch mit der gemietheten Sache treibt". Dabei wurde sowohl auf das gemeine Recht als auch auf das Preußische Allgemeine Landrecht verwiesen.
Im Anschluß daran setzte sich das Gericht ausführlich mit der Frage auseinander, wann von dem „Mißbrauch einer Sache" gesprochen werden könne.

---

[658] Vgl. oben S. 70ff..
[659] Vgl. oben S. 140ff..
[660] In: Seuffert's Archiv Bd. 2, Nr. 38 (Der zugrunde liegende Sachverhalt ist bei dieser Veröffentlichung nicht mit abgedruckt.).

Nach der Auffassung des Gerichts setzte ein Mißbrauch nicht notwendig die Schädlichkeit des Gebrauchs voraus. Ausreichend sei vielmehr bereits der „einem gewissen Zwecke nicht entsprechende Gebrauch". Allein der Vertrag entscheide über die Nutzungsart. Widerspricht die Nutzung dem Vertrag, so dürfe nicht darauf abgestellt werden, ob eine andere Nutzung einen schädlichen Erfolg habe. Der Mißbrauch sei unabhängig davon, ob ein Schaden entstanden sei oder nicht.
Mit dem gleichen Problemkreis beschäftigte sich auch das Urteil des OAG Wiesbaden vom 08.12.1847[661]. Auch in diesem Fall ging es um die einseitige Aufhebung des Mietvertrages durch den Vermieter im Falle der schlechten Behandlung des Mietobjektes durch den Mieter. Dabei wurde festgelegt, daß eine schlechte Behandlung durch alle Handlungen des Mieters, welche den „ausdrücklichen Vertragsbestimmungen oder der natürlichen Beschaffenheit und gewöhnlichen Gebrauchsweise des Miethobjects entgegenstehen", gegeben sei.
Es gab im Hinblick auf die Kündigungsgründe lediglich zwei größere Abweichungen zwischen gemeinem Recht und Allgemeine Preußischen Landrecht. Dieses ist zum einen die oben bereits dargestellte Kündigung wegen Eigenbedarfs, die nur das gemeine Recht anerkannte, der Vermieter war hier also im Preußischen Allgemeinen Landrecht schlechter gestellt, wobei m.E. sehr fraglich ist, ob dieser Kündigungsgrund, der ja nur im Falle befristeter Mietverhältnisse (unbefristete Mietverhältnisse konnten ohne Angabe von Gründen gekündigt werden) in der Praxis eine wirkliche Rolle spielte. Bereits im Hinblick auf die „Qualität" der meisten Mietwohnungen, ist anzunehmen, daß kaum ein Vermieter ein Interesse hatte, dort selbst einzuziehen. Auch standen dem Vermieter zur Beendigung befristeter Mietverhältnisse andere Kündigungsgründe (z.B. Zahlungsverzug, vertragswidriger Gebrauch) zur Seite.
Die andere Abweichung zwischen gemeinem Recht und Preußischem Allgemeinen Landrecht findet sich hinsichtlich des Kündigungsrechtes für den Vermieter für den Fall der Nichtzahlung des Mietzinses: Das gemeine Recht gab dem Vermieter hier in Anlehnung an das römische Recht erst ein Kündigungsrecht, wenn der Mieter zwei Jahre mit der Mietzinszahlung in Rückstand war.[662] Demgegenüber war der Vermieter nach preußischen Recht nach I 21 § 298 ALR bereits dann zur Kündigung berechtigt, wenn der Mieter zwei Termine[663] im Rückstand war, d.h. in diesem Fall war der Vermieter nach Preußischem Allgemeinem Landrecht besser gestellt als nach gemeinem Recht.
Unstreitig stand dem Vermieter nach beiden Mietrechtskonzeptionen ein Kündigungsrecht für den Fall zu, daß sich der Mieter im Zahlungsrückstand mit seinen Mietzinsverpflichtungen befand. Umstritten war lediglich die Dauer des Zah-

---

661 In: Seuffert's Archiv Bd. 12, Nr. 265.
662 Seuffert, Praktisches Pandektenrecht Bd. 2, 1825, § 331.
663 Gemeint ist hiermit Nichtzahlung zu zwei Fälligkeitszeitpunkten.

lungsrückstandes. Insoweit war jedoch auch die Literatur uneins: Zum einen wurde mit Hinweis auf die römisch-rechtliche Regelung D. 19,2,54,1[664] die Auffassung vertreten, daß ein Rückstand von zwei Jahren[665] erforderlich sei. Andere wiederum vertraten, daß bereits ein Rückstand von „zwei Terminen"[666] ausreiche.
Das OAG Lübeck gab in seiner Entscheidung vom 21.07.1832[667] der Auffassung den Vorrang, die davon ausging, daß ein zweijähriger Rückstand notwendig sei und begründete dieses mit einem Hinweis auf die Rezeptionsgeschichte.
Im Gegensatz hierzu steht etwa die Auffassung von Brückner. Obwohl Brückner in seinem Werk auf der Grundlage des gemeinen Rechts selbst von der Voraussetzung des zweijährigen Rückstandes ausgeht, weist er doch darauf hin, daß diese Auffassung zweifelhaft sei und „legislatorisch" der Auffassung des I 21 § 298 ALR „der Vorzug zu geben sei".[668] Brückner begründet dieses mit rein praktischen Erwägungen wie folgt: "Wohl aber ist zuzugeben, daß die römischrechtliche Vorschrift, die bei dem Römischen Brauche, Häuser in der Regel auf 5 Jahre zu vermiethen (Glück XVII S. 387 Anm.96), praktisch sein mochte, dem Bedürfniß des neueren Verkehrs durchaus nicht mehr genügt und daß sie namentlich bei der Wohnungsmiethe, bei welcher jetzt regelmäßig kürzere (monatliche oder vierteljährliche) Zahlungstermine und ebenso auch kürzere Kündigungsfristen vorkommen, meistentheils illusorisch ist, da z.B. bei vierteljährlicher Zahlung gewiß kein Vermiether seinem Miether 7 Termine creditiren, sondern lange vor Ablauf der 2 Jahre das Miethverhältniß auf andere Weise (durch Kündigung) lösen wird."[669]
Im Hinblick auf diese unterschiedlichen Auffassungen konnten sich für den Mieter ganz unterschiedliche Positionen ergeben, je nachdem, ob er „gefahrlos" (dieses aber nur im Hinblick auf diesen konkreten Kündigungsgrund wegen Zahlungsverzuges) 2 Jahre mit seinen Mietzinszahlungen in Rückstand sein konnte oder nicht. Letztlich dürfte in der Praxis aber die Situation so gewesen sein, wie von Brückner in der oben zitierten Stelle angesprochen: Das Mietverhältnis wurde eben auf eine andere Weise beendet, zumal die Vermieter die Möglichkeit hatten, sich durch vertragliche Abreden weitere „Gestaltungsmöglichkeiten", wie etwa eine sofortige Exmission,[670] vorzubehalten.

---

664 Vgl. oben Fn. 231.
665 Brückner, Wohnungsmiethe, 1877, S. 62; Seuffert, Praktisches Pandektenrecht, 1825, Bd. 2, § 331.
666 Meißner, Der Miethvertrag nach dem im Königreich Sachsen geltenden Recht, 1874, S. 85, Anm. 2.
667 In: Seuffert's Archiv Bd. 2, Nr. 172.
668 Brückner, Wohnungsmiethe, 1877, S. 62, Fn. 1.
669 Brückner, Wohnungsmiethe, 1877, S. 62, Fn. 1.
670 Vgl. oben S. 35.

Eine ganz erhebliche Besonderheit des Preußischen Allgemeinen Landrechts gegenüber dem gemeinen Recht zeigte sich jedoch darin, daß das Preußische Allgemeine Landrecht letztlich keine außerordentliche Kündigung kannte:
Die landrechtlichen Regelungen waren auf der Basis des gemeinen und des deutschen Rechts errichtetet worden und folgten dem gemeinen Recht, wie dargelegt, in vielen Bereichen. Die befristeten Mietverträge endeten nach I 21 § 324 ALR durch Zeitablauf. War keine Befristung gegeben, so konnten beide Parteien unter Einhaltung der Vorschriften der I 21 §340-344 ALR kündigen. Unter bestimmten Voraussetzungen[671] konnte der Vermieter auch ein befristetes Mietverhältnis vor Ablauf der vereinbarten Zeit vorzeitig beenden. Diese Beendigung konnte er mit der *actio locati*, also der Vertragsklage, der dinglichen Klage und der possessorischen Klage durchsetzen.[672]
Problematisch war aber in diesem Zusammenhang der vorzeitigen Beendigung die Regelung des I 21 § 393 ALR, die sich unter der Zwischenüberschrift vor I 21 § 350 ALR „Fälle, wo die Aufkündigung auch innerhalb der kontraktmäßigen Zeit stattfindet" fand und somit auf die genannten Fälle der befristeten Mietverträge anzuwenden war. Die Vorschrift des I 21 § 393 ALR lautete: „Auch in denjenigen Fällen, wo der Rücktritt an sich zulässig ist, kann derselbe doch nur nach vorhergegangener gesetzmäßiger Aufkündigung erfolgen."
In konsequenter Anwendung dieser gesetzlichen Vorschrift ergab sich nach Genius die Folgerung, daß letztlich keine außerordentliche Kündigung möglich war, daß ein befristetes Mietverhältnis auch bei Vorliegen eines der genannten Kündigungsgründe nur so beendet werden konnte wie ein unbefristetes.[673] Dieses Problem wird weder in den Kommentaren noch in den Lehrbüchern zum Preußischen Allgemeinen Landrecht erörtert,[674] so daß leider im Unklaren bleibt, wie hier tatsächlich verfahren wurde.
Der Auffassung Genius, der schrieb „damit war die Mieterfreundlichkeit des ALR - bewußt oder unbewußt - über das Ziel einer sachgerechten Lösung, die die Möglichkeit einer fristlosen Auflösung aus bestimmten wichtigen Gründen enthalten muß, hinausgegangen"[675], ist vor diesem Hintergrund nur teilweise zuzustimmen. Meines Erachtens verkennt Genius, daß von der Regelung des I 21 § 393 ALR nicht nur der Vermieter, sondern auch der Mieter betroffen war,

---

[671] D.h. bei Vorliegen eines Kündigungsgrundes nach I 21 § 298, I 21 § 363 und I 21 § 387 ALR.
[672] Förster, Theorie und Praxis des heutigen gemeinen preußischen Rechts Bd. 3, 1874, § 136 V.
[673] Genius, Bestandsschutz des Mietverhältnisses, 1973, S. 195.
[674] Koch etwa kommentierte diese Vorschrift in seinem Werk überhaupt nicht, Dernburg erwähnte die genannten Vorschrift in seinem Abschnitt über die „Außerordentliche Beendigung der Miethe" (vgl. Dernburg, Obligationenrecht, 4. Aufl., 1889, § 173) mit keinem Wort.
[675] Genius, Bestandsschutz des Mietverhältnisses, 1973, S. 195.

dem nach den Vorschriften der I 21 § 350ff. ALR ebenfalls Kündigungsgründe eingeräumt wurden, mit deren Hilfe auch er ein befristetes Mietverhältnis vorzeitig beenden konnte.
Insgesamt läßt sich, wie Wolter richtig hervorhob,[676] im 19. Jahrhundert feststellen, daß sich eine „Systematik des Kündigungsrechts entwickelt". Insbesondere die Tatsache, daß eine vorzeitige Vertragskündigung bei auf bestimmte Dauer geschlossenen Verträgen nur beim Vorliegen bestimmter Gründe möglich war, ebenso wie die fristlose Kündigung unbefristeter Mietverträge, zeigt, daß die Miete endgültig als „Dauerschuldverhältnis mit Bindungswirkung für beide Teile"[677] anerkannt wurde.

V. Weitere Rechte und Pflichten aus dem Mietverhältnis

Hinsichtlich weiterer Rechte und Pflichten der Vertragsparteien aus dem Mietverhältnis fanden sich keine nennenswerten Abweichungen zwischen gemeinem Recht und Preußischem Allgemeinem Landrecht.
Nach beiden Rechtsordnungen war der Vermieter verpflichtet, dem Mieter das Mietobjekt in einem gebrauchstauglichen Zustand für die Dauer der Mietzeit zur Verfügung zu stellen, der Mieter hingegen hatte den vereinbarten Mietzins zu bezahlen, die Mietsache pfleglich zu behandeln und bei Ende des Vertragsverhältnisses an den Vermieter zurückzugeben.
Aus diesen dem gemeinen Recht und dem Preußischen Allgemeinen Landrecht gemeinsamen Hauptpflichten der Vertragsparteien resultierten die wesentlichen Hauptansprüche von Mieter und Vermieter, wie etwa das Recht auf Gebrauchsüberlassung oder das Recht auf den Mietzins, aus deren Verletzung Schadenersatzansprüche resultierten.

VI. Fazit und Ausblick

Der Vergleich der mietrechtlichen Konzeptionen zeigt, daß die mietrechtlichen Regelungen nach dem gemeinen Recht und nach dem Preußischen Allgemeinen Landrecht durchaus sehr verschieden ausgestaltet waren. Die Abweichungen, die größeren Einfluß auf die Situation des Mieters hatten, waren nicht im Detail zu suchen, vielmehr handelte es sich um die großen, sofort in der Theorie auffälligen Unterschiede, die zum Teil bereits in der Einleitung hervorgehoben wurden und auf die am Beginn dieses Kapitels hingewiesen wurde:

1. Das Mietrecht im Preußischen Allgemeinen Landrecht war, im Gegensatz zum gemeinen Recht, dinglicher Natur. Damit standen dem Mieter aufgrund seiner dinglichen Berechtigung Rechtsschutzmöglichkeit gegen störende Dritte und auch den Vermieter zu, die dem gemeinen Recht fremd waren.

---

676 Wolter, Mietrechtlicher Bestandsschutz, 1984, S. 71.
677 Wolter, Mietrechtlicher Bestandsschutz, 1984, S. 71.

2. Im Preußischen Allgemeinen Landrecht wurde die Stellung des Mieters, im Gegensatz zum gemeinem Recht, wo dieser Punkt heftigst umstritten war, unstreitig als Besitz anerkannt. Auch aus dieser Stellung als Besitzer standen dem Mieter unstreitig Rechtsschutzmöglichkeiten hinsichtlich des Bestandes des Mietverhältnisses und der ungestörten Nutzung zu, die nach gemeinem Recht heftig umstritten waren und nur teilweise anerkannt wurden.
3. Im Preußischen Allgemeinen Landrecht galt der Grundsatz „Kauf bricht nicht Miete". Damit war der Mieter hinsichtlich des Fortbestehens des Mietverhältnisses auch im Falle der Veräußerung der Mietsache geschützt. Dieser Grundsatz wurde gemeinrechtlich nur zum Teil akzeptiert, insgesamt ging das gemeine Recht von der Geltung des Grundsatzes „Kauf bricht Miete" aus.

Zusammenfassend läßt sich festhalten, daß die rechtliche Stellung des Mieters im Preußischen Allgemeinen Landrecht im Gegensatz zu dem gemeinen Recht - mindestens in der Theorie – eine bessere war, da sich aufgrund der dinglichen Ausgestaltung und der unstreitigen Anerkennung als Besitzer mehr Rechte und damit auch Klagemöglichkeiten für den Mieter ergaben.
In der zweiten Hälfte des 19. Jahrhunderts trugen aber auch die gemeinrechtliche Praxis und zum Teil auch die Wissenschaft zur Verbesserung der Situation Mieters bei, indem sich die besitzrechtliche Stellung des Mieters auch im gemeinen Recht allmählich verfestigte und immer mehr Abweichungen von der rein obligatorischen Ausgestaltung mit ihren Konsequenzen zugelassen wurden. Es kam immer mehr zu einer Verdinglichung des obligatorischen Mietrechts, die im Bürgerlichen Gesetzbuch vom 01.01.1900 verfestigt wurde.
Die Frage nach der „Verdinglichung obligatorischer Rechte" wurde ausführlich von Dulckeit untersucht.[678]
Nach Dulckeit läuft das Problem der Verdinglichung obligatorischer Rechte „auf Frage hinaus, ob es im System des geltenden Vermögensrechts Forderungsrechte gibt, die zwar eindeutig als solche bestimmt sind, dennoch aber schon Züge eines dinglichen Rechts an sich tragen."
Dulckeits Untersuchung betrifft die Verdinglichung obligatorischer Rechtsstellungen im BGB und ist für die vorliegende Arbeit interessant, da sie einen Ausblick auf die Zeit nach dem im Rahmen dieser Arbeit behandelten Zeitraum des 19. Jahrhunderts gibt.
Im 2. Buch des BGB über das Recht der Schuldverhältnisse ist die Miete in den §§ 535 ff. BGB als obligatorisches Recht ausgestaltet. Ein besonderes Augenmerk ist jedoch auf die Vorschriften der §§ 566ff. BGB in der seit dem 01.09.2001 geltenden Fassung zu richten, bei der sich die Frage stellt, ob die Miete im BGB wirklich rein schuldrechtlicher Natur ist.

---

[678] Gerhard Dulckeit, Die Verdinglichung obligatorischer Rechte (= Recht und Staat 158/159), Tübingen 1951.

Die Regelung des § 566 BGB stellt eine einmalige schuldrechtliche Konstruktion dar, da sie den Grundsatz, daß Rechte und Pflichten nur zwischen den an einem Schuldverhältnis beteiligten Personen entstehen, durchbricht. Dabei handelt es sich jedoch um eine schuldrechtliche und eben nicht dingliche Konstruktion, die, wie sich von selbst versteht, „niemals zu einer vollen Dinglichkeit des Miet- und Pachtbesitzes an Grundstücken führen kann"[679].
Obwohl es sich um eine schuldrechtliche Konstruktion handelt, so ergeben sich aus dem mit ihr verbundenen Zwang zum Eintritt in das Schuldverhältnis doch dingliche Wirkungen, die vergleichbar mit der Stellung des obligatorisch berechtigten Fahrnisbesitzers ist[680]. Besonders deutlich wird dieses mit einem Blick auf die Regelung des § 567 Satz 2 BGB:
§ 567 Satz 2 BGB geht für den Fall, daß die neubegründete Belastung (z.B. durch eine Grunddienstbarkeit) durch den Erwerber eine Beschränkung des Gebrauchsrechts mit sich bringt, davon aus, daß der Erwerber verpflichtet ist, die Ausübung seines Rechts zu unterlassen.
Hier wurde zurecht darauf hingewiesen, daß eine solche Unterlassungspflicht dogmatisch wohl nur noch mit einem zugrunde liegenden dinglichen Recht begründet werden kann.[681]
Nach dem Inkrafttreten des BGB war mithin eine Entscheidung zugunsten der obligatorischen Ausgestaltung des Mietrechts getroffen worden, die dingliche Konstruktion des Mietrechts im Allgemeinen Preußischen Landrechts hatte sich nicht durchsetzen können. Die rein obligatorische Ausgestaltung ohne irgendeinen dinglichen Einfluß, wie sie im römischen und dann zunächst noch im gemeinen Recht gegeben war, hatte jedoch ebenfalls keine Zukunft gehabt. Auch wenn, die Miete im BGB rein obligatorisch ausgestaltet wurde, so zeigen sich doch Elemente, die die Verdinglichung des obligatorischen Mietrechts deutlich machen. Unumstritten war die Rechtsnatur des Mietbesitzes jedoch auch nach dem Inkrafttreten des BGB weiterhin nicht.[682]

---

[679] Dulckeit, Die Verdinglichung obligatorischer Rechte, 1951, S. 21.
[680] Vgl. im einzelnen hierzu: Dulckeit, Die Verdinglichung obligatorischer Rechte, 1951, S. 21f.
[681] Dulckeit, Die Verdinglichung obligatorischer Rechte, 1951, S. 23; Löning, Die Grundstücksmiete als dingliches Recht, 1930, S. 182.
[682] Auf eine diesbezügliche detaillierte Darlegung, die an der Intention dieser Arbeit vorbei ginge, soll hier verzichtet werden. Es wird auf die ausführlichen Darlegungen bei Löning, Die Grundstücksmiete als dingliches Recht, 1930, S. 158ff. verwiesen.

Zusammenfassung

Wie in der Einleitung ausführlich dargelegt wurde, war es Sinn und Zweck dieser Arbeit, die mietrechtlichen Regelungen des gemeinen Rechts und des Preußischen Allgemeinen Landrechts miteinander zu vergleichen und dabei auch den Bezug zu der sozialen Wirklichkeit im Alltag des Mieters nicht außer acht zu lassen.
Anlaß für diese Untersuchung war vor allem die bereits mehrfach zitierte Feststellung Dernburgs aus seinem „Lehrbuch des Preußischen Privatrechts", daß die Dinglichkeit des Mietrechts von „tiefgreifender socialer Wichtigkeit" für den Mieter sei.[683] Auch im Rahmen des Kündigungsrechts hob Dernburg indirekt die sozialen Errungenschaften des preußischen Rechts hervor, indem er betonte, daß das römische und das gemeine Recht bei der Aufhebung von Mietverträgen den Vermieter bevorzugten, wohingegen das preußische Recht „auch dem Miether in zahlreichen Fällen ein Kündigungsrecht" gebe.[684]
Diese Betonung der sozialen und mieterfreundlichen Errungenschaften des Preußischen Allgemeinen Landrechts durch Dernburg legte eine genauere Untersuchung und einen ausführlichen Vergleich mit dem gemeinen Recht nahe.
Auch Arbeiten dieses Jahrhundert betonten den sozialen Charakter des Preußischen Allgemeinen Landrechts, wie etwa die Aussage Wolters: „Die Verdinglichung bringt eine mieterfreundliche Einstellung des preußischen Gesetzgebers zum Ausdruck."[685]
Es bot sich daher an, die mietrechtlichen Konzeptionen gründlich und im Detail zu untersuchen. Zum einen, um zu überprüfen, ob die Konzeptionen nur in einigen wenigen und sofort auffälligen Punkten oder auch im Detail auseinanderfallen. Zum anderen, um die Konsequenzen der unterschiedlichen Regelungen zu untersuchen und damit feststellten zu können, ob das Preußische Allgemeine Landrecht im Bereich des Mietrechts wirklich einen sozialen Charakter hatte.
In den Kapiteln 2 und 3 wurden die mietrechtlichen Regelungen des gemeinen Rechts und des Preußischen Allgemeinen Landrechts ausführlich dargestellt und in Kapitel 4 unter Berücksichtigung der Rechtsprechung miteinander verglichen.
Auf der Grundlage dieser vergleichenden Darstellung kommen wir zurück zu Dernburg und seiner bereits mehrfach zitierten Aussage, daß die Dinglichkeit der Miete von „tiefgreifender socialer Wichtigkeit" sei.
Aus der vorstehenden ausführlichen Darstellung der mietrechtlichen Regelungen im gemeinen Recht und dem Preußischen Allgemeinen Landrecht und deren Vergleich ergibt sich für die Aussage Dernburgs wenigstens für die Theorie teilweise ein wahrer Gehalt. Dieses läßt sich vor allem dadurch begründen, daß

---

683 Dernburg, Allgemeine Lehren, 1884, S. 46f..
684 Dernburg, Obligationenrecht, 4. Aufl., 1889, S. 488
685 Wolter, Mietrechtlicher Bestandsschutz, 1984, S. 30

der Mieter nach dem Preußischen Allgemeinen Landrecht im Gegensatz zum gemeinen Recht possessorischen Schutz genoß und ihm auf Grundlage seines dinglichen Rechts weitergehende Rechtsschutzmöglichkeiten für den Fall der Besitzstörung etwa durch die negatorische Klage zustanden.
Dernburg wies demnach aus Sicht der Wissenschaft richtigerweise daraufhin, daß das preußische Recht im Gegensatz zum römischen und gemeinen Recht den Mieter durchaus begünstigte.

Anders sah jedoch die Praxis aus, da die in der Theorie vorhandenen Rechte der Mieter vielfach eingeschränkt wurden.
Sogar Dernburg wies auf die Einschränkungen dieser in der Theorie günstigen Stellung des Mieters in der alltäglichen Praxis hin. So hob er unter anderem die Aufnahme einer kassatorischen Klausel in den Vertrag zu Gunsten des Vermieters hervor, nach der der Vermieter zur Beendigung des Mietvertrages ohne Einhaltung einer Kündigungsfrist für den Fall der Nichtzahlung des Mietzinses ermächtigt wurde.[686]
Diese Art der Vertragsgestaltung wurde zur Stärkung der Rechte des Vermieters von den in den Haus- und Grundbesitzervereinen organisierten Vermietern vielfach standardmäßig in die Formularmietverträge[687] aufgenommen.[688]
Im Gegensatz zu diesen Formularmietverträgen der Haus- und Grundbesitzervereine fanden die Mietvertragsformulare der Mietervereine kaum Anwendung. Zur Zeit des Umbruchs vom 19. Jahrhundert zum 20. Jahrhundert machten die Formulare des Mietervereins in Berlin nur einen Bruchteil der verwendeten Vertragsformulare aus. So verkaufte der Berliner Mieterverein „in zehn Jahren nur halb so viel Mietvertragsformulare, als in den zwei Monaten Oktober und November 1900 verbraucht worden sind“[689].
Nach Aussage der Geschäftsstelle des Berliner Mietervereins wurden die Mietvertragsformulare des Mietervereins ausschließlich von Mietern, die mindestens 1500 Mk. Miete zahlen, benutzt. „Die kleinen Mieter...(haben) es bei den Grundbesitzern nicht durchsetzen können, denselben zu acceptieren.“[690]
Die Situation für die „kleinen Mieter“ war demgegenüber von Willkür geprägt. In seinem Werk „Die moderne Wohnungsnoth. Signatur, Ursachen und Abhülfe“ von 1873 zitiert Ernst Engel einen Berliner „Mieths-Kontrakt“. In diesem Mietvertrag wurde vorgeschlagen, die folgende nachträgliche Bestimmung mit auf zu nehmen: „Der Miether hat nach diesem Kontrakte nur Pflichten und keine Rechte, der Vermiether dagegen nur Rechte und keine Pflichten. Nach diesem

---

686 Dernburg, Obligationenrecht, 4. Aufl., 1889, S. 188
687 Vgl. oben S. 33ff..
688 Wolter, Mietrechtlicher Bestandsschutz, 1984, S. 32
689 Müller, Die deutschen Mietervereine, 1908, S. 61f..
690 Müller, Die deutschen Mietervereine, 1908, S. 61f..

Grundsatz sind die Differenzpunkte zwischen Miether und Vermiether zu erledigen, wenn letzterer nicht vorziehen sollte, ersteren, schon wegen Erhebung solcher Punkte, sofort zu exmittiren und sich für die Bezahlung der Miethe für die ganze Kontraktsdauer aus den zurückzubehaltenden Sachen des Miethers ohne weiters bezahlt zu machen."[691]
So zynisch dieser Vorschlag zur Vertragsgestaltung auch unserer heutigen Sicht klingen mag, so war er doch viele die absolut überwiegende Zahl der Mieter im 19. Jahrhundert traurige Wirklichkeit in der alltäglichen Praxis. Im Alltag war von einer Mieterfreundlichkeit, die man in Anbetracht der Theorie des seinerzeit geltenden Rechts zumindest in einigen Bereichen erwarten könnte, nicht viel zu bemerken. Vielmehr beherrschten, wie im 1. Kapitel dargelegt wurde, zumeist Armut, katastrophale Wohnbedingungen und die durch die Wohnraumknappheit begünstigte starke Stellung der Vermieter die Praxis.

Genius schrieb: „Abschließend ist zum ALR festzustellen, daß es die erste kontinentaleuropäische Rechtsordnung war und blieb, die ein unzweifelhaft dingliches Mietrecht normierte. Gleichgültig wie man dazu stehen mag, eines ist jedenfalls nicht zu bestreiten, nämlich daß diese Regelung der preußischen Kodifikation, die ihre theoretische Grundlage in der Naturrechtslehre, insbesondere Wolffs, hatte und rechtspolitisch der sozialen Intention der aufgeklärten preußischen Staatsführung entsprach, über ein Jahrhundert in der Praxis unbeanstandet ihre Aufgabe erfüllt hat."[692]
Diese Aussage Genius', daß das Preußische Allgemeine Landrecht und die Regelung hinsichtlich der Dinglichkeit „über ein Jahrhundert in der Praxis unbeanstandet ihre Aufgabe erfüllt" haben, scheint vor dem Hintergrund der in Kapitel 1 der Untersuchung dargestellten Situation der Mieter sehr zweifelhaft.
Vielmehr gibt das eklatante Auseinanderfallen von Theorie und Praxis zu der These Anlaß, daß die juristische Welt der Realität im Alltag der Mieter hinterherhinkte. Zu den erheblichen Umwälzungen in der Gesellschaft, der wachsenden Zahl von Mietern, den oben in Kapitel 1 dargestellten Problemen kam es erst im Laufe des 19. Jahrhunderts. Zum Zeitpunkt der Verhandlung über das Preußische Allgemeine Landrecht und dessen Inkrafttreten war eine völlig andere Situation gegeben. Aus der Sicht der Redaktoren des Preußischen Allgemeinen Landrechts mögen sozialpolitische Erwägungen für die Gestaltung des Mietrechts entscheidend gewesen sein[693], die in der Theorie in der Tat zu einer

---

[691] Berliner Mieths-Kontrakt, zitiert nach Engel, Die moderne Wohnungsnoth, Leipzig 1873, S. 95ff..
[692] Genius, Mietrechtlicher Bestandsschutz, 1972, S. 197f..
[693] Vgl. zum Beispiel Svarez, Schlußvorträge, zu Titel 21 § 358, in: Kamptz' Jahrbuch 41 (1833), S. 67 bezüglich der Aufnahme des Grundsatzes „Kauf bricht nicht Miete" in das Allgemeine Preußische Landrecht.

gewissen „Mieterfreundlichkeit" führten. In der Praxis jedoch waren die gesetzlichen Lösungen dem Ansturm von Mietern in erbärmlichen, von tiefer Armut geprägten Verhältnissen nicht gewachsen, so daß der Ruf nach „Wohngesetzen" laut wurde.[694]

---

694 Flesch, in: Verhandlungen der Generalversammlung des Vereins für Socialpolitik 24./25.9.1886, 1887, S. 34f..

Anhang: Erfahrungen eines jungen Schweizers im Vogtlande, Anhang zu "Dies Buch gehört dem König" von Bettina von Arnim, Berlin 1843[695]

[Seite 534] Erfahrungen eines jungen Schweizers im Vogtlande.
(Als Beilage zur Socratie der Frau Rath.)

„Der Vater webet zu Bett und Hemden und Hosen und Jacke das Zeug und wirkt Strümpfe, doch hat er selber keine Hemd. Barfuß geht er und in Lumpen gehüllt. Die Kinder gehen nackt, sie wärmen sich einer am anderen auf dem Lager von Stroh und zittern vor Frost.
Die Mutter weist Spuhlen vom frühsten Tag zur sinkenden Nacht. Öl und Docht verzehret ihr Fleiß, und erwirbt nicht so viel daß sie die Kinder kann sättigen.
Abgaben fordert der Staat vom Mann, und die Miethe muß er bezahlen sonst wirft ihn der Miethherr hinaus und die Polizei steckt ihn ein. Die Kinder verhungern und die Mutter verzweifelt.
Die Armenverwesung hat taube Ohren, sie läßt lange vergeblich sich anschreien vom Armen, was er ihr abdringt das Leben zu fristen, läßt ihn nur langsamer [Seite 535] sterben. Die Armenverwesung spart die milden Spenden zum Kapital und legt es auf Zinsen. Die Armen sind Verschwender: "Heute essen sie, - morgen nicht, - übermorgen essen sie wieder, und in den Zwischentagen geben sie dem noch ärmeren Nachbar was sie sich abhungern:"
Kreuzweis wird durch die Stube ein Seil gespannt in jeder Ecke haust eine Familie, wo die Seile sich kreuzen steht ein Bett für den noch Ärmeren den sie gemeinschaftlich pflegen. -
An Feiertagen hält der Mäßigkeitsverein eindringliche Reden im Vogtland, wo für 5 Dreier, Fünfe ein Mahl sich bereiten. Ist Euer Magen zu schlaff daß Ihr den Verein zum Vogtland nicht hinausbellt. So wie der Bettelvoigt mit Flüchen den wieder hineinbellt, der mit List durchschlüpft um für Vater und Mutter ein Stück Brot zu erbetteln.
Ihr sagt zwar, "Es geht nicht zu helfen" ich sag, "es geht doch, Ihr widersprecht und seid nicht zum Schweigen zu bringen mit hohlen Gründen der Philisterei. Wärt Ihr aber selber die Armuth, dann würdet Ihr allen Philisterverstand übertäuben mit dem Geschrei Euerer Noth."
[Seite 536] Soll der Adel Euch adeln den mit Wucherglück der Bürger seiner Abkunft zum Hohn im adlichen Gute sich ankauft; so mach er statt Luxus-Anlagen von Tempel und Grotte und tanzenden Wassern, - Anlagen für Heimathlose, und sein Sommerplaisir die inglish cottage mach er zur deutschen Hütte worin deutsche Armuth sich erholt; den englischen Rasen theil er aus zu Feldern für Kartoffel und Brod und er ist Edelmann, wer wird widersprechen.

---

[695] Seiten 534-598 der Ausgabe Berlin 1843, gedruckt bei Trowitzsch & Sohn.

Höher steigt dann im Rang wers um die Armen verdient, durch ihre Betriebsamkeit mit sich zugleich sie selber emporbringt, der grünt am eignen Stamm wie ein edleres Pfropfreis, lebendige Bedeutung die wir anerkennen in ihm, hat er als Graf.
Wer aber keinen anderen Zweck mehr hat als der Elenden Ansprüche ans Leben zu vertreten, keine Standeserhebung der Menschheit ins Gestammt, der die Asche seiner Väter mit der Armen Asche auf dem Gottesacker sammelt, und keine Familiengruft baut seinen Ahnen, wo Lebende kein Obdach haben, der ist vom reinen Stamm - der Fürst der Menschheit und reich an Gütern der Weisheit an denen wir alle ja arm sind. –
[Seite 537]
Vogtländer bejammere nicht dein
eignes Geschick.
Beklage nur die, die kein Mitleid
fühlen mit dir.
Vor dem Hamburger Tor, im sogenannten Vogtland, hat sich eine förmliche Armen-Colonie gebildet. Man lauert sonst jeder unschuldigen Verbindung auf. Das aber scheint gleichgültig zu sein, daß die Ärmsten in Eine große Gesellschaft zusammengedrängt werden, sich immer mehr abgränzen gegen die übrige Bevölkerung und zu einem furchtbaren Gegengewichte anwachsen. Am leichtesten übersieht man einen Theil der Armengesellschaft in den sogenannten "Familienhäusern". Sie sind in viele kleine Stuben abgetheilt, von welchen jede einer Familie zum Erwerb, zum Schlafen und Küche dient. In 400 Gemächern wohnen 2500 Menschen. Ich besuchte daselbst viele Familien und verschaffte mir Einsicht in ihre Lebensumstände.
In der Kellerstube Nr. 3 traf ich einen Holzhacker mit einem kranken Bein. Als ich eintrat, nahm die Frau schnell die Erdäpfelhäute vom Tische, und eine [Seite 538] sechzehnjährige Tochter zog sich verlegen in einen Winkel des Zimmers zurück, da mir ihr Vater zu erzählen anfing. Dieser wurde arbeitsunfähig beim Bau der neuen Bauschule. Sein Gesuch um Unterstützung blieb lange Zeit unberücksichtigt. Erst als er ökonomisch völlig ruinirt war, wurden ihm monatlich 15 Silbergroschen zu Theil. Er mußte sich ins Familienhaus zurückziehen, weil er die Miete für eine Wohnung in der Stadt nicht mehr bestreiten konnte. Jetzt erhält er von der Armendirektion 2 Thaler monatlich. In Zeiten, wo es die unheilbare Krankheit des Beines gestattet, verdient er 1 Thaler monatlich; die Frau verdient das Doppelte, die Tochter erübrigt 1 ½ Thlr. Die Gesamteinnahme beträgt also 6 ½ Thlr. im Monat. Dagegen kostet die Wohnung 2 Thlr.; eine "Mahlzeit Kartoffeln" 1 Sgr. 9 Pf.; auf zwei tägliche Mahlzeiten berechnet, beträgt die Ausgabe für Hauptnahrungsmittel 3 ½ Thlr. im Monat. Es bleibt also noch 1 Thlr. übrig zum Ankaufe des Holzes und alles dessen, was eine Familie neben rohen Kartoffeln zum Unterhalte bedarf. - Im Zimmer Nr. 113 des gleichen Hauses wohnt der alte Sinhold mit seiner Frau. Aus dem letzten Feldzuge

kehrte er mit zerrütteter Gesundheit zur Arbeit in der Fabrik zurück. Er erzog neun Kinder. [Seite 539] Die Armut zwang ihn, die Stadt zu verlassen und zwei Webstühle im Familienhause aufzustellen. Seit funfzehn Wochen liegt er krank im Bette. Die Webstühle stehen still, die Frau ist mit der Epilepsie behaftet, verdiente sonst mit Spuhlen 1 ½ Sgr. täglich; jetzt findet sie keine Arbeit. Die wenigen Geräthschaften gehören den Juden, der letzte Rock ist verkauft. Von der Armendirektion erhält Sinhold jeden Monat 1 Thlr., den aber der Hausverwalter sogleich in Empfang nimmt. Der Krankenverein reicht ihm die "Krankensuppe", die ihn und seine Frau ernährt. Vom Hausherrn ist er "ausgeklagt", d.h. er ist für drei Monat Miethe schuldig. Am 1. April wird man ihn in die Charité bringen, die Frau aus dem Hause jagen, und das Zimmer versiegeln mit allem, was darinnen ist. -

Ich ging in den finstern Hausgängen auf und ab, horchte an den Thüren, wo ich weben hörte, trat ich ein. In Nr. 18 traf ich zwei Weber, die machten $^{5}/_{4}$ Elle breite dicke Leinwand. Jeder webt täglich 6 bis 7 Ellen und bezieht von der Elle 1 Sgr. Arbeitslohn; dagegen hat er wöchentlich 10 Sgr. für die Einschlagespuhlen und 5 Sgr. für Schlichte auszugeben. In einem Monat werden also 4 Thlr. rein verdient. Nach Abzug der Miethe bleiben noch 2 Thlr. auf Nahrung, [Seite 540] Kleidung und Holz zu verwenden. - Einen Arbeiter sah ich, dem ist die Frau gestorben; er kann keinen eignen Haushalt führen, dient als Weberknecht, erhält von der Elle 8 Pf., und hat für sich und die Kinder das Tischgeld zu bestreiten. Diese Leute wären recht wohl zufrieden, wenn es ihnen nur nicht bisweilen wochenlang an Arbeit fehlte. - In Nr. 5 wohnt Unger, ein recht geschickter Weber. Er hat auf seinem Stuhle 1 $^{7}/_{8}$ Elle breite gestreifte Leinwand. An einem Stück von 66 Ellen, mit welchem er in vierzehn Tagen fertig wird, verdient er 3 Thlr. 5 Sgr. Die Frau sagte mir, daß sie abwechselnd Kartoffeln und Hafergrütze koche; jede Mahlzeit koste 2 ½ Sgr.; da die Kinder schlecht gekleidet seien, so müßten sie frieren, wenn sie nicht täglich für 1 ½ Sgr. Holz einlegte. Wenn diese Leute nur zwei Mal essen im Tage, so beläuft sich die monatliche Ausgabe (2 Thlr. Miethe eingerechnet) auf 7 Thlr. 15 Sgr., während die Einnahme im günstigsten Falle nur 6 Thlr. 10 Sgr. beträgt. Ich unterhielt mich lange mit Unger und seiner Frau; er ist ein so verständiger und braver Mann und sie so heiter und freundlich, daß es mir ganz wohl zu Muthe wurde. Ich dachte nicht mehr an jenes ungünstige Zahlenverhältnis, sah das Stroh nicht unter der leichten Bettdecke und achtete [Seite 541] nicht mehr auf die Lumpen, in welche die Kinder gehüllt waren. Ich hörte keine Klage; der Hausvater trieb emsig sein Weberschiffchen hin und her und erzählte mir scherzend, daß es ihm mit den Kindern gehe, wie dem bekannten Schuster Flick, der ein Kleines forttragen wollten und zwei zurückbrachte. Die Mutter hielt das kleinste Kind auf der Schürze und trieb das Spuhlrad. Dabei erzählte sie vergnügt, daß zwei Kinder die Schule besuchen und recht viel lernen. Es zeigt sich auch hier, daß die Armen ihre größte Freude an den Kindern haben und fest darauf rechnen, daß diese durch den Schulunterricht aus dem Elende gerissen werden. - Ist es nicht barbarisch, daß man heut zu Tage die Fruchtbarkeit der Armen so hart tadelt? Ich hörte schon oft sagen: Warum zeugen die Leute so viele Kinder, wenn sie diese doch nicht ernähren können!

Im "Querhause" (Gartenstraße 92a) Stube Nr. 9 wohnt der Tischlergeselle Gellert. Ich traf ihn nicht zu Hause. Seine Schwiegermutter lag todkrank auf dem Stroh, die Frau scheint auch sehr krank zu sein; sie hielt sich mit Mühe aufrecht, und erzählte mir, daß der Mann vierzehn Tage ohne Arbeit und jetzt ausgegangen sei, "um Brod zu suchen"; die Kinder seien in der Schule. Die Familie erhält von keiner Seite Unterstützung. [Seite 542] - Im Dachstübchen Nr. 76 wohnt ein Schuster, Schadow. Ich sah lange Zeit durch die gespaltene Thüre ins Zimmer. Er arbeitete fleißig; die Frau saß am Boden und nähte einige Lumpen zusammen; zwei kleine, halbnackte Kinder saßen am Boden und spielten mit einer alten Tabakpfeife. Als ich eintrat war Schadow ganz erschrocken; er hatte mich für den Inspektor gehalten, dem er Miethe schuldig ist, und sah sich gern enttäuscht. Das Zutrauen der Unglücklichen hat man sich bald erworben: es dauerte nicht lange, so erzählte mir der Mann seine ganze Lebensgeschichte; daß er dabei nicht viel von seinen Fehlern sprach, schien mir sehr verzeihlich und zum Theil überflüssig, da ich an ihm ja leicht merken konnte, daß er den Branntwein liebt und seine Frau sehr unordentlich ist. Sch. ist der Sohn armer Eltern; er konnte Berlin nie verlassen, weil er dieselben bis zu ihrem Tode unterstützen mußte. Er verheirathete sich früh, etablirte sich in der Stadt und machte gute Geschäfte. Seine Familie vermehrte sich schnell, worauf er bei seinen Ausgaben zu wenig Rücksicht nahm, und was daran schuld gewesen sei, daß er in der Stadt nicht mehr wohnen konnte. (Große arme Familien werden von den Hausbesitzern nicht geduldet.) 1836 zog er ins Familienhaus. Fünf seiner [Seite 543] Kinder starben an den Pocken, und während sie krank waren, fehlte es ihm an Arbeit. Von Niemandem unterstützt, gerieth er dadurch so in Schulden, daß er mehrmals aus dem Haus geworfen werden sollte. Er verkaufte Hausgeräthe und Kleider und ist jetzt so entblößt von allem, daß er nicht einmal ein Hemd besitzt. Durch Arbeit kann er sich nicht wieder aufschwingen, weil es ihm an Leder fehlt und die Flickarbeit, die er den Leuten im Familienhause macht, schlecht bezahlt wird. Zudem hat er mit zwölf anderen Schustern, die am gleichen Orte wohnen, zu concurriren. Ich sah es selbst, wie seine Frau um Arbeit ausging, und er unterdessen die Kinder hütete. Es war drei Uhr Abends, und er hatte an demselben Tag erst 2 Sgr. verdient; den einen gab er wieder aus für Zwirn, für den anderen kaufte er Brod. Das Kleine fing an vor Hunger zu weinen. Sch. hatte so eben einen Schuh geflickt und gab ihn der Frau mit den Worten: "Trage ihn fort, laß Dir einen Sechser dafür geben und bring dem Kind ein Semmelbrod; es hungert." Die Frau kam mit leerer Hand zurück; das Mädchen, dem der Schuh gehörte, konnte nicht bezahlen. Das Kind weinte noch immer, und Vater und Mutter weinten mit. Ich half mit einigen Groschen aus der augenblicklichen Verlegenheit. [Seite 544] Schnell sagte Sch. zu seiner Frau: " Nun geh, hole für 6 Pf. Brod, für 3 Pf. Kaffee und für 3 Pf. Holz; das Übrige lege in den Schrank, ich will es dem Inspektor bringen; vielleicht hält er die Klage noch zurück." Es war ihm ein Stein vom Herzen genommen, er schaute zum Fenster hinaus und meinte, es könnte doch ein fruchtbares Jahr geben. Dann fing er an zu politisieren: es schade ihm viel, daß von den Schuhfabrikanten in Spandau so wohlfeil gearbeitet werde, daß nur die großen Bäcker den Brodpreis bestimmen; am meisten aber, daß der Hausherr so viel Abgaben bezahlen und daher die Wohnungen so theuer vermiethen müsse; in einem freien Lande gebe es gewiß nicht so viele Arme. - Bald war die Frau wieder zurück. Es wurde Feuer gemacht im Ofen und Brod vertheilt. Die Kinder warteten aber mit ihrem Theile nicht, bis der Kaffe fertig war. -

Sch. wird nicht unterstützt. Es heißt: man gebe den Leuten im Familienhaus nicht gerne; es seien da so viel Arme, daß die Armendirektion derselben nicht mehr los würde, wenn sie einmal zu helfen anfinge. Sollte Sch. nichts bekommen wegen seiner Liederlichkeit, so wäre dies sehr ungerecht. Wo die Noth so groß ist, muß man thätig unterstützen, nicht moralisiren, bis die [Seite 545] Leute vor Hunger sterben. Auch ist zu bedenken daß die Hoffnung wieder aufzukommen, Kraft giebt zur Bekämpfung des Leichtsinnes.

Im Querhause, Stube 72, traf ich auf Frau Schreyer. Ihr Mann war ein armer Weber, starb 1814 und hinterließ drei unerzogene Kinder. Die Wittwe erzog diese im Familienhause, ohne von irgend einer Seite unterstützt zu werden. Nur ein Sohn ist noch am Leben; er lebt von der Mutter getrennt als Weber und kann mit Noth seine Familie ernähren. Frau Sch. schloß sich an einen Weber an, dem sie die Bobinen macht und so des Tags 1 Sgr. verdient. Es ist hier darauf zu achten, daß diese Frau mit einem Manne, mit dem sie nicht getraut ist, zusammenleben muß, nur um nicht arbeitslos zu sein und vor Hunger umzukommen. Hat jener keine Arbeit, so ist sie auch ohne Brod. Seit kurzer Zeit läßt ihr die Armendirektion monatlich 1 Thlr. 15 Sgr. zukommen; davon braucht sie aber 1 Thlr. 1 Sgr. für die Hälfte der Miethe (die andere Hälfte trägt der Weber). Sie hat also im Monat nur 1 Thlr. und 10 Sgr. auf Nahrung, Kleidung, Holz etc. zu verwenden. In diesem Augenblick verdient sie gar nichts und ist zudem unwohl. Es giebt Tage, wo sie nichts zu essen hat; die gewöhnliche Nahrung besteht in Brod [Seite 546] und bitterm Kaffee, in der Regel wird nur Morgens und Abends gespeist. Sie zeigte mir einen Teller voll Kaffeesatz, den eine arme Nachbarin gebettelt und mit ihr getheilt hat. - Es ist rührend, wie die Armen sich gegenseitig unterstützen! Ich wollte mich so eben entfernen, als der ebenfalls im Familienhause wohnende Schuster G. etwas betrunken in die Stube trat. Es entwickelte sich ein Gespräch:

G. Ich habe hier ein Paar Stiefeln für Ignaz; ich weiß, daß er barfuß geht und sie brauchen kann; er soll mir nichts dafür geben.

Frau Sch. Er ist jetzt nicht zu Haus.

G. Wo ist er ?
Fr. Sch. Er sizt.
G. Das ist nicht möglich?
Fr. Sch. Doch - Sie wissen, daß er seit fünf Wochen keine Arbeit hat, und wir Beide großen Hunger leiden. Am Montag konnte er es nicht mehr aushalten; er entlehnte ein Paar Schuh von unserm Nachbar und ging um ein Bischen Brod aus. Da haben ihn die Gendarmen gleich erwischt und auf die Stadtvogtei gebracht.
G. (Fängt an zu weinen.) Der alte Ignaz auf der Stadtvogtei! Die ehrlichste Haut, die es auf der [Seite 547] Welt giebt! Ich habe ihn als Soldat gekannt, wie er bei Leipzig focht; und seither waren wir immer gute Freunde.
(Der Weber Matthes tritt herein und giebt der Wittwe Schreyer Luthers Lebensgeschichte zurück.)
Ist Ignaz noch da?
Fr. Sch. Nein. Ich erwarte ihn jeden Augenblick. Es liegt da Garn zu einer Schürze. Wir können wieder einen Groschen verdienen, wenn er los wäre. ich habe diesen Morgen von der "Bischoffen" Kleider gelehnt, - ich kann so doch nicht vors Haus gehen - ging dann nach der Stadtvogtei und bat den Referendarius, er möchte Ignazen freigeben. Er hat es mir auf diesen Mittag versprochen.
Weber M. Er kommt heute nicht mehr; es ist schon zu spät.
Fr. Schr. Aber er sizt doch schon vier Tage, und der Referendarius sagte mir selbst, daß Ignaz nur wegen des Bettelns eingesteckt sei.
Weber M. Der alte Mann dauert mich. Er hat noch Soldatenstolz, gewiß hat er nicht ohne die größte Noth gebettelt.
G. Nach der Noth fragen sie auf der Stadtvogtei nicht. Man sollte aber die verfluchten Schreiber lehren, [Seite 548] was Noth ist. Die elenden Kerl dürfen einen alten Soldaten einstecken! Kreuzsacrament, ich bin auch Soldat gewesen! Man möchte....!
Wittwe Schr. Werden Sie nicht so eifrig; ich kann dergleichen Redensarten auf meiner Stube nicht dulden.
G. (immer eifriger) Sie wissen nicht, was recht ist. Man giebt uns keine Arbeit, verbietet das Stehlen und wirft uns ins Loch, wenn wir betteln. Das kann nicht so fortgehen; man kann noch anders sterben, als vor Hunger; ich weiß es; ich habe in sieben Schlachten mitgefochten.
Weber M. Die sind aber nicht Schuld daran, daß wir Nichts verdienen.
G. Aber sie verzehren doch Geld, das ihnen nicht allein gehört. Übrigens habe ich selbst erfahren, wie sie für die Armen sorgen. Weiber, die mit den Franzosen freundlich thaten, werden unterstützt; die Männer welche die Franzosen aus dem Lande gejagt haben, werden verstoßen. Ich habe mich zum Nachtwächterdienst gemeldet und erhielt nicht einmal eine Resolution.
Weber M. Da kann aber der König nichts dafür.

G. Ich sage ja nichts gegen den König. Ich habe es bewiesen, daß ich gut preußisch bin; ich habe gerne [Seite 549] für den König gehungert, als er im Trocknen saß, ich habe ohne Murren acht Kinder auferzogen; dafür sollte man mich aber in meinen alten tagen nicht hungern lassen. Sie denken gewiß so, wie ich, und noch viele Tausend. Sie wollen sich nur zufrieden stellen vor diesem fremden Manne. Er ist kein Spion; aber wenn er einer wäre, so sagte ich es doch frisch heraus, daß es bei uns nicht auf dem rechten Wege geht (Mich von der Seite ansehend.) Die verfluchten Zeitungsschreiber sagen es auch, aber thun weiter nichts.
In diesem Tone ging es eine Zeit lang fort. nach und nach kamen noch andere Nachbarn in die Stube. Alle fragten nach Ignaz. Die Versammlung ging in der größten Mißstimmung auseinander. –
Am gleichen Abend machte ich noch einen Besuch beim Invaliden Bischoff (Stube Nr. 141) dieser hat fünf Blessuren; der linke Arme ist unbrauchbar: Er bezieht aus der Invalidenkasse monatlich 1 Thlr. Dazu verdient er einige Groschen durch Verfertigung von Kinderspielzeug. die Frau leidet an Epilepsie. Heute haben Mann und Frau außer einem Häring, den sie für 6 Pf. kauften, noch nichts gegessen. Anstatt des [Seite 550] Bettes ist ein Lager von Stroh im Winkel. Das Benehmen der Leute, die Reinlichkeit in der Stube und eine Borderie auf einem altem Stuhle ließen mich vermuthen, daß Bischoff schon in besseren Umständen gelebt habe. Mit aller Klugheit konnte ich aber Anfangs nichts herausbringen. Die Frau klagte mir, daß zu einem hübschen Spielwerke noch die Puppen fehlen. Ich gab das Geld zu diesen her und schloß mir dadurch die Herzen auf. Bitterlich weinend erzählte mir Bischoff, daß er vor Jahren ein glänzendes Auskommen als Hoflackirer gefunden habe, daß er durch die erste Frau und drei Kinder ins Unglück gebracht worden sei. Ich erkundigte mich nach den Kindern "Wir dürfen es Ihnen nicht sagen, wo die Kinder sind"- Ich mache keinen Gebrauch von Ihrer Erzählung - "Ach Gott! - drei Söhne sind in Spandau, für die Erziehung eines andren Sohnes und einer Tochter sorgt die Königin." So etwas hatte ich noch von keinem Vater gehört. Das Herz wurde mir schwer und ich weiß nicht, wer Schuld ist, daß ich der weitläufigen Erzählung nicht folgen konnte. - Es sind Verhältnisse vorhanden in dieser Familie, welche der genauern Untersuchung werth sind. Bischoff hat aber seine wichtigsten Papiere [Seite 551] dem frühern Miethherrn für eine Schuld von 1 Thlr. 25 Sgr. versetzt. –
Gartenstr. 92a. Stube 71. Der Schneider Engelmann hat graue Haare, ist aber noch ganz munter. Seine Frau scheint bedeutend jünger zu sein; in ihren angenehmen Gesichtszügen liegt viel Kummervolles. Das Dachstübchen ist schön aufgeräumt, der Boden gefegt; die Bettdecken sind weiß. Ich durfte den Zweck meines Besuches nur sachte andeuten, so begann der Alte die Erzählung seiner Lebensgeschichte mit Bezeichnung des Geburtstages, und führte sie mit dem besten Humor auf die Gegenwart fort; obgleich sie eine ganze Reihe von Unglücksfällen darstellte. Er wußte geschickt den Nachdruck auf das Erfreuliche zu

legen, wie z.B. den Umstand, daß er durch das Loos den Leiden des russischen Feldzuges, bei welchem er ohne Zweifel erfroren wäre, entronnen sei und sich bei einer zweiten Conscription glücklich auf preussischen Boden geflüchtet habe. Diese Flucht führte ihn auf das Reisethema, er sprach begeistert vom Harzgebirge und sagte zulezt: "Sollte ich einmal einige Groschen auf einen kleinen Theil eines Viertelloses setzen und gewinnen, so machte ich doch noch eine Reise nach meiner Vaterstadt [Seite 552] Nordheim." Ich durfte die Freude des Mannes nicht stören und entfernte mich. Da ich aber die Gemüthsstimmung der Frau so ganz verschieden gefunden hatte von derjenigen des Mannes, so besuchte ich die Familie am späten Abend noch einmal und erhielt nun über ihre Lage die gewünschten Aufschlüsse.

Engelmann wohnt schon siebenundzwanzig Jahre in Berlin und rechnet es sich zur Ehre, während dieser Zeit nie in gerichtliche Untersuchung gekommen zu sein. Sein elftes Kind ist vier Monat alt, ein zwölftes wird erwartet; acht Kinder sind gestorben; der älteste Knabe ist bei einem Müller in der Lehre. - Bis 1834 wohnte E. in der Stadt. 1833 kam er in die Charité wegen eines kranken Fußes. Kaum war er gesund, so erkrankte die Frau und lag zehn Wochen im Bette. Das Krankenhaus war so angefüllt, daß er die Erlaubnis seine Frau dahin zu bringen dem besondern Wohlwollen des Herrn Geh. Rath Kluge verdanke, dabei ist ihm die Fürsprache der Stubenmagd unvergeßlich. Es fehlte ihm aber das Geld, um die Kranke zu Wagen in die Charité zu bringen. Umsonst wandte er sich deshalb an die Armendirektion. Ein guter Freund borgte ihm einen Thaler dazu, den er heute noch schuldig und zurückerstatten bemüht ist. Um [Seite 553] nicht an der Arbeit verhindert zu sein, ließ er das kleinste Kind außer dem Hause pflegen; was ihn 3 ½ Thlr. kostete. Da er diese aus eigenen Kräften nicht bestreiten konnte, so kam er abermals bei der Armendirektion um Unterstützung ein und erhielt für ein und allemal zwei Thaler. Nach vier Wochen kam die Frau krank zurück. E. arbeitete ganze Nächte hindurch, konnte aber doch die Miethe nicht mehr erschwingen, wurde aus dem Hause geworfen und entschloß sich auf einige Monate ins Familienhaus zu ziehen. (In diesem Augenblicke hätten vielleicht 10 Thlr. auf immer geholfen.) Hier fand er aber keine Kundschaft, wurde mit jedem Tag ärmer und durfte zuletzt gar nicht mehr hoffen, aus dem Vogtlande heraus zu kommen; was ihm auch für seine Knaben leid that, weil hier die Schulen nicht so gut seien, wie in der Stadt. Er hat kein Geld, um Futter und Knöpfe zu kaufen und macht daher meistens nur Flickarbeit. Mehr als täglich 7 ½ Sgr. verdient er nie. Die Frau leidet noch immer an der Gicht und verdient nichts. Am meisten drückt ihn die Miethe (20 Thlr. jährlich). Oft bricht er sich am Munde ab, um dieselbe bezahlen zu können und lebt doch immer in Gefahr, ausgeklagt zu werden. Auf seinen Tisch kommt abwechselnd Brod zum schwarzen [Seite 554] Kaffee, Häring und dünne Mehlsuppe. Wenn er nur einen Tag ohne Arbeit ist, so muß er Kleidungsstücke versetzen. Er zeigte mir verschiedene Scheine, nach welchen er 7 ½ - 15 Sgr. auf solche Weise erhoben hat. Die Frau klagte sehr darüber, daß sie die Milch verloren habe und nun dem Kleinen schlechtes Getränk theuer kaufen müsse. (Selbst die Muttermilch muß bei den Armen nach Geldwerth geschätzt werden!) Als im letzten December die Frau in den Wochen und ein Kind krank neben ihr im Bett lag, suchte E. wieder Hülfe bei der Armendirektion. Der Deputirte besuchte ihn um seine Lage zu untersuchen. Darauf wurden ihm 2 Thlr. zugesprochen, aber nur 15 Sgr. baar ausbezahlt. Als er zwei Tage darauf den Rest holen wollte, sagte ihm der Direktor ärgerlich: "Sie gehen drauf los, wie Blücher." Das Kind starb und E. konnte die Begräbnißkosten nicht bestreiten. Ein Invalide, der blinde Leierkastenmann Wegener borgte ihm ein Beinkleid und ein Hemd, daß er Geld darauf entlehnen konnte. Als einige Wochen später ein zweites Kind starb, borgte derselbe Mann 1 Thlr. Im welchem Lichte erscheint die Armendirektion neben diesem Leierkastenmann! - Leuten unter sechzig Jahren reicht sie keine regelmäßige Unterstützung. Der Deputirte besucht [Seite 555] die Armen nur, wenn sie außerordentliche Hülfe verlangen. Bis diese verabfolgt, verstreichen oft sechs bis acht Wochen. Vom 15. Decemb. bis 15. April werden "Armensuppen" gekocht. Jede Familie darf monatlich funfzehn Portionen holen. (Die Armensuppe sei nicht so gut, wie die Krankensuppe.) Wer monatliche Unterstützung hat, ist von dieser Wohlthat ausgeschlossen.

Als ich wegging, sagte mir die Frau, daß ich die paar Groschen, die ich ihr gegeben, recht wohl angebracht habe; es diesen Nachmittag kein Pfennig mehr in der Kasse gewesen. - Und doch war der Mann so guter Laune! - Der Frohsinn wird dem Armen sehr häufig zum Vorwurfe gemacht und kann sogar die Unterstützung verhindern. "Der braucht nichts; es ist ihm wohl genug" heißt es; gleichsam als müßte man sich durchs Elend an der ganzen Seele niederdrücken lassen. Ich habe die Klage oft gehört, daß man sich recht kleinmüthig zeigen müsse, um von den Armenbehörden unterstützt zu werden.

92b. Stube Nr. 8 (Kellerwohnung.) Glaser Weidenhammer war nicht zu Hause; die Frau kochte eine Suppe für das Kleine in der Wiege. Es war Sonntag, aber die Stube nicht aufgeräumt. Das Bett sah [Seite 556] schmutzig aus. Diesem gegenüber lag ein Bund frisches Stroh. Über diesem hing eine Schreibtafel, auf welcher die Worte "Trink und ess" fleißig copirt waren. Neben derselben hing ein geflochtener Strick, der anstatt einer Ruthe für den eilfjährigen Karl gebraucht wird. Unter dem Spiegel, in Goldrahmen gefaßt, hängt der letzte Wille von Friedrich Wilhelm III. Ich wollte mich mit der Frau in ein Gespräch einlassen; allein sie hört und sieht wenig und scheint ganz einfältig zu sein. Sie holte den Mann. Der war in der benachbarten Stube, wo sich jeden Sonntag eine kleine Spielgesellschaft bilde. Um Geld werde nicht gespielt; zuweilen gebe Jeder einen Dreier, damit Branntwein oder Bier geholt werden könne. Weidenhammer ist in seinen besten Jahren. In der Woche geht er mit seinem Glaskasten von Haus zu Haus und sucht Arbeit. In der dritten Woche des März habe er nur zwei Glastafeln verarbeitet und an denselben 5 Sgr. verdient; es könne sich auch zutragen, daß er an einem Tage ½ Thlr. erwerbe. Seine Einnahmen lassen sich nicht leicht bestimmen; doch sind sie im Ganzen so gering, daß es die ganze Familie beim Tische fühlt, wenn dem Vater die Fensterscheibe gesprungen ist. Ich glaube auch annehmen zu dürfen, daß ein herumziehender Handwerker [Seite 557] zuweilen einen Groschen im Wirthshause zurücklasse. W. wies nach, wie er auf das Scheibeneinsetzen nothwendig beschränkt sei: es fehle ihm an einer Werkstatt und an Kredit; wenn ein gutes Stück Arbeit ausgeschrieben werde, so dürfe er sich in seinem zerlumpten Rock nicht als Meister melden. - Die Frau verdient in einer Papierfabrik wöchentlich 1 Thlr., wird aber sehr oft durch Kopfkrampf an der Arbeit verhindert. Sind Vater und Mutter fort, so muß Karl bei dem kleinen Kinde bleiben. Der Knabe besucht keine Schule, wird aber vom Vater fleißig unterrichtet. Bevor dieser des Morgens ausgeht, stellt er die Aufgabe; ist diesem am Abend nicht gelöst, so wird Karl mit dem Stricke ausgepeitscht. Der Knabe liest und schreibt ordentlich und ist im Rechnen bis zur Subtraction gekommen. Der Vater versicherte mich, daß derselbe in der Armenschule, wo man die Kinder Stunden lang müßig lasse, nicht so weit gekommen sein würde.

W. ist sehr arm, in diesem Augenblicke 5 Thlr. Miethe schuldig. Er zeigt sich unzufrieden mit der Armendirektion. In höchst dringenden Fällen speisen sie die bittenden mit 2 Thlr. ab. Auf den Präsidenten der Armenkommission, Herrn Stadtrath D., könne man [Seite 558] sich besser verlassen. Der Glaser meint, wenn man ihm nur für einen Tag genug Arbeit ins Haus brächte, so wollte er Alles, was er von der Armendirektion empfangen habe, mit sammt den Zinsen zurückerstatten.

Gartenstr. 92b. Stube Nr. 9. Dahlström hat früher als Seidenwirker gearbeitet und wöchentlich 3 bis 4 Thlr. verdient. Seit fünf Jahren leidet er an chronischem Katarrh und an Augenschwäche so, daß er völlig untauglich zur Arbeit ist. Die feuchte Kellerwohnung, die er wegen rückständiger Miethe nicht vertauschen kann, wirkt sehr nachteilig auf seine Gesundheitsumstände. Der älteste Sohn, ein Stickmuster Zeichner, hat ihn vor einigen Wochen, als er eben die Miethe bezahlen sollte, verlassen. Der zweite arbeitet auch für sich, wohnt bei den Eltern und giebt 25 Sgr. zu der Miethe. Ein vierzehnjähriges Mädchen verdient wöchentlich 22 ½ Sgr. in einer Kattunfabrik, wo es von fünf Uhr morgens bis neun Uhr Abends zur Arbeit angehalten wird. (Ist durch kein Gesetz solcher unmäßigen Anstrengung der Kindeskräfte vorgebogen?) Ein zehnjähriger Knabe geht in die Schule oder hütet sein zweijähriges Brüderchen. Die Mutter sucht in der Stadt Knochen zusammen, von welchen ein Zentner mit [Seite 559] 10 Sgr. bezahlt wird. Um so viel zusammenzubringen, sind wenigstens drei Tage Zeit erforderlich. Dahlström war funfzehn Jahr lang Soldat und erhält daher monatlich 1 Thlr. Unterstützung, obschon er erst dreiundfunfzig Jahr alt ist. Überdies empfing er einmal eine Extrazulage von 3 Thlr. Den Kleinen dient ein Strohsack als

Bett. Auf den Tisch komme Morgens ein wenig trocknes Brod, des Mittags gewöhnlich nichts, Abends Brod und Häring oder Mehlsuppe.
Gartenstr. 92b. St. 58. Kleist starb vor einigen Jahren an der Cholera, hinterließ eine schwangere Frau und sechs Kinder, von welchen der älteste dreizehn Jahr alt war. Die Armendirektion reichte der Wittwe 3 Thlr. und bezahlte eine Zeit lang 2 Thlr. 15 Sgr. monatliches Kopfgeld für zwei Kinder. Der älteste Sohn kam zu einem Felbel-Fabrikanten in die Lehre, und verdiente nachher 2 bis 3 Thlr. in der Woche. Seit neun Monaten ist er ohne Arbeit. Jetzt hat er Garn zu winden, und verdient 3 ¾ Sgr. den Tag. Obschon er bei der Mutter wohnt, kauft er sich das Brod doch selbst und spart das Erworbne zusammen für ein Paar Stiefeln. Die Kinder aus armen Familien machen sich frühe unabhängig. Die Eltern verzichten gerne auf die [Seite 560] Unterstützung des Sohnes in der Hoffnung, dieser reiße sich aus der Armuth heraus. Ein anderer Knabe lernt das Töpferhandwerk, erhält wöchentlich 1 Thlr. Lohn, und bezahlt davon 22 ½ Sgr. Kostgeld an die Mutter. Eine erwachsene Tochter war Dienstmagd in der Stadt, wurde krank und wohnt bei der Mutter, bis sie wieder gesund ist. Ein funfzehnjähriger Knabe verdient mit Spuhlen 2 bis 3 Sgr. täglich, die Mutter neben den Hausgeschäften halb soviel. Ein sechsjähriger Knabe geht in die Schule. Die Gesammteinnahme der Wittwe beträgt also höchstens 6 Thlr. monatlich (jene 22 ½ Sgr. Kostgeld mit eingerechnet). Daraus ist die Miethe und der Unterhalt für fünf Personen zu bestreiten. Brod, Kaffee und Mehlsuppe sind auch hier die gewöhnlichen Nahrungsmittel. In die Suppe kommt kein Fett. Um sie schmackhafter zu machen, zuweilen etwas Zucker. Von ½ Loth Kaffe trinken fünf Personen zweimal.
92b. St. Nr. 30. Der Weber Jährig leidet seit zehn Jahren an einem doppelten Bruchschaden. Vor sechs Jahren zog er ins Familienhaus, weil hier die ärztliche Behandlung nichts kostet und Freischulen sind. - Er webt schmales Baumwollenzeug, in vierzehn Tagen 66 Ellen für 1 Thlr. 10 Sgr. Zehn Kinder sind [Seite 561] ihm gestorben, ein Sohn lernt das Töpferhandwerk, ein Mädchen von dreizehn Jahren besucht noch die Schule und verdient nebenbei täglich 1 Sgr. mit Spuhlen, ebensoviel erwirbt die Frau neben den Hausgeschäften. Seit fünf Jahren bezieht J. monatliche Unterstützung von der Armendirektion, erst 20 Sgr., jetzt 2 Thlr. Das seine Frau drei Monat krank lag und er durch die Verpflegung an der Arbeit verhindert wurde, ist die Miethschuld auf 6 Thlr. angewachsen. Er ist keinen Tag sicher, daß er nicht aus der Wohnung getrieben und ins Arbeitshaus gebracht werde. Deshalb wandte er sich vor vier Wochen an die Armendirektion, um eine Extrazulage zu erhalten. Vor acht Tagen erst besuchte ihn der Deputirte; bis zur Stunde ist die Antwort ausgeblieben. Bekümmerte sich der Hausherr nicht mehr um die Familie J., als der Armendirektor, so wäre dieselbe schon auf der Gasse. Die Frau ist sehr verständig; sie sagte mir unter Andern, daß hier die Sorge für Nahrungsmittel nicht mehr Hauptsache sei: bei schlechtem verdienst könne man zuweilen eine Mahlzeit unterlassen; die Miethe aber

wachse immer an, die Geräthschaften nutzen sich ab und können nicht ersetzt werden.
[Seite 562] 92b. St. 59. An der Thür steht angeschrieben: "Webermeister Künstler." In der Stube ist ein Spuhlrad an der Stelle des Webstuhles. Vor sechzehn Jahren verlor Künstler die Frau und hatte sechs Kinder zu erziehen. Von diesen leben noch vier, drei wohnen bei ihm, arbeiten aber außer Hause. In zwei Bettstellen sind zwei Strohsäcke, auf dem einen schläft der Vater mit zwei erwachsenen Söhnen, auf den andern die erwachsene Tochter. K. verdient mit Garndoppeln täglich 2 ½ bis 3 ¾ Sgr. Der eine Sohn ist Seidenwirker, verdient in der Woche 1 Thlr. und giebt dem Vater wöchentlich 15 Sgr. Tisch- und Schlafgeld. Der andere war längere Zeit Sandführer, bekam das Essen und wöchentlich 10 Sgr. Die Tochter ist Dienstmagd und braucht das Erworbene für Kleider. Seit zwei Tagen hat der zweite Sohn Arbeit als Handlanger und wird nun 10 Sgr. des Tages verdienen. Er kam eben zum Mittagessen; der Vater setzte dem baumstarken Kerl für 1 Sgr. Kartoffeln und für 3 Pf. Butter vor. K. klagte mir, daß er 3 Thlr. Miethe schuldig sei und die meisten Kleider versetzt habe. Am 27. Februar reichte er der Armendirektion ein Gesuch um Unterstützung ein. Bis jetzt (13. April) ist noch kein Deputirter zu ihm geschickt und keine Antwort ertheilt worden.
[Seite 563] K. rühmte die gute alte Zeit und den verstorbenen König. Dieser habe, wenn die Messen ungünstig ausgefallen seien, Polizeidiener nach den Webern geschickt und die leeren Stühle zählen lassen. Auch sei bis 1806 jedem Webermeister, die drei Stühle hatte, alljährlich ¼ Klafter Holz geschenkt worden.
92b. Nr. 51. Die Stube der Wittwe Möltner sieht gut aus; die Hausgeräthe sind in gutem Zustande und sehr rein gehalten. Möltner war ein Schuster, gab das Handwerk auf, arbeitete als Tagelöhner, ergab sich dem Trunke, in Folge dessen er vor drei Jahren starb. Die Wittwe bezieht für ihre zwei Kinder 2 ½ Thlr. monatlich Pflegegeld. Über die Erziehung der Kinder wird von den Vormundschaftsbehörden sorgfältig gewacht. Das dreizehnjährige Mädchen arbeitet in einer Tabacksfabrik von fünf Uhr Morgens bis sieben Uhr Abends; von sieben bis neun besucht es die "Nachhülfeschule". Seit einiger Zeit geht es aber mit Damen in der Stadt auf den Markt. Gleiche Dienste verrichtet die Mutter. An einzelnen Tagen verdienen sie auf diese Weise in wenigen Stunden bis auf 25 Sgr.; zuweilen aber auch nichts. Die Miethe wird regelmäßig bezahlt aus den Pflegegeldern. An Nahrungsmitteln [Seite 564] leidet die Familie in diesem Augenblicke keinen Mangel. Die Frau darf aber nur einige Tage krank werden, so fehlt es an Brod. –
Eine viel dürftigere und weniger unterstütze Wittwe wohnt im Keller Nr. 12 des gleichen Hauses. Ihr Mann, Gränzaufseher Kayser, ist vor elf Jahren gestorben. Erst seit einem Jahre bezieht sie Pflegegeld und zwar nur für den älteren Knaben, der bald das Alter erreicht, wo jenes gesetzlich entzogen wird. Sie ernährt

sich mit Spuhlen, wobei im Durchschnitt 3 ¾ Sgr. täglich verdient werden. Oft fehlt es an Arbeit. - Man darf sich hier durch den Anblick der wohlerhaltenen Hausgeräthe nicht täuschen lassen über die Lage der Familie. Diese Frau hungert lieber einen Tag, als daß sie Bettzeug oder Kleider verkaufte, weil sie diese nie wieder ersetzen könnte. Auch läßt sie die beiden Knaben nicht in zerrissenen Kleidern umhergehen. Lieber flickt sie aus zwanzig Stücken ein Paar Hosen zusammen. Bei Tische muß es schmal zugehen. Heute Mittag wurde vier Personen für 6 Pf. Hafergrütze gekocht und das Brod so spärlich ausgetheilt, daß es der größere Knabe verdrießlich zurückgab und aus dem Zimmer lief. - Wittwe K. beklagte sich darüber, daß man [Seite 565] sich zu sehr erniedrigen müsse, wenn man Etwas von der Armendirektion erhalten wolle. Sie habe genug geweint, bis sie für ein Kind Pflegegeld erhalten; lieber wolle sie Hunger leiden, als sich zum zweitenmale Faulheit und Leichtsinn vorwerfen zu lassen. - Bei ihr wohnt eine Schwester, deren Mann vor zweiundzwanzig Jahren gestorben ist. Als sie die fünf Dekorationen abgab, welche derselbe in verschiedenen Schlachten erworben hatte, erhielt sie 5 Thlr. Geschenk, seitdem ist der Soldatenwittwe nichts mehr zugekommen. Sie fand ihr Auskommen als Kinderfrau. In diesem Augenblicke findet sie als solche keinen Platz, und darbt wie ihre Schwester. Sie darf keinen Versuch machen mit einer Bitte um Unterstützung, da sie noch nicht sechzig Jahr alt, nicht krank ist, und ihre Kinder gestorben sind.

Die Frauen erzählten mir von einer Gesellschaft, die im Familienhause Betstunde halten. Man dürfe sich nur für diese einschreiben lassen, so werde man von reichen Damen unterstützt. Sie halten aber nichts auf das Sektenwesen und wollen mit heuchlerischem Gebete kein Geld verdienen. Ebenso gehöre der Lehrer der unteren Knabenschule einer Sekte an und suche Anhänger unter den Armen im Familienhause. Er fordere [Seite 566] eine Selbstprüfung, die alle Zeit zur Arbeit wegnehme; deshalb können sie sich nicht an ihn anschließen. So kommt es, daß die frommen Wohlthäter an der Thür der beiden Wittwen, die keine Betschwestern sein wollen, vorübergehen.

92b. Nr. 73. Der Weber Fischer ist zweiundvierzig Jahr alt. Sein Äußeres flößt wenig Zutrauen ein; er kann nicht über die Straße gehen, ohne durch sein struppiges Haar, das finstere Auge und den zerlumpten Anzug die Aufmerksamkeit der Polizeidiener auf sich zu ziehen. Man sieht auf den ersten Blick, daß ihn das Elend schon lange von jeder ordentlichen Gesellschaft abgeschlossen hat. Ich bot ihm eine Cigarre; das machte ihn freundlicher und gesprächig. Die Unterredung gab mir eine bessere Meinung von ihm. Die Frau sieht liederlich aus; sie saß mit zerzaustem Haare auf dem schmutzigen Bett und strickte. Dem zehnjährigen Knaben sieht man es gleich an, daß sich die Eltern mehr um die Bobinen bekümmern, die er macht, als um ihn selbst. Ein achtjähriges Mädchen war ausgegangen; acht Kinder sind todt. - F. hat sich als Webergeselle schon weit umhergetrieben. Gegen das Ende des vorigen Jahres fehlte es ihm siebzehn Wochen an Arbeit. [Seite 567] Er blieb im Familienhaus 8 Thlr. Miethe schuldig, reiste nach Hamburg, fand daselbst auch nichts zu thun, kam krank nach Berlin zurück und wurde in die Charité gebracht. Als er wieder gesund war, fehlte es ihm an Obdach; die Polizei brachte ihn mit seiner ganzen Familie ins Arbeitshaus, wo er funfzehn Wochen, getrennt von Frau und Kindern, als Gefangener lebte neben Verbrechern aller Art. - Er erzählte mir von einem Manne, der neben ihm arbeitete, daß derselbe drei Jahr eingesteckt sei, weil man ihn zu wiederholtenmalen beim Betteln ertappt habe. - Endlich entließ man ihn mit 4 Thlr. Unterstützung. Von diesen bezahlte er 3 Thlr. an die Miethschuld, 1 Thlr. für Executions- und Auctionskosten. Er bleibt also noch 5 Thlr. Miethe schuldig. Er wäre abermals ohne Arbeit, wenn ihm nicht der arme Nachbar Sigmund gestern 30 Ellen Zettel abgeschnitten hätte, an welchen in vierzehn Tagen 3 Thlr. Weberlohn zu verdienen sind. Auf zwei Wochen ist die Existenz der Familie gesichert. Es ist aber vorauszusehen, daß sie binnen kurzer Zeit wieder ins Arbeitshaus gebracht werden muß. F. meint, wenn man ihm 1 ½ Thlr. vorstrecke, so wollte er Garn kaufen und auf eigene Faust Bettzeug fabriciren. Es helfe ihm aber Niemand; mit seinen Geschwistern in Sachsen habe [Seite 568] er seit zehn Jahren keinen Brief gewechselt. Ein unfrankierter Brief sei ihm von einem verwandten Pfarrer wieder zurückgekommen.

Gestern hat F. folgende Ausgaben gemacht (für vier Personen)

Morgens 7 Uhr fr.	½ L. Kaffe	Sgr. 2 Pf.
	Zichorien	Sgr. 1 Pf.
	Salzkuchen	Sgr. 8 Pf.
	Holz	Sgr. 3 Pf.
10 Uhr	Brod	1 Sgr. - Pf.
12 Uhr	Roggenmehl	Sgr. 6 Pf.
	Holz	Sgr. 4 Pf.
4 Uhr	Brod	Sgr. 9 Pf.
	Rauchtabak	Sgr. 3 Pf.
7 Uhr	Brod	1 Sgr. - Pf.
	Kaffee	Sgr. 3 Pf.
	Holz	Sgr. 3 Pf.
	Öl	Sgr. 9 Pf.
	Schlichte	Sgr. 8 Pf.
Summa		6 Sgr. 11 Pf.

92b. Nr. 60. Es war Charfreitag, als ich den Tagelöhner Schumann besuchte. In seinem Dachstübchen sah es nicht festlich aus. Es war nicht aufgeräumt; der Vater, die Mutter und vier Mädchen von elf bis zweiundzwanzig Jahren saßen im Werktagskleide müßig beisammen; ein Sonntagsgewand ist nicht [Seite 569] vorhanden, darum ging auch Niemand aus der Familie zur Kirche. Die sechs Personen müssen sich mit zwei schlechten Betten behelfen. - Schumann scheint recht ehrlich zu sein. Er verdient sein Brod bei einem Trödler durch den Transport der verkauften Waaren. Durchschnittlich bekommt er jeden Tag 7 ½ Sgr. Ist die Witterung schlecht, so wird nichts verkehrt und von ihm nichts verdient. Von den drei erwachsenen Töchtern dient die älteste in der Stadt, die zweite ist kränklich, die dritte eine Stütze der Familie, indem sie in einer Papierfabrik wöchentlich 1 Thlr. verdient. Von diesem werden aber 7 ½ Sgr. abgezogen, bis das Einsegnungskleid bezahlt ist. Dieses kostete 8 Thlr. und ist schon fünf Monate gegen 2 Thlr. versetzt. Am 24. Febr. wurde Schumann "ausgeklagt". Die Armendirektion unterstützte ihn mit 2 Thlr. Die Schuld beträgt noch 3 Thlr., an welche zu der laufenden Miethe wöchentlich 15 Sgr. erlegt werden müssen. Dies nöthigt zur größten Sparsamkeit. Heute hat sich die ganze Familie mit einer Metze Kartoffeln begnügt.

Auch beim Arbeitsmann Fundt im Dachstübchen Nr. 62 wurde das christliche Fest nicht gefeiert. Der Vater arbeitete am Schnitzstuhle; einige Knaben spielten [Seite 570] Mariage, andere das Damenspiel. Die wenigen Hausgeräthe lagen bunt durcheinander. Zwei Strohsäcke, der eine auf dem bloßen Boden, der andere auf Brettern, vertreten die Stelle der Betten. - F. ist Wittwer und Vater von sieben Kindern. Vier von diesen haben gelähmte Glieder. Das eine ist in der Charité, das andere im Hospital, zwei Mädchen wohnen bei Verwandten im Harzgebirge, für die Erhaltung eines zweiundzwanzigjährigen, völlig arbeitsunfähigen Sohnes erhält F. zweimonatlich 2 Thlr. von der Armendirektion, ein funfzehnjähriger Knabe ist bei einem Drechsler in der Lehre, der zehnjährige Fritz besucht die Schule. - Fundt arbeitet bisweilen in der Gießerei, wo er wöchentlich 2 - 3 Thlr. verdient. Da aber in seiner Abwesenheit das Hauswesen nicht besorgt wird, so zieht er es vor, auf seiner Stube am Dreh- und Schnitzstuhle zu arbeiten. Er hat eine geschickte Hand, verfertigt Vogelbauer, Kinderspielzeug, aber auch Zithern und Guitarren. Der Lebensunterhalt macht ihm wenig Sorgen. - Seine Knaben spielen die Zither. Ich ließ mir einige Stücke vorspielen, und bewunderte den kleinen Fritz, der nie einen Lehrer hatte und doch mit Fertigkeit die Tänze spielt, die er von den Leierkasten hört. Er hat Lust zum Violinspielen. Der [Seite 571] Knabe gefällt mir auch außerdem recht wohl. Es ist schade, wenn nicht mehr auf seine Erziehung verwendet wird als im Vermögen des Vaters liegt. –

In Nr. 67 wohnt ein altes Weibchen, in Einfalt freundlich. Vor acht Jahren schon hat es den Ehemann, Weber Suchi, verlassen, weil er liederlich war. Für zwei Knaben, welche die Abgeschiedene zu sich nahm, wurden vor zwei Jahren 2 Thlr. monatlich Pflegegeld ausgesetzt. Der eine von jenen ist zehn Jahre alt und kränklich, der andere zwölf Jahre alt und möchte ein Weber werden (was die Vormundschaftsbehörden nicht zugeben sollten). Als Laufbursche hat dieser wöchentlich 20 Sgr. verdient. Er ist um seinen Platz gekommen. Da jenes Pflegegeld nicht einmal die Miethe deckt, so hat das Mütterchen für den Lebensunterhalt ganz zu sorgen. Es ist wunderbar, wie es dieses zu Stande bringt dadurch, daß es Knochen und Papier zusammensucht auf den Straßen; was jedoch nicht mehr als 2 - 3 ¾ Sgr. einbringt am Tage. Ist die Witterung ungünstig, so ist die Einnahme noch geringer. Heute (Charfreitag) hat sich Frau Suchi die Kleider gewaschen, konnte also nicht ausgehen, nichts verdienen, und wäre, wenn sie nicht von mir zufällig einige Groschen [Seite 572] erhalten hätte, hungrig zu Bett gegangen. - Trotz der Armuth ist doch die Stube reingehalten und die Hausgeräthe sind in gutem Zustande.

St. Nr. 69. Berwig war ein Leineweber, fand als solcher keine Arbeit und kam vor sechs Jahren als Tagelöhner nach Berlin. Er arbeitet in einer Firnißfabrik, wo er Späne wegfährt. Da man diese nur trocken braucht, so hat er bei schlechter Witterung nichts zu thun. Bei ununterbrochener Arbeit stiege die wöchentliche Einnahme auf 3 Thlr. In diesem Winter war er aber schon sechs bis sieben Wochen nacheinander ohne Verdienst. Um nicht hungern zu müssen, ging er mit seiner Frau in einen zwei Meilen entlegenen Wald. Das Holz, welches beide in einem Tage nach der Stadt bringen konnten, wurde für 7 ½ Sgr. verkauft. B. ist einige Thaler Miethe schuldig und keinen Tag vor Exmission sicher. Die Frau wird bald mit dem zehnten Kinde niederkommen. Sechs Kinder leben noch; der älteste Knabe ist sechszehn Jahr alt und bei einem Schmied in der Lehre. Ein neunjähriger Knabe besucht seit fünf Jahren die Schule, liest noch ganz schlecht und kann gar nicht rechnen. Einige Schuld mag an [Seite 573] der Ungelehrigkeit des Knaben liegen; die größere fällt aber auf die untere Knabenschule im Familienhause.

In Nr. 66 traf ich die ganze Familie beisammen. Zwei kleine Kinder schliefen auf einem Strohsacke am Boden, mit einem leichten Tuche bedeckt. Die Mutter lag krank im Bette. Der Vater, Tagelöhner Benjamin, pflegte sie. Dieser ist ein verständiger, rüstiger und gewiß braver Mann. Bisweilen verdient er 2 ½ Thlr. in der Woche; dann muß er aber wieder mehrere Tage müßig gehen. Eigene Krankheit und Krankheit der Familie hat ihn in die größte Armuth gebracht. Von der Armendirektion erhielt er einmal 3, ein andermal 2 Thlr. Unterstützung. Dessenungeachtet mußte er Kleider und Bettzeug verkaufen. Er führte mich zum Bett der Kranken und zeigte mir, wie die Bettanzüge nur mit Stroh gefüllt waren. Seine Kleider sind so schlecht, daß er Sonntags nicht ausgehen darf. Es muß einen vernünftigen Mann tief schmerzen, auf solche Weise ins Zimmer gebannt zu sein. –

92a St. Nr. 35. Tischler Krellenberg. - Ich mußte einigemal anklopfen, bis die Stube aufgeschlossen wurde. Die Frau entschuldigte sich damit, daß sie ihre [Seite 574] dürftige Lage vor den Leuten im Hause geheim halten möchte. Es ist leider jetzt so, daß sich die Armen, anstatt der Reichen, der Armuth schämen. Die außergewöhnliche Reinlichkeit überraschte mich angenehm: der Fußboden war frisch gescheuert, das Küchengeschirr blank, die hellen Fenster machten das Zimmer freundlich. - In der Wiege lag ein Kind von zwei Jahren, an der Gehirnentzündung krank. Die Mutter pflegte es mit der größten Zärtlichkeit. Ich zog sie nicht gerne ab von ihrem Geschäfte, mußte es aber doch, weil Krellenberg nicht zu Hause war. Ich erfuhr, daß dieser von 1822 - 1841 als Tischlergeselle bei einem Meister gearbeitet habe und sah aus dem schriftlichen Zeugniß, daß er wegen Mangel an Arbeit entlassen werden mußte. Seit zwei Jahren wohnt er im Familienhause. Tischlerarbeit kam ihm wenig zu. Überdies sieht er nicht mehr gut, so daß er keine feinen Arbeiten annehmen kann. Seit acht Tagen arbeitet er im Tagelohn als Farbenreiber. Diese Arbeit streng ihn sehr an, denn er ist schon vierundfunfzig Jahr alt und durch Alter und Mangel geschwächt. Im letzten Winter kam er wegen Mangel an Verdienst, so weit ökonomisch, zurück, daß er Kleider, Betten und Werkzeug verkaufen mußte. Es stehen drei Bettgestelle im Zimmer; in allen [Seite 575] ist nichts als Stroh, bei einem nicht einmal mit einem Tuche bedeckt. Von acht Kindern leben sieben. Eine achtzehnjährige Tochter und ein dreizehnjähriger Knabe lagen achtzehn Wochen krank an Nervenfieber. Ein siebzehnjähriger Sohn lernt das Tischlerhandwerk. Gestern hat er dem Vater 15 Sgr. geschickt, die er an Trinkgeldern zusammengespart hatte, um an Ostern eine neue Weste zu kaufen. Vier Kinder von vier bis zehn Jahren besuchen die Schule. Alle sehen gescheit und hübsch aus und sind ordentlich gekleidet. Die Mutter hat bis auf einen Rock alles zur Bekleidung der Kinder hergegeben. - Weinend sagte mir diese, wie oft die Kleinen umsonst nach Brod rufen und daß der Vater diesen Morgen hungrig an die schwere Arbeit gegangen sei; der Hauswirth wolle bezahlt sein; so oft sie am Comptoir des Verwalters vorbei zum Brunnen gehe, werde sie an die 4 Thlr. Miethe erinnert; jeden Tag könne man die ganze Familie aus dem Hause werfen. - K. habe sich zweimal um Unterstützung beworben bei der Armendirektion und zur Stunde noch nichts empfangen, als die Armensuppe, die oft für die ganze Familie das einzige Nahrungsmittel gewesen sei.

92. St. 91. Der Hausverwalter hatte mir den [Seite 576] Strumpfweber Ehrike als einen sehr armen Mann bezeichnet. Ohne dies hätte ich mich beim einmaligen Besuche leicht über die Lage desselben getäuscht. Der Alte arbeitete munter an seinem Webstuhle und rauchte dazu. Bei seiner erwachsenen Tochter war eine junge Nachbarin mit dem Spuhlrade zu Besuch. Die Mädchen suchten so geschickt und angelegentlich den letzten Schein von dem zu retten, was nun einmal die Stellung in der Gesellschaft zu bestimmen pflegt, daß ich den Vater nicht veranlassen durfte, mir seine Armuth zu schildern. Ich leitete das Gespräch auf die Stumpffabrikation, und gelangte dadurch zu einem Maaßstabe für die Berechnung der Einnahme. - Ein fleißiger Weber macht in einem Tage zwei Paar Strümpfe. 7 ½ Sgr. kostet ihn die Baumwolle, vom Handelsmann erhält er für die ausgemachten Strümpfe 15 Sgr.; der tägliche Verdienst ist also 7 ½ Sgr. Ein auffallendes Mißverhältniß liegt darin, daß der Handelsmann jene Waare für 22 ½ Sgr. verkauft und also an derselben eben so viel verdient, als der Arbeiter. Will dieser nicht in der Arbeit aufgehalten werden, so muß er die Fabrikate dem Kaufmann liefern, und es kommt ihm von dem, was die Waare mehr gilt, als der rohe Stoff, nur so viel zu, als der Handelsmann willkürlich [Seite 577] bestimmt.

Wenn auch im Allgemeinen nichts gegen dieses Verhältnis anzuheben ist, so dürfte doch von Seite der Armenbehörde dahin gewirkt werden, daß sehr armen Arbeitern der volle Arbeitslohn zukäme. Jene würde doch leichter Bestellungen besorgen, als Almosen eintreiben. - Ehrike beklagte sich darüber, daß die Sachsen wohlfeilere Arbeiten liefern und den preis der Strümpfe herabdrücken; dies können sie, weil die Arbeiter auf dem Lande mit wenig Geld auskommen. Viele Arbeiter, welche ihr Gewerbe besser auf dem Lande betreiben könnten, sind an die theuern Wohnungen in der Stadt dadurch gebunden, daß ihnen die Mittel zur Einrichtung eines ordentlichen Haushaltes fehlen. Wer nur für einen Tag sorgen kann, muß in der Nähe der Kramläden wohnen.

St. 92. Wittwe Keßler ist eine muntere, gescheite Frau. Sie hat fünf Kinder. Für die drei kleinsten erhält sie 3 Thlr. Pflegegeld. Die älteste Tochter dient in der Stadt, kann aber die Mutter nicht unterstützen, weil sie den geringen Lohn ganz auf die Kleider verwenden muß. Die armen Mädchen müssen durch ihren Staat der Herrschaft Ehre machen. Der älteste Knabe wird bald eingesegnet. Nur ungern will [Seite 578] sich die Mutter bei der Waisenbehörde um das Einsegnungskleid verwenden, weil die Kleider, welche man den Armen spendet, durch Schnitt und Farbe sich von andern auszeichnen. Einem sechzehnjährigen Burschen ist es nicht übel zu nehmen, wenn er lieber zerlumpt einhergeht, als seine Abhängigkeit von der Armenbehörde zur Schau trägt. Warum unterstützt man die Armen nicht ohne sie vor aller Welt zu demüthigen? - Was Frau K. zu jenen 3 Thlr. durch Waschen und Scheuern verdient, ist unbestimmt. Die Kinder bekommen oft mehrere Tage kein Brod zu Gesicht. –

St. 101. Weber Würth ist aus Biberach, seit vierundfunfzig Jahren in Berlin, jetzt sechsundsiebzig Jahre alt und so nervenschwach, daß er kaum stehen und die Tasse nicht mit der Hand zum Munde bringen kann. Er lebt mit seiner fünften Frau, die einundsechzig Jahr alt ist, zusammen. Von der Armendirektion erhält er monatlich 3 Thlr., davon sind 2 Thlr. für Miethe auszugeben. Da er wie ein Kind verpflegt werden muß, so kann die Frau kaum 1 ½ Thlr, verdienen im Monat. Dies alten Leute müssen also von 2 ½ Sgr. im Tage leben. Es hat mich ergriffen, als die Frau ihren höchsten Wunsch dahin richtete, daß der Mann ins [Seite 579] Hospital aufgenommen werden möchte, was aber nicht zu erwarten sei, weil man Eheleute nicht trenne. "Sehen Sie, mein Herr," sagte sie, "so hülflos sizt mein Mann, und er kann noch recht lange leben, wenn ihn der Hunger nicht umbringt." Der Alte schaute mich mit großen Augen an und schien ganz damit zufrieden, daß ihm seine Gefährtin den Tod wünschte. Nachher erzählte er mir begeistert von den guten Einrichtungen im Spitalamt Biberach, und wies dann die Unmöglichkeit, je noch dorthin zu kommen, nach: alle seine Verwandten seien wahrscheinlich todt und überdies heiße es: "Wo das Fleisch geblieben ist, können die Knochen auch bleiben." –

Wittwer Lottes ist dreiundsechzig Jahr alt. Seit vielen Jahren leidet er an Leberkrankheit und Bandwurm. Jedes Jahr muß er einige Wochen in der Charité zu-

bringen. Sonst hat er das Brod mit Weben verdient; jetzt ist er zu dieser Arbeit untauglich. Er sucht bei den benachbarten Webern das unbrauchbare Gran zusammen und macht daraus Schürzenschnüre. Diese muß er auf geheimen Wegen verkaufen. Ein Hausir-Patent würde ihn 12 Thlr. kosten, die er in keine Weise zusammenbrächte. Würde er beim [Seite 580] Verkaufe seiner Waaren ertappt, so käme er nach dem "Ochsenkopf". Da er von der Armendirektion monatlich nur 20 Sgr. erhält, so ist es mir jetzt noch räthselhaft, wie er sich durchbringt. Er wünscht sehr, ins Hospital aufgenommen zu werden; was aber nicht geschehe, bis er hülflos auf der Straße gefunden werde. Von seinen vier erwachsenen Kindern hat er keine Unterstützung zu hoffen: die Mädchen sind Dienstmägde und brauchen das Ersparte für Kleider; die Söhne haben weben gelernt, sind brodlos und leiden selbst Hunger. Den unglücklichen Vater drückt die Besorgniß, daß seine Knaben zum unrechtmäßigen Erwerbe gezwungen werden möchten. –
In Nr. 92, St. 27 wohnte der Arbeitsmann Weber. Seine Frau ist auf einige Jahre wegen Betteln eingesperrt, die Familie also von der Polizei auseinandergerissen. - (Wer einmal beim Betteln ertappt wird, kommt auf vier Wochen ins Arbeitshaus. Den ersten Rückfall straft man mit acht Wochen, den zweiten mit einem Jahr Arrest u.s.f. bis auf vier Jahre.) Solche Strenge gegen das Betteln ist unmenschlich, wo man den Klagen der Armen nicht durch genaue Untersuchung und Abhülfe der Lage dürftiger Familien zuvorkommt. Vor einigen [Seite 581] Tagen ging Weber, durch Hunger getrieben, mit einem sechsjährigen Knaben in die Stadt. Dieser mußte im Hause betteln und der Vater wartete vor der Thüre. Jener wurde von den Polizeidienern erwischt, und dieser wollte ihn nicht verlassen. Man hat Beide nach dem Arbeitshause gebracht. Ein Mädchen von zwölf Jahren und ein Knabe von acht Jahren sind unter Aufsicht des Verwalters der Familienhäuser gestellt, und treiben sich bei guten Bekannten herum, bis der Vater losgelassen wird.
Nr. 92. St. 94. Urbich und sein Sohn machen Schlafrockzeug. Für 66 Ellen, die einer in vierzehn tagen webt, werden 2 ½ Thlr. bezahlt. Der Sohn arbeitet für sich und kann den Vater nicht unterstützen. Dieser versicherte mich, daß er mit dem größten Fleiß nur so viel verdiene, als Miethe und Lebensunterhalt kosten; er könne sich kein Hemd anschaffen. übrigens sei er noch im Vortheile gegen andere Weber: mit Rücksicht auf sein hohes Alter gebe ihm ein Fabrikant, dem er schon zweiundvierzig Jahre gearbeitet habe, regelmäßig zu verdienen, obschon er die Waare wohlfeiler auf mechanischen Webstühlen verfertigen lasse. –
[Seite 582] Nr. 92. St. 74. Der Weber Matthes und seine Frau scheinen recht ordentliche Leute zu sein. Der Sohn ist sechsundzwanzig Jahre alt, leidet an Krämpfen und ist oft zur Arbeit unfähig. Schon vier Monate lang wird gar nichts verdient. Die Miethschuld beträgt 12 Thlr. Der Hausbesitzer hält die Klage zurück, weil M. schon dreizehn Jahre im Familienhause gewohnt und immer regelmäßig bezahlt hat. Das meiste Küchengeschirr, Betten und Kleider sind verkauft oder versezt. Was mehr als ein Jahr zum Unterpfande gelassen worden ist

wird vom Gläubiger versteigert, und der Vorerlös kommt nicht dem Schuldner zu. So muß M. diesmal 12 Thlr., welche die versezten Effekten mehr werth sind, als das entlehnte Geld, rein verlieren. - Würden ihm 5 Thlr. vorgestreckt zur Anschaffung der ersten Kette (Zettel), so könnte er auf eigene Rechnung fabriciren und sich aus der Klemme helfen.
92a. St. 26. Bergmann ist zweiundachtzig, seine Frau neunundsiebzig Jahr alt. Zwei Söhne sind im letzten Freiheitskriege gefallen. Er ward vom Schlage gerührt, kann seit fünf Wochen das Bett nicht verlassen. Die Frau hat geschwollene Beine. Verdient wird nichts, und die Armendirektion bezahlt nur die Miethe. Ohne [Seite 583] die Unterstützung der Nachbaren müßten die alten braven Leute vor Hunger umkommen.
92a. St. 53. Der Weber Hambach hat fünf kleine Kinder. Er macht buntgestreiftes Halbtuch und verdient in vierzehn Tagen 3 Thlr. Er ist mehrere Thaler Miethe schuldig. Die meisten Kleider sind versezt. Das neunjährige Mädchen weinte bitterlich, als es der Mutter Halstuch dem Gläubiger bringen mußte. In zwei Tagen hat die ganze Familie nichts als für 4 Sgr. Brod gegessen. Als ich der Mutter etwas gab, fragte ein dreijähriges Mädchen gleich, ob es jetzt Brod bekomme. Von den Armendirektion hat H. ein Kartoffelfeld in Pacht. Dafür bezahlt er jährlich 2 Thlr., 15 Sgr. beträgt das Wächtergeld, ebensoviel der Fuhrlohn. Im letzten Herbst hat er für 6 Thlr. Kartoffeln eingesammelt. Bringt man das Zeitversäumnis in Anschlag, so ist der Pächter im Nachtheil. - H. versicherte mich, daß seine Frau das Unglück leichter ertrage, als er. –
Zu diesem Besuche ward ich durch Bitten der Hausfrau, die mich aus der Stube des Nachbars kommen sah, veranlaßt. Ich nahm es derselben nicht übel, daß sie mich durchaus in ihre Stube führen wollte und zum [Seite 584] Voraus einige Groschen erwartete. Wie ich aber die Noth der Kinder sah, freute ich mich über das Benehmen der Mutter. Ich konnte dieser in den Augen lesen, daß in ihr die Liebe zu den Kleinen über die weibliche Schüchternheit triumphierte. Die Dreistigkeit der Bettler belästigt oft. Man darf sich aber ja nicht von dem ersten unangenehmen Eindruck bestimmen lassen. Was Bettler dreist macht, ist gerade das Beste an ihm.
92b. Nr. 68. Der Schlossergeselle Bettin, eines Vergehens gegen einen Beamten verdächtig, sizt schon einundeinhalbes Jahr in Spandau gefangen. Seine des Ernährers beraubte Familie ist dem größten Elende preisgegeben. Die Armendirektion bestimmte nur für ein Kind ein Pflegegeld von monatlich 1 ¼ Thlr. Die Mutter konnte als Wäscherin nur wenig verdienen, weil sie durch die Verpflegung der Kinder an der Arbeit gehindert war. Vor einigen Tagen kam sie wieder in die Wochen. Da sich Niemand ihrer annehmen wollte, wurde sie vom Hausverwalter nach der Charité befördert. Um die zurückgelassenen Kinder bekümmert sich keine Behörde. Der Hausverwalter hat sie der armen Wittwe Lynhold übergeben, und läßt dieser jene 1 ¼ Thlr. [Seite 585] zukommen.

Da Frau Bettin 4 Thlr. Miethe schuldig ist, hat man sie ausgeklagt und die Hausgeräthschaften weggenommen. Kommt sie nach einigen Tagen aus der Charité zurück, so ist sie mit ihren Kindern auf der Gasse und muß ins Arbeitshaus gebracht werden.
Ich hätte die Untersuchungen gerne noch weiter fortgesetzt. So wie es aber bekannt war, daß ich das Gesehene notire und mitunter einige Groschen schenke, verfolgten mich Weiber und Kinder und wollten mich in ihre Wohnung führen. Um nicht das ganze Vogtland in Auflauf zu bringen, blieb ich weg. Es sind indessen die angeführten Beispiele weder ausgesucht noch ausgemalt, so daß sich leicht auf die übrigen Bewohner der Familienhäuser schließen läßt; und für einmal ist deutlich genug nachgewiesen, wie man die Leute durch alle Stufen des Elendes in den Zustand hinabsinken läßt, aus welchem sie sich, selbst mit erlaubten Mitteln, nicht wieder herausarbeiten können; und daß mit den als Almosen hingeworfenen Zinsen der Armengüter Keinem aufgeholfen wird.
In den Familienhäusern traf ich auch auf Schulstuben. Ein Privatverein hat daselbst eine Kleinkinderschule [Seite 586], ein anderer drei Primarschulen, zwei für Knaben und eine für Mädchen, gestiftet und bis jetzt unterhalten. Die Zahl der Kinder wird sich auf circa dreihundertfünfzig belaufen. Sie sehen im Durchschnitt recht gut aus; viele scheinen mit schönen Anlagen reichlich begabt. In der Kleinkinderschule sind gegen hundertundvierzig Knaben und Mädchen von zwei bis sechs Jahren unter der Leitung eines alten Ehepaares täglich sechs bis acht Stunden beisammen. Solchen, deren Eltern den ganzen Tag abwesend sind, giebt der Lehrer ein Mittagbrod für 6 Pf. Die äußere Einrichtung der Schule ist zweckmäßig, die innere hat mich unangenehm überrascht. Die armen Kleinen werden schon mit Schulkenntnissen abgequält, und dies auf die traurigste Weise. Die Haare standen mir zu Berg, als die Kinder folgendes Fragen im Chor und taktmäßig beantworteten: Wie heißt das Buch, im welchem Gott mit uns spricht? Was für Theile hat die Bibel? Womit beginnt das alte, das neue Testament? Was ist Taufe? Wovon handelt das achte, vierte, sechste, das siebente Gebot? Was für Lehranstalten sind in Berlin? Was für Beamtete? Was für Königreiche sind in Europa? Was für Flüsse in Deutschland, Frankreich, Spanien? - Die vierjährigen Buben und Mädchen, die vom Ehebruch sprachen, [Seite 587] kommen mir Zeitlebens nicht aus dem Gedächtnis. - Die untere Mädchenschule, wo Kinder von sechs bis zehn Jahren unterrichtet werden, versetzte mich ganz in eine Dorfschule des verflossenen Jahrhunderts. Dreiundvierzig Schüler buchstabieren mit einander aus Hornung's Leselernbüchlein, und der Lehrer schlug mit dem Stock den Takt dazu. Zum Schlusse der Stunde wurden die heiligen zehn Gebote im Chor aufgesagt und einige schwere Lieder auswendig auf's Jämmerlichste abgesungen. - Die Privatschulen werden doch auch unter Aufsicht des Staates stehen? Der Lehrer an der Mädchenschule sagte mir wenigstens, daß er von den hohen Erziehungsbehörden examinirt worden sei.

Im Familienhause Nr. 92b. kam ich glücklicher Weise zu einer Betstunde (9. April). Um sechs Uhr Abends versammelten sich in zwei nebeneinander liegenden Schulstuben ohngefähr zweihundert Personen, darunter mehr Weiber als Männer und eine bedeutende Anzahl von Kindern. Wenn ich nach den Kleidern schließen darf, so bildeten die Bewohner der Familienhäuser die Minderheit, und es waren vornehme Damen aus der Stadt und Umgebung anwesend. Die gefalteten Hände, die seitwärts geneigten Köpfe und die gezwungen [Seite 588] niedergeschlagenen Augen brachten mich sogleich ins Reine über den Charakter der Gesellschaft. Ich sezte mich zu Weber M., den ich bei der armen Wittwe als Opponenten des unzufriedenen Schusters kennengelernt hatte. Nach geschehenem Gebete und Gesange stellte sich der Prediger auf die Schwelle der die beiden Zimmer verbindenden Thür. Im Äußeren dieses jungen Mannes fand ich den Geist der ganzen Versammlung summarisch ausgedrückt. Auf dem blassen Gesicht waren die Züge des geistigen Lebens glatt gestrichen, Zerknirschung und Hochmuth kämpften um die letzten Streifen. Die ganze Gestalt schien vor dem Crucifix einzubrechen. - Ich wußte zum Voraus, daß eine Passionspredigt folgen würde, denn die Geistlichen sind in nichts gewissenhafter, als in Festhaltung der nach der Lebensgeschichte Christi gemachten Textordnung. Wer funfzig Jahr den Gottesdienst besucht hat, ward funfzig Mal im gleichen Ideenkreise herumgeführt. Die Wahl des Textes: "Darnach, als Jesus wußte, daß schon Alles vollbracht war, daß die Schrift erfüllet würde, spricht er: Mich dürstet" (Ev. Joh. 19,28.) konnte mich also nicht befremden, wohl aber die Behandlung derselben. Mit einem leichten Sprunge sezte der Prediger über die Worte "daß schon Alles vollbracht [Seite 589] war" und "daß die Schrift erfüllet würde" hinweg und arbeitete sich eine volle Stunde müde am Ausrufe "Mich dürstet." Es war für den Theologen kein leichtes Geschäft, nachzuweisen, wie der Durst überhaupt entstehe, wie sich der leibliche Schmerz im Angesicht des Herrn ausdrückte, wie ihm die Lippen glühten u.s.w. Noch weniger fand es sich zurecht in dem Collisionsfalle, daß Christus, der Herr, dem die Macht über Alles gegeben, der Aller Hunger zu stillen, alle Schmerzen zu lindern weiß, Durst litt. Dagegen kam er ganz auf sein Feld, als er den leibliche Durst auch als Durst des Herzens gefaßt hatte. Mit bewunderungswürdiger Beredtsamkeit schilderte er die Schlechtigkeit der Menschen, zeigte, wie auch nicht Einer gerecht war, und wie dem Herrn darnach dürsten mußte, die Seelen aus des Satans Gewalt zu gewinnen. Mit Begeisterung wurde ausgesprochen, daß Christus seine Seele nicht hoch und theuer gehalten habe für die elenden, sündhaftigen Menschen. Schlafend seien wir des höchsten Glückes theilhaftig geworden. Durch die Gnade des Herrn empfangen wir bewußtlos die heilige Taufe und werden gerettet vom Verderbniß des Heidenthums. Indessen sei der Durst des Herrn doch zur Stunde noch nicht gelöscht. [Seite 590] Groß sei die Zahl derjenigen, die den Durst des Herrn nicht stillen wollen. "Ach, möchten wir doch recht heiß nach dem Herrn dursten; wir, die wir nur Strafe und Zorn verdienen! Doch, wir müssen Alles vom Herrn erbitten, selbst, daß wir ihn lieben, daß wir noch ihm dürsten können; denn unser Herz ist so matt, so ohnmächtig, so todt, daß wir Alles nur durch die Gnade des Herrn erlangen. Ach, könnten wir doch die Welt ganz aus unserm Herzen stoßen!" So ohngefähr ging es eine Zeit lang fort, dann kam es an den moralischen Theil der predigt und zwar schnurstracks an den Genuß des Branntweins. Es hieß, im Genusse dieses Giftes vergesse man die Worte des Herrn: "Mich dürstet"; der Genuß geistiger Getränke sei darum ungerecht, weil Christus am Kreuze Durst gelitten; es sei billig, daß man auch dürste, dieweilen der Heiland gedürstet habe, unbillig, diesem allein allen Schmerz zu überlassen und uns die sinnlichen Genüsse zu verschaffen. Mit der dringendsten Bitte, wenigstens in der Charwoche weder Branntwein noch Punsch zu trinken, wurde die Passionspredigt geschlossen. Nachdem der Psalm: "Wie nach einer Wasserquelle" abgesungen war, wurden die Statuten des Enthaltsamkeitsvereins vorgelesen, und der Prediger sprach die Erwartung aus, daß diejenigen [Seite 591], welche das Wort des Herrn: "Mich dürstet" beherzigen, dem Vereine beitreten. Gerührt ging die Versammlung auseinander.

Es werden wöchentlich zwei Betstunden gehalten. Es verdient Anerkennung, daß man den Armen, welche wegen Mangel an Kleidern die Kirche nicht besuchen können, das Wort Gottes in ihrem Hause predigt, und daß Leute aus höheren Ständen an diesem besonderen Gottesdienste Theil nehmen und eine christliche Gemeinschaft herzustellen bemüht sind. Doch bringt die Betstunde nur dann den Segen ins Armenhaus, wenn sie rein von Heuchelei und Frömmelei ist, und wenn die Theilnehmer aus höhern Ständen nicht zu jenen erbärmlichen Menschen gehören, welche an Kopf und Herz krank sind, und die größte Freude haben, wenn sie Andere anstecken können. Wenn es überhaupt lächerlich ist, die schönste Lebenszeit mit Sündenbetrachtungen zu verlieren, so ist es geradezu unmenschlich, die Armen gewaltsam in dieselben zu versenken. Es ist Pflicht, daß man diese im Glauben an den Werth der menschlichen Seele stärke, damit sie sich ermannen und dem Schicksale trotzen. Wer es nicht versteht, den Geist, "der lebendig macht", zu predigen, der dränge den Armen seine Litaneien nicht auf. Es ist besser, es komme [Seite 592] ein Leierkastenmann in den Hof zwischen den Familienhäusern, denn ein pietistischer Pfarrer. Jenen Freunden der Gemeinschaft aber ist zu rathen, daß sie Arm und Reich nicht in der Narrheit zu vereinigen suchen, sondern handeln nach Ev. Matth. XIX. 21: "Willst du vollkommen sein, so gehe hin, verkaufe was du hast und gieb es den Armen u.s.w."

–

Im Vogtlande giebt es auch außer den Familienhäusern des Herrn Heyder noch verschiedene Wohnungen, wo viele Arme beisammen sind. Am bekanntesten ist Nr. 42 in der Langen Gartenstraße. Man wollte mich abhalten von dem Besuche dieses Hauses, indem man sagte, es sei von Leuten bewohnt, die aus dem Zuchthause entlaufen seien oder dahin gehören; das schlechteste Gesindel sammle sich dort, ich könne leicht mißhandelt und geplündert werden, die Polizeidiener haben fortwährend dort zu schaffen. Dies zog mich gerade hin. Um die Leute zu Hause zu treffen, wählte ich einen Sonntag Abend zu diesem Spaziergange. Das Haus ist ziemlich weit vom Hamburger Tore entfernt. Es sieht besser aus als die Familienhäuser. Vor demselben spielten Kinder, auf der Treppe saßen viele Weibspersonen, Männer und Jünglinge standen [Seite 593] beisammen und plauderten. Ich machte mich auf Neckereien gefaßt, wie man solch etwa von den Berliner Gassenjungen zu ertragen hat. Die jungen Burschen waren aber ganz freundlich gegen mich; die Mädchen, welche mich wahrscheinlich für einen Prediger hielten, lachten etwas unanständig hinter meinem Rücken. So kam ich mitten in das berüchtigte "Gesindel" ohne alle Gefahr. Ich schämte mich, daß ich einen starken Stock als Vertheidigungswaffe mitgenommen hatte, und warf in meinem Kopf die hohlen Definitionen von "Spitzbub, Auswurf der Menschlichkeit" u.s.w. über den Haufen. Ich unterhielt mich recht angenehm mit den Leuten und bestärkte mich in der Ansicht, daß man in den verschiedensten Theilen der menschlichen Gesellschaft das gleiche Licht der Seele wiederfinde nur in verschiedener Form. Wer dasselbe sehen will, darf das eigene Licht nicht unter den Scheffel stellen. "Das Gleiche findet sich stets." Wer das Herz freundlich schlagen läßt, dem schlagen die Herzen Anderer freundlich entgegen. Wer aber seine Gesinnung in die Paragraphe einer brutalen Polizeiordnung schnürt, der wird überall auf Brutalität stoßen. –

Das Haus gehört der Wittwe Neumann, welche, obschon sehr alt und fast blind, das Regiment [Seite 594] klug zu führen scheint. Der Sohn unterstützt sie dabei und besizt einen Kramladen, aus welchem die Hausbewohner die meisten Lebensmittel beziehen und wo sie dagegen absetzen, was sie auf der Straße zusammentreiben. Hausbesitzer und Miethsleute bilden ziemlich eine Familie zusammen. Wenn diese auch das Miethgeld nicht regelmäßig bezahlen, so werden sie deshalb nicht exmittirt; wahrscheinlich, weil sie die Industrie des Ganzen unterstüzten. Es sind Einzelne bis auf 15 Thlr. schuldig und doch geduldet. Oft kommt es vor, daß die Polizei auf Exmission einzelner Familien dringt, und diese von Neumann in Schutz genommen werden. Es ist zu begreifen, wenn der Polizeikommissarius dieser Armengesellschaft nicht grün ist, sie scheint wohl constituirt und für die Schergen unüberwindlich zu sein. Es wurde mir bereitwillig gestattet, mich in den einzelnen Stuben umzusehen. Das "Mütterchen" begleitete mich aber überall und warf mich durch seine Einmischung ins Gespräch oft aus dem Geleise der Untersuchungen. In zwölf Stuben sind achtundzwanzig ältere Personen und fünfundvierzig unerzogene Kinder beherbergt. Was sich von ihrer Lage sagen läßt, stimmt ganz überein mit den in den Familienhäusern gemachten Beobachtungen.

[Seite 595] Weber Fechter fand keine Arbeit, wußte Frau und Kinder nicht mehr zu ernähren und verließ diese vor einigen Wochen, damit die Armendirektion, welche jüngere Hausväter nicht unterstützt, genöthigt werde, sich der hülflos Zurückgelassenen anzunehmen. Die Frau liegt todtkrank in der Charité. Für ein

Kind von fünf Monaten, welches einem armen Weber übergeben ist, werden monatlich 2 Thlr. Pflegegeld bezahlt. Einen vierjährigen Knaben hat Herr Neumann angenommen.
Der Weber Naumann ist schon sieben Wochen für 3 Thlr. 15 Sgr. im Schuldarrest. Der Executor ging persönlich mit ihm zum Armendirektor und stellte diesem vor, daß der Armendirektion, wenn sie jene Schuld nicht tilge, eine Frau mit sechs kleinen Kindern auf den Hals falle. Doch umsonst: man läßt den armen Mann im Gefängniß sitzen und reicht der brodlosen Familie monatlich 4 Thlr. Unterstützung. Es zeigt sich an diesem Beispiel deutlich, wie ungeschickt die Armenfonds benutzt werden. Anstatt den rechten Augenblick der Unterstützung kennen zu lernen und zu benutzen, verwendet man die Gelder auf Almosen, die noch keinem Armen geholfen haben. Aus diesem [Seite 596] wird das Miethgeld bestritten und das Übrige genügt nicht, die Familie vor großem Hunger zu sichern. Die junge Frau des Hausbesitzers erzählte mir, daß die Kinder Tage lang hungern und sie das kleinste schon oft an ihrer Brust genährt habe.
Schneider von Hirschlanden bei Zürich hat den russischen Feldzug mitgemacht und wohnt seit 1813 in Berlin. Von neun Kindern hat er die zwei jüngsten bei sich. Er leidet an einem doppelten Bruchschaden. Seine Frau ist alt und kränklich. Beide suchen Knochen und Papier. Heute haben sie auf diesem Wege 2 Sgr. 4 Pf. verdient. Vor einem Jahre erhielten sie 2 Thlr. Unterstützung von der Armendirektion. Vor zwei Jahren hat Schneider Jemanden um ein Almosen angesprochen; er bekam 3 Pf., wurde von einem Polizeidiener erwischt und auf sechs Monat eingesperrt.
In der gleichen Stube wohnt eine alte Wittwe, welche ebenfalls Knochen sucht.
Kornewitz ist ein Soldatenkind und hat in seiner Jugend mehrere Feldzüge mitgemacht. Nachher wurde er bei der Post als Schirrmeister angestellt; vor acht Jahren aber abgesetzt, weil er in Folge eines Nervenfiebers [Seite 597] wahnsinnig geworden sei. Er und seine Frau behaupten, daß ein gewisser R.Rath B., welchem Kornewitz einmal das Übergewicht nicht verheimlichen wollte, die Absetzung bewirkt habe. Das Postamt hat ihm monatlich 8 Thlr. Pension ausgesezt. Von dreizehn Kindern leben sechs, fünf sind noch unerzogen und wohnen bei den Eltern.
Der Weber Weber ist achtundfunfzig Jahre alt, seit Mitte November vorigen Jahres ohne Arbeit. Hausgeräthe und Kleider sind verkauft. Die Kinder sind vor Hunger blaß.
Der Weber Beneke ist vierzehn Wochen ohne Arbeit. Er liegt krank im Bette. Die vier Kinder scheinen großen Mangel zu leiden. Die Frau gestand mir, daß sie durch Betteln die Ihrigen ernähre. Von der Armendirektion hat sie einmal 2 Thlr. bekommen.
Im gleichen Zimmer wohnt unentgeldlich der alte Warich. Er sucht Knochen und Papier. –

Auf die Polizei und Armendirektion kommen die Leute nicht gut zu sprechen. Jene verlange, daß man die Armen auf die Gasse stelle, damit sie in den Ochsenkopf gebracht werden können. Die Armendirektion [Seite 598] wolle da nicht angreifen, wo viele Dürftige beisammen wohnen. Es sei merkwürdig, daß sich ein Armendirektor erhängt habe und sein Nachfolger wegen Veruntreuung der Gelder abgesezt worden sei und nun selbst bettle."

Danksagung

Das Kennenlernen und das Treffen während der Bayreuther Zeit mit dem Betreuer dieser Arbeit, Herrn Professor Schröder, prägte im wesentlichen die wissenschaftliche Ausrichtung meines Studiums und war Grund für das Anfertigen der vorliegenden Dissertation. Herrn Professor Schröder gilt daher mein besonderer Dank: Einerseits für die Möglichkeit, mich bereits während der Studienzeit Themen der Rechtsgeschichte zu widmen und nicht nur mit dem „Examensstoff" auseinanderzusetzen, andererseits für die langjährige Unterstützung und für das Vertrauen bei der Vergabe des Themas. Durch zahlreiche Seminare (vor allem die Doktorandenseminare in Egdsorf) und gemeinsame Diskussionen war es mir möglich, immer wieder neue Erkenntnisse und Interpretationsgrundlagen zu gewinnen.

Herrn Professor Benöhr danke ich für die Übernahme des Zweitgutachtens. Den Herren Professor Schwintowski und PD Dr. habil. Grigoleit gilt mein Dank für die angenehme wissenschaftliche Diskussion im Rahmen der Promotionsprüfung.

Diese Arbeit entstand während eines langen Zeitraumes neben Referendariat und Berufstätigkeit und damit an vielen Wochenenden. Die Unterstützung meiner Eltern war in dieser Zeit eine ständige Stütze, die nie nachgegeben hat, sie haben für Aufmunterung auch in schlechten Zeiten gesorgt. Trotz mancher Durststrecke habe ich mein Ziel dank der Hilfe meiner Eltern nie aus den Augen verloren. Dieses Ziel habe ich mit dem Abschluß dieser Arbeit erreicht. Meinem Vater möchte darüber hinaus für das mehrfache Korrekturlesen und die Übersetzungen aus dem Lateinischen danken.
Nicht vergessen möchte ich an dieser Stelle meine Großeltern und meinen Onkel. Meinem Onkel, Dr. rer. nat. Wolfgang Quaisser, bin ich einerseits dankbar für die anregenden Diskussionen, andererseits aber für das ständige Interesse an dem Fortschritt meiner Dissertation und meines beruflichen Werdegang. Leider hat er den Abschluß dieser Arbeit nicht mehr erlebt, ebenso wie meine Großeltern, die letztlich in ihrer Generation den Grundstein für die Möglichkeiten gelegt haben, die meine Schwester und ich heute haben. Meiner Mutter und meinem Vater sowie meinen Großeltern widme ich daher diese Arbeit.

Schließlich möchte ich mich bei meinem Lebensgefährten, Dr.-Ing. Jean Pierre Bergmann, bedanken, der mich ständig unterstützt und motiviert hat und nie die Geduld mit mir verloren hat.

Tabellarischer Lebenslauf von Friederike Quaisser

22.4.1972	geboren in Göttingen als erstes Kind von zwei Töchtern Mutter: Christa Quaisser, geb. Abel (Realschullehrerin) Vater: Dietmar Quaisser (Studiendirektor)

Ausbildung:

1976-1978	Besuch eines Kindergartens im Wohnort Rosdorf
1978-1982	Besuch der Heinrich-Grupe-Grundschule in Rosdorf
1982-1984	Besuch der Orientierungsstufe der Bonifatiusschule (katholische Angebotsschule) in Göttingen
1984-1991	Besuch des Theodor-Heuss-Gymnasiums in Göttingen
Sept.-Dez. 1988	Besuch der Public School in Petersfield (England)
28.5.1991	Abitur am Theoder-Heuss-Gymnasium in Göttingen
1991- 1996	Studium der Rechtswissenschaften an der Universität Bayreuth
1992 - 1994	Tätigkeit als studentische Hilfskraft am Lehrstuhl für Bürgerliches Recht & Deutsche Rechtsgeschichte von Prof. Dr. Rainer Schröder
17.1.1996	Erste Juristische Staatsprüfung im Termin 1995/ 2
1996 - 1998	Referendariat im Oberlandesgerichtsbezirk Bamberg
17.6.1998	Zweite Juristische Staatsprüfung im Termin 1997/ 2

Berufliche Tätigkeit:

1998 - 2003	Tätigkeit als Rechtsanwältin für die Kanzlei Ebersberger, Meisen-Gooley und Koll. in Bayreuth
seit 2003	Tätigkeit als Rechtsanwältin für die Anwaltssozietät Dr. Eick & Partner in Erfurt

Interessen:

seit 1982	Cellounterricht und ständige Mitwirkung in verschiedenen Musikgruppen, derzeit im Bundesjuristenorchester

RECHTSHISTORISCHE REIHE

Band 1 Studien zu den germanischen Volksrechten. Gedächtnisschrift für Wilhelm Ebel. Vorträge gehalten auf dem Fest-Symposion anläßlich des 70. Geburtstages von Wilhelm Ebel am 16. Juni 1978 in Göttingen. Götz Landwehr (Hrsg.) 1982.

Band 2 Hans Poeschel: Die Statuten der Banken, Sparkassen und Kreditgenossenschaften in Hamburg und Altona von 1710 bis 1889. 1978.

Band 3 Thomas Kolbeck: Juristenschwemmen, Untersuchungen über den juristischen Arbeitsmarkt im 19. und 20. Jahrhundert. 1978.

Band 4 Norbert Hempel: Richterleitbilder in der Weimarer Republik. 1978.

Band 5 Rolf Stratmann: Die Scheinbußen im mittelalterlichen Recht. 1978.

Band 6 Martin C. Lockert: Die niedersächsischen Stadtrechte zwischen Aller und Weser. Vorkommen und Verflechtungen. Eine Bestandsaufnahme. 1979.

Band 7 Joachim Rückert/Wolfgang Friedrich: Betriebliche Arbeiterausschüsse in Deutschland, Großbritannien und Frankreich im späten 19. und frühen 20. Jahrhundert. Eine vergleichende Studie zur Entwicklung des kollektiven Arbeitsrechts. 1979.

Band 8 Peter Bender: Die Rezeption des römischen Rechts im Urteil der deutschen Rechtswissenschaft. 1979.

Band 9 Friedrich Karl Alsdorf: Untersuchungen zur Rechtsgestalt und Teilung deutscher Ganerbenburgen. 1980.

Band 10 Dietmar Willoweit/Winfried Schich (Hrsg.): Studien zur Geschichte des sächsisch-magdeburgischen Rechts in Deutschland und Polen (Sammelband). 1980.

Band 11 Brigitte Hempel: Der Entwurf einer Polizeiordnung für das Herzogtum Sachsen-Lauenburg aus dem Jahre 1591. 1980.

Band 12 Klaus-Detlev Godau-Schüttke: Rechtsverwalter des Reiches. Staatssekretär Dr. Curt Joël. 1981.

Band 13 Rainer Polley: Anton Friedrich Justus Thibaut (AD 1772-1840) in seinen Selbstzeugnissen und Briefen. Teil 1: Abhandlung. Teil 2: Briefwechsel. Teil 3: Register zum Briefwechsel. 1982.

Band 14 Michael Wettengel: Der Streit um die Vogtei Kelkheim 1275-1276. Ein kanonischer Prozeß.1981.

Band 15 Otto Wilhelm Krause: Naturrechtler des sechzehnten Jahrhunderts. Ihre Bedeutung für die Entwicklung eines natürlichen Privatrechts. 1982.

Band 16 Helga Spindler: Von der Genossenschaft zur Betriebsgemeinschaft. Kritische Darstellung der Sozialrechtslehre Otto von Gierkes. 1982.

Band 17 Holger Otte: Gustav Radbruchs Kieler Jahre 1919 - 1926. 1982.

Band 18 Rüdiger Teuner: Die fuldische Ritterschaft 1510 - 1656. 1982.

Band 19 Gerhard Dilcher/Rudolf Hoke/Gian Savino Pene Vidari/Hans Winterberg (Hrsg.): Grundrechte im 19. Jahrhundert. 1982.

Band 20 Karl-Hans Schloßstein: Die westfälischen Fabrikengerichtsdeputationen - Vorbilder, Werdegang und Scheitern. 1982.

Band 21 Birger Schulz: Der Republikanische Richterbund (1921-1933). 1982.

Band 22 Engelbert Krause: Die gegenseitigen Unterhaltsansprüche zwischen Eltern und Kindern in der deutschen Privatrechtsgeschichte. 1982.

Band 23 Meent W. Francksen: Staatsrat und Gesetzgebung im Großherzogtum Berg (1806-1813). 1982.

Band 24 Gerd von Sonnleithner: Bearbeitung des Handelsrechts durch Ignaz von Sonnleithner in seinem "Leitfaden über das österreichische Handels- und Wechselrecht". 1982.

Band 25 Rudolf Palme: Rechts-, Wirtschafts- und Sozialgeschichte der inneralpinen Salzwerke bis zu deren Monopolisierung. 1983.

Band 26 Helen Bosshard: Pestalozzis Staats- und Rechtsverständnis und seine Stellung in der Aufklärung. 1983.

Band 27 Jens Jessen: Die Selbstzeugnisse der deutschen Juristen. Erinnerungen, Tagebücher und Briefe. Eine Bibliographie. 1983.

Band 28 Günter Martin Jensen: Das Domanium Waldeck. Die rechtliche Zuordnung eines Fürstenvermögens. 1984.

Band 29 Johann Heinrich Kumpf: Petitionsrecht und öffentliche Meinung im Entstehungsprozeß der Paulskirchenverfassung 1848/49. 1983.

Band 30 Sabine Frey: Rechtsschutz der Juden gegen Ausweisungen im 16. Jahrhundert. 1983.

Band 31 Dietrich Joswig: Die germanische Grundstücksübertragung. 1984.

Band 32 Andreas Baryli: Konzessionssystem contra Gewerbefreiheit. Zur Diskussion der österreichischen Gewerberechtsreform 1835 bis 1860. 1984.

Band 33 Gerhard Oberkofler: Studien zur Geschichte der österreichischen Rechtswissenschaft. 1984.

Band 34 Rudolf Lauda: Kaufmännische Gewohnheit und Burgrecht bei Notker dem Deutschen. Zum Verhältnis von literarischer Tradition und zeitgenössischer Realität in der frühmittelalterlichen Rhetorik. 1984.

Band 35 Jens Jensen: Die Ehescheidung des Bischofs Hans von Lübeck von Prinzessin Julia Felicitas von Württemberg-Weiltingen AD 1648-1653. Ein Beitrag zum protestantischen Ehescheidungsrecht im Zeitalter des beginnenden Absolutismus. 1984.

Band 36 Horst Schröder: Friedrich Karl von Savigny. Geschichte und Rechtsdenken beim Übergang vom Feudalismus zum Kapitalismus in Deutschland. 1984.

Band 37 Andreas Hatzung: Dogmengeschichtliche Grundlagen und Entstehung des zivilrechtlichen Notstands. 1984.

Band 38 Matthias Klasen: Das Billwerder Landrecht. Landrecht und Landgericht in den Hamburger Elbmarschen. 1985.

Band 39 Rainer Jamin: Aufbau, Tätigkeit und Verfahren der Auseinandersetzungsbehörden bei der Durchführung der preußischen Agrarreformen. 1985.

Band 40 Henry Winter: Teilschuld, Gesamtschuld und unechte Gesamtschuld. Zur Konzeption der §§ 420 ff. BGB - Ein Beitrag zur Entstehungsgeschichte des BGB. 1985.

Band 41 Hermann Eichler: Verfassungsbewegung in Amerika und Europa. 1985.

Band 42 Dagmar Bandemer: Heinrich Albert Zachariae. Rechtsdenken zwischen Restauration und Reformation. 1985.

Band 43 Eva-Christine Frentz: Das Hamburgische Admiralitätsgericht (1623-1811). Prozeß und Rechtsprechung. 1985.

Band 44 Karl Lillig: Rechtsetzung im Herzogtum Pfalz-Zweibrücken während des 18. Jahrhunderts. Ein Beitrag zur Geschichte der territorialen Rechtsbildung. 1985.

Band 45 Walter Weber: Die Entwicklung der Sparkassen zu selbständigen Anstalten des öffentlichen Rechts. Ein Beitrag zur Entwicklung des Anstaltsbegriffs im 19. Jahrhundert. 1985.

Band 46 Bärbel Baum: Der Stabreim im Recht. Vorkommen und Bedeutung des Stabreims in Antike und Mittelalter. 1986.

Band 47 Hans Popp: Die nationalsozialistische Sicht einiger Institute des Zivilprozeß- und Gerichtsverfassungsrechts. 1986.

Band 48 John Karl-Heinz Montag: Die Lehrdarstellung des Handelsrechts von Georg Friedrich von Martens bis Meno Pöhls. Die Wissenschaft des Handelsrechts im ersten Drittel des 19. Jahrhunderts. 1986.

Band 49 Volker D. Anhäusser: Das internationale Obligationenrecht in der höchstrichterlichen Rechtsprechung des 19. Jahrhunderts. 1986.

Band 50 Udo Beer: Die Juden, das Recht und die Republik. Verbandswesen und Rechtsschutz 1919-1933. 1986.

Band 51 Herbert Grziwotz: Der moderne Verfassungsbegriff und die "Römische Verfassung" in der deutschen Forschung des 19. und 20. Jahrhunderts. 1986.

Band 52 Ralf Conradi: Karl Friedrich Eichhorn als Staatsrechtslehrer. Seine Göttinger Vorlesung über "Das Staatsrecht der deutschen Bundesstaaten" nach einer Kollegmitschrift aus dem Wintersemester 1821/22. 1987.

Band 53 Dieter Dannreuther: Der Zivilprozeß als Gegenstand der Rechtspolitik im Deutschen Reich 1871 - 1945. Ein Beitrag zur Geschichte des Zivilprozeßrechts in Deutschland. 1987.

Band 54 Stephan Felix Pauly: Organisation, Geschichte und Praxis der Gesetzesauslegung des (Königlich) Preußischen Oberverwaltungsgerichtes 1875 - 1933. 1987.

Band 55 Rüdiger Schulz: Die Entstehung des Seerechts des Allgemeinen Deutschen Handelsgesetzbuches unter besonderer Berücksichtigung der Bestimmungen über die Reederei, den Schiffer und die Schiffsmannschaft. 1987.

Band 56 Reinhold Reis: Deutsches Privatrecht in den Weistümern der Zenten Schriesheim und Kirchheim. 1987.

Band 57 Jürgen Christoph: Die politischen Reichsamnestien 1918 - 1933. 1987.

Band 58 Gerhard Oberkofler/Eduard Rabofsky: Hans Kelsen im Kriegseinsatz der k.u.k.-Wehrmacht. Eine kritische Würdigung seiner militärtheoretischen Angebote. 1988.

Band 59 Arne Wulff: Staatssekretär Prof. Dr. Dr. h.c. Franz Schlegelberger. 1876-1970. 1991.

Band 60 Gerhard Köbler (Hrsg.): Wege europäischer Rechtsgeschichte. Karl Kroeschell zum 60. Geburtstag. 1987.

Band 61 Rüdiger Hütte: Der Gemeinschaftsgedanke in den Erbrechtsreformen des Dritten Reichs. 1988.

Band 62 Markus Göldner: Politische Symbole der europäischen Integration. Fahne, Hymne, Hauptstadt, Paß, Briefmarke, Auszeichnungen. 1988.

Band 63 Wolfgang Kröner: Freiheitsstrafe und Strafvollzug in den Herzogtümern Schleswig, Holstein und Lauenburg von 1700 bis 1864. 1988.

Band 64 Werner Gaile: Die Norder Theelacht. 1988.

Band 65 Karl v. Kempis: Andreas Gaill (1526 - 1587). Zum Leben und Werk eines Juristen der frühen Neuzeit. 1988.

Band 66 Wolf-Rüdiger Osburg: Die Verwaltung Hamburgs in der Franzosenzeit. 1811-1814. 1988.

Band 67 Christian Schudnagies: Hans Frank. Aufstieg und Fall des NS-Juristen und Generalgouverneurs. 1988.

Band 68 Otmar Jung: Senatspräsident Freymuth. Richter, Sozialdemokrat und Pazifist in der Weimarer Republik. Eine politische Biographie. 1989.

Band 69 Joachim Lohner: Das landeshauptmannschaftliche Gericht in Oberösterreich zu Beginn der Neuzeit. Eine Darstellung des oberösterreichischen Prozeßrechts am obersten Territorialgericht des Landes anhand der oberösterreichischen Landtafel.1989.

Band 70 Bernd Klemann: Rudolf von Jhering und die Historische Rechtsschule. 1989.

Band 71 Adalbert Langer: Männer um die österreichische Zivilprozeßordnung 1895. Zusammenspiel / Soziales Ziel. 1990.

Band 72 Robert-Dieter Klee: Die Landessuperintendentur Lauenburg. Ursprung und Entwicklung sowie Ende der Sonderstellung des Kirchenkreises Herzogtum Lauenburg durch die nordelbische Kirchenvereinigung. 1989.

Band 73 Heinrich Herrmann: Die Gehöferschaften im Bezirk Trier. 1989.

Band 74 Wilhelm Brauneder, Franz Baltzarek (Hrsg.): Modell einer neuen Wirtschaftsordnung. Wirtschaftsverwaltung in Österreich 1914 - 1918. 1991.

Band 75 Thomas Dreyer: Die "Assecuranz- und Haverey-Ordnung" der Freien und Hansestadt Hamburg von 1731. 1990.

Band 76 Bernhard Sendler: Die Rechtssprache in den süddeutschen Stadtrechtsreformationen. 1990.

Band 77 Brigitte Lehmann: Ehevereinbarungen im 19. und 20. Jahrhundert. 1990.

Band 78 Michael Sunnus: Der NS-Rechtswahrerbund (1928-1945). Zur Geschichte der nationalsozialistischen Juristenorganisation. 1990.

Band 79 Stefan Schulz: Die historische Entwicklung des Rechts an Bienen. (§§ 961 - 964 BGB). 1990.

Band 80 Gerhard Lingelbach, Heiner Lück (Hrsg.): Deutsches Recht zwischen Sachsenspiegel und Aufklärung. Rolf Lieberwirth zum 70. Geburtstag dargebracht von Schülern, Freunden und Kollegen, herausgegeben von Gerhard Lingelbach und Heiner Lück. 1991.

Band 81 Manfred Krohn: Die deutsche Justiz im Urteil der Nationalsozialisten 1920 - 1933. 1991.

Band 82 Angelika Kühn: Privilegierung nationaler Minderheiten im Wahlrecht der Bundesrepublik Deutschland und Schleswig-Holsteins. 1991.

Band 83 Georg Brun: Leben und Werk des Rechtshistorikers Heinrich Mitteis unter besonderer Berücksichtigung seines Verhältnisses zum Nationalsozialismus. 1991.

Band 84 Wolfgang Simon: Claudius Freiherr von Schwerin. Rechtshistoriker während dreier Epochen deutscher Geschichte. 1991.

Band 85 Friedrich-Carl Wachs: Das Verordnungswerk des Reichsdemobilmachungsamtes. Stabilisierender Faktor zu Beginn der Weimarer Republik. 1991.

Band 86 Jens-Uwe Petersen: Die Vorgeschichte und die Entstehung des Mieterschutzgesetzes von 1923 nebst der Anordnung für das Verfahren vor dem Mieteinigungsamt und der Beschwerdestelle. 1991.

Band 87 Ulrike Haibach: Familienrecht in der Rechtssprache. Die historische Entwicklung zentraler Ausdrücke des geltenden Familienrechts. 1991.

Band 88 Joern Christian Nissen: Die Beratungen des Seeversicherungsausschusses der Akademie für Deutsches Recht zu einem neuen Seeversicherungsgesetz (1934-1939). Ein Beitrag zur Entwicklung der allgemeinen Lehren des Seeversicherungsrechts unter besonderer Berücksichtigung des Handelsgesetzbuchs und der Allgemeinen Deutschen Seeversicherungs-Bedingungen 1919. 1991.

Band 89 Diethard Bühler: Die Entstehung der allgemeinen Vertragsschluß-Vorschriften im Allgemeinen Deutschen Handelsgesetzbuch (ADHGB) von 1861. Ein Beitrag zur Kodifikationsgeschichte des Privatrechts im 19. Jahrhundert. 1991.

Band 90 Gerhard Oberkofler: Die Vertreter des Römischen Rechts mit deutscher Unterrichtssprache an der Karls-Universität in Prag. Vom Vormärz bis 1945. 1991.

Band 91 Ulrich Andermann: Ritterliche Gewalt und bürgerliche Selbstbehauptung. Untersuchungen zur Kriminalisierung und Bekämpfung des spätmittelalterlichen Raubrittertums am Beispiel norddeutscher Hansestädte. 1991.

Band 92 Heinz Marcus Hanke: Luftkrieg und Zivilbevölkerung. Der kriegsvölkerrechtliche Schutz der Zivilbevölkerung gegen Luftbombardements von den Anfängen bis zum Ausbruch des Zweiten Weltkrieges. 1991.

Band 93 Kirsten Kraglund: Familien- und Erbrecht. Materielles Recht und Methoden der Rechtsanwendung in der Rechtsprechung des Oberappellationsgerichts der vier Freien Städte Deutschlands zu Lübeck. 1991.

Band 94 Reinhard Lorenz: Die politische und rechtliche Stellung des Proletariats in Preußen in der Zeit zwischen den Reformen und der Revolution 1848/49. 1991.

Band 95 Eric Hilgendorf: Die Entwicklungsgeschichte der parlamentarischen Redefreiheit in Deutschland. 1991.

Band 96 Hans J. Reiter: Die Handelsgesellschaft Villeroy & Boch von der Gründung 1836 bis zum Jahr 1878. 1992.

Band 97 Martin Johannes Heller: Reform der deutschen Rechtssprache im 18. Jahrhundert. 1992.

Band 98 Michael Kotulla: Die Tragweite der Grundrechte der revidierten preußischen Verfassung vom 31.01.1850. 1992.

Band 99 Michael Siefener: Hexerei im Spiegel der Rechtstheorie. Das crimen magiae in der Literatur von 1574 bis 1608. 1992.

Band 100 Andreas Ebert-Weidenfeller: Hamburgisches Kaufmannsrecht im 17. und 18. Jahrhundert. Die Rechtsprechung des Rates und des Reichskammergerichtes. 1992.

Band 101 Enno Bommel: Die Entstehung der Verwirkungslehre in der Krise des Positivismus. 1992.

Band 102 Ralph Steppacher: Die Berücksichtigung der bäuerlichen Postulate bei der Entstehung des ZGB und der Revision des OR. Ein Beitrag zur schweizerischen Kodifikationsgeschichte (1893 - 1912). 1992.

Band 103 Martin Fleckenstein: Die Todesstrafe im Werk Carl Joseph Anton Mittermaiers (1787 - 1867). Zur Entwicklungsgeschichte eines Werkbereichs und seiner Bedeutung für Theorie- und Methodenbildung. 1992.

Band 104 Jörn Eckert: Der Kampf um die Familienfideikommisse in Deutschland. Studien zum Absterben eines Rechtsinstitutes. 1992.

Band 105 Jörg Grotkopp: Beamtentum und Staatsformwechsel. Die Auswirkungen der Staatsformwechsel von 1918, 1933 und 1945 auf das Beamtenrecht und die personelle Zusammensetzung der deutschen Beamtenschaft. 1992.

Band 106 Andreas Rohde: Die Garantiehaftung des Vermieters und ihr Verhältnis zum Unmöglichkeitsrecht in dogmengeschichtlicher und modernrechtlicher Sicht. 1992.

Band 107 Tjark Siefke Kunstreich: Gesamtvertretung. Eine historisch-systematische Darstellung. 1992.

Band 108 Jürgen Krüger: Blindheit und Königtum. Die Blindheit des Königs Georg V. von Hannover als verfassungsrechtliches Problem. 1992.

Band 109 Wolfgang Putschek: Ständische Verfassung und autoritäre Verfassungspraxis in Österreich 1933-1938 mit Dokumentenanhang. Verfassung und Verfassungswirklichkeit. Mit einem Anhang: Denkschriften von Rechtsanwalt Dr. Erich Führer 1936/37. 1993.

Band 110 Klaus Hofmann: Die Verdrängung der Juden aus öffentlichem Dienst und selbständigen Berufen in Regensburg 1933-1939. 1993.

Band 111 Franz Kilger: Die Entwicklung des Telegraphenrechts im 19. Jahrhundert mit besonderer Berücksichtigung der technischen Entwicklung. Telegraphenrecht im 19. Jahrhundert. 1993.

Band 112 Wilhelm Brauneder (Hrsg.): Heiliges Römisches Reich und moderne Staatlichkeit. 1993.

Band 113 Thomas Heinrich: Das preußische Nichtehelichenrecht: Von der Aufklärung zur Reaktion. 1993.

Band 114 Gerald Kohl: Jagd und Revolution. Das Jagdrecht in den Jahren 1848 und 1849. 1993.

Band 115 Christian Schudnagies: Der Kriegs- oder Belagerungszustand im Deutschen Reich während des Ersten Weltkrieges. Eine Studie zur Entwicklung und Handhabung des deutschen Ausnahmezustandsrechts bis 1918. 1994.

Band 116 Elisabeth Bellmann: Die Internationale Kriminalistische Vereinigung (1889-1933). 1994.

Band 117 Julia Pfannkuch: Volksrichterausbildung in Sachsen 1945-1950. 1993.

Band 118 Jörg Offen: Von der Verwaltungsgemeinschaft des BGB von 1896 zur Zugewinngemeinschaft des Gleichberechtigungsgesetzes von 1957. 1994.

Band 119 Dorothee Kohlhas-Müller: Untersuchungen zur Rechtsstellung Theoderichs des Großen. 1995.

Band 120 Monika Rose: Das Gerichtswesen des Herzogtums Pfalz-Zweibrücken im 18. Jahrhundert. Ein Beitrag zur territorialen Gerichtsbarkeit im Alten Reich. 1994.

Band 121 Jörn Eckert / Hans Hattenhauer (Hrsg.): Bibel und Recht. Rechtshistorisches Kolloquium 9. - 13. Juni 1992 an der Christian-Albrechts-Universität zu Kiel. 1994.

Band 122 Robert Martin Mizia: Der Rechtsbegriff der Autonomie und die Begründung des Privatfürstenrechts in der deutschen Rechtswissenschaft des 19. Jahrhunderts. 1995.

Band 123 Walther Graf von Plettenberg: Das Fortleben des Liber Iudiciorum in Asturien/León (8. - 13. Jh.). 1994.

Band 124 Wolfgang Schulz: Das deutsche Börsengesetz. Die Entstehungsgeschichte und wirtschaftlichen Auswirkungen des Börsengesetzes von 1896. 1994.

Band 125 Frank Hagemann: Der Untersuchungsausschuß Freiheitlicher Juristen. 1949 – 1969. 1994.

Band 126 Andreas Rethmeier: "Nürnberger Rassegesetze" und Entrechtung der Juden im Zivilrecht. 1995.

Band 127 Edith Grether: Die Poesie der Throne. Die Juristen in der Fruchtbringenden Gesellschaft. 1995.

Band 128 Anna Bartels-Ishikawa: Der Lippische Thronfolgestreit. Eine Studie zu verfassungsrechtlichen Problemen des Deutschen Kaiserreiches im Spiegel der zeitgenössischen Staats. 1995.

Band 129 Jörg Schmidt: Otto Koellreutter 1883-1972. Sein Leben, sein Werk, seine Zeit. 1995.

Band 130 Christian Hattenhauer: Wahl und Krönung Franz II. AD 1792. Das Heilige Reich krönt seinen letzten Kaiser - Das Tagebuch des Reichsquartiermeisters Hieronymus Gottfried von Müller und Anlagen. 1995.

Band 131 Jutta v. der Decken: Das Seearbeitsrecht im Hamburger Stadtrecht von 1301 bis 1603. 1995.

Band 132 Detlev Schmidt: Die Reform des Rechts der Handelsvertreter von 1953. 1995.

Band 133 Gabi Roßdeutscher: Privatautonomie im Scheidungsrecht. Scheidungsbezogene Vereinbarungen in den letzten 200 Jahren. 1995.

Band 134 Harald Kahlenberg: Leben und Werk des Rechtshistorikers Walther Merk. Ein Beispiel für das Verhältnis von Rechtsgeschichte und Nationalsozialismus. 1995.

Band 135 Michael Steitz: Adelbert Düringer am Reichsgericht (1902-1915). Seine aktienrechtlichen Entscheidungen und sein Einfluß auf das Aktienrecht in Deutschland. 1995.

Band 136 Christian Becker: Beata Justorum Translatio. Juristen in schleswig-holsteinischen Leichenpredigten. 1996.

Band 137 Christoph Seiler: Vom Allgemeinen Landrecht zum Bürgerlichen Gesetzbuch. Dargestellt am Beispiel der höchstrichterlichen Judikatur zum kaufrechtlichen Sachmängelgewährleistungsrecht. 1996.

Band 138 Bernd Mayer: Die Vertrauensmännerausschüsse auf den preußischen Steinkohlegruben an der Saar. Entstehung und Wirken. Eine rechtshistorische Untersuchung. 1996.

Band 139 Rochus Scholl: Juden und Judenrecht im Herzogtum Pfalz-Zweibrücken. Ein Beitrag zur Rechtsgeschichte eines deutschen Kleinstaates am Ende des alten Reiches. 1996.

Band 140 Meike Bursch: Judentaufe und frühneuzeitliches Strafrecht. Die Verfahren gegen Christian Treu aus Weener/Ostfriesland 1720-1728. 1996.

Band 141 Markus Hillenbrand: Fürstliche Eheverträge. Gottorfer Hausrecht 1544 - 1773. 1996.

Band 142 Ulf Häder: Das gemeinschaftliche Oberappellationsgericht thüringischer Staaten in Jena. Ein Beitrag zur Geschichte des Gerichtswesens im 19. Jahrhundert. 1996.

Band 143 Andreas Bauer: Das Gnadenbitten in der Strafrechtspflege des 15. und 16. Jahrhunderts. Dargestellt unter besonderer Berücksichtigung von Quellen der Vorarlberger Gerichtsbezirke Feldkirch und des Hinteren Bregenzerwaldes. 1996.

Band 144 Christian Wirth: Der Jurist Johann Andreas Georg Friedrich Rebmann zwischen Revolution und Restauration. 1996.

Band 145 Stefanie Müller: Die Rechtsprechung des Hanseatischen Oberlandesgerichts zum persönlichen Eherecht in Hamburgischen Gerichtsfällen von 1879 -1900. 1996.

Band 146 Jean-Nicolas Morisset: Der Frachtvertrag in der *Ordonnance de la marine* von 1681. 1996.

Band 147 Dirk Lentfer: Die Glogauer Landesprivilegien des Andreas Gryphius von 1653. 1996.

Band 148 Wencke Mull: Die Haftung für Einsturzschäden nach den §§ 836-838 BGB in der Rechtsprechung des Reichsgerichts. 1996.

Band 149 Renate Zelger: Teufelsverträge. Märchen, Sage, Schwank, Legende im Spiegel der Rechtsgeschichte. 1996.

Band 150 Guido Kraß: Das Arrestverfahren in Frankfurt am Main im Spätmittelalter. 1996.

Band 151 F. Benedict Heyn: Die Entwicklung des Eisenbahnfrachtrechts von den Anfängen bis zur Einführung des Allgemeinen Deutschen Handelsgesetzbuches (ADHGB). 1996.

Band 152 Thomas Lang: Die Staats- und Verfassungslehre Carl Salomo Zachariaes. 1996.

Band 153 Michael Hebeis: Karl Anton von Martini (1726-1800). Leben und Werk. 1996.

Band 154 Gerald Hubert: Die Diskussion um die rechtliche Natur der Bizone in den Jahren 1947-1949. 1996.

Band 155 Christof Horn: Die Rechtsprechung des Reichsgerichts in Ehescheidungssachen der Jahre 1900 bis 1905. 1996.

Band 156 Hermann Nehlsen / Georg Brun (Hrsg.): Münchener rechtshistorische Studien zum Nationalsozialismus. 1996.

Band 157 Jan Otto Clemens Kehrberg: Die Entwicklung des Elektrizitätsrechts in Deutschland. Der Weg zum Energiewirtschaftsgesetz von 1935. 1997.

Band 158 Johannes Tradt: Der Religionsprozeß gegen den Zopfschulzen (1791-1799). Ein Beitrag zur protestantischen Lehrpflicht und Lehrzucht in Brandenburg-Preußen gegen Ende des 18. Jahrhunderts. 1997.

Band 159 Dietmar Olsen: Das kaufrechtliche Sachmängelgewährleistungsrecht des Code civil in der Rechtsprechung deutscher Gerichte im 19. Jahrhundert. Ein Beitrag zur Ablösung der Partikularrechte durch das BGB. 1997.

Band 160 Ulrich Bernhardt: Die Deutsche Akademie für Staats- und Rechtswissenschaft „Walter Ulbricht" 1948-1971. 1997.

Band 161 Claudia Susan Hoppe: Die Bürgschaft im Rechtsleben Hamburgs von 1600 bis 1900. 1997.

Band 162 Franz-Rudolf Ecker: Die Entwicklung des Bergrechts im Saarbrücker Steinkohlenrevier bis zum Ende des 18. Jahrhunderts. Ein Vergleich mit dem älteren deutschen Bergrecht. 1997.

Band 163 Anne Katrin Rückert: Politik und Privatrecht in der „konservativen Revolution". 1997.

Band 164 Gisbert Laube: Der Reichskunstwart. Geschichte einer Kulturbehörde 1919-1933. 1997.

Band 165 Nicolas Lührig: Die Diskussion über die Reform der Juristenausbildung von 1945 bis 1995. 1997.

Band 166 Regula Gerber Jenni: Die Emanzipation der mehrjährigen Frauenzimmer. Frauen im bernischen Privatrecht des 19. Jahrhunderts. 1997.

Band 167 Mischa A. Färber: Das gemeinschaftliche Testament in der höchstrichterlichen Rechtsprechung zum Allgemeinen Preußischen Landrecht und zum BGB. Ein Beitrag zur Ablösung der Partikularrechte durch das BGB. 1997.

Band 168 Catherine Antoinette Gasser: Philipp Lotmar 1850-1922. Professor der Universität Bern. Sein Engagement für das Schweizerische Arbeitsrecht. 1997.

Band 169 Lars Immisch: Der sozialistische Richter in der DDR und seine Unabhängigkeit. Der Versuch eines Rechtsvergleiches zum Unabhängigkeitsbegriff in der bundesdeutschen Rechtsordnung. 1997.

Band 170 Jessica Jacobi: Besitzschutz vor dem Reichskammergericht. Die friedenssichernde Funktion der Besitzschutzklagen am Reichskammergericht im 16. Jahrhundert, dargestellt anhand von Kameralisten. 1998.

Band 171 Ewald Hügemann: Die Geschichte des öffentlichen und privaten Mietpreisrechts vom Ersten Weltkrieg bis zum Gesetz zur Regelung der Miethöhe von 1974. 1998.

Band 172 Lutz Rentzow: Die Entstehungs- und Wirkungsgeschichte der Vernewerten Landesordnung für das Königreich Böhmen von 1627. 1998.

Band 173 Sabine Stürmer: Mühlenrecht im Herzogtum Pfalz-Zweibrücken während des 18. Jahrhunderts. Ein Beitrag zum Wirtschaftsrecht eines deutschen Kleinstaates im Alten Reich. 1998.

Band 174 Mario Bogisch: *Nemo testis in re sua*. Das Problem der Zeugnisfähigkeit bei der Anwendung der deutschen Zivilprozeßordnung von 1877. 1998.

Band 175 Rainer Oßwald: Pactane sunt servanda? Freiwilligkeit, Zwang und Unverbindlichkeitserklärungen im islamischen Vertragsrecht malikitischer Schule. 1998.

Band 176 Bettina Kern: Der preußische BGB-Entwurf von 1842. 1998.

Band 177 Inken Fuhrmann: Die Diskussion über die Einführung der fakultativen Zivilehe in Deutschland und Österreich seit Mitte des 19. Jahrhunderts. 1998.

Band 178 Annette Rieck: Der Heilige Ivo von Hélory (1247-1303). Advocatus pauperum und Patron der Juristen. 1998.

Band 179 Frank Bottenberg: Die Hamburgische Strafprozeßordnung von 1869. 1998.

Band 180 Matthias Krauß: Das kursächsische Postrecht von seinen Anfängen bis zum Ende des Alten Reichs. 1998.

Band 181 Torsten Schmidt: Die Entmündigung von den Anfängen des BGB bis zu ihrer Ablösung durch das Institut der Betreuung. 1998.

Band 182 Christian Nunn: Rudolf Müller-Erzbach. 1874-1959. Von der realen Methode über die Interessenjurisprudenz zum kausalen Rechtsdenken (Leben und Werk). 1998.

Band 183 Christian Ortloff: Das staatskirchenrechtliche System Wilhelm Traugott Krugs. Glaubens- und Gewissensfreiheit – eine Forderung der Vernunft. 1998.

Band 184 Christian Hattenhauer: Schuldenregulierung nach dem Westfälischen Frieden. Der sog. § *de indaganda* und seine Umsetzung im Jüngsten Reichsabschied (AD 1648 und 1654). 1998.

Band 185 Werner Schubert: Preußen im Vormärz. Die Verhandlungen der Provinziallandtage von Brandenburg, Pommern, Posen, Sachsen und Schlesien sowie – im Anhang – von Ostpreußen, Westfalen und der Rheinprovinz (1841-1845). 1998.

Band 186 Silvia Schumacher: Das Rechtsverhältnis zwischen Eltern und Kindern in der Privatrechtsgeschichte. 1999.

Band 187 Kai Sommer: Die Strafbarkeit der Homosexualität von der Kaiserzeit bis zum Nationalsozialismus. Eine Analyse der Straftatbestände im Strafgesetzbuch und in den Reformentwürfen (1871-1945). 1998.

Band 188 Jan Erik Backhaus: Volksrichterkarrieren in der DDR. 1999.

Band 189 Ralf Ruhnau: Die Fürstlich Thurn und Taxissche Privatgerichtsbarkeit in Regensburg. Ein Kuriosum der deutschen Rechtsgeschichte. 1999.

Band 190 Antonio Grilli: Die französische Justizorganisation am linken Rheinufer 1797-1803. 1999.

Band 191 Stephanie Kammerloher-Lis: Die Entstehung des Gesetzes über die religiöse Kindererziehung vom 15. Juli 1921. 1999.

Band 192 Jan Telp: Ausmerzung und Verrat. Zur Diskussion um Strafzwecke und Verbrechensbegriffe im Dritten Reich. 1999.

Band 193 Kurt von Pannwitz: Die Entstehung der Allgemeinen Deutschen Wechselordnung. Ein Beitrag zur Geschichte der Vereinheitlichung des deutschen Zivilrechts im 19. Jahrhundert. 1999.

Band 194 Sylvia Busch: Die Entstehung der Allgemeinen Gerichtsordnung für die Preussischen Staaten von 1793/95. Ein Beitrag zur Geschichte der Kodifikationsbewegung und der Reform des Zivilprozesses in Preußen im 18. Jahrhundert. 1999.

Band 195 Dirk Bieresborn: Klage und Klageerwiderung im deutschen und englischen Zivilprozeß. Eine rechtshistorische und rechtsvergleichende Untersuchung unter besonderer Berücksichtigung der Beeinflussung durch das römisch-kanonische Verfahren. 1999.

Band 196 Andreas Thier / Guido Pfeifer / Philipp Grzimek (Hrsg.): Kontinuitäten und Zäsuren in der Europäischen Rechtsgeschichte. Europäisches Forum Junger Rechtshistorikerinnen und Rechtshistoriker München 22.-24. Juli 1998. 1999.

Band 197 Franz Smola: Die Fürstlich Liechtenstein'sche Kunstsammlung. Rechtsfragen zur Verbringung der Sammlung von Wien nach Vaduz in den Jahren 1944/45. 1999.

Band 198 Frank Martin Krauss: Das geteilte Eigentum im 19. und 20. Jahrhundert. Eine Untersuchung zum Fortbestand des Teilungsgedankens. 1999.

Band 199 Matthias Frey: Die spanische Aktiengesellschaft im 18. Jahrhundert und unter dem Código de Comercio von 1829. 1999.

Band 200 Alexandra Gilde: Die Stellung der Frau im Reichsstrafgesetzbuch von 1870/71 und in den Reformentwürfen bis 1919 im Urteil der bürgerlichen Frauenbewegung. Eine Analyse ausgewählter Straftatbestände. 1999.

Band 201 Malte Dießelhorst / Arne Duncker: Hans Kohlhase. Die Geschichte einer Fehde in Sachsen und Brandenburg zur Zeit der Reformation. 1999.

Band 202 Jörg Hillmann: Territorialrechtliche Auseinandersetzungen der Herzöge von Sachsen-Lauenburg vor dem Reichskammergericht im 16. Jahrhundert. 1999.

Band 203 Carsten Engler: Die Kommanditgesellschaft (KG) und die stille Gesellschaft im Allgemeinen Deutschen Handelsgesetzbuch (ADHGB) von 1861. 1999.

Band 204 Vesta Hoffmann-Steudner: Die Rechtsprechung des Reichsgerichts zu dem Scheidungsgrund des § 49 EheG (EheG 1938) in den Jahren 1938-1945. 1999.

Band 205 Michaela Thiele: Die Auflösung von Arbeitsverhältnissen aufgrund Anfechtung und außerordentlicher Kündigung nach der Rechtsprechung des Reichsarbeitsgerichts (1927-1945). 2000.

Band 206 Peter Landau / Hermann Nehlsen / Mathias Schmoeckel (Hrsg.): Karl von Amira zum Gedächtnis. 1999.

Band 207 Marcus Flinder: Die Entstehungsgeschichte des Zivilgesetzbuches der DDR. 1999.

Band 208 Boris Franz Leo Bromm: Die Entstehungsgeschichte des Berufs des Handelsvertreters. Unter besonderer Berücksichtigung der Sozialgesetzgebung in den Jahren von 1871-1933. 2000.

Band 209 Winfried C. J. Eberstein: Das Tierschutzrecht in Deutschland bis zum Erlaß des Reichs-Tierschutzgesetzes vom 24. November 1933. Unter Berücksichtigung der Entwicklung in England. 1999.

Band 210 Patrick Deller: Der „nach dem Vertrage" vorausgesetzte Gebrauch (§ 459 Absatz 1 Satz 1 BGB). Eine kaufrechtliche Untersuchung unter Berücksichtigung rechtshistorischer wie rechtsvergleichender Grundlagen. 2000.

Band 211 Eckard Freiherr von Bodenhausen: Haftung des Geschäftsherrn für Verrichtungsgehilfen im Straßen- und Schienenverkehr. Eine Analyse der Entscheidungen des Reichsgerichts zu § 831 BGB (1900-1945). 2000.

Band 212 Birte Gast: Der Allgemeine Teil und das Schuldrecht des Bürgerlichen Gesetzbuchs im Urteil von Raymond Saleilles (1855-1912). 2000.

Band 213 Hansjörg Michael Huber: Koloniale Selbstverwaltung in Deutsch-Südwestafrika. Entstehung, Kodifizierung und Umsetzung. 2000.

Band 214 Ulf Björner: Die Verfassungsgerichtsbarkeit im Norddeutschen Bund und Deutschen Reich (1867-1918). Eine rechtshistorische Untersuchung über Gerichtsbarkeit im Spannungsfeld von Politik und Recht innerhalb der von Bismarck geschaffenen deutschen Bundesstaaten. 2000.

Band 215 Mathias Freiherr von Rosenberg: Friedrich Carl von Savigny (1779-1861) im Urteil seiner Zeit. 2000.

Band 216 Reinhard Binder-Kriegistein: Österreichisches Adelsrecht 1868-1918/19. Von der Ausgestaltung des Adelsrechts der cisleithanischen Reichshälfte bis zum Adelsaufhebungsgesetz der Republik unter besonderer Berücksichtigung des adeligen Namensrechts. 2000.

Band 217 Claudia-Regine Nerius: Johannes Lehmann-Hohenberg (1851-1925). Eine Studie zur völkischen Rechts- und Justizkritik im Deutschen Kaiserreich. 2000.

Band 218 Ludger Meuten: Die Erbfolgeordnung des Sachsenspiegels und des Magdeburger Rechts. Ein Beitrag zur Geschichte des sächsisch-magdeburgischen Rechts. 2000.

Band 219 Christoph Alexander von Wilcken: Die Reformbestrebungen zum Genossenschaftsgesetz in der Frühzeit der Bundesrepublik. Die Beratungen der Sachverständigenkommission zur Überprüfung des Genossenschaftsrechts 1954 bis 1958 und der Referentenentwurf von 1962. 2000.

Band 220 Verein Junger RechtshistorikerInnen Zürich (Hrsg.): ¿Rechtsgeschichte(n)? ¿Histoire(s) du droit? ¿Storia/storie del diritto? ¿Legal Histori(es)? Europäisches Forum Junger Rechtshistorikerinnen und Rechtshistoriker Zürich 28.-30. Mai 1999. 2000.

Band 221 Hans Christian Schüler: Die Entstehungsgeschichte der Bundesnotarordnung vom 24. Februar 1961. 2000.

Band 222 Nils-Eberhard Schramm: Die Vereinigung demokratischer Juristen (1949-1999). 2000.

Band 223 Silke Anke Torp: Das Rechtsverhältnis zwischen den Eltern und ihren Kindern. Dienstleistungspflicht, Aussteuer und Ausstattung. Eine Analyse der Rechtsprechung des Reichsgerichts und des Reichsarbeitsgerichts zu den Vorschriften der §§ 1616 bis 1625 des Bürgerlichen Gesetzbuches in der Zeit von 1900 bis 1945. 2000.

Band 224 Martin Jürgen Maaß: Die Geschichte des Eigentumsvorbehalts, insbesondere im 18. und 19. Jahrhundert. 2000.

Band 225 Stefanie Langer: Rechtswissenschaftliche Itinerarien. Lebenswege namhafter europäischer Juristen vom 11. bis zum 18. Jahrhundert. 2000.

Band 226 Ulrich Schmitz: Der Unterhaltsanspruch des nichtehelichen Kindes gegen seinen Erzeuger. Die rechtsgeschichtliche und dogmatische Entwicklung im deutschen Recht. 2000.

Band 227 Sebastian Günther: Friedrich Carl von Savigny als Grundherr. 2000.

Band 228 Henning Ibs: Hermann J. Held (1890-1963). Ein Kieler Gelehrtenleben in den Fängen der Zeitläufe. 2000.

Band 229 Matthias Rücker: Wirtschaftswerbung unter dem Nationalsozialismus. Rechtliche Ausgestaltung der Werbung und Tätigkeit des Werberats der deutschen Wirtschaft. 2000.

Band 230 Hendrik Sandmann: Die Entwicklung von Begriff und Inhalt des Wirtschaftchsrechts durch die Rechtswissenschaft in der Weimarer Republik. 2000.

Band 231 Sibylle Müller: Gibt es Menschenrechte bei Samuel Pufendorf? 2000.

Band 232 Karin Olechowski-Hrdlicka: Die gemeinsamen Angelegenheiten der Österreichisch-Ungarischen Monarchie. Vorgeschichte – Ausgleich 1867 – Staatsrechtliche Kontroversen. 2001.

Band 233 Johannes Mierau: Die juristischen Abschluß- und Diplomprüfungen in der SBZ/DDR. Ein Einblick in die Juristenausbildung im Sozialismus. 2001.

Band 234 Jörg Wolff (Hrsg.): Stillstand, Erneuerung und Kontinuität. Einsprüche zur Preußenforschung. 2001.

Band 235 Friedo Schröder: Die anwaltliche Tätigkeit während der nationalsozialistischen Herrschaft. Eine Analyse der anwaltlichen Argumentation in Zivilprozessen anhand der vorhandenen Prozeßakten der Landgerichte Frankenthal, Wiesbaden, Limburg und Frankfurt und der Handakten der *jüdischen Konsulenten* des OLG-Bezirks Frankfurt. 2001.

Band 236 Der Code pénal des Königreichs Westphalen von 1813 mit dem Code pénal von 1810 im Original und in deutscher Übersetzung. Herausgegeben und mit einer Einleitung versehen von Werner Schubert. 2001.

Band 237 Klaus Richter: Deutsches Kolonialrecht in Ostafrika 1885-1891. 2001.

Band 238 Kai von Lewinski: Deutschrechtliche Systembildung im 19. Jahrhundert. 2001.

Band 239 Alexander Herzog: Sittenwidrige Rechtsgeschäfte in der höchstrichterlichen Rechtsprechung aus den Jahren 1948-1965. 2001.

Band 240 Claudia Rönnau: Die Beratungen des Wasserrechtsausschusses der Akademie für Deutsches Recht zu einem Reichswassergesetz (1934-1941). Ein Beitrag zur Dogmatik der Begriffe *Gemeingebrauch* und *Sondergebrauch* in der Zeit des Nationalsozialismus. 2001.

Band 241 Momme Rohlack: Kriegsgesellschaften (1914-1918). Arten, Rechtsformen und Funktionen in der Kriegswirtschaft des Ersten Weltkrieges. 2001.

Band 242 Rolf Geyer: Der Gedanke des Verbraucherschutzes im Reichsrecht des Kaiserreichs und der Weimarer Republik (1871-1933). Eine Studie zur Geschichte des Verbraucherrechts in Deutschland. 2001.

Band 243 Felix Lorenz Benjamin Lehmann: Der Rote Adlerorden. Entstehung und rechtliche Grundlagen (1705-1918). 2002.

Band 244 Marc Ludwig: Der Pfändungsschutz für Lohneinkommen. Die Entstehungs- und Entwicklungsgeschichte der Vorschriften zum Schutz vor Lohnpfändung in Deutschland. 2001.

Band 245 Alexander Wachter: Dorfschule zwischen Pastor und Schulmeister. Zur Säkularisierung des niederhessischen Schulwesens im 19. Jahrhundert. 2001.

Band 246 Richard Scholz: Analyse der Entstehungsbedingungen der reichsgerichtlichen Aufwertungsrechtsprechung. Untersuchung unter besonderer Berücksichtigung der konservativen Geldpolitik der Reichsbank und der Inflationspolitik der Reichsregierung. 2001.

Band 247 Judith Laeverenz: Märchen und Recht. Eine Darstellung verschiedener Ansätze zur Erfassung des rechtlichen Gehalts der Märchen. 2001.

Band 248 Christina Schenk: Bestrebungen zur einheitlichen Regelung des Strafvollzugs in Deutschland von 1870 bis 1923. 2001.

Band 249 Nils Werner: Die Prozesse gegen die Landvolkbewegung in Schleswig-Holstein 1929/32. Ein Beitrag zur Justizkritik in der späten Weimarer Republik. 2001.

Band 250 Wolfgang Walter: Das Duell in Bayern. Ein Beitrag zur bayerischen Strafrechtsgeschichte. 2002.

Band 251 Jörn Eckert / Kjell Å. Modéer (Hrsg.): Geschichte und Perspektiven des Rechts im Ostseeraum. Erster Rechtshistorikertag im Ostseeraum 8.–12. März 2000. 2001.

Band 252 Jan Könighaus: Die Inauguration der Christian-Albrechts-Universität zu Kiel 1665. Symbolgehalt und rechtliche Bedeutung des Universitätszeremoniells. 2002.

Band 253 Andreas Görgen: Rechtssprache in der Frühen Neuzeit. Eine vergleichende Untersuchung der Fremdwortverwendung in Gesetzen des 16. und 17. Jahrhunderts. 2002.

Band 254 Ralf Schäfer: Die Rechtsstellung der Haigerlocher Juden im Fürstentum Hohenzollern-Sigmaringen von 1634-1850. Eine rechtsgeschichtliche Untersuchung. 2002.

Band 255 Regine Schmalhorst: Die Tierhalterhaftung im BGB von 1896. Die Entstehung und Änderung des § 833 BGB sowie eine Analyse der Rechtsprechung des Reichsgerichts bis 1908. 2002.

Band 256 Thomas Hense: Konrad Beyerle. Sein Wirken für Wissenschaft und Politik in Kaiserreich und Weimarer Republik. 2002.

Band 257 Christian Mahlmann: Die Strafrechtswissenschaft der DDR. Klassenkampftheorie und Verbrechenslehre. 2002.

Band 258 Henning Kahmann: Die Bankiers von Jacquier & Securius 1933–1945. Eine rechtshistorische Fallstudie zur "Arisierung" eines Berliner Bankhauses. Mit einem Geleitwort von John Kornblum. 2002.

Band 259 Volker Friedrich Drecktrah: Die Gerichtsbarkeit in den Herzogtümern Bremen und Verden und in der preußischen Landdrostei Stade von 1715 bis 1879. 2002.

Band 260 Andreas Klass: Standes- oder Leistungselite? Eine Untersuchung der Karrieren der Wetzlarer Anwälte des Reichskammergerichts (1693-1806). 2002.

Band 261 Wolfgang Eder: Das italienische Tribunale Speciale per la Difesa dello Stato und der deutsche Volksgerichtshof. Ein Vergleich zwischen zwei politischen Gerichtshöfen. 2002.

Band 262 Albrecht Cordes / Bernd Kannowski (Hrsg.): Rechtsbegriffe im Mittelalter. 2002.

Band 263 Thomas Hildebrandt: Die Brandenburgischen Provinziallandtage von 1841, 1843, und 1845 anhand ausgewählter Verhandlungsgegenstände. 2002.

Band 264 Jan Finzel: Georg Adam Struve (1619–1692) als Zivilrechtler. 2003.

Band 265 Björn Carsten Frenzel: Das Selbstverständis der Justiz nach 1945. Analyse der Rolle der Justiz unter Berücksichtigung der Reden zur *Wiedereröffnung* der Bundes- und Oberlandesgerichte. 2003.

Band 266 Nils Reichhelm: Die marxistisch-leninistische Staats- und Rechtstheorie Karl Polaks. 2003.

Band 267 Raik Schneider: Altrechtliche Personenzusammenschlüsse. Ihre Entwicklung unter besonderer Berücksichtigung des Rechts des Großherzogtums Sachsen-Weimar-Eisenach sowie der Herzogtümer Sachsen-Meiningen und Sachsen-Gotha. 2003.

Band 268 Anke Meier: Die Geschichte des deutschen Konkursrechts, insbesondere die Entstehung der Reichskonkursordnung von 1877. 2003.

Band 269 Stefan Jens Jordan: Leben und Werk des Tübinger Rechtsprofessors Wilhelm Gottlieb Tafinger 1760–1813. 2003.

Band 270 Stefanie Hubig: Die historische Entwicklung des § 23 ZPO. Zum Ursprung und Fortleben des Vermögensgerichtsstandes im deutschen Prozeßrecht des 19. Jahrhunderts. 2003.

Band 271 Michael G. Perband: Der Grundsatz der freien Beweiswürdigung im Zivilprozeß (§ 286 ZPO) in der Rechtsprechung des Reichsgerichts. 2003.

Band 272 Mathias Bouveret: Die Stellung des Staatsoberhauptes in der parlamentarischen Diskussion und Staatsrechtslehre von 1848 bis 1918. 2003.

Band 273 Barbara Széchényi: Rechtliche Grundlagen bayerischer Zensur im 19. Jahrhundert. 2003.

Band 274 Sylvia Scharfenberg: Die Entstehungsgeschichte des Beurkundungsgesetzes vom 28. August 1969. 2003.

Band 275 Urte Nesemann: Die schwedische Familiengesetzgebung von 1734 bis zu den Reformgesetzen von 1915 bis 1920 und deren Einfluss auf die Gesetzgebungsprojekte der Weimarer Republik. Unter besonderer Berücksichtigung der Rechtsstellung der Frau und des unehelichen Kindes. 2003.

Band 276 Alexandra Brück: Die Polizeiordnung Herzog Christians von Braunschweig-Lüneburg vom 6. Oktober 1618. 2003.

Band 277 Torsten Landwehr: Das Kommissionsgeschäft in Rechtswissenschaft, Gesetzgebung und Rechtspraxis vom 16. bis zum Ende des 18. Jahrhunderts. 2003.

Band 278 Tassilo Wilhelm Maria Englert: Deutsche und italienische Zivilrechtsgesetzgebung von 1933–1945. Parallelen in der Rechtsetzung und gegenseitige Beeinflussung unter besonderer Berücksichtigung des Familien- und Erbrechts. 2003.

Band 279 Tobias Prang: Der Schutz der Versicherungsnehmer bei der Auslegung von Versicherungsbedingungen durch das Reichsgericht. 2003.

Band 280 Thorsten Lieb: Privileg und Verwaltungsakt. Handlungsformen der öffentlichen Gewalt im 18. und 19. Jahrhundert. 2004.

Band 281 Michael Rühling: Das Ladenschlussgesetz vom 28. November 1956. Vorgeschichte, Entstehung des Gesetzes und weitere Entwicklung. 2004.

Band 282 Kathrin Nawotki: Die schleswigsche Deichstavengerechtigkeit. Vom 17. Jahrundert bis in die Gegenwart. Eine gewohnheitsrechtliche Superfizies an nordfriesischen Deichgrundstücken und ihre Entwicklung. 2004.

Band 283 Erik Nils Voigt: Die Gesetzgebungsgeschichte der militärischen Ehrenstrafen und der Offiziersehrengerichtsbarkeit im preußischen und deutschen Heer von 1806 bis 1918. 2004.

Band 284 Dorothea Riedi Hunold: Die Einführung der allgemeinen Wechselfähigkeit in der Schweiz in der zweiten Hälfte des 19. Jahrhunderts. Unter besonderer Berücksichtigung der politischen, wirtschaftlichen und sozialen Verhältnisse. 2004.

Band 285 Thomas Gergen: Pratique juridique de la paix et trêve de Dieu à partir du concile de Charroux (989–1250). Juristische Praxis der Pax und Treuga Dei ausgehend vom Konzil von Charroux (989–1250). 2004.

Band 286 Kathrin Bethkenhagen: Die Entwicklung des Luftrechts bis zum Luftverkehrsgesetz von 1922. 2004.

Band 287 Heiko Lüpkes: Die Verbrechen der Diener des Staats im Allgemeinen Landrecht für die Preußischen Staaten von 1794 und ihre Entwicklung zu den Vergehen und Verbrechen im Amte im Strafgesetzbuch für die Preußischen Staaten von 1851. 2004.

Band 288 Mirco Peter Hirsch: Von der Erbbescheinigung des Preußischen Rechts zum Erbschein des Bürgerlichen Gesetzbuchs. 2004.

Band 289 Bettina Günther: Die Behandlung der Sittlichkeitsdelikte in den Policeyordnungen und der Spruchpraxis der Reichsstädte Frankfurt am Main und Nürnberg im 15. bis 17. Jahrhundert. 2004.

Band 290 Seunghyeon Seong: Der Begriff der *nicht gehörigen Erfüllung* aus dogmengeschichtlicher und rechtsvergleichender Sicht. 2004.

Band 291 Steffen-Werner Meyer: Bemühungen um ein Reichsgesetz gegen den Büchernachdruck. Anläßlich der Wahlkapitulation Leopolds II. aus dem Jahre 1790. 2004.

Band 292 Ulrich Löffler: Instrumentalisierte Vergangenheit? Die nationalsozialistische Vergangenheit als Argumentationsfigur in der Rechtsprechung des Bundesverfassungsgerichts. 2004.

Band 293 Norbert Koch: Die Entwicklung des deutschen privaten Immissionsschutzrechts seit Beginn der Industrialisierung. Unter besonderer Berücksichtigung des Einflusses der höchstrichterlichen Rechtsprechung. 2004.

Band 294 Julius Ludwig Pfeiffer: Das Tierschutzgesetz vom 24. Juli 1972. Die Geschichte des deutschen Tierschutzrechts von 1950 bis 1972. 2004.

Band 295 Bert-Hagen Strodthoff: Die richterliche Frage- und Erörterungspflicht im deutschen Zivilprozeß in historischer Perspektive. 2004.

Band 296 Tim Kannewurf: Die Höfeordnung vom 24. April 1947. Entstehungsgeschichte und Einordnung in die Entwicklung des Anerbenrechts. 2004.

Band 297 Steffi Heine: Die Methodendiskussion nach Inkrafttreten des Bürgerlichen Gesetzbuches und die Gründung des Vereins *Recht und Wirtschaft*. 2004.

Band 298 Anne Marlene Simon-Holtorf: Geschichte des Familienwahlrechts in Frankreich (1871 bis 1945). 2004.

Band 299 Jürgen Busch: Das Germanenbild der deutschen Rechtsgeschichte. Zwischen Wissenschaft und Ideologie. Mit einem Vorwort von Herwig Wolfram. 2004.

Band 300 Jan Kohlmann: Der Marsch zu den Gräbern von Karl und Rosa. Geschichte eines Gedenktages. 2004.

Band 301 Christian Rainer Schlicht: Die kumulative Schuldübernahme in der Rechtsprechung des Reichsgerichts und in der zeitgenössischen Literatur. 2004.

Band 302 Hans Peter Glöckner: Positive Vertragsverletzung. Die Geburt eines Rechtsinstituts. 2004.

Band 303 João Manuel Azevedo Alexandrino Fernandes: Die Theorie der Interpretation des Gesetzes bei Francisco Suárez. 2005.

Band 304 René Funk: Die Wahlprüfung der volksgewählten Abgeordneten der Volksvertretungen im Frühkonstitutionalismus. Eine Untersuchung der Wahlprüfung in den Kammern der Abgeordneten des Großherzogtums Baden, des Königreichs Württemberg und des Großherzogtums Hessen. 2005.

Band 305 Carolin O'Sullivan. Die Ahndung von Rechtsbrüchen der Seeleute im mittelalterlichen hamburgischen und hansischen Seerecht (1301–1482). 2005.

Band 306 Martin Jürgens: Staat und Reich bei Ernst Rudolf Huber. Sein Leben und Werk bis 1945 aus rechtsgeschichtlicher Sicht. 2005.

Band 307 Florian G. Dürselen: Franz Beyerle (1885–1977). Leben, Ära und Werk eines Rechtshistorikers. 2005.

Band 308 Kai Bandilla: Urheberrecht im Kaiserreich. Der Weg zum Gesetz betreffend das Urheberrecht an Werken der Literatur und Tonkunst vom 19. Juni 1901. 2005.

Band 309 Stefan Mieth: Die Entwicklung des Denkmalrechts in Preußen 1701–1947. 2005.

Band 310 Catharina Lodemann: Die Geschichte des französischen *acte de gouvernement*. 2005.

Band 311 Christina Wicke: Kodifikationsbestrebungen und Wissenschaft in Hessen-Darmstadt im vorkonstitutionellen Zeitalter. Zu der Beteiligung der Gießener Rechtsprofessoren an den Gesetzgebungsarbeiten in Hessen-Darmstadt in der Zeit zwischen 1769 und 1820. 2005.

Band 312 Christiane Chlosta: Nur dem Gesetz unterworfen? Eine rechtsgeschichtliche Untersuchung zu Idee und Wirklichkeit richterlicher Gesetzestreue unter besonderer Berücksichtigung der Aufwertungsrechtsprechung und des richterlichen Prüfungsrechts. 2005.

Band 313 Kathrin Dirr: Hoheitsrechtliche Streitigkeiten zwischen den Kölner Erzbischöfen und der Stadt Köln auf Grundlage reichskammergerichtlicher Verfahren des 16. und 17. Jahrhunderts. 2005.

Band 314 Michael Racky: Die Diskussion über Gewaltenteilung und Gewaltentraining im Vormärz. 2005.

Band 315 Petra Thiemrodt: Die Entstehung des Staatshaftungsgesetzes der DDR. Eine Untersuchung auf der Grundlage von Materialien der DDR-Gesetzgebungsorgane mit zeitgeschichtlichen Bezügen. 2005.

Band 316 Julius F. Reiter: Entstehung und staatsrechtliche Theorie der italienischen *Carta del Lavoro*. 2005.

Band 317 André Book: Die Justizreform in der Frühzeit der Bundesrepublik. Die Beratungen der Kommission zur Vorbereitung einer Reform der Zivilgerichtsbarkeit in den Jahren 1955 bis 1961. 2005.

Band 318 Frank Zentz: Das amerikanische Strafverfahren als Element der Besatzungspolitik in Deutschland. Erziehung zur Demokratie durch den *Court of Appeals* 1948–1955. 2005.

Band 319 Friederike Quaisser: Mietrecht im 19. Jahrhundert. Ein Vergleich der mietrechtlichen Konzeptionen im Allgemeinen Landrecht für die Preußischen Staaten von 1794 und dem gemeinen Recht. 2005

www.peterlang.de

FSC
www.fsc.org
MIX
Papier | Fördert gute Waldnutzung
FSC® C083411

Kolibri 360 GmbH
Ferdinand-Jühlke-Straße 7
99095 Erfurt, Deutschland
produktsicherheit@kolibri360.de

Druck:
CPI Druckdienstleistungen GmbH
im Auftrag der
Kolibri 360 GmbH
Ferdinand-Jühlke-Str. 7
99095 Erfurt